熊晴海　熊细银　主编

财务管理学

本书可作为高等院校教科书，也可作为财务工作者、经济理论研究者
和管理人员自学、培训、进修的读物

Financial Management

暨南大學出版社
JINAN UNIVERSITY PRESS
中国·广州

图书在版编目（CIP）数据

财务管理学/熊晴海，熊细银主编. —广州：暨南大学出版社，2008.12
ISBN 978-7-81135-128-6

Ⅰ. 财… Ⅱ. ①熊…②熊… Ⅲ. 财务管理 Ⅳ. F275

中国版本图书馆 CIP 数据核字（2008）第 172343 号

出版发行：暨南大学出版社

地　址：中国广州暨南大学
电　话：总编室（8620）85221601
营销部（8620）85225284　85228291　85220693（邮购）
传　真：（8620）85221583（办公室）　85223774（营销部）
邮　编：510630
网　址：http：//www.jnupress.com　http：//press.jnu.edu.cn

排　版：暨南大学出版社照排中心
印　刷：佛山市浩文彩色印刷有限公司

开　本：787mm × 960mm　1/16
印　张：23
字　数：438 千
版　次：2008 年 12 月第 1 版
印　次：2008 年 12 月第 1 次
印　数：1—3000 册

定　价：32.00 元

前　言

为了适应会计与国际惯例接轨以及会计改革之后，各类大专院校教学、上岗培训、自学进修、业务学习和专业技术考试等的需要，我们根据《企业会计准则》（2006 年版）、《企业财务通则》（2006 年版）及其应用指南等规定，吸收了近年来理论专家研究的最新成果，编写了《财务管理学》一书。

财务管理是关于资金的筹集、投资、分配和使用等一系列管理活动的总称。现代企业有四大基本管理职能——市场营销、财务管理、生产管理和人力资源管理，财务管理是四大基本管理职能之一，在企业管理中占据着重要的地位。

“财务管理学”是会计学科和财务管理学科的主干课程，财务管理知识是会计人员和管理人员必须掌握的基本知识。

本教材既继承了我国传统的财务管理理论，又吸收了国际上最新的财务管理研究成果，充分考虑了学科体系的完备性、系统性和科学性，突出了人才培养的实践应用特色，力求在教材的体系上和内容上突出起点高、立意新、资料全、注重应用能力培养的特点。书中附有学习目标、练习与思考题，便于学生复习，方便教师教学。

本教材由江西德艺文化公司财务总监熊晴海副教授和南昌理工学院熊细银教授任主编，南昌理工学院徐湘屏副教授任副主编。各章编写人员如下：熊晴海编写了第 1 ~ 4 章，金雪雯编写了第 5 章，徐湘屏编写了第 7、8 章，邹涛编写了第 9 章，熊细银编写了第 6、10、11 章，何景良编写了第 12 章 1 ~ 3 节，尹珊编写了第 12 章 4 ~ 7 节。

本教材在编写和出版的过程中，得到了江西省财政厅熊根泉厅长、南昌市财政局会计处处长余群高级会计师、江西经济管理干部学院会计系书记熊运儿教授及主任喻晓飞教授、美国辉门公司财务总监樊群英女士、江西德艺文化公司 CEO 张孟祎女士、江西工贸学院邓小红院长和赵淑华主任的热心指导，得到了南昌航空大学、南昌理工学院、蓝天学院、暨南大学出版社、美国富凯公司财务部的大力支持；同时，我们还参考了国内外公开出版的有关教材和学术著作，吸收了他们的研究成果，在此，一并表示衷心的感谢。

本书可作为高等院校教科书，也可作为财务工作者、经济理论研究者和实际财务人员、管理人员自学、培训、进修的读物。

本书疏漏和不足之处在所难免，恳请读者批评指正，不胜感谢。

编　者

2008 年 11 月

目 录

第一章 总 论

企业财务管理是企业组织财务活动和处理财务关系的一项经济管理工作，是企业管理的一个重要组成部分。随着经济的发展和改革的深化，财务管理的作用在管理中显得越来越重要。为此，要弄清财务管理的概念，认真研究企业的财务活动及其体现出的财务关系。

学习目标：

●了解现代企业的组织形式；

●明确财务管理的概念、内容和目标；

●掌握财务管理的环境，对财务管理有一个总体认识，为学好以后各章打下良好的业务理论基础。

1.1 企业的组织形式

在市场经济条件下，财务管理水平的高低决定着企业的生存和发展，而不同的企业组织形式下的财务管理也有所不同。企业组织的不同类型决定着企业财务结构、财务关系、财务风险及其所采用的财务管理方式的差异。财务管理必须立足于企业的组织形式。企业的组织形式按其法律上的特点来分，通常有独资企业、合伙企业与公司制企业3种不同的组织形式。

1.1.1 独资企业

独资企业也称个体企业，是由单个人出资兴办的企业。独资企业不具有法人资格，其业主拥有对企业生产经营的绝对决策和控制权，独享企业盈利并承担企业的全部风险和责任。

1. 独资企业的主要优点

（1）组建企业简便，无须较多的开办费。

（2）业主独揽企业的经营决策权，所有权与经营权合一，管理效率较高。

（3）业主独享企业的经营利润，只需缴纳个人所得税，而没有缴纳企业所得税之忧。

（4）无须向社会公布其财务报表，可在一定程度上保守商业秘密。

2. 独资企业的缺点

（1）因独资企业的资本依赖于业主一人，资金实力不可能非常雄厚，从而使这种企业对外筹资困难，企业规模较小，在激烈的市场竞争中面临较大的风险。

（2）业主须对企业外债承担无限责任，当企业的资产不足以抵偿债务时，业主家庭的财务也将被追索，甚至会有牢狱之灾。

（3）企业的寿命与业主的寿命相连，一旦业主亡故，企业也将“寿终正寝”。

1.1.2 合伙企业

合伙企业是由两个或两个以上的业主共同出资兴办的企业，业主是企业合伙人。他们之间按照共同商定的合约决定各自的出资额以及每人应分享的利润和承担的责任。合伙企业可分为一般（或普通）合伙和有限合伙两种。前者的每个合伙人均可代表企业，以企业的名义签订合同，每人都负无限责任；后者只有一个合伙人负无限责任，其他人负有限责任，但企业只能由负无限责任的合伙人经营，其他合伙人不得干预。合伙企业在法律上不具有法人资格。

1. 合伙企业的主要优点

（1）相对于独资企业，由于合伙企业和业主人数较多，资本实力相对雄厚，信用较佳。

（2）可以实现不同个人的资本、技术、能力的有机结合，从而形成比独资企业更强、更有创造力的经营实体。

（3）合伙企业无须向社会公布其财务报表，其业主只需缴纳个人所得税。

2. 合伙企业的缺点

（1）合伙企业的权利相对分散，可能导致决策缓慢，贻误时机。

（2）合伙企业会因某个合伙人的退出或死亡而告终止。

（3）合伙企业的资本不能以股票形式出现，不能转让和变现，与公司相比，所有权的转移较困难，难以筹集大量资金。

（4）一般合伙企业的合伙人及有限合伙企业的主要合伙人须对企业的债务承担无限责任。

1.1.3 公司制企业

公司是依法设立的，以其全部法人财产实行自主经营、自负盈亏、照章纳税的具有法人资格的经济组织。

根据股东对公司所负责任的不同，公司可以分为以下5类：一是无限责任公司，即所有股东无论其出资额多少，对公司的债务均承担连带无限责任；二是有限责任公司，即所有股东均以其出资额为限对公司债务承担责任；三是两合公司，即由无限责任股东和有限责任股东共同组成的公司；四是股份有限公司，即公司全部资金被分为金额相等的股份，所有股东均以其所持股份为限对公司的债务承担责任；五是股份两合公司，即由无限责任股东与股份有限责任股东共同组成的公司。根据《中华人民共和国公司法》的规定，我国目前的公司主要是有限责任公司和股份有限公司两类。

1. 公司制企业的优点

公司这种组织形式具有独资企业、合伙企业不可比拟的优点，主要表现如下：

（1）公司的债务责任与股东的个人财产无关，公司及股东对债务的责任均为有限责任；

（2）公司筹集资金相对较容易，从而使公司具有较多的发展机会；

（3）公司具有无限寿命，即使所有权转移仍能保持其法人地位，具有经营上的连续性；

（4）所有权与经营权的分离使企业能聘用管理素质高的职业管理人员，从而有利于经营管理效率的提高。

2. 公司制企业的缺点

（1）双重课税。公司在经营活动中获得的利润要缴纳公司所得税，股东分红要缴纳个人所得税。

（2）所有权和经营权的高度分离，使得所有者与经营者的委托—代理关系复杂化，从而使代理成本加大。

（3）政府对公司的法律管制相对较严。

（4）股份有限公司的股份自由转让可能导致公司被少数大股东控制。

（5）上市公司定期公布财务报告不仅要负担较高的信息成本，而且可能泄露公司的商业秘密。

1.2 财务管理的内容

1.2.1 企业财务管理的概念

企业财务是指企业在生产经营过程中的资金运动及其所体现的经济利益关系，它包括财务活动和财务关系两个密切联系的方面。

财务活动是指资金的筹集、投放、使用、收回及分配等一系列行为。企业再生产过程中的资金运动是通过财务活动实现的，资金运动过程的各个阶段总是和一定的财务活动相对应的。

财务关系是指企业在组织财务活动过程中与有关各方所发生的经济利益关系。

企业财务管理是对企业财务的管理，是企业组织财务活动、处理财务关系的一项经济管理工作，是企业管理的重要组成部分。

1.2.2 财务管理的内容

企业财务管理的基本内容就是组织财务活动，处理财务关系。

1. 组织财务活动

从整体上讲，企业的财务活动包括以下4个方面。

（1）筹资活动。

企业从事生产经营活动必须以一定的资金为前提。企业从各种渠道以各种形式筹集资金，这种由筹集资金而引起的财务活动是企业财务管理的主要内容之一。

企业筹集的资金分为权益性资金和债务性资金两大类。

（2）投资活动。

企业取得资金后，会投放到各个方面加以使用，形成投资活动，由投资而产生的财务活动是企业财务管理的另一主要内容。

企业管理的资金投放到内部加以使用是对内投资，如用于购置各项资产等；企业将筹集的资金投放到企业外部加以使用称为对外投资，如购买外部有价证券等。广义的投资包括对内和对外投资，狭义的投资仅指对外投资。

（3）资金营运活动。

为满足企业日常生产经营活动的需要，企业把资金投放到内部进行使用，这些资金随着企业生产经营过程的进行而不断发生增减变化，如采购材料和商品、支付工资费用时减少，产品商品出售后资金又收回等。这些在企业日常经营过程中发生的资金收付活动，称为资金营运活动。资金营运活动是企业的财务活动，也是企业财务管理的主要内容之一。

（4）分配活动。

企业通过投资（或资金营运活动）会取得收入，并相应实现资金的增值。分配是对投资成果的分配，是企业的财务活动，也是企业财务管理的主要内容之一。

企业的投资成果表现为取得各种收入，并在扣除各种成本费用及税金后获得利润。广义地讲，分配是对投资收入（如销售收入）和利润进行分割、分派的活动，而狭义的分配仅指对利润的分配。

上述财务活动的4个方面既相互联系、相互依存，又有所区别，构成了完整的企业财务活动，是企业财务管理的基本内容。

2. 处理财务关系

企业在组织财务活动中所产生的财务关系包括以下7个方面。

（1）企业与政府之间的财务关系。

中央政府和地方政府作为社会管理者无偿参与企业收入和利润的分配，企业必须向各级政府缴纳税费，这就形成了企业与政府间的财务关系。这种关系体现了一种强制和无偿的分配关系。

（2）企业与投资者之间的财务关系。

企业的投资者向企业投入资金，企业向其投资者支付投资报酬，从而在企业与投资者之间形成了一种财务关系，这种关系体现了所有者和经营者之间的经济关系。

（3）企业与债权人之间的财务关系。

企业根据生产经营过程中的资金需要向债权人借入资金，并且按照合同规定按时还本付息，从而在企业与债权人之间形成了一种财务关系。这种关系体现了经营者和债权人之间的经济关系。

（4）企业与受资者之间的财务关系。

企业以购买股票或直接投资的形式向其他单位投资，并依据出资份额参与受资者的经营管理和利润分配，从而在企业与受资者之间形成了一种财务关系。这种财务关系体现了所有权性质的投资和受资关系。

（5）企业与债务人之间的财务关系。

企业将闲置的资金以购买债券、提供借款等形式出借给其他单位使用，并要求债务人按约定的条件支付利息和归还本金，从而在企业与债务人之间形成了一种财务关系。这种财务关系体现了债权与债务的关系。

（6）企业内部各单位之间的财务关系。

企业内部各单位之间在生产经营各环节中相互提供产品或劳务，从而形成了内部资金结算的财务关系。这种关系体现了企业内部各单位之间的利益关系。

（7）企业与职工之间的财务关系。

企业向职工支付工资、津贴和资金这些劳动报酬，并按规定提取公益金等，从而形成了企业与职工之间的财务关系。这种关系体现了职工个人和集体劳动成果上的分配关系。

1.2.3 企业财务管理的特点

企业财务管理是企业管理的重要组成部分，财务管理是对企业再生产过程中资金运动及其所体现的经济利益关系的管理，因此，财务管理区别于其他管理的特点在于它是一种价值管理，是对企业再生产过程中的价值运动所进行的管理。

财务管理的特点具体表现在以下 3 个方面。

1. 涉及面广

财务管理与企业的各个方面具有广泛的联系。企业购、产、销、运、技术、设备、人事、行政等各部门业务活动的进行无不伴随着企业资金的收支，财务管理的触角就必然要伸向企业生产经营的各个角落。每个部门都通过资金收付与财务管理部门发生联系；每个部门也都要在合理使用资金和组织收入方面接受财务管理部门的指导，受到财务管理制度的约束。

2. 灵敏度高

财务管理能迅速提供反映生产经营状况的财务信息。企业的财务状况是经常变动着的，具有很强的敏感性。各种经济业务的发生，特别是经营决策的得失、经营行为的成败都会及时地在财务状况中表现出来。成品资金居高不下，往往反映了产品不适销对路；资金周转不灵，往往反映了销售货款未及时收取，并会带来不能按期支付材料价款、偿还到期债务的后果。财务管理部门通过向企业经理人员提供财务状况信息，可以协助企业领导适时控制和调整各项生产经营活动。

3. 综合性强

财务管理能综合反映企业生产经营各方面的工作质量。以价值形式表现出来的财务状态和经营成果具有很强的综合性。资金、成本、利润等价值指标能全面系统地反映各种财产物资的数额、结构和周转情况，反映企业各种人力消耗和物资消耗，反映各种营业收入和非营业收入及经济效益。透过财务信息把企业生产经营的各种因素及其相互影响综合、全面地反映出来，并有效地反作用于企业各方面的活动，是财务管理的一个突出特点。

1.3 财务管理的目标

1.3.1 企业的目标

企业是以盈利为目的的组织，其出发点和归宿都是盈利，而企业的盈利要在企业的生存和发展中实现，因此企业目标可以具体细分为生存、发展和获利。

1. 生存

企业只有生存才可能获利。企业在市场中生存下去的一个基本条件是以收抵支。企业一方面付出货币资金，从市场上换取所需的实物资产；另一方面提供市场所需的商品或劳务，换回货币。企业从市场上获得的货币至少要等于付出的货币才能维持经营。企业在市场上生存下去的另一个基本条件是到期偿债，否则就有可能被债权人接管或被法院判定破产。

2. 发展

企业是在发展中求得生存的。在激烈的市场竞争中，企业的生产经营也如逆水行舟，不进则退。企业要生存，就要发展，要不断提高产品和服务质量，不断扩大自己的市场份额，方能立于不败之地。

3. 获利

获利是企业生产经营的出发点和归宿，企业只有获利才有存在的价值和可能。

1.3.2 财务管理的目标

财务管理的目标又称理财目标，是指企业进行财务活动所要达到的根本目的。企业财务管理的目标是由企业目标的要求所决定的，是企业进行财务活动所要达到的根本目标。

1. 财务管理目标的作用

（1）导向作用。

管理是为了达到某一目的而组织和协调集体所作努力的过程，理财目标的作用首先就在于为各种管理者指明方向。

（2）激励作用。

目标是激励企业全体成员的力量源泉，每个职工只有明确了企业的目标才能调动起潜在能力，尽力而为，创造出最佳成绩。

（3）凝聚作用。

企业是一个协作系统，必须增强全体成员的凝聚力才能发挥作用。企业凝聚力的大小受到多种因素的影响，其中一个重要因素就是它的目标。

（4）考核作用。

在管理不够规范的一些企业中，往往凭上级领导的主观印象和对下级工作人员的粗略了解作为业绩考核的依据，这是不客观、不科学的。以明确的目标作为绩效考核的标准就能按职工的实际贡献大小如实地进行评价。

2. 财务管理的目标

关于企业财务管理目标的表达，主要有以下 3 种观点。

（1）利润最大化。

企业生产经营的目的是盈利，利润体现着企业的经营成果，是考核企业经营管理水平的综合性指标。企业劳动效率的高低，资金周转速度的快慢，成本费用开支的多少，都在一定程度上通过利润体现出来。企业实现利润后缴纳的所得税，是国家财政预算收入的重要来源。税后利润是企业扩大再生产和提高职工福利待遇的资金来源，利润代表了企业新创造的财富，利润越多，说明企业增加的财富越多，越接近企业的目标。这种观点的不足是：①没有考虑时间价值因素；②没有考虑所获利润与投入资本额的关系；③没有考虑获取利润与所承担风险的关系。

（2）资本利润率最大化或每股利润最大化。

由于利润最大化是一个绝对数，它没有反映出所得利润额同投入资本额的关系，因而不能科学地说明企业经济效益水平的高低，不便于在不同时期、不同企业之间进行比较，因此，应将资本利润率最大化或每股利润最大化作为财务管理的目标。这样把企业实现的利润额同投入的自有资本或股本股数进行对比，能够说明企业的盈利水平，因而对于企业进行财务分析、财务预测都有重要的作用。这种观点仍存在以下不足：①没有考虑每股盈余取得的时间性；②没有考虑每股盈余的风险性。

（3）企业价值最大化。

企业价值是指企业全部资产的市场价值，企业价值最大化，也就是股东财富或所有者权益最大化，它是企业财务管理的目标。这也是本书采纳的观点。投资者建立企业的重要目的在于创造尽可能多的财富，而这种财富不仅表现为企业的利润，首先要表现为企业资产的价值。企业价值最大化的财务管理目标，一方面考虑了资金时间价值和风险问题，企业所得的收益越多，实现收益的时间越近，应得的报酬越是确定，则企业价值或股东财富就越大；另一方面还充分体现了对企业保值、增值的要求，有利于制约企业追求短期利益行为的倾向。

特别需要指出的是，企业应当正确处理提高经济效益和履行社会责任的关系。企业在谋求自身经济效益的过程中，不仅不能损害公众或社会利益，还应当出资参与一些社会公益事业，承当一定的社会义务；同时，企业也有权反对和拒绝不符合规定的形形色色的摊派，以合法的手段维护自身的经济利益。

1.3.3 财务管理的环节

财务管理的环节是指财务管理的工作步骤与一般程序。一般来讲，企业财务管理包括以下 5 个环节。

1. 财务预测

财务预测是根据财务活动的历史资料，考虑现实的要求和条件，对企业未来的财务活动和财务成果作出科学的预计和测算。财务预算包括企业的资金预测、成本费用预测、销售和利润预测等。财务预测是财务决策的依据，是编制财务计划的基础。

2. 财务决策

财务决策是指财务人员在财务目标的总体要求下，通过专门的方法从各种备选方案中选择最佳方案的过程。财务决策包括筹资决策、投资决策、成本决策和销售决策等。财务决策是财务管理的核心，关系到企业的兴衰成败。

3. 财务计划

财务计划也称财务预算，是运用科学的技术手段和数学方法对目标进行综合平衡，制定出主要的计划指标，拟定完成计划的措施。企业财务计划包括资金筹集计划、流动资金及其周转计划、固定资产增减变动和折旧计划、成本费用计划、利润及其分配计划、对外投资计划等。财务计划是以财务预测为基础、以财务决策为依据编制的，是企业经营目标的具体化，又是企业财务控制和财务分析的依据。

4. 财务控制

财务控制是在财务管理的过程中利用有关信息和特定手段对企业财务活动施加影响或调节，以实现计划规定的财务目标的一项工作。财务控制包括资产控制、成本费用控制、营业收入控制和利润控制等。财务控制是保证财务计划的完成和财务目标实现的重要环节。

5. 财务分析

财务分析是根据核算资料，运用特定方法对企业财务活动过程及其结果进行分析和评价的一项工作。财务分析包括成本费用计划完成情况分析、偿债能力分析、营运能力分析、盈利能力分析、收入和利润计划完成情况分析等。通过财务分析，可以了解财务目标的实现和财务计划完成的情况，揭示企业在财务管理过程中存在的问题和不足，从而改善企业管理水平，提高企业效益。

以上 5 个环节相互联系、相互配合，共同构成了企业完整的财务管理工作体系。

1.4 财务管理的环境

财务管理环境是指对企业财务管理活动产生影响的企业内部和外部各种作

用因素的集合。如果把企业财务管理活动或行为当做一个系统，那么财务系统以外的对企业财务管理活动或行为有影响的一切系统的总和便构成了企业的财务管理环境。

研究企业财务管理环境的目的，在于了解企业理财过程中可能出现的各种情况及其限制条件，以便使企业合理地规划自己的行为，提高对环境的适应能力、应变能力和利用能力，较好地实现企业的经营目标。

1.4.1 宏观经济环境

财务管理作为一种微观经济活动，与其所处的宏观经济环境状况密切相关，这些宏观经济环境主要包括经济管理体制、经济结构、经济发展状况、宏观经济调控政策等。

1. 经济管理体制

经济管理体制亦称经济体制，是指在一定的社会制度下生产关系的具体形式以及组织、管理和调节国民经济的体系、制度、方式、方法的总称。经济管理体制可以分为宏观经济管理体制和微观经济管理体制。宏观经济管理体制是指整个国家或宏观经济的基本经济制度，主要有计划经济体制和市场经济体制两种类型。微观经济管理体制是指一国的企业体制及企业与政府、企业与所有者的关系。

2. 经济结构

经济结构一般是指从各个角度考察社会生产和再生产的构成，包括产业结构、地区结构、技术结构等。经济结构对企业财务行为的影响主要体现在产业结构上。一方面，产业结构会在一定程度上影响甚至决定财务管理的性质，不同产业所要求的资金规模或投资规模不同，所要求的资本结构也不一样。另一方面，产业结构的调整和变动要求财务管理作出相应的调整和变动，否则企业将遇到筹资困难、投资项目受阻、预计利润难以实现、日常财务运作艰难等诸多麻烦。

3. 经济发展状况

任何国家的经济发展都不可能呈长期的快速增长之势，总是表现为“波浪式前进，螺旋式上升”的状态。当经济发展处于繁荣时期，经济发展速度较快，市场需求旺盛，销售额大幅度上升，企业为了扩大生产，需要增加投资，与此相适应，企业则需筹集大量的资金以满足投资扩张的需要。当经济发展处于衰退时期，经济发展速度缓慢，甚至出现负增长，企业的产量和销售量下降，投资减少，资产闲置，财务运作就会出现较大困难。经济发展中的通货膨胀也会给企业财务管理带来较大的不利影响。为避免通货膨胀给企业造成较大损失，财务人员必须对通货膨胀有所预测，并采取较强的约束措施调整收入与成本，采取套期保值以减少损失等措施。

4. 宏观经济调控政策

政府具有对宏观经济发展进行调控的职能。在一定时期，政府为了协调经济发展，往往通过计划、财税、金融等手段对国民经济总体运行机制及各个子系统提出一些具体的政策措施。这些宏观经济调控政策对企业财务管理的影响是直接的，企业必须按国家的政策办事，否则将寸步难行。

1.4.2 微观经济环境

对所有企业来说，其宏观财务管理环境是相同的，但每一个企业的微观财务管理环境却是千差万别、各不相同的。研究不同企业的微观经营环境，意义在于指导企业根据自身特点分别采取不同的理财措施，以实现企业理财效果最优化。

1. 生产经营规模

在企业微观经营环境中，在企业管理体制和经营组织形式既定的条件下，生产经营规模的大小会对财务管理工作提出不同的要求。如大规模的现代化企业，内部分工协作具有明显的专业化特征，而且其工艺过程的现代化水平较高。这些都要求企业财务管理活动要贯穿于生产经营的各个环节，企业内部要制定严格的财务管理制度，同时还要发动全体员工，实行全员管理。

2. 技术条件与管理水平

从一定意义上讲，财务管理服从和服务于其所处的生产技术环境，不同的生产技术条件要求有不同的财务行为与之相适应。财务管理是整个企业经营管理的一部分，在企业管理中处于核心地位。但财务管理职能的充分发挥与企业管理的基础工作，与其他专业的管理水平及相互之间的协调、配合等方面密切相关，所以企业在进行财务决策时，必须准确估计自身的经营管理水平，做到相互促进、相互提高，共同为企业的财务目标和整体目标的实现而努力。

3. 决策者的素质

企业的重大财务决策往往由企业的主要领导人拍板定案。决策者的素质，如经历、经验、文化水平、知识结构、胆略等直接影响着决策的正确与否。如果决策者素质较高，不仅可以充分理解财务人员所提供的决策资料，而且善于抓住机遇，敢于拍板，其财务决策的正确率必然较高，也必然会给企业带来丰厚的收益；反之，决策者的素质低下，则财务工作将难以顺利开展。

1.4.3 经济法律环境

财务管理的经济法律环境是指企业和外部发生经济关系时所应遵守的各种

法律、法规和规章制度。企业在其经济活动中要和国家、其他企业或社会组织、企业职工或其他公民、国外的经济组织或个人发生经济关系，国家管理这些经济活动和经济关系的手段包括行政手段、经济手段和法律手段3种。

市场经济是一种法律经济。企业的一切经济活动总是在一定的法律规范范围内进行的。一方面，法律提出了企业从事一切经济业务时所必须遵守的规范或前提条件，从而对企业的经济行为进行约束；另一方面，法律也为企业合法从事各项经济活动提供了保护。企业无论是筹资、投资还是利润分配，都要和企业外部发生经济关系，在处理这些经济关系时应当遵守有关的法律规范。

企业在财务管理中，应当遵守的有关法律规范主要包括企业组织法规、税收法律制度、财务与其他法规。法律对企业财务行为的影响是直接的，具有强制性。企业财务人员必须知法、守法，才能较好地完成财务管理的职能，顺利实现企业的财务目标。

1. 企业组织法规

企业组织必须依法成立，组建不同的企业要依照不同的法律规范，它们包括《中华人民共和国公司法》（以下简称《公司法》）、《中华人民共和国全民所有制企业法》、《中华人民共和国外资企业法》、《中华人民共和国中外合资经营企业法》、《中华人民共和国合伙企业法》等。

2. 税收法律制度

企业经营决策一般都要受到纳税问题的直接影响或间接影响，因此，国家税收制度是企业经营的重要外部条件。税收是国家为实现其职能，强制地、无偿地取得财政收入的一种手段，任何企业都有纳税的法定义务。企业无不希望在不违反税法的前提下减少税务负担，但税负的减少只能靠投资、筹资和利润分配等财务决策时精细安排和筹划，而不允许偷税漏税。精通税法对财务主管人员有重要意义。

关键概念

独资企业　合伙企业　公司　企业目标　财务活动　财务关系
企业财务管理　财务管理环节　企业财务管理目标　财务管理环境

思考题

1. 什么是财务管理？财务管理有何特点？

2. 财务管理包括哪些基本内容？
3. 财务管理的目标是什么？
4. 企业的组织形式有哪些？简述它们的优缺点。
5. 企业财务管理的环境对财务管理活动有何影响？

第二章　价值、收益与风险

财务管理的价值观念，即资金时间价值和风险价值，是财务活动中客观存在的经济现象，也是现代财务管理的两个基础观念，对筹资管理、投资管理乃至成本管理、收益管理都有重要的影响，这些观念在财务实践中得到了广泛的应用。

学习目标：

●了解财务管理的资金时间价值和风险价值的概念，理解各种相关价值观念之间的区别与联系；

●掌握资金时间价值的计算；

●掌握风险与报酬的计算。

2.1　时间价值

任何企业的财务管理活动都是在特定的时间下进行的，资金时间价值是客观存在的经济范畴，离开了时间因素，就无法正确地计量资金流入和流出的数量。资金的时间价值原理正确地揭示了不同时点上资金价值的换算关系，是企业财务管理的一项基本原理。

2.1.1　资金时间价值的概念

资金的时间价值，又称为货币的时间价值，是指资金在使用过程中随时间的推移而发生的增值。

在经济生活中，如果将100元钱存入银行，在银行存款利率10%的情况下，一年后连本带息将为110元。这里所增加的10元就是资金的增值额，也就是资金在周转使用中随时间的推移而产生的价值增值。在实务中，更加习惯使用相对数表示资金的时间价值，即用增加价值占投入资金的百分数来表示。

并非所有资金都有时间价值，如果我们将资金置放在家里或者公司保险柜中，是不会产生增值的。这是因为资金的时间价值产生的前提是要将它投入到生产或流动领域才能带来增值，这是一种客观的经济现象。企业资金循环和周转的起点是投入货币资金，企业用它来购买所需的资源然后生产出新产品，产品出售时得到的货币量大于最初投入的货币量。资金的循环和周转以及因此实现的货币增值，需要或多或少的时间。每完成一次循环，货币就会增加一定数量，周转次数越多，增值额也越大。故资金时间价值是在周转使用中产生的，是资金的所有者让渡使用权而参与社会财富分配的一种形式。

一般情况下，从量的规定性来看，资金的时间价值是在没有风险和通货膨胀条件下的社会平均资金利润率。这是由于竞争，市场经济中各部门投资的利润率趋于平均化。事实上，由于市场竞争，投资或多或少地带有风险，同时市场经济也免不了会发生通货膨胀，这样，投资报酬率或资金利润率除包含时间价值外，还包括风险报酬和通货膨胀因素。但市场竞争的最终结果是个别企业的利润转化为行业的平均利润，从而使投资于不同行业的资金获得大致相当的投资报酬率或社会平均资金利润率，所以在计量资金的时间价值时，风险报酬和通货膨胀不包括在内，这样，资金的时间价值计算方法就和有关利息计算方法相同。

2.1.2 资金时间价值的计算

资金时间价值一般用“现值”和“终值”两个概念来表示不同时期的价值。“现值”是指现在的价值，又称“本金”；“终值”是指资金经过一定时间之后的价值，包括本金和时间价值，又称“本利和”。现值和终值可按单利形式计算，也可按复利形式计算。

1. 单利终值和现值的计算

单利是指仅按本金计算利息，不论时间长短，其所产生利息不再并入本金重复计算利息的方法。

（1）单利终值的计算。

单利终值的公式如下：

$$F = P \cdot (1 + i \cdot n)$$

式中，F 为单利终值；P 为现值；i 为利率（一般来讲，利率均为年利率）；n 为计息期数。

【例 2-1】张三现在将 1 000 元存入银行，年利息率为 6%，3 年到期后，能从银行拿到多少钱？

解：$F = 1\,000 \times (1 + 6\% \times 3) = 1\,180$（元）

1 180 元是 1 000 元现值按利率 6% 3 年期单利计算的终值。

（2）单利现值的计算。

单利现值的公式如下：

$$P=F/(1+i\cdot n)$$

【例2－2】假定年利息率为6%，3年后要从银行取出10 000元，现在需存入多少钱？

解：$P=F/(1+i\cdot n)=10\,000/(1+6\%\times3)=8\,475$（元）

8 475元是10 000元终值按利率6%三年期单利计算的现值。

可见，单利现值的计算与单利终值的计算是互为逆运算的。

2. 复利终值与现值的计算

复利是指不仅本金要计算利息，每经过一个计息期，还要将所生利息加入本金再计算利息的计算方法。

（1）复利终值的计算。

其公式如下：

$$F=P\cdot(1+i)^n$$

式中，$(1+i)^n$ 通常称"复利终值系数"，可通过查阅"1元复利终值系数表"直接获得。

【例2－3】张三现在将1 000元存入银行，年利率为6%，复利计算，3年到期后，能从银行拿到多少钱？

解：$F=P\cdot(1+i)^n=1\,000\times(1+6\%)^3=1\,191$（元）

查"1元复利终值系数表"，在 $i=6\%$ 的列中找到与 $n=3$ 对应的值1.191，那么1.191就是其复利终值系数。将它代入上述公式，复利终值就计算出来了。

1 191元是1 000元现值按利率6%三年期复利计算的终值。

（2）复利现值的计算

其公式如下：

$$P=F\cdot(1+i)^{-n}$$

式中，$(1+i)^{-n}$通常称"复利现值系数"，可通过查阅"1元复利现值系数表"直接获得。

【例2－4】假定年利息率为6%，3年后要从银行取出10 000元，按照复利计算，现在需存入多少钱？

解：$P=10\,000\cdot(1+6\%)^{-3}=8\,396$（元）

8 396元是10 000元终值按利率6%三年期复利计算的现值。

复利现值的计算和复利终值的计算也是互为逆运算的。

通过计算可知，相同的利率、相同的期限，现值相等时，复利终值大于单利终值；终值相等时，复利现值小于单利现值。

3. 年金的计算

以上讨论的是一次性收付款项。但在现实经济生活中，还存在一定时期内多次收付的款项，即系列收付的款项。如果每次收付的金额相等，这样的系列收付的款项便称为年金。换言之，年金是指在一定时期内每次等额收付的系列款项，如保险费、折旧、租金、等额分期收入款、等额分期付出款、利息等通常都表现为年金的形式。

年金按每次收付款发生的时点不同，可分为普通年金、即付年金、递延年金和永续年金等几种。

（1）普通年金的计算。

普通年金又称后付年金，是指每期期末收到（或付出）相等金额的系列款项。

① 普通年金终值的计算。年金终值，是一定时期期末等额收付款项复利终值的和。若年金用符号 A 表示，普通年金终值的计算可用图 2－1 表示。

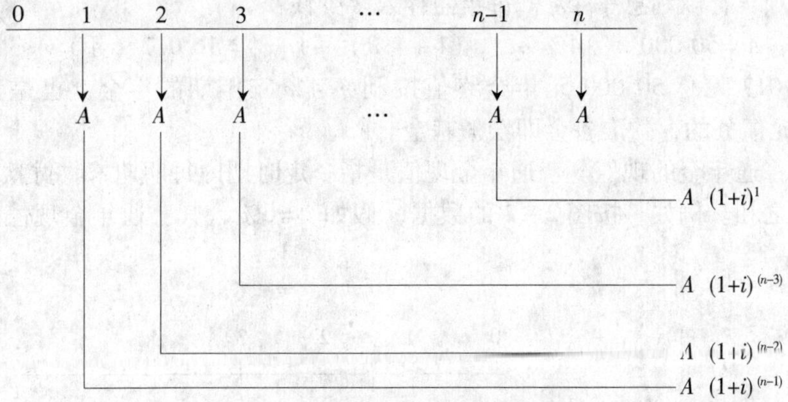

图 2－1　普通年金终值的计算图

如图 2－1 所示，年金终值公式为：

$F=A(1+i)^0+A(1+i)^1+A(1+i)^2+\cdots+A(1+i)^{(n-2)}+(1+i)^{(n-1)}$

整理得：

$$F=A\left[\frac{(1+i)^n-1}{i}\right]$$

式中，$[(1+i)\ -1]\div i$ 通常称为“年金终值系数”，可直接查阅“1 元年金终值系数表”。所以普通年金终值的计算公式可写成：

$$F=A\cdot(F/A,\ i,\ n)$$

【例2-5】南岗公司在未来5年内每年年末存入银行10 000万元，利率为10%，第5年末的终值是多少？

解：$F=10\ 000\times\left[\frac{(1+10\%)^5-1}{10\%}\right]=10\ 000\times(F/A,\ 10\%,\ 5)$

$=10\ 000\times6.105\ 1=61\ 051$（元）

61 051元是10 000元普通年金按利率10%第5年末的终值。

事实上，年金终值与年金互为逆运算。若已知年金终值时，也可求得年金，计算公式为：

$$A=F\cdot\{i\div[(1+i)^n-1]\}$$

$i\div[(1+i)\ -1]$是年金终值系数的倒数，也称偿债基金系数。因为这个系数是计算偿债基金时使用的，而偿债基金是指为使年金终值达到既定期金额而每年支付的年金数额，偿债基金的计算实际上是已知年金终值求年金的情形。

【例2-6】计划3年后偿还5万元债务，从现在起每年年底存入银行一笔等额款项，存款利息率4%，每年需存入多少钱？

解：$A=50\ 000\times\{4\%\div[(1+4\%)^3-1]\}=16\ 017$（元）

16 017元是50 000元年金终值按利率4%三年期的年金，也是为偿还50 000元债务的存款准备金即偿债基金。

②普通年金的现值。普通年金现值是指一定时期内每期期末收付款项的复利现值之和。例如，按图2-2的数据，假如$i=6\%$，其普通年金现值的计算如图2-2。

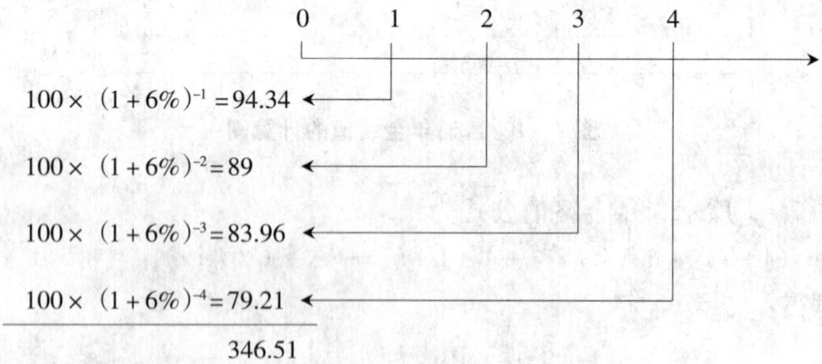

图2-2　普通年金终值的计算图

从图2-2可知，第一期期末的100元到第一期初，经历了1个计息期，其复利现值为94.34元；第二期期末的100元到第一期初，经历了2个计息期，其复利现值为89元；第三期期末的100元到第一期初，经历了3个计息期，其复利现值为83.96元；第四期期末的100元到第一期初，经历了4个计息期，其复利现值为79.21元。将以上四项加总得346.51元，即为四期的年金现值。

从以上计算可以看出，通过复利现值计算年金现值比较复杂，但存在一定的规律性，由此可以推导出普通年金现值的计算公式：

$$P = A \cdot \frac{1-(1+i)^{-n}}{i}$$

公式中，$\frac{1-(1+i)^{-n}}{i}$通常称为“年金现值系数”，用符号（P/A，i，n）表示。年金现值系数可以通过查“年金现值系数表”获得。该表的第一行是利率i，第一列是计息期数n，相应的年金现值系数在其纵横交叉之处。例如，可以通过查表获得（P/A，6%，4）的年金现值系数为3.465 1，即每年末收付1元，按年利率为6%计算，其年金现值为3.465 1元。

【例2-7】南岗公司预计在8年中，从一名顾客处收取6 000的汽车贷款还款，贷款利率为6%，该顾客借了多少资金？

解：$P = A \cdot \frac{1-(1+i)^{-n}}{i}$

$= 6\ 000 \times \frac{1-(1+6\%)^{-8}}{6\%}$

$= 6\ 000 \times 6.209\ 8$

$= 37\ 258.8$（元）

在年金现值的一般公式中有四个变量P，A，i，n，已知其中的任意三个变量都可以计算出第四个变量。

（2）先付年金。

先付年金是指每期期初有等额的收付款项的年金，又称预付年金或即付年金。如图2-3所示。

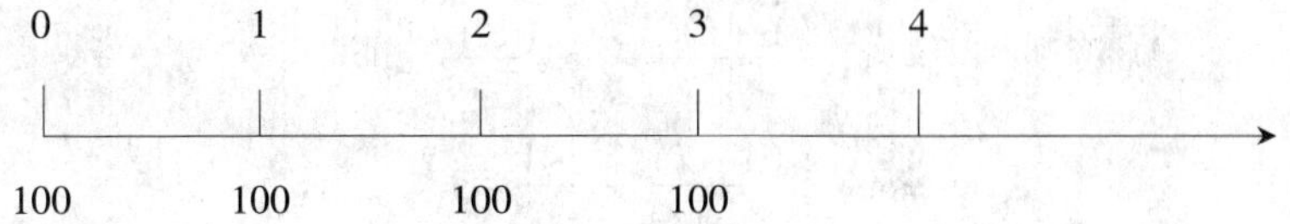

图2-3　先付年金

图2-3中，横轴代表时间，用数字标出各期的顺序号，竖线的位置表示

支付的时刻，竖线下端数字表示支付的金额。上图表示四期内每年 100 元的先付年金。

①先付年金的终值。先付年金终值是指一定时期内每期期初等额收付款项的复利终值之和。例如，按图 2－4 的数据，假设 $i=6\%$，第四期期末的年金终值的计算见图 2－4。

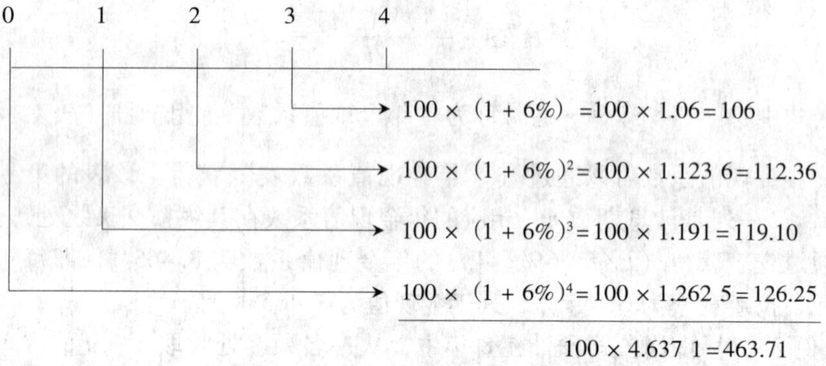

图 2－4　先付年金终值的计算图

从图 2－4 可知，第一期期初的 100 元，有 4 个计息期，其复利终值为 126. 25 元；第二期期初的 100 元，有 3 个计息期，其复利终值为 119. 10 元；第三期期初的 100 元，有 2 个计息期，其复利终值为 112. 36 元；而第四期期初的 100 元，有 1 个计息期，其复利终值为 106 元。将以上四项加总得 463. 71 元，即为整个的先付年金终值。

从以上的计算可以看出，先付年金与普通年金的付款期数相同，但由于其付款时间的不同，先付年金终值要比普通年金终值多计算一期利息。因此，可在普通年金终值的基础上乘上 $(1+i)$ 就是先付年金的终值。

先付年金的终值 F 的计算公式为：

$$F=A\cdot\frac{(1+i)^{n}-1}{i}\cdot(1+i)$$

$$=A\cdot\frac{(1+i)^{n+1}-(1+i)}{i}$$

$$=A\cdot\left[\frac{(1+i)^{n+1}-1}{i}-1\right]$$

公式中 $\frac{(1+i)^{n+1}-1}{i}-1$ 通常称为“先付年金终值系数”，它是在普通年金终值系数的基础上，期数加 1，系数减 1 求得的，可表示为 $[(F/A,\ i,\ n+$

1） -1]，可通过查“普通年金终值系数表”得（$n+1$）期的值，然后减去1可得对应的先付年金终值系数的值。例如［（F/A，6%，4+1） -1]，（F/A，6%，4+1）的值为5.637 1，再减去1，得先付年金终值系数为4.637 1。

【例2-8】朱山公司租赁写字楼，每年年初支付租金5 000元，年利率为8%，该公司计划租赁12年，需支付的租金为多少？

解：$F=A\cdot\left[\dfrac{(1+i)^{n+1}-1}{i}-1\right]$

$=5\,000\times\left[\dfrac{(1+8\%)^{12+1}-1}{8\%}-1\right]$

$=102\,475$（元）

或：$F=A\times[(F/A,\ i,\ n+1)-1]$

$=5\,000\times[(F/A,\ 8\%,\ 12+1)-1]$

查“年金终值系数表”得：

$(F/A,\ 8\%,\ 12+1)=21.495$

$F=5\,000\times(21.495-1)=102\,475$（元）

②先付年金的现值。先付年金现值是指一定时期内每期期初收付款项的复利现值之和。例如，按图2-5的数据，假如$i=6\%$，其先付年金现值的计算如图2-5。

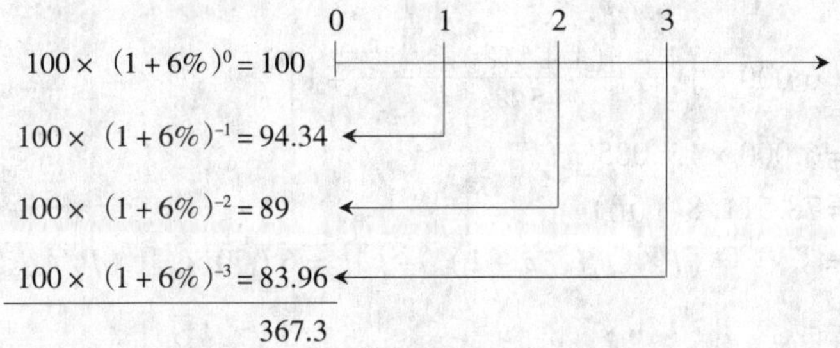

图2-5 先付年金现值的计算图

从图2-5可知，第一期期初的100元，没有计息期，其复利现值仍然为100元；第二期期初的100元到第一期初，经历了1个计息期，其复利现值为94.34元；第三期期初的100元到第一期初，经历了2个计息期，其复利现值为89元；第四期期初的100元到第一期初，经历了3个计息期，其复利现值为83.96元。将以上四项加总得367.3元，即为四期的先付年金现值。

从以上的计算可以看出，先付年金与普通年金的付款期数相同，但由于其付款时间的不同，即付年金现值比普通年金现值少折算一期利息。因此，可在普通年金现值的基础上乘上（1 + i）就是先付年金的现值。

先付年金的现值 P 的计算公式为：

$$P = A \cdot \frac{1-(1+i)^{-n}}{i} \cdot (1+i)$$

$$= A \cdot \left[\frac{(1+i)-(1+i)^{-(n-1)}}{i}\right]$$

$$= A \cdot \left[\frac{1-(1+i)^{-(n-1)}}{i}+1\right]$$

公式中$\left[\frac{1-(1+i)^{-(n-1)}}{i}+1\right]$通常称为“即付年金现值系数”。先付年金现值系数是在普通年金现值系数的基础上，期数减 1，系数加 1 求得的，可表示为［（P/A，i，$n-1$）+1］，可通过查“年金先现值系数表”，得（$n-1$）期的值，然后加上 1 可得对应的先付年金现值系数的值。例如［（P/A，6%，4－1）+1］，（P/A，6%，4－1）的值为 2.673，再加上 1，得先付年金现值系数为 3.673。

【例 2－9】熊初成分期付款购买住宅，每年年初支付 6 000 元，20 年还款期，设银行借款利率为 5%，该项分期付款如果现在一次性支付，需支付多少现金？

解：$P = A \cdot \left[\frac{1-(1+i)^{-(n-1)}}{i}+1\right]$

$$= 6\,000 \times \left[\frac{1-(1+5\%)^{-(20-1)}}{5\%}+1\right]$$

$$= 6\,000 \times 13.085\,3$$

$$= 78\,511.8$$（元）

或：$P = A \times [(P/A, i, n-1)+1] = 6\,000 \times [(P/A, 5\%, 20-1)+1]$

查“年金现值系数表”得：（P/A，5%，20－1）＝12.085 3

P = 6 000 ×（12.085 3 + 1）＝78 511.8（元）

（3）递延年金。

递延年金是指第一次收付款发生时间是在第二期或者第二期以后的年金。它是普通年金的特殊形式。递延年金的收付形式如图 2－6。

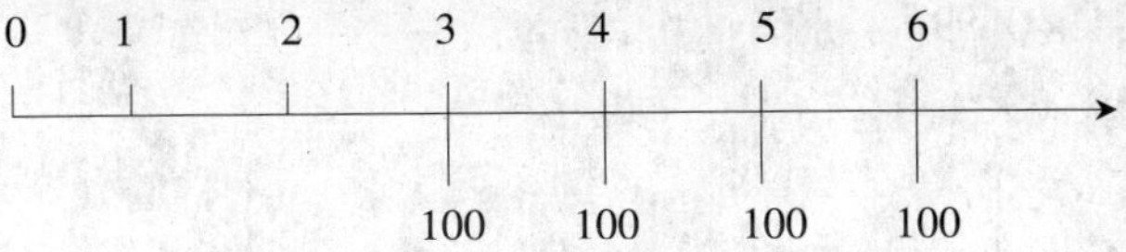

图 2-6 递延年金

从图 2-6 可以看出，递延年金是普通年金的特殊形式，第一期和第二期没有发生收付款项，一般用 m 表示递延期数，$m=2$。从第三期开始连续 4 期发生等额的收付款项，$n=4$。

①递延年金终值。递延年金终值的计算方法与普通年金终值的计算方法相似，其终值的大小与递延期限无关。

②递延年金现值。递延年金现值是自若干时期后开始每期款项的现值之和。其现值计算方法有三种：

方法一：第一步，把递延年金看作 n 期普通年金，计算出递延期末的现值；第二步，将已计算出的现值折现到第一期期初。

方法二：第一步，计算出（$m+n$）期的年金现值；第二步，计算 m 期年金现值；第三步，将计算出的（$m+n$）期扣除递延期 m 的年金现值，得出 n 期年金现值。

方法三：先求出递延年金的终值，再将其折算为现值：

$$P=A\ (F/A,\ i,\ n)\ \cdot\ (P/F,\ i,\ n)$$

【例 2-10】如图 2-7 所示数据，假设银行利率为 6%，其递延年金现值为多少？

方法一：

解：计算 4 期的普通年金现值。

$$P_2=A\cdot\frac{1-(1+i)^{-n}}{i}$$

$$=100\times\frac{1-(1+6\%)^{-4}}{6\%}$$

$$=100\times3.4651$$

$$=346.51\text{（元）}$$

已计算的普通年金现值，折现到第一期期初。

$$P_0=P_2\times\frac{1}{(1+i)^m}$$

$$=346.51\times\frac{1}{(1+6\%)^2}$$

$=346.51\times0.89$

$=308.39$（元）

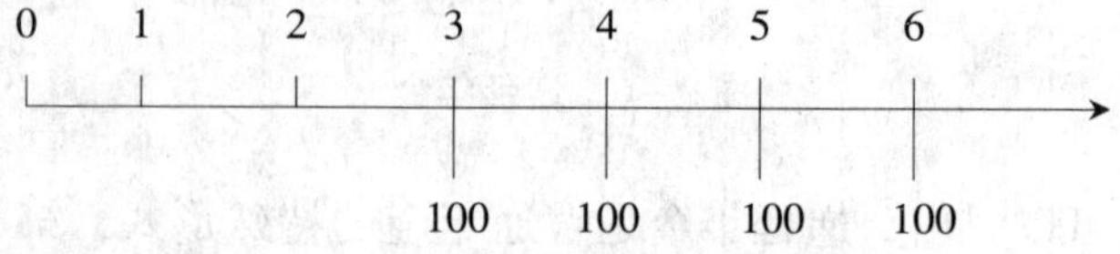

图 2－7　递延年金现值计算方法一

方法二：

$$P_{m+n}=100\times\frac{1-(1+6\%)^{2+4}}{6\%}$$

$=100\times4.9173$

$=491.73$（元）

$$P_m=100\times\frac{1-(1+6\%)^{2}}{6\%}$$

$=100\times1.8334$

$=183.34$（元）

$P_m=P_{m+n}-P_m$

$=491.73-183.34$

$=308.39$（元）

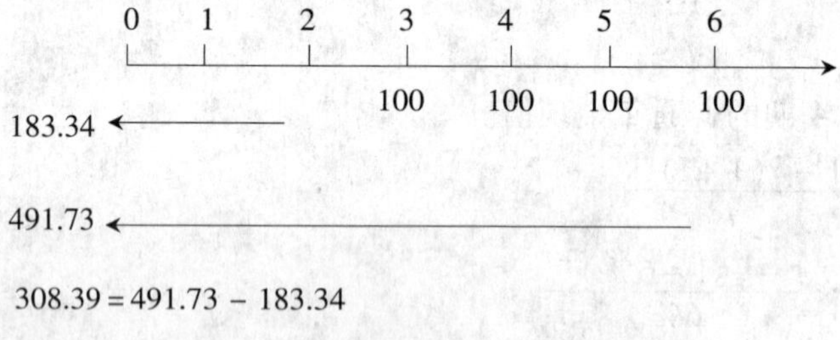

图 2－8　递延年金现值计算方法二

方法三：同学们试着做一下，看结果和上述两种方法的结果是否一致。

（4）永续年金。

永续年金是指无限期等额收付的特种年金，如优先股股利。由于永续年金持续期无限，没有终止时间，因此没有终值，只有现值。永续年金可视为普通年金的特殊形式，即期限趋于无穷的普通年金。存本取息可视为永续年金的例子。此外，也可以将利息率较高、持续期限较长的年金视同永续年金计算。其现值的计算公式可由普通年金现值公式推出。

永续年金现值 P 的计算公式为：

$$P = A \times \frac{1 - (1+i)^{-n}}{i} = A \times \frac{1 - \frac{1}{(1+i)^n}}{i}$$

当 $n \to \infty$ 时，$\frac{1}{(1+i)^n} \to 0$

故：
$$P = \frac{A}{i}$$

【例 2－11】小初成持有南岗公司的优先股，每年每股股利为 1.8 元。如果长期持有，在利率为 8% 的情况下，要求对该股股票投资进行估价。

解：这是个求永续年金现值的问题，即假设该优先股每年股利固定且持续较长时期，计算出这些股利的现值之和，即为该股股票的估价。

$P = A/i = 1.8/8\% = 22.50$（元）

这在企业价值评估和企业并购确定目标企业价值时经常用到。

2.1.3 资金时间价值的特殊问题

1. 复利计息频数

复利计息频数是指利息在一年中复利多少次。计息期数和计息率均可按下列公式进行换算：

$$r = \frac{i}{m}$$

$$t = m \cdot n$$

公式中，r 为期利率；i 为年利率；m 为每年的计息次数；n 为年数；t 为换算后的计息期数。其终值和现值的计算公式分别为：

$$F = P \cdot (1+r)^1 = P \cdot \left[1 + \frac{i}{m}\right]^{m \cdot n}$$

$$P = F/(1+r)^1 = F/\left[1 + \frac{i}{m}\right]^{m \cdot n}$$

【例 2－12】存入银行 1 000 元，年利率为 12%，计算按年、半年、季、月的复利终值。

解：（1）按年复利的终值：

$F_1 = 1\,000 \times (1 + 12\%) = 1\,120$（元）

（2）按半年复利的终值：

$F_2 = 1\ 000 \times [1 + (12\%/2)]^2 = 1\ 123.6$（元）

（3）按季复利的终值：

$F_3 = 1\ 000 \times [1 + (12\%/4)]^4 = 1\ 125.51$（元）

（4）按月复利的终值：

$F_4 = 1\ 000 \times [1 + (12\%/12)]^{12} = 1\ 126.83$（元）

从以上计算可以看出，按年复利终值为 1 120 元，按半年复利终值为 1 123.6元，按季复利终值为 1 125.51 元，按月复利终值为 1 126.83 元。一年中计息次数越多，其终值就越大，而其现值则越小。这二者的关系与终值和计息次数的关系恰好相反。

【例 2－13】南岗公司将 20 万元存入银行，年利率为 10%，若每半年复利一次，问 5 年以后能得到本利和多少元？

解：$i = (1 + r/m)^m - 1 = (1 + 10\%/2)^2 - 1 = 10.25\%$

$F = P(1 + 10.25\%)^5 = 325\ 780$（元）

2. 分数计息期

在前面的终值与现值的计算中，计息期都是整数。但是在实际中，会出现计息期是分数的情况，如 $n = 10/3$。

（1）分数计息期的年金现值。

【例 2－14】南岗公司半年后，需每年支付 100 万元的 5 年期的年金，折现率为 6%，其现值是多少？

解：公司要在半年后支付 5 年期的年金，若在半年前看，该年金是 5 年期的普通年金，可用年金现值公式计算：

$$P = 100 \times \frac{1 - (1 + 6\%)^{-5}}{6\%}$$

$$= 100 \times 4.212\ 4$$

$$= 421.24 \text{（万元）}$$

将计算的结果看作是单一的现金流量，利用复利终值公式，复利半年（0.5 年）。

$F = 421.24 \times (1 + 6\%)^{0.5} = 421.24 \times 1.029\ 6 = 433.71$（万元）

（2）分数计息期的年金终值。

【例 2－15】南岗公司一年后，需每年支付 100 万元年金，折现率为 6%，该公司 3 年期年金在 3.5 年的价值是多少？

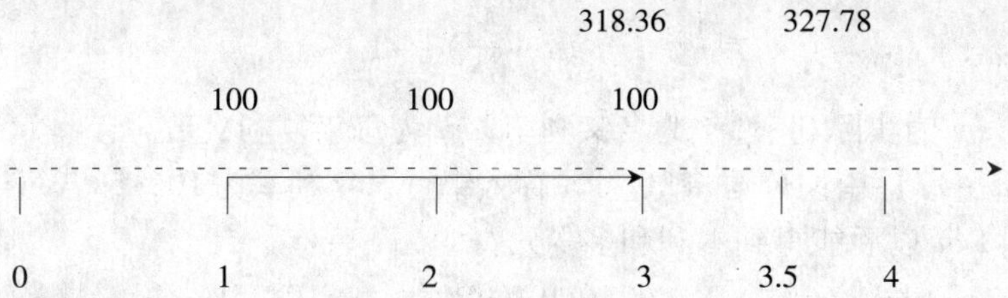

图 2－9　分数计息期的年金终值

同学们可以试着做一下。(原理方法同例 2－14)

3. 求解折现率（利息率）

一般地，采用内插法或插值法计算折现率（利息率）。内插法或插值法是指利率同相关系数在较小的范围内线性相关，因而可通过临界系数 β_1，β_2 和利率 i_1，i_2 计算出 i，其公式为：

$$i = i_1 + (\beta_1 - \alpha) \div (\beta_1 - \beta_2) \times (i_1 - i_2)$$

【例 2－16】南岗公司老员工张强现在向银行存入 7 000 元，按复利计算，在利率为多少时，才能在 8 年后每年得到 1 000 元？

解：$P/A = (P/A, i, n)$

$7\,000/1\,000 = (P/A, i, 8)$

$7 = (P/A, i, 8)$

查“年金现值系数表”，当利率为 3% 时，系数是 7.019 7；当利率为 4% 时，系数是 6.463 2。因此判断利率应在 3% ~4% 之间，设利率为 x，则用内插法计算 x 值。

我们设 β_1，β_2 分别为 3%，4%；利率 i_1，i_2 分别为 7.019 7，6.463 2，

利率			年金现值系数		
3%	$x\%$	1%	7.019 7	0.019 7	0.556 5
?			7		
4%			6.463 2		

$$\frac{x}{1} = \frac{0.019\,7}{0.556\,5}$$

$x = 0.035\,4$

故：$i = 3\% + 0.035\,4\% \approx 3.04\%$

2.1.4　名义利率与实际利率的换算

当每年复利次数超过一次时，这样的年利率叫做名义利率。每年只复利一次的利率是实际利率。实际利率和名义利率之间的换算公式为：

$$i=\left(1+\frac{r}{m}\right)^m-1$$

式中，i 为实际利率；r 为名义利率；m 为每年复利次数。

【例 2－17】南岗公司将 20 万元存入银行，年利率为 10%，若每半年复利一次，问 5 年以后能得到本利和多少元?

解：$i=(1+r/m)^m-1=(1+10\%/2)^2-1=10.25\%$

$F=P(1+10.25\%)^5=325\ 780$ 元

2.2 风险价值

资金时间价值是在没有考虑风险和通货膨胀下的投资收益率，没有涉及风险问题。实质上，在财务活动中风险是客观存在的，任何冒险行为都期望取得一种额外收益，这就产生了风险与收益对称的问题。因此，在财务活动中，我们必须树立风险价值观念。企业的经济活动大都是在有风险和不确定的情况下进行的，离开了风险因素就无法正确评价企业收益的高低。投资风险价值原理，揭示了风险同收益之间的关系，它同资金价值原理一样，是财务决策的基本依据。财务管理人员应当理解和掌握投资风险价值的概念和有关计算方法。

2.2.1 风险价值的概念

风险一般是指某一行动的后果所具有的不确定性。如果某一行动的后果是确定的，就意味着没有风险；如果是不确定的就说明存在风险。然而，严格地讲，风险和不确定性是有区别的。风险是事先可以知道某一行动所有可能的后果以及每一种后果出现的概率；不确定性是事先不知道某一行动所有可能的后果，或者虽然知道所有可能后果，但并不知道它们出现的概率。风险分析实务中，风险和不确定性很难区分。当面临不确定性时，不得不依靠直觉判断，设想几种可能性并给出主观概率，使不确定性问题转化为风险问题。例如，在预计一个项目的报酬时，不可能十分精确，也没有百分之百的把握。有些事情的未来发展不能确知，如价格、销量、成本等方面都可能发生预想不到并且无法控制的变化。

风险是客观存在的，是不以人的意志为转移的。风险的客观性基于两个原因：一是缺乏信息；二是决策者不能控制事物的未来状况。

市场经济是风险经济，风险广泛存在于企业的财务活动中，并且对企业实现其财务目标有着重大影响。从财务管理的角度看，风险广泛存在于财务管理的全部活动中，具体包括筹资风险、投资风险和收益分配风险等。

筹资风险就是企业在资金筹集过程中所具有的不确定性。筹资风险与筹资时间、筹资数量和筹资方式密切相关。从筹资时间看，筹资的时间越长，不确定性因素就越多，筹资风险也就越大，因此，长期筹资的风险总是大于短期筹资的风险。从筹资的数量看，筹资的数量越多，筹资的风险也就越大，反之越小。从筹资方式看，每一种筹资方式所具有的风险是在不同的条件下产生的，采用股票方式筹资比商业信用方式筹资的风险大。

投资风险是企业在对筹集的资金确定其投向过程中所具有的不确定性。一般地，投资风险主要取决于投资的行业和投资时间的长短。长时间的投资风险大于短期投资的风险；至于将资金投资于不同行业的风险，往往是某一行业的利润越高，风险越大。

收益分配风险是企业在收益的形成和分配上所具有的不确定。收益分配风险的形成原因，一是在形成上，如果企业产品质量低劣，品种花色单一，产品销售不得力，势必影响企业收益的形成，使收益的形成面临风险；二是在分配上，如果在收益确定和分配时间、形式和金额上把握不当会产生风险。

此外，财务活动中的风险还包括了外汇风险及会计风险，这里不详述。

投资风险价值就是指投资者由于冒险进行投资而获得的超过资金时间价值的额外收益，又称投资风险收益。

1. 投资决策的类型

在市场经济条件下进行投资决策，所涉及的各个因素可能是已知的、可确定的，但许多时候未来情况并不十分明了，有时甚至连各种情况发生的可能性如何也不清楚。因此，根据对未来情况的掌握程度，投资决策可分为 3 种类型：

（1）确定性投资决策。

这是指未来情况能够确定或已知的投资决策。如购买政府发行的国库券，由于国家实力雄厚，事先规定的债券利息到期肯定可以实现，这种投资就属于确定性投资，即不存在风险和不确定的问题。

（2）风险性投资决策。

这是指未来情况不能完全确定，但各种情况发生的可能性——概率为已知的投资决策。如购买某家用电器公司的股票，已知该公司在经济繁荣、一般、萧条时的收益分别为 15%、10%、5%；另根据有关资料分析，认为近期该行业属于繁荣、一般、萧条的概率分别为 30%、50%、20%，这种投资就属于风险性投资。

（3）不确定性投资决策。

这是指未来情况不仅不能完全确定，而且各种情况发生的可能性也不清楚的投资决策。如投资于煤炭开发工程，若开发顺利可以获得 100% 的收益率，但若找不到理想的煤层则会发生亏损。至于能否找到理想的煤层，获利与亏损的可能性各有多少事先很难预料，这种投资就属于不确定性投资。

各种长期投资方案都有一些不能确定的因素，完全的确定性方案是很少见的。不确定性投资决策，因为对各种情况出现的可能性不清楚，无法加以计量，但如对不确定性投资方案规定一些主观概率，就可以进行定性分析。不确定性投资方案有了主观概率以后，与风险投资方案就没有多少差别了。因此，在财务管理中对风险和不确定性并不作严格区别，往往把两者统称为风险。

2. 投资风险价值的表示方法

投资风险价值有两种表示方法：风险收益额和风险收益率。投资者由于冒险进行投资而获得的超过资金时间价值的额外收益的金额，称为风险收益额；风险收益额对于投资额的比率，则称为风险收益率。在实际工作中，对两者并不严格区分，通常以相对数——风险收益率进行计量。

在不考虑物价变动的情况下，投资收益率包括两部分：一部分是资金时间价值，它是不经受投资风险而得到的价值，即无风险投资收益率；另一部分是投资风险价值，即风险投资收益率。其关系如下式：

$$投资收益率=无风险投资收益率+风险投资收益率$$

3. 风险与收益的权衡

风险意味着有可能出现与人们取得收益的愿望相背离的结果，但是，人们在投资活动中，由于主观努力，准确把握时机，往往能有效地避免失败，并取得较高的收益。所以，风险不同于危险，危险只能出现坏的结果，而风险则是指可能出现坏的结果，也可能出现好的结果。

风险在长期投资中是经常存在的。投资者讨厌风险，不愿意遭受损失，为什么又要进行风险性投资呢？这是因为有可能获得额外的收益——风险收益。人们总想冒较小的风险而获得较多的收益，至少要使所得的收益与所冒的风险相当，这是对投资的基本要求。因此，进行投资决策必须考虑各种风险因素，预测风险对投资收益的影响程度，以判断投资项目的可行性。

风险收益具有不易计量的特性。要计算在一定风险条件下的投资收益，必须利用概率论的方法，按未来年度预期收益的平均偏离程度来进行估量。

2.2.2 概率分布和预期收益

1. 概率

一个事件的概率是指这一事件的某种后果可能发生的几率。企业投资收益率是25%的概率为0.40，这意味着企业获得25%的投资收益率的可能性是40%。如果把某一事件所有可能的结果都列示出来，对每一结果给予一定概率，便可构成概率的分布。

【例2－18】南岗公司某投资项目有A、B两个方案，投资额为500万元，收益的概率分布如表2－1所示。

表2－1　某投资项目A、B两个方案收益的概率分布表

经济情况	概率（P_i）	收益额（随机变量 X_i）万元	
		A方案	B方案
繁荣	$P_1=0.20$	$X_1=60$	$X_1=70$
一般	$P_2=0.60$	$X_2=50$	$X_2=50$
较差	$P_3=0.20$	$X_3=40$	$X_3=30$

概率以 P_i 表示，任何概率都要符合以下两条规则：

① $0 \leqslant P_i \leqslant 1$；　　　　② $\sum_{i=1}^{n} P_i = 1$

这就是说，每一个随机变量的概率最小为0，最大为1，不可能小于0，也不可能大于1。全部概率之和必须等于1，即100%，n 为可能出现的所有结果的个数。

2. 预期收益

根据某一事件的概率分布情况，可以计算出预期收益。预期收益又称收益期望值，是指某一方案未来收益的各种可能结果，用概率为权数计算出来的加权平均数，是加权平均的中心值。其计算公式如下：

$$\bar{E} = \sum_{i=1}^{n} (X_i \times P_i)$$

式中，E 为预期收益；X_i 为第 i 种可能结果的收益；P_i 为第 i 种可能结果的概率；n 为可能结果的个数。根据表2－1资料，可分别计算A、B两个方案的预期收益如下：

A方案 $\bar{E}$：$60 \times 0.2 + 50 \times 0.6 + 40 \times 0.2 = 50$（万元）

B方案 $\bar{E}$：$70 \times 0.2 + 50 \times 0.6 + 30 \times 0.2 = 50$（万元）

3. 概率分布

在预期收益相同的情况下，投资的风险程度同收益的概率分布有密切的联系。概率分布越集中，实际可能的结果就会越接近预期收益，实际收益低于预期收益率的可能性就越小，投资的风险程度也越小；反之，概率分布越分散，投资的风险程度也越大。为了清晰地观察概率的离散程度，可根据概率分布表绘制概率分布图进行分析。

概率分布有两种类型：一种是非连续式概率分布，即概率分布在几个特定的随机变量点上，概率分布图形成几条个别直线；另一种是连续式概率分布，即概率分布在一定区间的连续点上，概率分布图形为由一条曲线覆盖的平面。

表 2－2 假定经济情况只有繁荣、一般、较差 3 种，概率个数为 3。根据该表资料可绘制不连续的概率分布图，如图 2－10、图 2－11 所示。

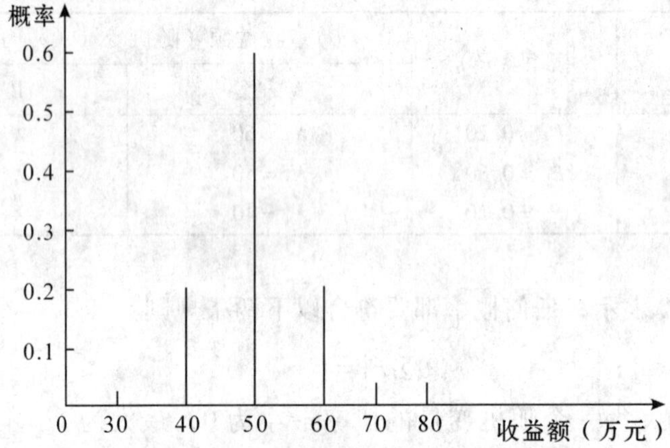

图 2－10　A 方案收益的非连续式的概率分布图

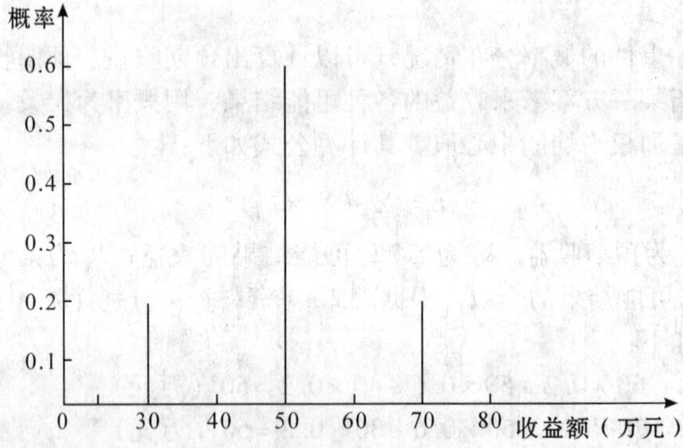

图 2－11　B 方案收益的非连续式的概率分布图

在实践中，经济情况在极度繁荣和极度衰退之间可能发生许多种可能的结果，有着许多个概率，而不是只有繁荣、一般、较差 3 种可能性。如果对每一种可能结果给予相应的概率，就可以绘制连续的概率分布图。以表 2－1 的资料为依据加以展开，可绘制图 2－12。

在图 2－10、图 2－11 中，收益为 50 万元的概率是 60%，而在图 2－12

中，其概率要小得多。因为在后一图中经济情况不只是 3 种，而是有许多种，那么每一种经济情况的概率自然就要下降。

由此可见，概率分布愈集中，概率分布中的峰度愈高，投资风险就越低。因为概率分布越集中，实际可能的结果就会越接近预期收益，实际收益率低于预期收益率的可能性就越小。如图 2-12 所示，A 方案收益的概率分布比 B 方案要集中得多，因而其投资风险较低。所以，对有风险的投资项目，不仅要考察其预期收益率的高低，而且要考察其风险度的大小。

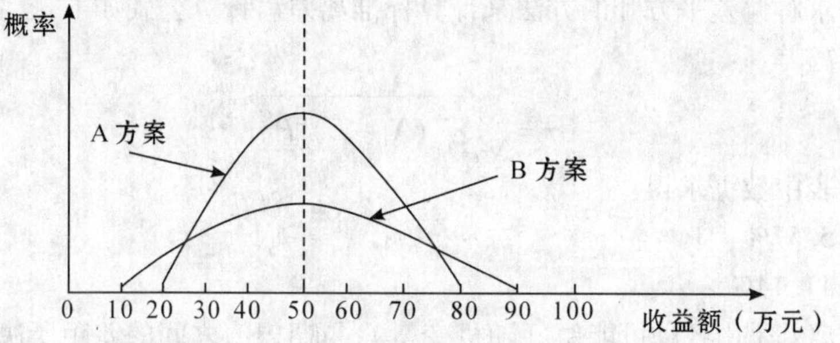

图 2-12　A、B 两方案收益的连续式概率分布图

2.2.3　投资风险收益的计算

投资风险究竟如何计量，这是一个比较复杂的问题，目前通常以能反映概率分布离散程度的标准离差来确定，根据标准离差计算投资风险收益。现结合实例说明如下。

【例 2-19】南岗公司某投资项目有甲、乙两个方案，投资额均为 10 000 元，其收益概率分布如表 2-2 所示：

表 2-2　某投资项目甲、乙两个方案收益的概率分布表

经济情况	概率（P_i）	收益额（随机变量 X_i）万元	
		A 方案	B 方案
繁荣	$P_1=0.30$	$X_1=20\%$	$X_1=30\%$
一般	$P_2=0.50$	$X_2=10\%$	$X_2=10\%$
较差	$P_3=0.20$	$X_3=5\%$	$X_3=0\%$

1. 计算预期收益

预期收益是表明投资项目各种可能结果集中趋势的指标，它是各种可能结果的数值乘以相应的概率而求得的平均值，其计算公式已在前文列示。甲、乙方案的预期收益可计算如下：

甲方案：$\bar{E}=20\%\times0.3+10\%\times0.5+5\%\times0.2=12\%$

乙方案：$\bar{E}=30\%\times0.3+30\%\times0.5+0\%\times0.2=14\%$

2. 计算预期标准离差

以上是在各种风险条件下，计算出期望可能得到的平均值为12%和14%。但是，实际可能出现的收益往往偏离期望值。如甲方案市场繁荣时偏离8%，销路一般时偏离-2%，销路较差时偏离-7%。要知道各种收益可能值（随机变量）与期望值的综合偏离程度是多少，不能用三个偏差相加的方法求得，而只能用求解偏差平方和的方法来计算标准离差。计算公式如下：

标准离差

$$\sigma=\sqrt{\sum_{i=1}^{n}(X_i-\bar{E})^2P_i}$$

代入表中数据求得：

$\delta_{甲}=5.57\%$

$\delta_{乙}=11.14\%$

标准离差是由各种可能值（随机变量）与期望值之间的差距所决定的。它们之间的差距越大，说明随机变量可变性越大，意味着各种可能情况与期望值的差别越大；反之，它们之间的差距越小，说明随机变量越接近期望值，意味着风险越小。所以，收益标准离差的大小，可看做是投资风险大小的具体标志。

3. 计算预期标准离差率

标准离差是反映随机变量离散程度的一个指标，但只能用来比较预期收益相同项目的风险程度，而不能用来比较预期收益不同的投资项目的风险程度。为了比较预期收益不同的投资项目的风险程度，还必须求得标准离差和预期收益的比值，即标准离差率，其计算公式如下：

标准离差率

$$V=\sigma\div\bar{E}\times100\%$$

根据以上公式，代入上例数据求得：

$V_{甲}=(5.57\%\div12.00\%)\times100\%=46.42\%$

$V_{乙}=(11.14\%\div14.00\%)\times100\%=79.57\%$

4. 计算应得风险收益率

收益标准离差率可以代表投资者所冒风险的大小，反映投资者所冒风险程度，但它还不是收益率，必须把它变成收益率才能比较。标准离差率变成收益率的基本要求是：所冒风险越大，得到的收益率也应该越高，投资风险收益应该与反映风险程度的标准离差率成正比例关系。收益标准离差率要转换为投资收益率，其间还需借助一个参数——风险价值系数，即：

$$应得风险收益率\ R_R = 风险价值系数\ B \times 标准离差率\ V$$

$$应得风险收益额\ P_R = 收益期望值\ \bar{E} \times \frac{风险收益率\ R_R}{无风险收益率\ R_F + 风险收益率\ R_R}$$

在上例中，假定投资者确定风险价值系数为8%，则应得风险收益率为：

甲方案：$R_R = 8\% \times 46.62\% = 3.73\%$

乙方案：$R_R = 8\% \times 79.57\% = 6.37\%$

下面再对风险价值系数的计算加以说明。

投资收益率包括无风险收益率和风险收益率两部分，投资收益率与标准差率之间存在着一种线性关系。如下式所示：

$$K = R_F + R_R = R_F + BV$$

式中，K 为投资收益率；R_F 为无风险收益率；R_R 为风险收益率；B 为风险价值系数；V 为标准离差率。

上式各项的关系如图 2－13 所示。

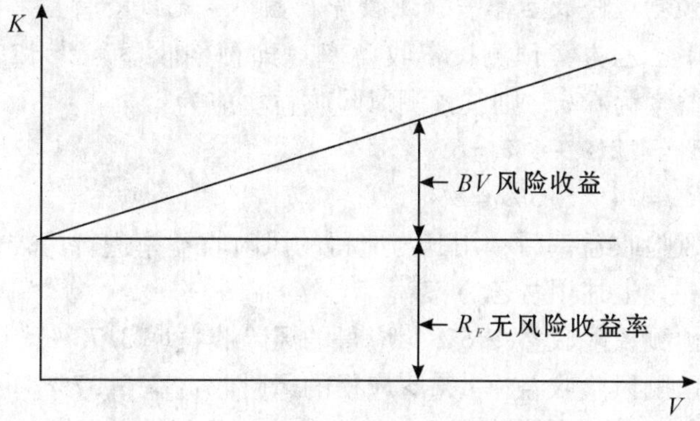

图 2－13　标准离差率（风险程度）

至于风险价值系数的大小，则是由投资者根据经验并结合其他因素加以确定的。通常有以下 3 种方法：

（1）根据以往同类项目的有关数据确定。根据以往同类投资项目的投资收益率、无风险收益率和标准离差率等历史资料，可以求得风险价值系数。假设企业进行某项投资，其同类项目的投资收益率为 10%，无风险收益率为 6%，标准离差率为 50%。根据公式 $K = R_F + BV$，可计算如下：

$$B = \frac{K - R_F}{V} = \frac{10\% - 6\%}{50\%} = 8\%$$

（2）由企业领导或有关专家确定。如果现在进行的投资项目缺乏同类项目的历史资料，不能采用上述方法计算，则可以根据已有的经验加以确定。可以由企业领导，如总经理、财务副经理、财务主任等研究确定，也可由企业组织有关专家确定。这时，风险价值系数的确定在很大程度上取决于企业对风险的态度。比较敢于冒险的企业，往往把风险价值系数定得低些；而比较稳健的企业，则往往定得高些。

（3）由国家有关部门组织专家确定。国家财政、银行、证券等管理部门可组织有关方面的专家，根据各行业的条件和有关因素，确定各行业的风险价值系数。这种风险价值系数的国家参数由有关部门定期颁布，供投资者参考。

5. 计算预测投资收益率，权衡投资方案是否可取

按照上列程序计算出来的风险收益率，是在现有风险程度下要求的风险收益率。为了判断某一投资方案的优劣，可将预测风险收益率同应得风险收益率进行比较，研究预测风险收益率是否大于应得风险收益率。对于投资者来说，预测的风险收益率越大越好。无风险收益率即资金的时间价值是已知的，根据无风险收益率和预测投资收益率，可求得预测风险收益率。其计算公式如下：

预测风险收益率 = 预测投资收益率 - 无风险收益率

前已求得甲、乙方案预测投资收益率（即预期收益）为12%、14%，已假定无风险收益率为6%，则其预测风险收益率应为：

甲方案：$R_R = 12\% - 6\% = 6\%$

乙方案：$R_R = 14\% - 6\% = 8\%$

求出预测风险收益率后，用其与应得的风险收益率进行比较，即可对投资方案进行评价。如上述甲、乙方案：

甲方案：预测风险收益率6% > 应得的风险收益率3.73%

乙方案：预测风险收益率8% > 应得的风险收益率6.37%

甲、乙方案预测可得风险收益率均高于应得的风险收益率，各该方案均为可取；否则为不可取。

以上是就每一个方案选择与否的决策而言的。如果对多个方案进行选择，那么进行投资决策的总原则应该是：投资收益率越高，风险程度越低越好。具体说来有以下4种情况：①如果两个投资方案预期收益率基本相同，应当选择标准离差较低的那一个投资方案；②如果两个投资方案的标准离差率基本相同，应当选择预期收益率较高的那一个投资方案；③如果甲方案预期收益率高于乙方案，而其标准离差率低于乙方案，则应当选择甲方案；④如果甲方案预期收益率高于乙方案，而其标准离差率也高于乙方案，在此情况下则不能一概而论，而要取决于投资者对风险的态度。有的投资者愿意冒较大的风险，以追求较高的收益率，可能选择甲方案；有的投资者不愿意冒较大的风险，宁肯接受较低的收益率，可能选择乙方案。但如甲方案收益率高于乙方案的程度大，

而其标准离差率高于乙方案的程度较小，则选择甲方案可能是比较适宜的。

应当指出，投资风险价值计算的结果具有一定的假定性，并不十分精确。研究投资风险价值原理，关键是要在进行投资决策时，树立风险价值观念，认真权衡风险与收益的关系，选择有可能避免风险、分散风险并获得较多收益的投资方案。我国有些企业在进行投资决策时，往往不考虑多种可能性，更不考虑失败的可能性，孤注一掷，盲目引进设备、扩建厂房、增加品种、扩大生产，以致造成浪费，甚至面临破产。这种事例屡见不鲜，应当引以为戒。因此，在投资决策中应当充分运用风险价值原理，充分考虑市场、经营中可能出现的各种情况，对各种方案进行权衡，以求实现最佳的经济效益。

关键概念

资金时间价值　投资风险价值　一次性收付款项终值　一次性收付款项现值　年金　折现率　概率分布　预期收益　预期标准离差　预期标准离差率　应得风险收益率　预测投资收益率

主要公式

1. 单利终值的公式：$F = P \cdot (1 + i \cdot n)$
2. 单利现值的公式：$P = F / (1 + i \cdot n)$
3. 复利终值的公式：$F = P \cdot (1 + i)^n$
4. 复利现值的公式：$P = F \cdot (1 + i)^{-n}$
5. 预期收益（收益期望值）$\bar{E} = \sum_{i=1}^{n} (X_i \times P_i)$
6. 标准离差 $\sigma = \sqrt{\sum_{i=1}^{n} (X_i - \bar{E})^2 P_i}$
7. 投资收益率 = 无风险投资收益率 + 风险投资收益率
8. 标准离差率 $V = \sigma \div \bar{E} \times 100\%$
9. 应得风险收益率 R_R = 风险价值系数 B × 标准离差率 V
10. 应得风险收益额 P_R = 收益期望值 $\bar{E}$ × $\dfrac{\text{风险收益率 } R_R}{\text{无风险收益率 } R_F + \text{风险收益率 } R_R}$
11. 投资收益率　$K = R_F + R_R = R_F + BV$

思考题

1. 什么是资金的时间价值？研究资金的时间价值有何重要意义？
2. 什么是复利？如何计算复利终值与现值？
3. 什么是年金？它有哪些种类？如何计算各种年金的终值与现值？
4. 什么是风险？它有何特征？
5. 衡量风险的指标有哪些？试分别简述其原理。
6. 什么是风险价值？如何计算风险价值？
7. 风险与收益的关系如何？如何计算投资收益率？

计算题

1. 熊初成持有一张带息票据，面额为2 000元，票面利率5%，出票日期为8月12日，到期日为11月10日（90天）。求：按单利计算，其到期的利息和终值是多少？

2. 熊初成希望在5年后取得本利和1 000元，用以支付一笔款项。则在利率为5%，单利方式计算条件下，他现在需要存入银行多少资金？

3. 熊初成将20 000元存入银行，年存款复利率为6%，则经过一年时间的本利和是多少？

4. 熊初成投资项目预计6年后可获得收益800万元，按年复利率（折现率）12%计算，这笔收益的现值是多少？

5. 假设某项目在5年建设期内每年年末从银行借款100万元，借款年利率为8%，则该项目竣工时应付本息的总额是多少？

6. 朱山公司有一笔4年后到期的借款，到期值为2 000万元。若存款年复利率为10%，则为偿还该项借款应建立的偿还基金是多少？

7. 租入某项设备，每年年末需要支付租金100元，年复利率为10%，则5年内应支付的租金总额的现值为多少？

8. 朱山公司现在借得1 000万元的贷款，在10年内以年利率12%等额偿还，则每年应付的金额为多少？

9. 南岗公司决定连续5年于每年年初存入200万元作为住房基金，银行存款利率为10%，则该公司在第5年末能一次取出本利和多少？

10. 熊初成在年初存入一笔资金，存满5年后每年末取出1 000元，至第10年末取完，银行存款利率为10%。他应在最初一次存入银行的钱数为多少？

11. 熊初成持有的南岗公司优先股，每股每年股利为2元，若他想长期持有，在利率为10%的情况下，请对该项股票投资进行估价。

12. 朱山公司于第一年年初借款20 000元，每年年末还本付息额均为4 000元，连续9年还清。请问借款利率是多少？

13. 后房公司拟购买一台柴油机，更新目前的汽油机。柴油机价格较汽油机高出2 000元，但每年可节约燃料费用500元。若利率为10%，求柴油机应至少使用多少年对企业而言才有利？

14. 南山公司于年初存入10万元，在年利率为10%，半年复利一次的情况下，到第10年末，该企业能得到多少本利和？

15. 南岗公司甲产品投产后预计收益情况和市场销量有关，可用表2-3描述各种可能的收益概率分布。求作市场预测与预期收益概率分布图。

表2-3　市场预测与预期收益概率分布表

市场情况	年收益 X_i	概率 P_i
销量很好	5	0.1
销量较好	4	0.2
销量一般	3	0.4
销量较差	2	0.2
销量很差	1	0.1

16. 以15题中有关数据为依据，计算甲产品投产后预计收益的期望值（即期望收益）。

17. 以15题中有关数据为依据，计算甲产品投产后预计年收益与期望收益的方差。

18. 以15题中有关数据为依据，计算甲产品投产后预计年收益与期望收益的标准离差。

19. 以15题中有关数据为依据，计算甲产品投产后预计年收益的标准离差率。

第三章 筹资管理

本章主要介绍筹资的目的与要求、筹资的渠道与方式、筹资的种类、资金需要量预测的定性预测法和定量预测法、自有资金的筹集方式及特点、借入资金的筹集方式及特点、个别资金成本和综合资金成本的计算、财务杠杆利益和最佳资金决策结构的基本方法。

学习目标：

- **了解企业筹集资金的必然性和要求，资本金的构成、筹集和保全管理；**
- **理解各种筹资渠道和筹资方式；**
- **掌握资金成本的计算方法和资本结构的决策原理。**

3.1 筹资管理概述

3.1.1 筹资的目的与要求

筹资活动是企业生存与发展的基本前提，没有资金，企业将难以生存，也不可能发展。筹资是指企业为满足其生产经营与资本支出等活动的需要，通过各种筹资渠道和方式经济地从外部有关单位和个人以及从企业内部筹措和集中资金的财务行为。它是企业生产经营活动的保证，是企业财务活动的内容之一，在企业财务管理中占有重要地位。所以，企业应科学合理地进行筹资活动。

1. 筹资的目的

企业筹资应服务于企业财务管理的总体目标，其基本目的是满足正常的生产经营需要，主要表现在以下 3 个方面：

(1) 满足企业设立的需要。

企业在新创建时筹集资金的主要目的是为了满足新企业的设立对资金的需要，其特点是以筹集资本金为主要内容。作为企业设立的前提，筹资活动是财务活动的起点。按照我国《公司法》和有关财务制度的规定，设立企业时，要根据经营方针确定生产经营规模，核定资金需要量，同时筹集相应的资本金。

不足部分可以通过短期或者长期的借款等方式进行筹集。资本金是企业在工商行政管理部门登记时的注册资金，是企业投资者投入的原始资金。例如，我国《公司法》规定设立公司必须具备资本金最低限额，股份有限公司注册资本最低限额为人民币500万元，有限责任公司注册资本最低限额为人民币3万元。

（2）满足生产经营的需要。

为满足生产经营需要而进行的筹资活动是企业最为经常性的活动，主要包括两个方面：一是维持性目的，即满足简单再生产的需要。企业通过筹集资金以便维持正常的生产经营活动。二是扩张性目的，即满足扩大再生产的资金需要。企业因扩大生产经营规模或者增加对外投资而产生追加筹资的动机，这主要适用于经营前景良好、处于成长期的企业。如企业生产经营的产品供不应求，开发了适销对路的新产品，追加对外投资，开拓企业经营领域和对外兼并等，这些都需要大量的资金投入，因此必须作为筹资的重点，确保资金能及时到位，否则将影响企业经营成果的有效取得。

（3）满足结构调整的需要。

资本结构是企业各种筹资方式的组合及其比例关系。企业在不同时期由于筹资方式不同，组合会形成不同的资本结构。随着环境和企业发展阶段的变化，已有的资本结构可能不再合理，需要相应地予以调整，使之符合企业价值最大化发展的需要，这也就是调整性目的。调整性目的，是指企业因调整现有资本结构的需要而产生的筹资动机。资本结构调整属于企业重大的财务决策事项，也是企业筹资管理的重要内容。

2. 筹资的基本要求

企业筹资的基本要求是经济有效。为达到这一基本要求，必须对影响筹资活动的各种因素进行分析，以保证资金能合理、合法并及时、有效地筹集。企业在开展筹资活动中应注意以下6个方面：

（1）规模适当。企业筹资的规模不仅受各种因素的制约，而且对筹资的效益有较大的影响，同时，企业对资金的需求也随着生产经营活动的变化而有所不同，因此，企业在筹资过程中，无论通过何种渠道、采用何种方式，都应预先确定资金的需要量，使筹资量与需要量相互平衡。同时，企业还应考虑投资活动在时间上的需要，科学地测算企业未来的资金流入量和流出量，确定合理的投放时机，防止因筹资不足而影响生产经营活动的正常开展，也尽量避免筹资过剩而造成资金闲置，降低筹资效益。

（2）筹资方式经济。企业筹资必须付出一定的代价，也就是资金成本。在筹资方式不同的条件下，资金成本是不同的，因此，企业必须认真选择筹资渠道和方式，力求降低资金成本。为减少财务风险，企业还应安排合理的资金结构。

（3）筹资时间及时。筹资及时是要求资金的筹集不能过早也不能太迟。货币资金具有时间价值，筹资过早，会形成资金沉淀，增加资金成本；筹资滞后，就会错过投资的最佳时间，甚至造成投资的失败。

（4）筹资比例合理。企业应适当安排自有资金比例，正确运用负债经营。企业全部资金包括自有资金和借入资金两部分，即所有者权益资金和负债资金。企业在筹资时，必须使自有资金和借入资金保持合理的结构关系，防止负债过多而增加财务风险，增加偿债压力；也不能因惧怕风险而放弃利用负债经营，造成自有资金的收益水平降低。

（5）优化投资环境。企业应积极创造吸引资金的条件。社会资金的投向直接取决于环境的优劣，因此，企业应不断优化投资环境，以吸引社会资金的投入。良好的经营作风、可靠的企业信誉、较强的盈利能力和良好的发展前景等，是一个较好的投资环境所必须具备的基本条件。

（6）来源合法。政府部门为了使国家经济发展有序进行，对资金市场和企业的筹资行为进行了宏观调控和严格管理，并制定了一系列的法律和规定。企业在筹资过程中，必须遵守这些法律和规定。

3. 筹资渠道

企业筹资渠道是指企业筹措资金来源的方向与通道，体现着资金的来源与流量。筹资渠道主要是由社会资金的提供者及数量分布所决定的。我国社会资金的提供者众多，数量分布广泛，为企业筹资提供了广泛的资金来源。认识企业筹资渠道的种类及其特点和适用性，有利于企业充分开拓和利用筹资渠道，实现各种筹资渠道的合理组合，有效地筹集资金。现阶段，我国企业筹集资金的渠道主要有：

（1）国家财政资金。国家财政资金是指国家以财政拨款、财政贷款、国有资产入股等形式向企业投入的资金，它是我国国有企业的主要资金来源。

（2）银行信贷资金。银行信贷资金是指商业银行和专业银行贷放给企业使用的资金，是企业一项十分重要的资金来源。

（3）非银行金融机构资金。非银行金融机构是指各种从事金融业务的非银行机构，如信托投资公司、租赁公司等。非银行金融机构的资金实力虽然较银行小，但它们的资金供应比较灵活，而且可以提供多种特定服务，该渠道已成为企业资金的重要来源。

（4）其他企业和单位资金。其他企业或非盈利组织，如各种基金会、各社会团体等，在组织生产经营活动或其他业务活动中，有一部分暂时或长期闲置的资金。企业间的相互投资和短期商业信用，使其他企业资金也成为企业资金的一项重要来源。

（5）职工和民间资金。职工和民间资金是指企业职工和城乡居民闲置的消费资金。随着我国经济的发展，人民生活水平不断提高，职工和居民的节余货币作为“游离”于银行及非银行金融机构之外的社会资金，可用于对企业进行投资。

（6）企业自留资金。企业自留资金是指企业内部形成的资金，包括从税后利润中提取的盈余公积金和未分配利润以及通过计提折旧费而形成的固定资产更新改造资金。这些资金的主要特征是，无须通过一定的方式去筹集，而是直接由企业内部自动生成或转移。

（7）外商资金。外商资金是指外国投资者及我国香港、澳门、台湾地区投资者投入的资金。随着国际经济业务的拓展，利用外商资金已成为企业筹资的一个新的重要来源。

4. 筹资方式

企业筹资方式是指企业筹措资金所采用的具体形式。如果说，筹资渠道客观存在，那么，筹资方式则属于企业的主观能动行为。如何选择适宜的筹资方式并进行有效的组合，以降低成本，提高筹资效益，是企业筹资管理的重要内容。目前我国企业的筹资方式主要有吸收直接投资、发行股票、银行借款、商业信用、发行债券和融资租赁等。

5. 筹资渠道与筹资方式的对应关系

筹资渠道解决的是资金来源的问题，筹资方式则解决企业如何取得资金的问题，两者相互独立又密不可分。特定的筹资渠道只能配以相应的筹资方式，而一定的筹资方式可能只适用于某一特定的筹资渠道。它们之间的对应关系可用表 3－1 来表示。

表 3－1　筹资方式与筹资渠道的对应关系

	吸收直接投资	发行股票	银行借款	发行债券	商业信用	融资租赁
国家财政资金	√	√				
银行信贷资金	√		√			
非银行金融机构资金	√	√	√	√		
其他企业资金	√	√		√	√	√
居民个人资金	√	√		√		√
企业自留资金	√					

3.1.2 筹资的分类

在实际工作中，企业的资金由不同类型的资金组成，并形成一定的资金结构。企业筹集的资金按不同分类标准，可分为以下3类：

1. 自有资金和负债资金

按所筹资金性质不同，资金可分为自有资金和负债资金。合理安排自有资金与负债资金的比例关系是企业筹资管理的核心内容。

(1) 自有资金。自有资金又称主权资本或权益资本，是企业依法筹集并长期拥有、自主支配的资金，其数额就是资产负债表中的所有者权益总额，也称净资产。它的特点是：①自有资金的所有权归属所有者，所有者无权以任何方式抽回资本，企业也没有还本付息的压力；②自有资金主要通过国家财政资金、其他企业资金、居民个人资金、外商资金等渠道，采用吸收直接投资、发行股票、留用利润等方式筹集形成。

(2) 负债资金。负债资金又称借入资金或债务资金，是企业依法筹集并依约使用、按期偿还的资金，其数额就是资金负债表中的负债总额，也称债权人权益。它的特点是：①负债资金只能在约定的期限内享有使用权，并负有还本付息的责任，筹资风险较大；②债权人有权按期索取利息或要求到期还本，但无权参与企业经营，也不承担企业的经营风险；③负债资金主要通过银行信贷资金、非银行金融机构资金、居民个人资金等渠道，采用银行借款、发行债券、商业信用、融资租赁等方式筹措取得。

2. 长期资金和短期资金

企业所筹资金中，按期限可分为长期资金和短期资金两类。

(1) 长期资金。长期资金是指占用期限在一年或一个营业周期以上的资金，主要用于满足购置固定资产、取得无形资产、开展长期对外投资、垫支长期占用的资产等方面。长期资金占用期限长，对企业短期经营的影响较小，但成本相对较高，投资风险较大。

(2) 短期资金。短期资金是指占用期限在一年或一个营业周期以内的资金，主要用于维持日常生产经营活动的开展。短期资金具有占用期限短、对短期经营影响大、资金成本相对低的特点。

3. 筹资和间接筹资

企业筹资按是否通过金融机构，可分为直接筹资和间接筹资两种类型。

(1) 直接筹资。直接筹资是指不通过金融中介机构而直接向资金供应者借入，或通过发行股票、债券等多种方式进行筹资。常用的形式有出让控股权、联合经营、融资租赁等。

(2) 间接筹资。间接筹资是指借助于银行等金融机构进行的筹资活动，其主要形式有银行借款、非银行金融机构借款等，是我国企业最为重要的筹资途径。

3.2 资金需要量预测

企业合理筹集资金的前提是科学地预测资金需要量，因此，企业在筹资之前，应当采用一定的方法预测资金需要量，以保证企业生产经营活动对资金的需求，同时也避免筹资过量造成资金闲置。企业资金需要量的预测可以采用定性预测法和定量预测法。

3.2.1 定性预测法

定性预测法，是指利用直观的资料，依靠预测者个人的经验、主观分析和判断能力，对未来时期资金的需要量进行估计和推算的方法。其预测过程是：首先，由熟悉财务情况和生产经营情况的专家，根据过去所积累的经验进行分析，提出预测的初步意见；然后，通过召开专家座谈会或者发出各种表格等形式，对上述预测的初步意见进行修正补充。这样经过一次或几次以后，得出预测的最终结果。

这种方法十分实用，但它由于缺乏完整的历史资料，不能揭示资金需要量与有关因素之间的数量关系，预测结果的准确性和可行性较差，一般只作为预测的辅助方法。

3.2.2 定量预测法

定量预测法是以历史资料为依据，采用数学模型对未来时期资金需要量进行预测的方法。这种方法预测的结果科学而准确，有较高的可行性，但计算较为复杂，要求具有完备的历史资料。定量预测法常用的方法有销售百分比法和线性回归分析法。

1. 销售百分比法

销售百分比法是根据销售额与资产负债表、利润表的有关项目间的比例关系，按照计划期销售额的增长情况来预测短期资金需要量的一种方法，是目前最流行的预测资金需要量的方法。使用这一方法的前提是假定报表项目与销售指标的比率一直固定不变，计划期的销售额是已知的。

其计算步骤如下：

（1）分析基期资产负债表各个项目与销售收入总额之间的依存关系，计算各敏感项目的销售百分比。

在资产负债表中，有一些项目会因销售额的增长而相应地增加，通常将这些项目称为敏感项目，包括现金、应收账款、存货、应付账款、应付费用和其他应付款等。而对外投资、固定资产净值、短期借款、长期负债、实收资本等项目，一般不会随销售额的增长而增加，因此将其称为非敏感项目。

（2）计算预测期各项目预计数并填入预计资产负债表，确定需要增加的资金额。计算公式为：

某敏感项目预计数＝预计销售额×某项目销售百分比

（3）确定对外界资金需求的数量。

上述预测过程可用下列公式表示：

$$对外筹资的需要量=\frac{A}{S}\times\Delta S-\frac{B}{S}\times\Delta S-P\times E\times S_1$$

式中，A 为随销售变化的资产（变动资产）；B 为随销售变化的负债（变动负债）；S 为基期销售额；S_1 为预测期销售额；ΔS 为销售的变动额；P 为销售净利率；E 为收益留存比率。

【例 3－1】南岗公司 2008 年 12 月 31 日的资产负债表如表 3－2 所示。

表 3－2　2008 年资产负债表　　单位：万元

资产	金额	负债与所有者权益	金额
货币资金	16	短期借款	6
应收账款	48	应付票据	12
存货	88	应付费用	0
预付费用	0	应付账款	40
固定资产净值	160	长期负债	60
		实收资本	150
		留用利润	44
资产总额	312	负债与所有者权益总额	312

该企业 2008 年的销售收入为 400 万元，税后净利为 13. 4 万元，销售净利率为 3. 35%，按 30% 的比例发放普通股利。目前企业尚有剩余生产能力，即增加收入不需要进行固定资产方面的投资。假定销售净利率仍保持上年水平，预计 2009 年销售收入提高到 500 万元，年末普通股股利发放比例不变，要求预测 2000 年需要增加资金的数量。

解：（1）根据 2008 年资产负债表编制 2009 年预计负债表（表 3－3）。

（2）确定需要增加的资金。首先，可根据预计资产负债表直接确认需追加的资金额；其次，也可分析测算需追加的资金额，求出表 3－3 中销售收入每增加 100 元需增加的资金占用，同时自动产生的资金来源。

表 3－3　2009 年预计资产负债表　　　　单位：万元

资产			负债与所有者权益		
项目	销售百分比	预计数	项目	销售百分比	预计数
货币资金	4%	20	短期借款	—	6
应收账款	12%	60	应付票据	3%	15
存货	22%	110	应付费用	—	—
预付费用	—	—	应付账款	10%	50
固定资产净值	40%	200	长期负债	—	60
			实收资本	—	—
			留用利润	—	—
			追加资本	—	—
合计	78%	390	合计	13%	131

（3）确定对外界资金需求的数量。

上述资金需求可通过企业内部筹集和外部筹集两种方式解决。2009 年预计净利润为 16.75 万元（500 ×3.35%），如果公司的利润分配给投资者的比率为 30%，则将有 70% 的利润即 11.725 万元被保存下来，从 65 万元（390－131－194）中减去 11.725 万元的留存收益，则还有 53.275 万元的资金必须通过外界来融通。

此外，也可根据上述资料采用公式求得对外界资金的需求量为：

对外筹集资金额 = 78% ×100 － 13% ×100 － 3.35% ×70% ×500 = 53.275（万元）

2. 线性回归分析法

线性回归分析法又称为资金习性预测法，就是应用最小平方法的原理，对过去若干期间的销售额及资金总量（即资金占有量）的历史资料进行分析，按 $y = a + bx$ 的公式来确定反映销售收入总额（x）和资金总量（y）之间的回归直线，并据以预测计划期间资金需要量的一种方法。该方法是在资金变动与产量变动关系的基础上，将企业资金划分为不变资金和变动资金，然后结合预计的产销量来预测资金需要量。其基本模型为：

资金占用量（y）= 不变资金（a）+ 变动资金（bx）

=不变资金（a）+单位产销量所需的变动资金（b）×产销量（x）

即：
$$y = a + bx$$

根据历史资料求出 a 和 b 并代入上式，建立预测模型，只要测定出产销量 x，就可以预测出资金占用量，a 和 b 的计算公式是：

$$a = (\sum y - b\sum x)/n$$

$$b = (n\sum xy - \sum x\sum y)/(n\sum x^2 - (\sum x)^2)$$

【例 3－2】南岗公司产销量和资金变化情况如表 3－4 所示。

表 3－4　产销量与资金变化情况

年份	产销量（x）万件	资金占用量（y）万元
2001	120	100
2002	110	95
2003	100	90
2004	120	100
2005	130	105
2006	140	110

预计 2007 年产销量为 160 万件，试计算 2007 年的资金需要量。

解：（1）根据表 3－4 整理编制出表 3－5：

表 3－5　产销量与资金变化计算表

年份	产销量（x）	资金占用量（y）	xy	x^2
2001	120	100	12 000	14 400
2002	110	95	10 450	12 100
2003	100	90	9 000	10 000
2004	120	100	12 000	14 400
2005	130	105	13 650	16 900
2006	140	110	15 400	19 600
$n=6$	$\sum x=720$	$\sum y=600$	$\sum xy=72\ 500$	$\sum x^2=87\ 400$

（2）把表 3－5 的资料代入公式，解得：

$a=40$　　　$b=0.5$

（3）把 $a=40$，$b=0.5$ 代入 $y=a+bx$，得：

$y=40+0.5x$

（4）将 2007 年预计销售量 160 万件代入上式，得出：

$y=40+0.5\times160=120$（万元）

3.3 自有资金的筹集

自有资金又叫权益资金，是指投资人投入企业的资本金及经营过程中形成的积累，它是企业的所有者权益，是企业得以成立、存在和发展的资本。自有资金的筹集方式主要有吸收直接投资、发行股票和利用留存收益等形式。

3.3.1 吸收直接投资的形式

吸收直接投资是企业以合同、协议等形式吸收国家、其他企业、个人和外商等主体直接投入资金，形成企业自有资金的一种筹资方式。

企业通过吸收投资方式筹集的资金可分为 4 类：吸收国家投资资金、吸收法人投资资金、吸收个人投资资金和吸收外商投资资金。

企业吸收的直接投资，根据投资者的出资形式可分为吸收现金投资和吸收非现金投资。

吸收现金投资是指企业吸收投资者投入的货币资金，是直接投资的最主要形式之一。企业在筹建时，必须吸收一定量的现金，各国的法律法规对现金在资本总额中的比例均有一定的规定。

吸收非现金投资是指企业吸收投资者投入的实物资产（包括房屋、建筑物、设备等）和无形资产（包括专利权、商标权、非专有技术、土地使用权等）等先进资产。企业在接受这类投资时，应注意做好资产评估、产权转移、财产验收等工作。对于接受的无形资产投资，企业要进行可行性分析和价值公允性评估，应该注意其数额是否符合有关无形资产出资额的规定。

1. 吸收直接投资的程序

（1）确定吸收直接投资的资金数额。企业新建或扩大经营规模而采取吸收直接投资方式时，和其他投资方式一样，要先确定资金的需要量。

（2）寻找投资伙伴，确定吸收直接投资的具体形式。为了让更多的投资者了解企业，寻找更多的资金来源，筹资企业应主动宣传自已的经营状况和盈利能力，以便寻找到合适的合作伙伴。投资者确定后，企业与投资方可进行具体协商，确定出资数量和出资方式，从使用资金的灵活性来考虑，企业应尽可能鼓励投资者以现金投资。如果投资方确有先进而且又适合企业需要的固定资产和无形资产，也可采用非现金资产。

（3）签署合同或协议等文件。企业采用吸收直接投资方式时，投资双方经过协商，在出资方式和收益分配等方面达成共识，应当由有关方面签署决定或者协议等书面文件。对于国有企业，应由国家授权投资的机构签署创建或增资拨款决定；对于合资企业，应由合资各方共同签订合资或者增资协议。投资吸收直接投资的合同应明确双方的权利与义务，包括投资人的出资数额、出资形式、资产交付期限、资产违约责任、投资收回、收益分配或损失分摊、控制权分割、资产管理等内容。

（4）取得资金来源。作为被投资企业，应督促投资人按时缴付出资，以便及时办理有关资产验证、注册登记等手续。

2. 吸收直接投资的优缺点

（1）吸收直接投资的优点主要有：①直接接受实物投资，有利于快速形成生产能力，满足生产经营的需要。②有利于增强企业信誉，提高企业借款能力。吸收直接投资属自有资金，可扩大企业实力。③可以规避财务风险。企业可以根据自身经营状况的好坏进行分配，经营状况好可以多分配一些利润，否则可以不分配或少分配利润，所以企业承担的偿付风险小。

（2）吸收直接投资的缺点主要有：①资金成本高。一般而言，采用吸收直接投资方式筹集的资金所需要负担的成本较高，特别是企业经营状况不好时更是如此。因为企业是用税后利润支付投资者报酬的，且视经营状况而定，所以资金成本较高。②容易导致企业控制权分散。采用吸收直接投资方式筹集资金，投资者一般要求参与企业管理，当企业接受外来投资较多时，容易造成控制权分散，甚至使企业完全失去控制权。

3.3.2 普通股

1. 股票的分类

股票是股份有限公司为筹集权益资金而发行的有价证券，是公司签发的证明股东持有股份的权利和承担义务的凭证。股票应载明公司名称、股票种类、票面金额及代表的股份数、股票编号等主要事项。同一种类的每种股份应当具有同等权利。同次发行的同种类股票，每股发行条件和价格应当相同。任何单位或个人所认购的股份，每股应当支付相同价额。股票采用纸面形式或者国务院证券监督管理机构规定的其他形式。

根据不同标准，可以对股票进行不同的分类。

（1）按股票票面是否记名分为记名股票与无记名股票。

记名股票是在股票上载有股东姓名或名称，并将其记入公司股东名册的一种股票。记名股票要同时附有股权手册，只有同时具备股票和股权手册，才能领取股息和红利。记名股票的转让、继承都要办理过户手续。

无记名股票是指不在股票上记载股东姓名或名称的股票。凡持有无记名股票的人都可以成为公司股东。无记名股票的转让、继承无需办理过户手续，只要将股票交给受让人，就可发生转让效力，移交股权。

我国《公司法》规定，公司向发起人、国家、法人发行的股票，必须采用记名股票；而对社会公众发行的股票，可以是记名股票，也可以是无记名股票。在股票转让时，记名股票需背书转让，并需办理所有者变更登记；而无记名股票转让时要简单些，不需上述手续。

（2）按股票票面有无金额分为面值股票和无面值股票。

面值股票是指股票的票面上记载每股金额的股票。股票面值的主要功能是确定每股股票在公司所占的份额。也就是说，这种股票只在票面上注明每股占公司全部净资产的比例，其价值随公司财产价值的增减而增减。

（3）按发行对象和上市地区不同分为 A 股、B 股、H 股和 N 股等。

在我国内地，有 A 股、B 股。A 股是以人民币标明票面金额，并以人民币认购和交易的股票；B 股是以人民币标明票面金额，以外币认购和交易的股票。另外，还有 H 股和 N 股。H 股为在香港上市的股票；N 股是在纽约上市的股票。

（4）按股东享受权利和承担义务不同分为普通股和优先股。

普通股票简称普通股，是股份有限公司依法发行的具有管理权、股利不固定的股票。普通股具备股票的最一般特征，是股份公司资本的最基本部分。

优先股票简称优先股，是股份公司依法发行的具有一定优先权的股票。从法律上来讲，企业对优先股不承担法定的还本义务，是企业自有资金的一部分，其股利的分配比例是固定的，这与债券利息相似。因此，优先股是一种具有双重性质的证券，既属自有资金，又兼有债券性质。

普通股与优先股的区别在于两者的权利和义务不同：

①在收益的分配上，普通股股东可按其持有股份或出资比例获得企业分配的利润，其获利水平随企业盈利水平的变动而变动，且一般高于优先股；优先股的持有者可享有较固定的股息，公司有利润时可优先于普通股得到支付，公司利润达到一定水平时也可能享受剩余利润，但较普通股的权利小些。

②在剩余财产分配上，当企业转入清算时，优先股对企业剩余财产的分配顺序在普通股之上。

③在对公司控制权的影响上，普通股股东可参与企业经营管理，对企业经营活动有表决权，且当股份公司增发新股时，普通股股东享有优先认股权；优先股股东却无这些权力。

④在应承担的义务上，当公司出现经营亏损或发生破产清算时，普通股股东按出资额或所占股份承担公司的经营损失和经济责任；优先股股东一般无此义务，但优先股也可能要承担收不回本金的风险。

2. 股票发行的目的

股份公司发行股票，总的来说是为了筹集资金，但具体来说，有不同原因，主要有：

（1）设立新的股份公司。即首次发行股票成立股份公司。

（2）扩大经营规模。即增资发行，新发行的股票不能超过核定的资本额度。如果拟发行的股票在核定资本的额度内，只需经董事会批准；如果超过了核定资本额度，则需召开股东大会重新核定资本额度。在核定的资本额度内增资发行，董事会通过之后，还要呈报政府有关机构，办理各种规定的手续。

（3）其他目的。其他目的的股票发行通常与集资没有直接联系，如发放股票股利。

3. 股票发行的条件

虽然股份公司和股票市场是市场经济条件下极为普遍的现象，而且也是市场经济发达程度的重要标志，但股票的发行必须遵守一定的法律和规定。按国际惯例，股份公司发行股票必须具备一定的发行条件，取得发行资格，并办理必要手续。

（1）按照我国《公司法》和《证券法》的规定，公司公开发行新股应当符合下列条件：

①具备健全且运行良好的组织机构；

②具有持续盈利的能力，财务状况良好；

③最近三年财务会计文件无虚假记载，无其他重大违法行为；

④经国务院批准的证券监督管理机构规定的其他条件。

上市公司非公开发行新股，应当符合经国务院批准的证券监督管理机构规定的条件，并报国务院证券监督管理机构核准。

（2）股票发行的程序。

按照我国《公司法》的规定，企业公开发行股票应按下列程序办理：

①申请。申请发行股票的企业应聘请有资格的中介机构（会计师事务所、律师事务所）对其资信、资产、财务状况等进行审定、评估，并出具资产评估报告、审计报告和法律意见书，连同招股说明书按隶属关系向各级人民政府或中央企业主管部门提出申请。

②审批。各级政府及中央主管部门在收到企业提出的申请后，在规定的期限内作出审批决定，并抄报国务院证券管理委员会（简称证券委）。

③复审。被批准的发行申请应送证监会复审，证监会复审后抄报证券委。

④上市发行。经证监会复审同意后，申请人应向证券交易所上市委员会提出上市申请，经批准后即可上市发行。股票上市发行过程中的具体工作又分以下几个步骤；

a. 向社会公告股票发行决定；

b. 接受股票购买申请；

c. 办理购买者付款手续；

d. 向购买者交付股票；

e. 向承销机构支付手续费等；

f. 办理资本登记或资本变更登记；

g. 公告股票发行结束。

（3）股票发行价格的确定。

股票发行价格是指股份公司在股票发行市场上发行股票时所确定的价格，也是投资者认购股票时所支付的价格。通常由发行公司根据股票面额、股市行情和其他相关因素决定。通常股票的发行价有面值价、时价和中间价3种。

面值价是指按股票的面额发行股票时的发行价，它主要适用于新创立公司初次发行股票或原有股东认购新股，也称平价发行或等价；时价是指以流通中的股票现行价格作为基准确定的新股发行价，又叫市价；中间价是指介于股票面额和时常价格之间的某一价格。

股票的时价和中间价可能高于或者低于股票的面额，当股票发行价高于股票面额时叫溢价发行；当股票发行价低于股票面额时叫折价发行；以面值价发行股票时则叫平价发行。

通常在确定股票的发行价格时应考虑以下5个主要因素：

①市盈率。市盈率是指股票的每股市价与每股盈利的比值，用于体现股票的风险，反映着投资人获取收益的水平，是进行股票估价的重要参数，通常可把每股净利与市盈率的乘积作为股票发行价格。

②每股净值。每股净值是指股票的每一股份所代表的公司净资产数额。通常认为，股票的每股净值越高，股票的价格可定得越高。

③公司的市场地位。市场地位较高的公司，其经营水平、盈利水平和发展前景等一般都比较好，因而其股票的发行价格也比较高。

④证券市场的供求关系及股价水平。证券市场的供求关系对股票价格有着重要影响，当供过于求时股价一般较低；当供不应求时股价一般较高。一般来讲，股票价格不宜与股票市场的总体水平背离太多，否则容易使投资人持怀疑观望态度。

⑤国家有关政策规定。我国禁止股票折价发行，并且规定股票的发行价格在同一次发行中不能改变。

（4）股票上市对公司的影响。

股票上市是指股份有限公司公开发行的股票经批准在证券交易所进行挂牌交易。经批准在交易所上市交易的股票称为上市股票。我国《公司法》规定股东转让其股份，即股票流通必须在依法设立的证券交易所进行。

①通过股票上市，改善企业财务状况，增强融资能力。公司通过股票上市可迅速筹集一笔可观的资金，使公司财务状况发生改变，同时为今后在证券市场增资扩股和向金融机构借贷创造了便利条件。

②通过股票市价，评价公司价值。对上市公司来说，股票市价是评价企业价值大小的标准与尺度，每日每时的股市，都是对企业客观的市场估价，也反映了投资人对上市公司的认可程度。

③通过股票上市，提高企业知名度，扩大企业市场占有份额。一般来讲，上市公司因经营状况较佳而具有良好的声誉，更利于企业拓宽销售市场，吸引众多用户。

④通过股票上市，防止股份过于集中，同时还可以利用股票收购其他公司。由于上市公司股票具有良好的流通性，变现能力强，被收购企业因此乐意接受上市公司出让的股票，从而减轻了上市公司的付现能力，降低了财务风险。

⑤利用股票股权和期权可有效激励员工，尤其是企业关键人员，如营销、科技、管理等方面的人才。因为公开的股票市场提供了股票的准确价值，也可以使职员的股票得以兑现。

（5）股票上市对公司的不利影响。

主要表现在：

①容易泄露商业机密，使公司失去隐私权。公开上市的公司必须向社会公众公布其经营成果及重大经营事项等，以便使社会公众和股东随时了解公司的经营状况。这就使得上市公司隐私权消失，从而加大了管理人员的操作难度。

②公开上市需要很高的费用，包括资产评估费用、股票承销佣金、律师费、注册会计师费、材料印刷费、登记费等。这些费用的具体数额取决于每一个企业的具体情况、整个上市过程的难易程度和上市数额等因素。公司上市后尚需花费一些费用为证券交易所、股东等提供资料，聘请注册会计师、律师等。

（6）普通股筹资与优先股筹资的比较。

①普通股筹资与优先股筹资的共同点。发行股票筹措的是一种永久性的自

有资金，除公司转入清算外无须还本，因而股份公司可长期占用并拥有充分的自主使用权。这不仅能保障公司在持续经营期间拥有稳定的资金来源，还能作为债权人权利保障的基础提高公司的举债能力，而且由于股份公司的股东须按出资额承担公司的经营损失和经济责任，因而股票筹资又具有降低财务负担和分散经济损失的优点。此外，股票持有人作为股份公司的所有者不具备债权人的破产求偿权，因而股票筹资能避免破产偿债的风险。

股票筹资的不足之处，主要是资金成本过高。因为股利水平一般比债务利息要高，且股利只能以税后利润支付，而不能获得债务资金的抵税收益，因此股票资金的成本率通常是企业全部资金中最高的一种。

②普通股筹资的优缺点。与优先股相比，普通股筹资的主要优点是股利负担不固定，发行公司可根据其盈利状况决定是否支付股利及股利支付水平的高低。在公司经营状况或财务状况不佳时，可减少股利支出，以减轻财务负担。普通股筹资的主要缺陷体现在，普通股股东有经营决策权，因而对公司的经营自主权有一定的影响。

③优先股筹资的优缺点。与普通股相比，利用优先股的优势主要是能增强公司筹资弹性和保持股东控制权。由于优先股的种类多，公司可根据自身情况调整股本数额，改善资本结构，因而使筹资弹性加大。另外，优先股一般无权参与企业经营管理，因而发行优先股既可为企业筹得长期资金，又不影响前期普通股的控制权，还因其股利较固定可产生财务杠杆的作用，可能提高普通股的每股收益。优先股筹资的主要缺陷在于，当公司大量发行优先股时会给公司形成较大的股息偿付负担，影响正常偿债；若延期支付又会对公司形象造成不利影响。

3.4 负债资金的筹集

3.4.1 银行借款

银行借款是指企业根据合同向银行或者非银行金融机构借入所需要资金的一种筹资的方式，又称银行借款筹资，主要用于满足企业资金周转的需要，包括生产（商品）周转借款、临时借款、结算借款和票据贴现等。

（一）银行借款的种类

（1）按借款的期限分类：短期借款、中期借款和长期借款。

（2）按借款的条件分类：信用借款、担保借款和票据借款。

（3）按借款的提供机构分类：政策性银行贷款、商业银行贷款和其他金融机构贷款。

（二）银行借款的程序

企业从银行获得借款，都需要按照一定程序办理必要的手续，一般程序如下：

（1）提出借款申请。

企业申请贷款应具备的条件如下：具有法人资格；生产经营方向和业务范围符合国家政策，而且贷款用途符合银行贷款办法规定的范围；借款企业具有一定的物资和财产保证，或担保单位具有相应的经济实力；具有还贷能力；在银行开立有账户办理结算；借款企业财务管理和经济核算体制健全，资金使用效益良好。

银行对企业的借款理由进行审查同意后，企业要向银行递交《借款申请书》，说明借款原因、借款时间、借款数额、使用计划、还款计划等内容。同时应准备必要的能说明企业具备上述借款条件的资料。

（2）银行审批。

银行接到借款申请后，按照有关政策和借款条件，对借款企业进行审查，以决定是否批准企业申请的借款金额和用款计划。主要审查内容有企业的财务状况和企业信用，企业盈利稳定性，项目可行性、安全性和合法性及企业抵押品和担保情况。

（3）签订借款合同。

借款申请被批准后，借贷双方应就贷款条件进行谈判，然后签订借款合同。借款合同主要包括借款单位、借款用途、借款金额、借款日期、还款日期、还款计划等。

（4）取得借款。

借款合同签订后，企业即可在核定的指标范围内根据用款计划或实际需要，一次或分次将借款转入企业的存款结算账户使用。

（5）还本付息。

贷款到期后时，借款企业应按照贷款合同的规定按期清偿贷款本金及利息。

（三）银行借款的信用条件

一般地讲，银行借款的信用条件包括信贷额度、周转信用协定、补偿性余额、借款抵押、贷款偿还条件等5个方面。

1. 信贷额度

信贷额度亦即贷款限额，是借款人与银行在协议中规定的允许借款人借款的最高限额。如借款人超过规定限额继续向银行借款，银行则停止办理。此外，如果企业信誉恶化，即使银行曾经同意按信贷限额提供贷款，企业也可能得不到借款。这时，银行不会承担法律责任。例如，工商银行核定南岗公司2008 年年度内的信贷限额为 1 000 万元，那么该公司在这一年内如需要资金，可以在限额内向银行申请借款，但累积借款不能超过核准的信贷限额 1 000 万元。

2. 周转信用协定

周转信用协定，是指银行与企业签订的银行承诺提供不超过某一最高限额的贷款的协议。它是一种正式的信贷限额，这种协定，往往具有法律效力。在协定规定的期限内，借款人可以自由地使用其信贷额度，只要企业的借款总额未超过最高限额，银行必须满足企业任何时候提出的借款要求。借款人需要在规定的期限内对未使用的信贷额度向银行支付不定期比例的费用，以补偿银行所作的承诺，故称为承诺费。例如，银行与初成公司签订的周转信用协定规定，信用额为 200 万元，期限为半年，使用期限为 3 年。这就是说，该企业在未来 3 年内每半年可取得 200 万元的借款额度，相当于取得一笔 200 万元的 3 年期借款，不同的是每半年期时需将 200 万元归还，然后在下一个半年再使用不超过 200 万元的借款。对此，银行除按一般借款向借款人收取利息外，还要就贷款限额的未使用部分向借款人收取承诺费。如前例中的初成公司，若借款年利率为 10%，承诺费率为 0.5%，该企业在第一个半年中实际使用借款 180 万元，则这半年企业应付的利息与费用总额为 9.05 万元（180 × 5% + 20 × 0.25%）。

3. 补偿性余额

补偿性余额是银行要求借款人在银行中保持按贷款限额或实际借用额的一定百分比（通常为 10% ~ 20%）计算的最低存款余额。补偿性余额有助于银行降低贷款风险，补偿其可能遭受的损失；但对借款企业来说，补偿性余额则提高了借款的实际利率，加重了企业的利息负担。补偿性余额贷款实际利率的计算公式为：

补偿性余额贷款实际利率 = 名义利率/（1 - 补偿性余额比率） × 100%

4. 借款抵押

银行向财务风险较大、信誉不好的企业发放贷款时，往往需要有抵押品担保，以降低自己蒙受损失的风险。借款的抵押品通常是借款企业的应收账款、存货、股票、债券以及房屋等。银行接受抵押品后，根据抵押品的账面价值决定贷款金额，一般为抵押品账面价值的 30% ~ 50%。这一比率的高低取决于抵押品的变现能力和银行的风险偏好。抵押借款的资金成本通常高于非抵押借款，这是因为银行主要向信誉好的客户提供非抵押贷款，而将抵押贷款视为一种风险贷款，因而收取较高的利息。此外，银行管理抵押贷款比管理非抵押贷款更为困难，为此往往还须另外收取手续费。

5. 贷款偿还条件

贷款的偿还期分为到期一次偿还和在贷款期内定期（按月或季度）等额偿还两种方式。一般来说，企业不希望采用后一种方式，因为这会提高贷款的实际利率；而银行则不希望采用前一种方式，因为这会加重企业还款时的财务负担，增加企业的拒付风险，同时会降低实际贷款利率。不同的偿还方式，对企业的财务负担和筹资成本有不同的影响，企业应根据自身情况作出选择。

（四）贷款利率和利息支付方式

1. 收款法

收款法又称利随本清法，是在借款到期时向银行支付利息的方法。在收款法下，借款本息都在到期时一次清偿，借款的名义利率与实际利率一致。因此，收款法下的借款成本就是借款利率，但是，如果有其他附加条件，则应另行加以考虑。

2. 贴现法

贴现法是银行向企业发放贷款时，先从本金中扣除利息部分，而到期时借款企业再偿还全部本金的一种计息方法。在贴现法下，企业取得借款时要事先支付贷款利息，从而使企业能够使用的资金低于贷款总额，故其实际利率总是高于名义利率。

$$\text{借款实际利率}=\frac{\text{实付利息额}}{(\text{借款总额}-\text{实付利息额})\ \times n/12}\times 100\%$$

$$=\frac{R\times i/12\times n}{(R-R\times i/12\times n)\ \times n\times 12}$$

$$=\frac{12i}{12-ni}\times 100\%$$

式中，R 为借款总额；i 为借款的年名义利率；n 为借款的期限（每一个月为一期）。

【例 3－3】南岗公司从银行借入 9 个月期年利率为 12% 的短期借款 3 000 万元，采用贴现法支付利息，求该借款的实际利率。

解：$\text{借款实际利率}=\frac{12\times 12\%}{12-9\times 12\%}\times 100\%=13.19\%$

（五）银行借款的优缺点

(1) 借款筹资的优点有：①筹资速度快，手续简便。向银行借款，通常只需要银行审批，而无须其他行政管理部门或社会中介机构的工作，只要具备条件，可在较短的时间内，花较少的费用取得。②资金成本低。银行借款利率一般比债券要低，且利息费用可全部在所得税前列支，而且由于借款是在企业与银行之间直接协商确定，故不存在交易成本，因此其资金成本相对较低。③借款弹性大。借款合同只要双方同意即可修改其内容，因此，当企业在借款期内发生财务困难或其他影响偿债能力的事项而不能按期还本付息时，可通过与银行协商修改借款条件，缓解财务困难，扩大筹资弹性。

（2）借款筹资的缺点有：①筹资风险较大。当企业不能按期还本付息而又不能修改借款条件时，放款银行可采用扣押、拍卖抵押资产，要求企业破产偿债等措施，从而使企业陷入财务或经营困境，加大了筹资的风险。②限制条件较多。如前所述，银行借款通常附加有许多限制条件，如资产控股权、再借款自主权等，从而影响企业未来的筹资和投资活动。③筹资数量有限。银行虽然有较为雄厚的财力，但由于各方面原因的影响，银行不可能将资金过分集中地投放于某一个企业，若与股票、债券筹资方式相比，其资金量通常要少得多。

3.4.2 商业信用

（一）商业信用

商业信用是指在商品交易中由于延期付款（应付账款）或预收货款而形成的企业间的借贷关系，它是企业短期资金的重要来源。从筹资角度看，商业信用主要表现有以下 3 种形式：

（1）应付账款。应付账款是由赊购商品形成的、以记账方式表达的商业信用。赊购商品是一种最典型、最常见的商业信用形式。在此种情况下，买卖双方发生商品交易，买方收到商品后不立即支付现金，可延期到一定时间以后付款。在这种形式下，账款的支付主要依赖与卖方的信用条件。如卖方为促使买方及时承付货款，一般均给对方一定的现金折扣。“2/20，n/40”即表示货款在 20 天内付清，可以享受货款金额 2% 的现金折扣；货款在 40 天内付清（即信用期为 30 天），则须付全部货款。

在这种形式下，买方通过商业信用筹资的数量与是否享有折扣有关。一般认为，企业存在 3 种可能性：①享有现金折扣，从而在现金折扣期内付款，其占用卖方货款的时间短，信用筹资相对较少；②不享有现金折扣，而在信用期内付款，其筹资量大小取决于对方提供的信用期长短；③超过信用期的逾期付款（即拖欠），其筹资数量最大，但它对企业信用的负面作用也最大，企业一般不宜以拖欠货款来筹资。

【例3-4】南岗公司每年向供应商购入6 000万元的商品，该供应商提供的信用条件为“2/10，n/30”，若南岗公司放弃上述现金折扣条件，则其资金成本计算如下：

$$放弃现金折扣的资金成本=\frac{现金折扣率}{1-现金折扣率}\times\frac{360}{信用期-折扣期}$$

$$=\frac{2\%}{1-2\%}\times\frac{360}{30-10}$$

$$=36.73\%$$

这说明南岗公司只要从其他途径取得资金所支付的代价低于36.73%时，就应放弃这种商业信用筹资方式，在10天以内把货款付清以取得2%的现金折扣。

（2）应付票据。应付票据是指企业根据购销合同的要求，在进行延期付款的商品交易时开具的反映债权债务关系的票据。根据承兑人的不同，商业汇票可分为商业承兑汇票和银行承兑汇票。商业承兑汇票是指由收款人开出，经付款人承兑，或由付款人开出并承兑的汇票。银行承兑汇票是指由收款人或承兑申请人开出，由银行审查同意承兑的汇票。商业汇票是一种期票，是反映应付账款和应收账款的书面证明。对于买方来说，它是一种短期融资方式。

不管承兑人是谁，最终的付款人仍是购货人。从应付票据的付款期限看，一般为1~6个月，最长不超过6个月，并有带息票据和不带息票据两种。即使是带息票据，其利率通常也比银行借款利率低，一般无其他可能导致资金成本升高的附加条件，所以应付票据的资金成本通常低于银行借款。

（3）预收货款。预收货款是指卖方按合同或协议规定，在交付商品之前向买方预收部分或全部货款的信用方式。通常购买单位对于紧俏商品乐意采用这种形式，以便顺利获得所需商品。另外，生产周期长、售价高的商品，如轮船、飞机等，生产企业也经常向订货者分次预收货款，以缓解资金占用过多的压力。

此外，企业在生产经营活动中往往还形成一些应付费用，如应付职工薪酬、应交税费、应付利息、应付水电费等。这些费用项目的发生受益在先，支付在后，支付期晚于发生期，因此它们也属于“自然筹资”的范围。由于这些应付项目的支付具有时间规定性，其负债额度因而较为稳定，因此，企业习惯上称之为“定额负债”或“视同自有资金”。

（二）商业信用筹资的评价

1. 商业信用筹资的优点

（1）筹资方便。对于多数企业来说，商业信用是一种持续性的信贷形式，筹资的限制较少，商业信用与商品买卖同时进行，属于一种自然性融资，无须作特殊的安排，也不需要事先计划，随时可以随着购销行为的产生而得到该项资金。

（2）筹资成本低。大多数商业信用是由卖方免费提供的，如果没有现金折扣，或企业不放弃现金折扣，则利用商业信用筹资没有实际成本。

（3）限制条件少。商业信用比其他筹资方式条件宽松，无须担保或抵押。如果企业利用银行借款筹资，银行会规定一些限制，而商业信用则限制较少，选择余地大。

2. 商业信用筹资的缺点

（1）筹资期限短。它属于短期筹资方式，不能用于长期资产占用。

（2）短期偿债风险大。由于各种应付款项目经常发生，次数频繁，因此需要企业随时安排现金的调度。

（3）在放弃现金折扣时所承担的机会成本高。

3.4.3 公司债券

债券，是指债务人为筹集资金，依照法定程序发行，承诺按约定的利率和日期支付利息，并在特定日期偿还本金的一种有价证券。广义的企业债券是非公司制和公司制企业所发行的债券的总称。在我国，有资格发行债券的企业多数是公司，因此，狭义上的企业债券即是公司债券。它是一种要式证券，体现的是持有人与发行企业之间的债权债务关系。

1. 债券的种类

（1）按债券券面是否记名分为记名债券和不记名债券。

记名债券是指券面上记载有债权人的姓名或名称，同时在发行公司的债权人名册上进行登记的债券。记名债券本息只向登记人支付，转让须办理过户手续。

不记名债券是指券面上无债权人姓名或名称，本息直接向持有人支付，不用在发行公司的债权人名册上进行登记的债券。不记名债券可由持有人自由转让。我国发行的债券一般是不记名债券。

（2）按债券有无担保分为信用债券、抵押债券和担保债券。

信用债券是指单纯凭企业信誉或信托契约而发行的债券。通常由那些信誉较好、财务能力较强的企业发行。信用债券包括无担保债券和附属信用债券。无担保债券是指以债券发行者的信用发行的、没有抵押品作为抵押或者担保人作为担保的债券。附属信用债券是对债券发行者的普通资产和收益拥有次级要求权的信用债券。

抵押债券是指以发行企业的特定财产作为抵押品的债券，当企业没有足够资金偿还债券时，债权人可以将抵押品拍卖以获取资金。根据抵押品的不同，抵押债券又分为不动产抵押债券、动产抵押债券和信托抵押债券。其中，信托抵押债券是指债券发行企业以其持有的其他有价证券作为抵押品的债券。

担保债券是指由一定保证人作担保而发行的债券，当企业没有足够的资金偿还债券时，债权人可以要求保证人偿还。

（3）按债券利率是否固定分为固定利率债券、浮动利率债券和累进利率债券。

固定利率债券是指债券发行时确定的券面利率在债券有效期内不能改变的债券。浮动利率债券是指债券在发行时只规定一个利率最低水平，实际付息则根据将来市场利率的变动情况予以调整的债券。累进利率债券是指随着债券期限的增加，利率累进的债券。

（4）按债券发行方式不同分为公募债券和私募债券。

公募债券是指按法定手续经证券主管部门批准公开向社会投资者发行的债券。私募债券是指以特定的少数投资者为对象发行的债券。私募债券发行手续简单，一般不能公开上市交易。

（5）按债券付息方式不同分为附息票式债券和存单式债券。

附息票式债券是指债券上附有各期息票，息票上注明付息日期和利息金额，持券人在息票到期时凭息票即可支取利息的债券。存单式债券是指全部利息在债券到期时与本金一同支付的利随本清式债券。

（6）按债券的还本方式不同分为定期偿还和随时偿还债券。

定期偿还债券是指债券在发行时就已经规定了本金归还时间的债券，包括定期一次清偿全部本金和按规定时间分批偿还部分本金两种方式。随时偿还债券是指在发行时对债券还本时间不作规定，而是根据将来的具体情况，由发行企业随时确定还本时间的债券。根据抽签号码偿还本的叫“抽签偿还”债券，根据发行企业资金余缺情况通知债权人还本的叫“买入偿还”债券。

此外，还有可按一定条件在将来转换成股票等资产的“可转换债券”等。

2. 发行债券的条件

我国《公司法》规定，股份有限公司、国有独资公司、两个以上的国有企业或者其他两个以上的国有投资主体设立的有限责任公司，为筹集生产经营资金，可以发行公司债券。

发行公司债券的条件是：股份有限公司的净资产额不得低于人民币 3 000 万元，有限责任公司的净资产额不得低于人民币 6 000 万元；累计债券总额不超过净资产额的 40%；最近三年平均利润足以支付公司债券一年的利息；筹集资金的投向符合国家产业政策；债券的利率不得超过国务院限定的利率水平；国务院规定的其他条件。另外，公司发行债券筹集的资金，必须用于审批机关批准的用途，不得用于弥补亏损和非生产性支出。

发行公司凡有下列情形之一的，不得再次发行公司债券：①前次发行的公司债券尚未募足的；②对已发的公司债券或其他债务有违约或者延期支付本息的事实，且仍处于继续状态的。

3. 债券发行的程序

（1）债券发行的决议或决定。

股份有限公司、有限责任公司发行公司债券，由董事会制订方案，股东会作出决议；国有独资公司发行公司债券，应由国家授权投资的机构或者国家授权的部门作出决定。总之，发行公司债券的决议或决定是由公司最高权力机构作出的。

（2）债券发行的报请批准。

公司向社会公众发行债券募集资金数额大且债权人多，所牵涉的利益范围广，所以必须对公司债券的发行进行审批。公司作出发行债券的决议或决定后，应向国务院债券管理部门报请批准。报请批准需提供以下文件资料：公司登记证明、公司章程、公司债券募集办法、资产评估报告和验资报告。国务院证券管理部门根据有关规定，对公司申请予以核准。

（3）制作并向社会公告募集办法。

发行公司债券的申请经批准后，发行公司应制作公司债券募集办法，并向社会公告。公司债券募集办法中应载明的主要事项包括公司名称、债券总额和债券的票面金额、债券的利率、还本付息的期限和方式、债券付息的起止日期、公司净资产额、已发行的尚未到期的公司债券总额、公司债券的承销机构等。

（4）募集资金。

公司发出公司债券募集公告后，开始在公告所定的期限内募集资金。一般来说，公司债券的发行方式有公司直接向社会发行（私募发行）或者由证券经营机构承销发行（公募发行）两种。公募发行是指以不特定的多数人为募集对象而公开发行，又分为直接公募和间接公募两种。私募发行是指向少数特定投资者发行的募集方式。这里的特定募集者是指个人投资者和机构投资者。按照我国有关法律法规的要求，应采用公募方式发行。因此发行公司首先应慎重选择承销机构，并与承销机构签订承销合同。由承销机构发售债券时，投资者直接向其付款购买，承销机构代理收取债券款，交付债券，然后，承销机构向发行公司办理债券款的结算。

4. 债券发行的价格

债券发行的价格是债券发行时使用的价格，也即投资购买债券时所支付的价格。债券的发行价格有3种：平价发行、折价发行和溢价发行。平价发行，也叫等价发行或面值发行，是指以债券的面值为发行价格；折价发行是指以低于债券面值的价格为发行价格；溢价发行是指以高于债券面值的价格为发行价格。债券之所以会存在溢价发行和折价发行，是因为资金市场上的利息率是经常变化的，而企业债券上的利息率，一经印出，便不宜再进行调整。从债券的开印到正式发行，往往需要经过一段时间，在这段时间内如果资金市场上的利率发生变化，就要靠调整发行价格来使债券顺利发行。但无论以哪种价格发行债券，投资者的收益都保持在与市场利率相等的水平上。

对于债券的发行价格，发行企业与投资者是从不同角度来看待的。发行人考虑的是发行收入能否补偿未来所应支付的本息；投资者考虑的则是放弃资金使用权而应该获取的收益。由于公司债券的还本期限一般在一年以上，因此确定债券发行价格时，不仅应考虑债券面值与市场利率之间的关系，还应考虑债券资金所包含的时间价值。

债券发行价格的计算公式为：

$$\text{债券发行价格} = \frac{R}{(1+i)^n} + \sum_{t=i}^{n} \frac{Rr}{(1+r)^t}$$

式中，R 为债券面值 ；n 为债券期限；t 为付息期限；i 为市场利率；r 为票面利率。

【例3-5】南岗公司打算发行面值为1 000元、利息率为5%、期限为10年的债券，每年年末付息一次。在公司决定放行债券时，如果市场上的利率发生变化，那么就要调整债券的发行价格。现分如下3种情况来说明。

（1）资金市场的利率保持在5%，该公司的债券利率为5%，则债券可等价发行，其发行价格为：

发行价格 =1 000×5%×（P/A，5%，10）+1 000（P/F，5%，10）

≈1 000（元）

也就是说，当债券利率等于市场利率时，按1 000元的价格出售此债券，投资者可以获得5%的报酬。

（2）资金市场上的利率大幅度上升到6%，公司债券利率为5%，低于资金市场利率，则应采用折价发行，其发行价格为：

发行价格 =1 000×5%×（P/A，6%，10）+1 000×（P/F，5%，10）

=926（元）

也就是说，只有按926元的价格出售，投资者才会购买此债券，以获得与市场利率6%相等的报酬。

（3）资金市场上的利率大幅度下降到4%，公司债券利率为5%，则可采用溢价发行，其发行价格为：

$$发行价格 = 1\ 000 \times 5\% \times (P/A,\ 4\%,\ 10) + 1\ 000 \times (P/F,\ 5\%,\ 10)$$
$$= 1\ 081（元）$$

也就是说，投资者把1 081元的资金投资于该公司面值为1 000元的债券，能获得5%的回报，与市场利率相同。

5. 债券筹资的评价

（1）债券筹资的优点：

①资金成本较低。利用债券筹资的成本要比股票筹资的成本低，这主要是因为债券的发行费用较低，债券利息在税前支付，有一部分利息由政府负担了。

②保证控制权。由于债券持有人无权参与企业的经营管理，也无权分享利润，因而不会改变所有者对企业的控制权，也不会损失所有者原有的收益。

③可以获得财务杠杆收益。不论公司赚钱多少，债券持有人只收取固定的、有限的利息，而更多的收益可分配给股东，增加其财富，或留归企业以扩大经营。

④有利于调整资本结构。当企业发行可转换债券或可提前收回债券时，可增强企业财务能力的弹性，便于企业调整资本结构。

（2）债券筹资的缺点：

①财务风险高。债券有固定的到期日，并定期支付利息。利用债券筹资，要承担还本、付息的义务。在企业经营不景气时，向债券持有人还本、付息，无异于釜底抽薪，会给企业带来更大的困难，甚至导致企业破产。

②限制条件多。发行债券的契约书中往往有一些限制条款，这种限制比优先股及短期债务严得多，可能会影响企业的正常发展和以后的筹资能力。

③筹资数额有限。利用债券筹资有一定的限度，当公司的负债比率超过了一定程度后，债券筹资的成本将迅速上升，有时甚至会发行不出去。

3.4.4 融资租赁

租赁是指由出租人按承租人的要求出资购买资产，在较长的契约或合同期内提供给承租单位使用的信用业务。租赁可以使承租人及时使用所需要的资产而无须立即支付大量现金，且能够避免设备快速更新的风险。租赁的种类很多，目前我国主要有经营租赁和融资租赁两类。

1. 融资租赁的种类及特征

(1) 融资租赁的种类。

融资租赁又称财务租赁或者资本租赁，通常是一种长期租赁，可解决企业对资产的长期需要。融资租赁是现代租赁的主要形式，其具体形式有以下3种：

①直接租赁。直接租赁是指承租人直接向出租人租入所需要的资产，并向出租人支付租金。直接租赁的出租人主要是制造厂商、租赁公司。除制造厂商外，其他出租人都是从制造厂商处购买资产出租给承租人的。

②售后租回。根据协议，承租人将某资产卖给出租人，再将其租回使用，资产的售价大致为市价。采用这种租赁方式，出售资产的承租人（企业）可得到相当于售价的一笔资金，同时仍然可以使用资产。当然，在此期间，承租人要支付租金，并失去了财产所有权。从事售后租回的出租人为租赁公司等金融机构。

③杠杆租赁。杠杆租赁要涉及承租人、出租人和资金出借者三方当事人。从承租人的角度来看，这种租赁与其他租赁形式并无区别，同样是按合同的规定，在基本租赁期内定期支付定额租金，取得资产的使用权。但对出租人却不同，出租人只出购买资产所需的部分资金（如30%），作为自己的投资，另外以该资产作为担保向资金出借者借入其余资金（70%）。因此，它既是出租人又是借款人，同时拥有对资产的所有权，既收取租金又要偿付债务。如果出租人不能按期偿还借款，那么资产的所有权将转归资金出借者。

(2) 融资租赁的特征。

融资租赁的主要特征有以下6个方面：

①一般是由承租人向出租人提出正式申请，由出租人融通资金引进用户所需设备，然后再租给用户使用。

②租期较长。一般为租赁财产寿命的一半以上。

③租赁合同比较稳定。在融资租赁期内，承租人必须连续支付租金，非经双方同意，中途不得退租。

④租赁期满后，可选择以下办法处理租赁财产：将设备作价转让给承租人；由出租人收回；延长租期续租。

⑤在租赁期内，出租人一般不提供维修和保养设备方面的服务。

⑥租金和租赁资产价值接近。

2. 融资租赁的程序

(1) 选择租赁公司。选择租赁公司主要应考虑租赁公司的经营范围、业务能力、融资条件、费用水平及租赁公司与其他金融机构的关系等因素，以保证租赁合同的来源并相对降低成本。

（2）办理租赁委托。选定租赁公司以后，便可向其提出租赁申请，办理租赁委托。办理租赁委托一般需提供企业的财务状况文件，如资产负债表、损益表、现金流量表等，并填写“租赁申请书”，说明所需资产的具体要求。

（3）签订购货协议和购买资产。租赁委托被接受后，一般由承租人与租赁公司双方共同选定资产制造商或销售商，共同与其签订购货协议和办理购买资产事宜。

（4）签订租赁合同。融资租赁合同是租赁公司和承租企业双方共同签订的用于明确双方权利与义务的法律文件，主要内容包括了合同条款、日期，租赁设备的名称、数量、型号、交货验收日期，租期和租金的支付条款等。

（5）办理验货与投保。承租企业对收到的租赁资产应做好验收工作，签发交货及验收证书并提交租赁公司，同时还应办理财产投保的有关事宜。

（6）支付租金。租赁业务完成后，承租企业应按租赁合同的约定及时足额支付租金。

（7）租赁期满时的资产处理。租赁期满时，承租企业根据合同的规定留购。

3. 租金的确定

（1）租金总额。

融资租赁的租金包括设备价款和租息两部分。设备价款是指租赁公司取得资产所支付的代价，包括购买价格、运杂费、途中保险费等，它是租金的主要组成部分。租息又包括租赁公司的融资成本和租赁手续费。租赁融资成本是指租赁公司为购买租赁设备所筹集资本的成本，即设备租赁期间的利息。租赁手续费则包括租赁公司承办租赁设备的营业费用和一定的盈利。租赁手续费的高低一般无固定标准，可由承租企业与租赁公司协商确定。

（2）租金支付方式。

主要有：①按支付时期长短，可以分为年付、半年付、季付和月付等方式。②按支付时期先后，可以分为先付租金和后付租金两种。先付租金是指在期初支付，后付租金是指在期末支付。③按每期支付金额，可以分为等额支付和不等额支付两种。

（3）租金的计算方法。

租金的计算方法很多，名称叫法也不统一，目前国际上流行的租金计算方法有平均分摊法、等额年金法、附加率法、浮动利率法。在我国的融资租赁业务中，融资租赁的租金在租期内分期支付，而且一般是将总租金分期平均支付，可称为等额年金法。

应付租金总额 = 设备价款 + 租息

每期应付租金 = 应付租金总额/支付期数　　（公式1）

或　　= 应付租金总额/年金现值系数　　（公式2）

其中，（公式1）适用于按单利计算应付租金的情况；（公式2）适用于按复利计算应付租金的情况。年金现值系数可按租金支付间隔及规定的贴现率查“年金现值系数表”得到。

【例3-6】南岗公司以融资租赁方式取得一商品储存仓库，租期4年，租金总额1 600万元，每年末等额支付一次，求承租企业每年应付的租金。

解：应付租金按单利计算：

每年应付租金 = 1 600 ÷ 4 = 400（万元）

应付租金按复利计算，合同规定的贴现率为年利率10%：

每年应付租金 = 1 600 ÷（P/A，4，10%）

= 1 600 ÷ 3.170 = 504.73（万元）

4. 租赁筹资的评价

（1）租赁筹资的优点：

①筹资速度快，筹资弹性大。租赁往往比借款购置设备更迅速、更灵活，因为租赁是筹资与设备购置同时进行，可以缩短设备的购进、安装时间，使企业尽快形成生产能力，有利于企业尽快占领市场，打开销路。另外，有些企业由于种种原因，如负债比率过高，不能向外界筹集大量资金。在这种情况下，采用租赁的形式就可使企业在资金不足而又急需设备时，不付出大量资金就能及时得到所需设备。

②限制条款少。如前所述，债券和长期借款都有相当多的限制条款，虽然类似的限制在租赁公司中也有，但一般比较少。

③可避免资产陈旧过时所带来的风险。当今，科学技术迅速发展，固定资产更新周期日趋缩短，承租人在签订租赁合同时都会考虑企业自身生产技术发展的情况，利用租赁筹资可避免自行购置设备而发生的无形损耗，从而降低风险。

④到期还本负担轻。租金在整个租期内分摊，不用到期归还大量本金，这会适当减少不能偿付的风险。

⑤税收负担轻。租金可在税前扣除，具有抵押所得税的效用。

（2）租赁筹资的缺点：

①取得成本高。租赁筹资的最主要缺点就是租金成本较高。一般来说，其租金要比举借银行借款或发行债券所负担的利息高得多，在财务困难时，固定的租金也会构成一项较沉重的负担。

② 资产处置权有限。由于承租企业在租赁期内无资产所有权，因而不能根据自身的要求自行处置租赁资产。

③ 承租企业在经济不景气、财务困难时，固定的租金支付将会是企业的沉重负担。

关键概念

企业筹集资金　筹资动机　筹资原则　筹资渠道　筹资方式　金融市场　企业资本金　因素分析法　销售百分比法　线性回归分析法　吸收投入资本　发行股票　银行借款　企业债券　融资租赁　商业信用

主要公式

1. 对外资金的需要量 $=\frac{A}{S}\times\Delta S-\frac{B}{S}\times\Delta S-P\times E\times S_1$

2. 资金占用量（y）=不变资金（a）+变动资金（bx）
=不变资金（a）+单位产销量所需的变动资金(b)×产销量（x）

即：$y=a+bx$

其中，a 和 b 的计算公式是：

$a=(\sum y-b\sum x)/n$

$b=(n\sum xy-\sum x\sum y)/(n\sum x-\sum x)$

3. 补偿性余额贷款实际利率=名义利率/（1－补偿性余额比率）×100%

4. 借款实际利率 $=\frac{\text{实付利息额}}{(\text{借款总额}-\text{实付利息额})\times n/12}\times 100\%$

$$=\frac{R\times i/12\times n}{(R-R\times i/12\times n)\times n\times 12}=\frac{12i}{12-ni}\times 100\%$$

5. 放弃现金折扣的资金成本 $=\frac{\text{现金折扣率}}{1-\text{现金折扣率}}\times\frac{360}{\text{信用期}-\text{折扣期}}$

6. 债券发行价格 $=\frac{R}{(1+i)^n}+\sum_{t=i}^{n}\frac{Rr}{(1+r)^t}$

7. 应付租金总额=设备价款+租息
每期应付租金=应付租金总额/支付期数
或　　　　　=应付租金总额/年金现值系数

思考题

1. 企业筹集资金有哪些基本形式？
2. 企业筹集资金有哪些基本原则？
3. 企业筹集权益资金的方式有哪些？不同的筹资方式具有哪些特点？
4. 企业筹集负债资金的方式有哪些？不同的筹资方式具有哪些特点？
5. 各种不同的筹资方式有哪些管理规定？

计算题

1. 南岗公司2008年12月31日的资产负债表如下表3－6所示：

表3－6　南岗公司简要资产负债表

2008年12月31日　　单位：元

资产		负债与所有者权益	
现金	5 000	应付费用	5 000
应收账款	15 000	应付账款	10 000
存货	30 000	短期借款	25 000
固定资产净值	30 000	公司债券	10 000
		实收资本	20 000
		留成收益	10 000
资产合计	80 000	负债与所有者权益合计	80 000

已知南岗公司2008年的销售收入为100 000元，现在还有剩余生产能力，即增加收入不需要进行固定资产方面的投资。假若销售净利润率为10%，如果2009年的销售收入提高到120 000元，那么要筹集多少资金？请你用销售百分比法进行预测。

2. 某企业产销量和资金变化情况如表3－7所示。2009年预计销售量为150万件，试用直线回归法计算2009年该企业的资金需要量。

表3－7　产销量与资金变化情况表

年度	产销量（x）（万元）	资金占用（y）（万元）
2003	120	100
2004	110	95
2005	100	90
2006	120	100
2007	130	105
2008	140	110

3. 中门公司历史上现金占用与销售收入之间的关系如表 3 - 8 所示。

表 3 - 8　现金占用与销售收入变化情况表　　单位：元

年度	销售收入（x）	现金占用（y）
2004	2 000 000	110 000
2005	2 400 000	130 000
2006	2 600 000	140 000
2007	2 800 000	150 000
2008	3 000 000	160 000

请你用高低点法预测 2009 年企业的资金需求量。

4. 南岗公司与银行商定的周转信贷额为 2 000 万元，承诺费率为 0.5%，借款企业年度内使用了 1 400 万元，余额为 600 万元，则借款企业应向银行支付承诺费是多少？

5. 南岗公司按年利率 8% 向银行借款 100 万元，银行要求保留 20% 的补偿性余额，企业实际动用的借款只有 80 万元，则该项借款的实际利率是多少？

6. 朱山公司从银行借款 200 万元，期限 1 年，名义利率 10%，利息 20 万元。按照贴现法付息，企业实际可动用的贷款为 180 万元（200 万元 - 20 万元），则该项贷款的实际利率是多少？

7. 塘口公司发行的债券面值为 1 000 元，年利率为 12%，则每年应计的利息为多少？

8. 南岗电脑公司发行面值为 1 000 元，利息率为 10%，期限为 10 年，每年年末付息的债券。在公司决定发行债券时，认为 10% 的利率是合理的。如果到债券正式发行时，市场上的利率发生变化，那么就要调整债券的发行价格。

（1）资金市场上的利率保持不变，该公司的债券利率为 10% 仍然合理，则债券发行价格应是多少？

（2）资金市场上的利率有较大幅的上升，达到 15%，则债券发行价格应是多少？

（3）资金市场上的利率有较大幅的下降，达到 5%，则债券发行价格又应是多少？

9. 某企业采用融资租赁方式于 2008 年 1 月 1 日从一租赁公司租入一设备，设备价款为 40 000 元，租期为 8 年，到期后设备归企业所有。为了保证租赁公司完全弥补融资成本、相关的手续费用并有一定盈利，双方商定采用

18% 的折现率，试计算该企业每年年末应支付的等额租金。

10. 如果上题是采用先付等额租金方式，则每年年初应支付的等额租金是多少?

11. 章里吴公司拟以“2/10、n/30”为信用条件购进一批原料，则放弃折扣的成本是多少?

12. 后启公司（国有企业）拟在明年初改制为独家发起的股份有限公司。现有净资产经评估价值 6 000 万元，全部投入新公司，折股比率为 1。按其计划经营规模需要总资产 3 亿元，合理的资产负债率为 30%。预计明年税后利润为 4 500 万元。

请回答下列互不关联的问题:

(1) 通过发行股票应筹集多少股权资金?

(2) 如果市盈率不超过 15 倍，每股盈利按 0.4 元规划，最高发行价格是多少?

(3) 若按每股 5 元发行，至少要发行多少社会公众股? 发行后每股盈余是多少? 市盈率是多少?

(4) 不考虑资本结构要求，按公司法规定，至少要发行多少社会公众股?

13. 前房公司在 2008 年 1 月 1 日发行面值为 100 000 元的债券，票面利率为 10%，期限为 5 年，每年末付息，到期还本。试计算:

(1) 若企业发行时发行价格为 103 887 元，此时市场利率为多少?

(2) 若发行时市场利率为 10%，2009 年 1 月 1 日利率将降为 8%，此时债券发行价格应为多少?

(3) 若 2009 年 1 月 1 日债券市场价格为 93 923 元，你若购买，该债券到期收益率为多少?

第四章　营运资本管理

本章主要讨论流动资产的管理，特别是现金、应收账款和存货的管理。

学习目标：

●了解如何管理现金以及企业所使用的一些收款、集中管理和付款方法；

●知道企业如何管理应收账款以及信用政策的基本内容；

●掌握存货和企业使用的存货管理系统的类型以及最佳存货水平的决定因素。

4.1　营运资本概述

4.1.1　营运资金的概念

营运资金，是指企业生产经营活动中占用在流动资产上的资金，亦称毛营运资金，有人将其称为流动资金。而将流动资产减去流动负债后的余额，称为狭义的营运资金，亦称循环资本。流动资产是指可以在一年或超过一年的一个营业周期内变现或者耗用的资产，包括货币资金、短期投资、应收预付款项、存货等。流动负债是指必须在一年或超过一年的一个营业周期内偿还的债务，包括短期借款、应付预收款项、应交税金等。营运资金的存在表明企业的流动资产占用的资金除了通过流动负债筹集外，还通过长期负债或所有者权益筹集。

4.1.2　营运资金的特点

流动资产有以下4项特点：

1. 流动性

流动资产在生产经营中虽需经历供、产、销循环周转过程，但这一过程时间很短，使流动资产的变现能力较强。

2. 继起性

流动资产的价值表现就是流动资金。流动资金的占用形态在时间上表现为依次继起、相继转化。流动资金以货币资金开始依次转化为储备资金、生产资金、成品资金、结算资金，最后又回到货币资金。它的每一次转化都是一种形态的结束和另一种形态的开始。

3. 并存性

流动资金的占用形态从空间上看是并存的，各种占用形态同时分布在供、产、销各个过程中，这是由生产经营的连续不断所决定的。

4. 补偿性

流动资产的投资回收期短，它的耗费能够较快地从营业收入中得到补偿，即流动资产的实物耗费与价值补偿是在一个生产经营周期内同时完成的。

4.1.3 营运资金管理的基本要求

营运资金的管理就是对企业流动资产和流动负债的管理。它既要保证有足够的资金满足生产经营的需要，又要保证能按时按量偿还各种到期债务。企业营运资金管理的基本要求是：

1. 合理确定并控制流动资金的需求量

企业流动资金的需求量取决于生产经营规模和流动资金的周转速度，同时也受市场及产、供、销情况的影响。企业应综合考虑各种因素，合理确定流动资金的需求量，既要保证企业经营的需要，又不能因安排过量而浪费。平时也应控制流动资金的占用，使其纳入计划预算的良性范围内。

2. 合理确定流动资金的来源构成

企业应选择合适的筹资渠道及方式，力争以最小的代价谋取最大的经济利益，并使筹资与日后的偿还能力等合理配合。

3. 加快资金周转，提高资金效益

当企业的经营规模一定时，流动资产周转的速度与流动资金需求量成反方向变化。企业应加强内部责任管理，适度加速存货周转，缩短应收账款的收款周期，延长应付账款的付款周期，以改进资金的利用效果。

4.2 浮账和现金管理

对营运资本管理的分析从考察企业如何进行现金管理开始。现金管理的基本目标是：在保证企业的经营效率和效益的前提下，尽可能减少在现金上的投资。这个目标通常可以用“早收款晚还款”来概而言之。因而，这里将讨论加速收款以及管理付款的不同方式。

此外，企业必须将临时的盈余资金投资于短期有价证券。这些有价证券可以在金融市场进行买卖。从整体上看，它们的违约风险相当低，而且多数都有很高的流动性。

4.2.1 持有现金的原因

大家知道，流动性有 3 个很重要的原因：交易动机、预防动机以及投机动机。

1. 交易动机

满足交易动机，需要持有现金用于支付账款。与交易相关的需求来自企业正常的收支活动。现金的支付包括支付工薪、商业债务、税款和股利。

现金流入源自销售、出售资产和新的融资。现金流入（收款）和流出（付款）并不是完全同步的，持有一定水平的现金余额可以作为缓冲。现金所具有的完全流动性的特点，使现金可以满足交易动机。

随着电子资金转账和其他高速、“无纸化”支付方式的不断发展，甚至对现金的交易需求也几乎消失了。即使出现这种情况，对资产的流动性以及有效管理的需求仍然存在。

2. 预防动机

预防动机是指需要财务储备以保障安全的需求。需要指出的是，预防动机要求资产具备一定程度的流动性。不过，考虑到货币市场工具的价值相对稳定并且如国库券一类的工具具有极高的流动性，持有大量的现金以预防性为目的的需求实际上并不存在。

3. 投机动机

投机动机是为了充分利用诸如价格可能上涨的廉价采购机会、诱人利率以及（对国际化企业）有利的汇率波动而持有现金的需求。

对大多数企业而言，储备借款能力和有价证券可以满足投机需求。因而，对现代企业而言，可能存在对流动性的投资需求，但不一定是对现金本身的需求。可以这样设想：如果你有一张有很高信用额度的信用卡，那么你不用携带任何现金便可以抓住任何偶然的廉价机会。

在更广泛的意义上，这一点也适用于预防动机。

4. 持有现金的益处

当企业持有的现金超过必要的下限时，机会成本便随之发生。持有超额现金（以货币或存款形式）的机会成本是其被最有效地利用所产生的收益，如有价证券投资取得的收益。

既然持有现金存在机会成本，那么企业为什么要持有超额现金？原因在于必须维持一定的现金余额，提供必要的流动性以满足交易需求——支付账款。

如果企业维持的现金余额过低，则可能出现现金短缺。假如发生这种情况，企业可以考虑临时筹集现金，这可能涉及出售有价证券或者借款。

出售有价证券和借款等行为涉及各种成本。因为持有现金会产生机会成本，为确定合适的现金余额，企业必须在持有现金的收益与成本之间权衡。

4.2.2 浮账

大家知道，个人支票上资金额可能与银行认定的资金额差异甚大，因为有你已经签发的支票还没有提交给银行进行兑付。对企业也是如此。企业账簿上显示的余额称作企业的账面余额，在银行账户上可以用于支付的现金余额称为可用余额。可用余额和账面余额之差称为浮账（float），它代表在清算过程（经过银行系统）中的支票（实际兑付情况）的净差额。

1. 付款浮账

公司签发的支票产生付款浮账，导致公司账面余额的减少而可用余额没有变化。例如，假定通用机械公司（GMI）目前在银行有10万美元存款，在6月8日公司购进一批原材料后付出一张10万美元的支票，结果公司的账面余额立即减少10万美元。然而，在该支票被提交给GMI的银行要求付款（如6月14日）之前，GMI的银行都不会看到这张支票。在这段期间，公司的可用余额一直高于账面余额10万美元。换言之，6月8日以前，公司的浮账为0。

浮账 = 公司可用余额 − 公司账面余额

= 100 000 − 100 000

= 0（美元）

而GMI在6月8～14日的余额为：

浮账 = 公司可用余额 − 公司账面余额

= 100 000 − 0

= 100 000（美元）

在支票清算期间，GMI的银行余额为10万美元。它可以利用清算浮游期获取这些现金收益。例如，可用余额可以临时投资于有价证券以赚取利息。

2. 收款浮账和净浮账

公司收到的支票产生收款浮账。收款浮账增加账面余额但并不立即改变可用余额。例如，假定GMI在10月8日从客户处收到一张10万美元的支票。同样，如前假设，公司在银行里有10万美元的存款而且浮账为0。在将支票存入银行之后，公司的账面余额上升了10万美元，达到了20万美元。然而，在GMI的开户银行向其客户的开具支票并收到10万美元之前，这笔增量并没有实际收到。这种情况将会一直持续到10月14日收到10万美元。而在此期间，

GMI 公司的现金余额将反映为一项 10 万美元收款浮账。我们可以简单概括如下：

10 月 8 日以前，GMI 公司的余额为：

浮账 = 公司可用余额 − 公司账面余额

= 100 000 − 100 000

= 0（美元）

GMI 公司从 10 月 8 日到 10 月 14 日的余额为：

浮账 = 公司可用余额 − 公司账面余额

= 100 000 − 200 000

= −100 000（美元）

通常，企业的支付行为产生付款浮账，而收款行为导致收款浮账，其净差额，即总收款浮账和付款浮账的差额，就是净浮账。在任何时点，净浮账可以简单地等同于企业的可用余额和账面余额的差额。如果净浮账是正的，说明企业的付款浮账超过了收款浮账，而其可用余额也超过了账面余额。倘若可用余额少于账面余额，则意味着企业有净收款浮账。

企业应该关心自己的净浮账和可用余额甚于账面余额。如果财务主管知道本公司开出的某张支票在数日内不会兑现，那么，他就可以在银行账号上仅仅保留较少的现金余额（相当于支票需求），这将产生一大笔利润。例如，以 2002 年中期石油巨人埃克森美孚公司为例，2002 年中期石油巨人埃克森美孚公司的日销售额大约是 5.5 亿美元。如果埃克森美孚公司的收款期能够缩短一天，那么就能释放出 5.5 亿美元用于投资，用一个相对折中的日利率 0.01% 计算，埃克森美孚公司每天可以多得 55 000 美元的利息收入。

【例 4 − 1】假定你有 5 000 元存款，某天你签发了一张 1 000 元的支票用于购书，往银行存入支票 2 000 元。你的付款浮账、收款浮账以及净浮账各是多少？

解：在签发 1 000 元支票后，你的账面上还剩下 4 000 元，但当支票处于清算过程中时，可用余额保持在 5 000 元。这意味着你有 1 000 元的付款浮账。

在存入 2 000 元支票后，你的账面余额变为 6 000 元，但当支票处于清算过程中时，可用余额保持不变。这意味着你有 −2 000 元的收款浮账。

净浮账为收款浮账和付款浮账之和，即 −1 000 元。

大体上，你的账面显示余额为 6 000 元，银行显示 7 000 元的余额，但由于你的存款还没有完成清算，可用余额只有 5 000 元。可用余额和账面余额之间的差异为净浮账 −1 000 元，这对你是不利的。如果你再签发一张 5 500 元的支票，很有可能会由于可用资金不足而被银行退票。这就是财务主管应该对可用余额而不是账面余额给予更多关注的原因。

3. 浮账管理

浮账管理主要涉及现金的收支控制。现金收款的目标是加速收款并减少客户支付账款与款项变现之间的时滞。现金付款的目标是控制付款并尽量降低与付款相关的成本。

总收款和付款时间可以分成3部分：邮寄时间、处理延迟和到账（变现）延迟。邮寄时间是收款和付款过程中支票处于邮政系统的时间；处理延迟是支票接收方处理付款和将支票存入银行准备收款的时间；到账延迟指的是支票在银行系统进行清算所需的时间。

加速收款包括缩短这些成分中的一项或数项，延缓付款则需要延长其中的一项或数项。

4. 伦理和法律问题

现金主管需要掌握银行可用现金余额而不是公司的账面余额（反映已经存入银行但尚未收款的支票）。如果没有做到这一点，现金主管可能会提取尚未入账的现金以作为短期投资资金的来源。大多数银行对使用未入账资金要收取罚息，不过，银行可能没有足够有效的会计和控制程序来掌握使用未入账资金的情况，这样就产生了公司的伦理和法律问题。

例如，在1985年5月，E. F. Hutton（一家大型投资银行）的董事长Robert Fomon对一项公司在1980—1982年间进行的有关2 000项邮件和电报诈骗的指控表示服罪。E. F. Hutton的雇员签发了总计上亿美元的空头支票，然后将所得款项投资于短期货币市场资产。这种系统性的账户透支（或者习惯称为开空头支票）既不合法也不合伦理，不过显然并没有在企业间蔓延。此外，Hutton所利用的银行系统中的无效率之处现在已经基本上消除了。

在公司方面，E. F. Hutton支付了200万美元的罚金，偿还政府（美国司法部）75万美元并且额外提取了800万美元的储备用于赔偿受骗银行。应该注意的是，在Hutton案件中，问题的关键不是浮账管理本身，而是浮账管理中的故意签发空头支票的做法有问题。

5. 电子数据交换：浮账的末日？

电子数据交换（EDI）是对各种企业间越来越多的直接的电子信息交换的统称。EDI的一个重要用途，通常称为金融EDI或者FEDI，是在交易双方间以电子方式传递财务信息和划拨资金，这样便消除了发票、书面稽核、邮寄以及处理过程。例如，如今可以安排每个月直接借记你的支票账户来支付各种款项，各个公司现在都定期将薪金存到雇员的账户上。更一般的意义上，EDI允许卖方随后通过电子系统进行支付。买方的开户行将资金转账至卖方在别的银行开立的账户上，其净效应使开始和结束一项交易的时间大大缩短了，原来所有的浮账也大大减少甚至消失了。随着 FEDI 的使用不断增加，浮账管理也将发展到更加关注与计算机信息交换和资金转账有关的问题上来。

4.3　现金管理：收款、付款和投资

作为现金管理的一部分，公司必须对从客户处收款、向供应商付款以及投资手头超额现金做好规划。现在的讨论从公司如何收账和集中现金开始。

4.3.1　现金收账和集中

根据前面的讨论，可以知道收款拖延对公司不利。因此，在其他条件相同的情况下，公司将采取措施加速收账从而缩短收款时间。此外，如果现金已经收回，公司需要对这些现金加以集中，使之得到最佳利用。

1. 收款时间的构成

基于上面的讨论，可以将现金收入过程的基本部分描绘如下：此过程中的总时间由邮寄时间、支票处理延迟以及银行的到账延迟三部分构成。如图 4－1 所示。

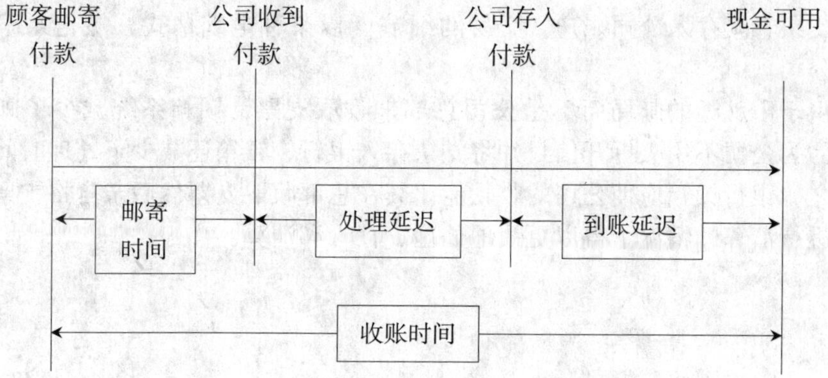

图 4－1　现金收入过程中的时间

现金收账过程每个部分花费的时间取决于公司的客户及银行的地理位置以及公司现金收账的效率。

2. 现金收账

公司如何从顾客处收款在很大程度上取决于业务的性质。最简单的情况可能是诸如连锁餐馆之类的企业。大多数顾客使用现金、支票或者信用卡在销售点付款（这叫做柜台收账），没有邮寄延迟之虞。通常，这些资金都存在一家

本地银行，公司可以通过某些方式使用这些资金。

当公司所收到的款项中的一部分或者全部都是通过邮寄到达的支票时，将涉及收账的所有三部分。公司可能选择让所有支票都寄至一个地点，或者更常见的做法是公司确定许多邮寄点以减少邮寄时间。此外，公司可以自己收账或者雇用专门从事收账的公司。

还有一些别的收账方式。一种逐渐通行的方式是授信支付体系。使用这种协议，付款金额及日期都事先约定好。当合约的时间一到，款项自动地从顾客的银行账户转到公司的账户，迅速降低甚至消除收账迟延。拥有在线端的公司也使用这种方式，销售一旦完成，资金立刻便划拨到公司账户上。

3. 锁箱

当公司准备接受邮递支票时，它必须决定支票寄至哪个地点以及如何收取这些支票并存入银行。审慎选择收账点的数目及位置可以大大缩减收账时间。许多公司使用特别邮政信箱（又称锁箱）接收款项以加速现金收款。

图 4－2 展示了一个锁箱系统。收款过程自顾客将支票寄到指定的邮政信箱而不是直接寄到公司开始。锁箱由本地银行进行维护。一家大型公司可能在全国拥有 20 余个锁箱。

典型的锁箱系统中，本地银行每隔数天从邮局收取一次锁箱中的支票，然后将支票直接存入公司账户。交易的细节（以某种电脑格式）被记录下来并发给公司。

由于由就近的邮局而不是公司总部来收取支票，锁箱系统减少了邮寄时间；因为公司不用去拆开信封并将支票存入银行，锁箱还减少了处理时间。总而言之，银行锁箱应使公司的收款能比其在总部收取支票然后亲自将支票送交银行进行清算的情况下得以更快地处理、存入和清算。

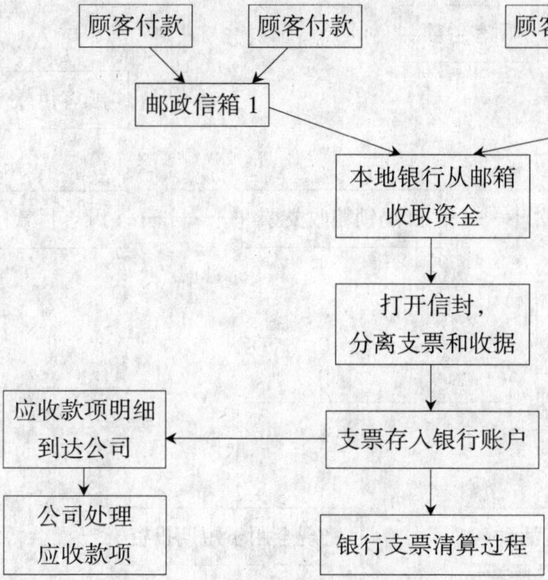

图 4-2　锁箱流程一览

流程开始于顾客将汇款邮寄到邮政信箱而非公司，每隔几天银行会从邮局锁箱中收集票据，然后将支票存入公司银行账户。

4. 现金集中

承前所述，一家公司通常有许多现金收款点，其结果是现金收款分散在多家银行及银行账户。这时，公司需要采取步骤将这些现金转到其主要账户上，这个过程就叫做现金集中。通过定期集中公司现金，公司减少了需要追踪的账户数日，从而大大简化了现金管理，而且，借助于更大的可用资金库，公司可以进行各种融通或短期投资以获得更高的收益率。

在建立集中系统时，公司通常使用一家或多家集中银行，集中银行将同一地理区域内的本地银行获得的资金集中起来，集中系统通常与锁箱系统一并使用。图 4-3 展示了一个完整的现金收款和现金集中体系的概况。

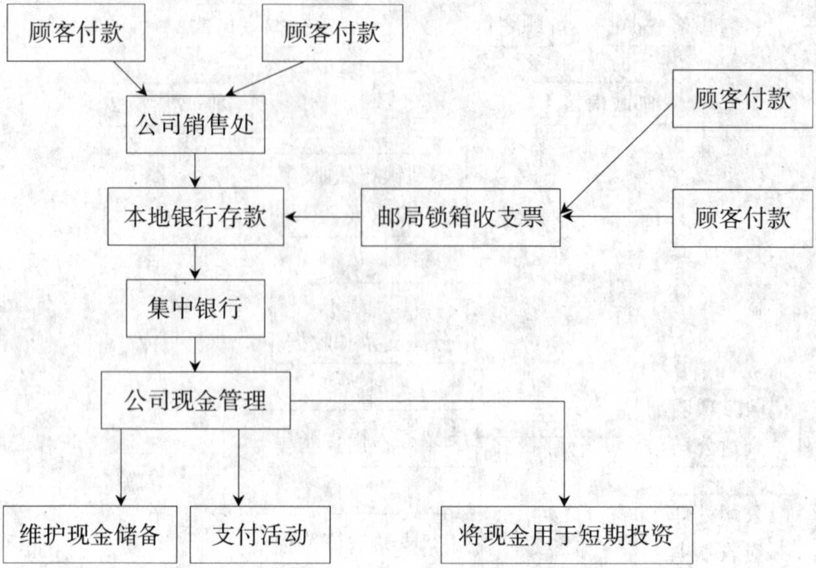

图 4－3　现金管理体系中的锁箱和集中银行

4.3.2　现金付款管理

从公司的角度看，付款浮账的目标是尽可能减缓支付。为此，公司可以设法增加其签发支票的邮寄浮账、处理浮账以及到账浮账。此外，许多公司还开发了尽量减少用于备付的现金余额的流程。下面讨论最常用的类型。

1. 增加付款浮账

前面已经知道延缓付款的浮账来自于邮递、支票处理以及到账的时间。通过签发地理位置较远的银行的支票可以增加付款浮账。例如，对北京的供应商可以用上海银行开出的支票付款，这会增加支票在银行体系中清算所花的时间。从遥远的邮局邮寄支票是公司延缓支付的另一种途径。

付款浮账最大化的策略无论在伦理上还是在经济上都有争论。首先，在后面将讨论到付款条件几乎总是提供很大的折扣鼓励尽快付款。这种折扣通常远高于“玩弄浮账游戏”带来的任何节约。在这种情况下，如果付款方按照收到支票的日期（常规做法）而不是邮寄日期付款，增加邮寄时间毫无益处。

除此之外，供应商也不太可能受延缓支付的愚弄，与供应商关系恶化的负面影响可能代价高昂。从更广泛的意义上，故意通过利用邮寄时间或者供应商经验不足来延缓支付可能会造成到期未付的情况，这是一种不合商业伦理的行为。

2. 支付控制

前面已经知道使付款浮账最大化可能是一种笨拙的商业行为，不过，公司仍然希望在支付过程中占用尽可能少的现金，很多公司因而推出了有效管理支付过程的系统，这类系统的目的是在银行账户上保有不超过最低付款金额的现金。下面讨论一些达到此目标的途径。

(1) 零余额账户。

利用零余额账户，企业与银行合作，保持一个主账户和一系列子账户。当从某个子账户签发的支票需要支付时，所需要的资金立即从主账户划拨过来。图 4-4 说明了这种系统的运作方式。

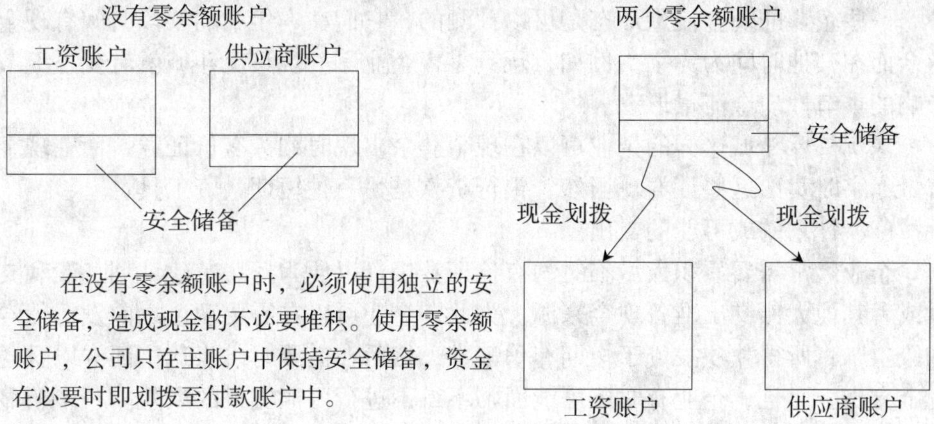

图 4-4　零余额账户

在这个例子中，企业拥有两个支付账户，一个用于供应商，一个用于工资。由图 4-4 可见，如果企业不使用零余额账户，那么每个账户都必须保有一定的安全储备，而使用零余额账户，只在主账户保有一定安全储备，然后在必要时将资金划拨到子账户中。关键是在零余额账户安排下，作为缓冲的现金总量变小了，从而有更多的现金可派作其他用途。

(2) 控制型支付账户。

使用控制型支付账户，企业在上午即已掌握当天的几乎所有付款需求，银行将总数通知企业，企业立即（以电子方式）划拨所需的资金。

4.3.3　投资闲余现金

如果企业有暂时的闲余现金，可以用其投资短期证券。前面已经多次提到，短期金融资产的市场称作货币市场。货币市场的短期金融资产的到期日为一年或更短时间。

大多数大企业通过银行和交易商管理它们的短期金融资产。某些大企业和很多小企业则使用货币市场共同基金，这是一种投资于短期金融资产以收取管理费的基金，管理费是支付基金经理的专业技能以及多元化投资的报酬。

在各种货币市场共同基金中，有一些基金专门服务企业客户。此外，银行也提供在每个工作日结束后将企业所有的可用资金用于投资的服务。

1. 临时现金盈余

企业由于各种原因会持有临时的闲余现金。其中两个最重要的原因是季节性或周期性活动的需求以及为计划的可能的支出所作的融资安排。

（1）季节性或周期性活动。

一些企业的现金流量形态是可以预测的，它们在一年中的某段时间有现金盈余而在其他时间为赤字。例如，玩具零售企业——玩具反斗城就有受圣诞节影响的季节性现金流量形态。

像玩具反斗城这样的企业可以在现金盈余出现时购买有价证券，而在现金流量赤字时卖出这些证券。当然，银行贷款是另一种短期融资工具。

（2）计划的或可能的支出。

企业经常需要累积大量临时的有价证券投资以便为厂房扩建计划、股利支付或者其他大额支出准备现金来源。为此，企业可以在需要现金之前发行债券和股票，将所得款项投资于短期有价证券，然后在需要时出售这些证券以融通现金支出。而且，企业有时还可能面临不得不进行巨额支付的风险。一个明显的例子是：当企业在重大诉讼中面临败诉的可能性时，企业需要积累现金盈余以应付此类或有事项。

2. 短期有价证券的特性

假如企业有一些临时的闲余现金，有很多短期有价证券可供其投资。这类短期有价证券最重要的特性包括期限、违约风险、流通性和税负。

（1）期限。

期限是指涵盖利息和本金支付所需的时间。对于利率水平的某种变化，期限长的证券的价格变化要比到期期限短的大。因此，企业通常会将自己的有价证券投资局限于那些在90天以内到期的证券，以避免由于利率变化导致价值损失的风险。

（2）违约风险。

违约风险是指在到期日不能支付（或者根本不支付）允诺的利息和本金的可能性。当然，有些证券的违约风险几乎可以忽略不计，例如国库券。考虑到企业投资多余现金的目的，企业通常会避免投资于有违约风险的有价证券。

（3）流通性。

流通性是指将一项资产转换成现金的容易程度。因此，流通性和变现能力指的是同一个意思。一些货币市场的工具的流通性要大大强于其他品种，最高的是美国国库券，它可以很便捷且低成本地进行买卖。

（4）税负。

在美国，来自那些不属于政府债券（包括联邦政府和州政府债券）的货币市场证券的利息所得，在地方、州以及联邦一级都要纳税，美国财政部债券诸如国库券可以免除州税收，但其他一些有政府背景的债券利息则不可以。市政证券免收联邦税，但在州一级则可能要征税。

3. 货币市场证券的一些不同类型（以美国为例）

大体上，货币市场证券变现力很强，期限很短，违约风险低。它们由美国政府（例如美国国库券）、国内和国外银行（例如定期存单 CDs）以及企业（例如商业票据）发行。货币市场证券的类型很多，这里只对其中最常用的几个加以说明。

美国国库券有 90、180、360 天内到期的政府债券，90 天和 180 天的国库券每周通过竞价发售，而 360 天的国库券则每季发售。

短期免税证券是由州、市政府以及其他机构发行的证券。由于可以看作是市政债券，它们都可以免除联邦税。短期免税违约风险高于国库券，同时变现力也稍弱。因为其利息免除联邦所得税，免税债券的税前收益低于同类证券，如美国国库券，而且，企业投资免税券还面临一些限制。

商业票据指金融企业、银行以及大型企业发行的短期证券。通常，商业票据是无抵押的，期限从几周到 270 天不等。

商业票据没有特别活跃的二级市场，因而其变现力可能较弱，不过，发行商业票据的公司通常在到期之前直接进行回购。商业票据的违约风险取决于发行方的财务实力。

定期存单（CDs）是提供商业银行的短期贷款，这些通常是大额 CDs——超过 10 万美元，3 个月、6 个月、9 个月以及 12 个月的 CDs 都存在活跃的市场。

由于一家公司从其他公司收取的股利的 70% ~80% 都是免税的，优先股相对较高的股利收益率具有很强的吸引力。唯一的问题是普通优先股的股利率是固定的，因而其价格可能会出现较大波动，对短期投资者而言就显得不大理想。而所谓的货币市场优先股是以浮动股利为特点的最近出现的一项创新，其股利率的调整相当频繁（通常隔 49 天），因此，这类优先股与普通优先股相比，其价格的波动性就小得多，也因而越来越受欢迎。

4.4 信用和应收账款

当企业销售产品或提供服务时，它可以在交付日当天或之前收取现金，也可以向顾客提供信用，允许延缓付款。

企业为什么要提供信用销售？原因很明显，提供信用可以刺激销售。与信用销售相关的成本并不低：首先，存在顾客不付款的概率；其次，企业必须承担持有应收账款的成本。因此，信用政策的制定需要在促销的益处和信用销售的成本之间进行权衡。

从会计的角度看，信用一旦授予，即产生一项应收账款。这些应收账款包括给其他企业的信用，叫做消费者信用。消费者信用是美国企业金融资源的一项主要投资，同时，商业信用也是企业很重要的一项融资来源。无论如何看待，应收账款和应收账款管理都是短期财务政策中很重要的方面。

4.4.1 信用政策的构成

如果企业准备向顾客提供信用，它需要建立一套授予信用以及收款的程序。具体说来，企业需要处理信用政策的下列要素：

1. 销售条件

销售条件明确了企业如何销售其产品和服务。如果企业对某个顾客提供信用，销售条款将明示（也可以暗示）信用期间、现金折扣和折扣期间以及信用工具的类型。

2. 信用分析

在授予信用时，企业需要决定花多少气力来区分将要付款和不会付款的顾客。企业使用一系列的工具和程序来确定顾客不付款的概率，这些分析统称为信用分析。

3. 收款政策

在授予信用时，企业存在账款到期收回现金的潜在难题，因此必须建立收款政策。

下面，将讨论组成授信决策的信用政策的组成部分。

4.4.2 销售条款

如上所述，销售条款由 3 个不同的要素组成：信用授予的期间（信用期间）、现金折扣和折扣期间、信用工具的类型。

在同一行业，销售条款通常是相当标准的，但这些条款在不同行业之间可能差异很大。在很多情况下，销售条款古老并且可以追溯到好几个世纪以前，类似当前惯例的有组织的商业信用体系可以轻易地追溯到中世纪欧洲的重大事件，而且几乎可以确定它们远在那时之前就已经存在了。

1. 基本形式

理解销售条款最简单的方式是考虑一个例子。对某一食品销售条款可以表示为“2/10，净 60”。这就意味着顾客应在发票日 60 天后全额付款，不过，如果是在 10 天之内付款，则可以享受 2% 的折扣。

考虑一名买主发出 1 000 元的订单，并假设销售条款为“2/10，净 60”，买主有在 10 天之内支付 1 000 ×（1 – 0.02）=980 的选择权，或者在 60 天后全额支付 1 000。如果销售条款仅为“净 30”，顾客可以在发票日 30 天内付款，但任何提前付款都不能享受折扣。

大体上，信用条件可以用以下方式来表述：

（从发票价格中享受折扣数）/（如果你在这些天内付款），（否则在这些天内全额付款）

因此，“5/10，净 45” 指的是如果你在 10 天之内付款，可以享受发票金额 5% 的折扣，否则须在 45 天内全额付款。

2. 信用期间

信用期间是授予客户信用的基本时间长度。不同行业的信用期间差别很大，但几乎都在 30 ~ 120 天之间。如果提供现金折扣，信用期间则包括两部分：净信用期间和现金折扣期间。

净信用期间是顾客必须付款的时间长度。现金折扣期间，正如名称中所指，是可以享受现金折扣的时间。例如“2/10，净 30” 表示净信用期间为 30 天而现金折扣期间为 10 天。

3. 发票日

发票日是信用期间的起始日，发票是交付给买方货物的书面凭证。对单个项目，按照惯例，发票日通常是装运日或者开单日，而不是买方收到货物或账单的日子。

4. 信用期的长度

有很多因素影响信用期的长度，其中最重要的两项是买方的存货期和经营期。在其他条件相同的情况下，这两个期间越短，信用期通常也越短。

经营周期由两个部分组成：存货期和应收款期。存货期是买方从我方购进存货、处理并进行销售所花费的时间；应收款期是卖方收回销售账款所用时间。我方提供的信用期实际上是买方的付款期。

通过授予信用，我方为买方的经营周期提供了一部分资金融通，从而缩短了买方的现金周期。那么我方不仅为买方的存货采购提供了资金融通，还同时承担了买方的部分应收账款的资金融通。

此外，如果我方的信用超过了买方的经营周期，那么我们给客户经营所提供的资金融通实际上已经超出了客户对我方产品直接的购买和出售期限间。原因在于在货物被转售之后，买方实际上仍在享受我方提供的信用，而买方可将此信用资金用于其他目的。由于这个原因，买方经营周期的长度通常被认为是信用期较适当的上限。

还有许多其他因素会影响信用期，其中的许多因素也影响我们客户的经营周期，因此，再次指出，许多因素是相互关联的。其中最重要的有：

（1）易腐烂性和抵押价值。

易腐烂货物周转率较高而且抵押价值相对较低，此类商品的信用期间因而较短。

（2）消费者需求。

老字号产品周转率通常较高，新产品或者销路不畅的产品信用期通常较长，以吸引买主。

（3）成本、盈利性和标准化。

相对便宜的商品的信用期也较短，对相对标准化的商品和原材料也是如此。它们的加价通常较低而周转率较高，这些都又导致了较短的信用期。

（4）信用风险。

买方的信用风险越高，信用期很可能就越短（假定无论如何还须给予信用）。

（5）订单大小。

如果订单很小，信用期可能稍短一些，因为小订单的管理成本高，而且此类客户也相对不太重要。

（6）竞争。

当处于高度竞争的市场中时，作为吸引顾客的手段，卖方可能提供较长的信用期。

（7）顾客类型。

卖方可能针对不同的买主提供不同的信用条件。例如，一家食品批发商可能要供应杂货店、面包房以及餐馆。每个群体都可能有不同的信用条件，从更广的意义上，卖方通常既有批发又有零售客户，它们通常对这两种类型的客户给予不同的信用条款。

5. 现金折扣

现金折扣通常是销售条款的一部分。在美国，对现金购买给予折扣的做法最早始于国内战争时期，原因之一是利用现金折扣来加速收款。这样做的结果是减少了信用额，公司必须将其与折扣成本进行权衡。

注意，当给予现金折扣时，在折扣期内信用额实质上是免费的，购买方只需在折扣期满后付款。假设信用条件为“2/10，净 30”，理智的买主会选择在第 10 日付款以最大限度地利用免费信用，或者在第 30 天付款以最长时间地使用资金，作为放弃现金折扣的交换。因而，通过放弃折扣，买方实际得到了 30 - 10 = 20 天的信用。

使用现金折扣的另一个原因在于，现金折扣是对被给予信用顾客索取较高价格的一种途径（现金折扣的存在，使得企业可以在赊销时索取较高价格）。在这个意义上，现金折扣是向被给予信用顾客索价的一种便利方式。

在我们的例子中，可以看到折扣的比率相当的低。例如“2/10，净 30”的信用条件，提前付款的买主仅得到 2% 的折扣。这是顾客提前付款的重要因素吗？答案是肯定的，因为这里的隐性利率非常高。

为说明折扣为什么相当重要，下面对没有提前付款的买主的成本进行计算。为此，要考察买主为取得商业信用而实际支付的利息率。假定订单金额为 1 000 美元，买主可以在 10 天内付款 980 美元，或者再过 20 天之后支付1 000 美元。很显然，这里实际上相当于买主借到一笔期限 20 美元、金额 980 美元的款项。这笔“贷款”的利息为 20 美元，利率如何计算？

对于 20 美元的利息和 980 美元本金，利率等于 20/980 = 2. 040 8%，数值相当小。但请注意这是 20 天的利率。一年之内有 365/20 = 18. 25 个这样的时段，因此，如果放弃折扣，买主支付的有效年利率为：$EAR = 1.020\,408^{18.25} - 1 = 44.6\%$。

从买方角度看，这是成本相当高的融资来源。

考虑到折扣所意味的利率如此之高，卖方不太可能受益于客户提前付款。如果忽略买方违约的概率，客户放弃现金折扣的做法几乎都是有利于卖方的。

6. 信用工具

信用工具是债务的证据。大多数商业信用是通过赊销提供的，这意味着与货物一同发给并由顾客签章表明货物已经收到的发票是唯一正式的信用工具。随后，企业和顾客在各自账簿中记录该笔交易。

有时企业会要求顾客签发一张本票。这是一种基本借据，可以用于订单较大或者预期有收款问题的时候。本票并不常用，但它可以消除今后关于债务是否存在的争执。

本票的问题是：它们是在交付货物之后才签发的，在货物交付前从买方得到信用承诺的一种方式是使用商业汇票。通常，企业签发一张商业汇票要求顾客在某个特定日之前支付指定的金额，汇票然后随同装运发票送交顾客的开户银行。

如果要求立即付款，这种汇票称作即期汇票。如果不要求立即付款，这种汇票称作定期汇票。当汇票出示并得到买方“承兑”后，则该汇票称作商业承兑汇票，汇票随后被送回卖方企业，卖方可以持有该汇票或者将其出售给第三方。如果银行承兑了该汇票，意味着银行保证付款，则该汇票称作银行承兑汇票。这种做法在国际贸易中很普遍。

4.4.3 最优信用政策

原则上，最佳的信用量取决于这样一个临界点：促销效应带来的增量现金流量恰好等于增加应收账款投资引起的增量持有成本。

1. 总信用成本线

给予和不给予信用之间的权衡并不难做出，难的是精确的量化。因此，只能描述一种最优的信用政策。

首先，与给予信用相关的持有成本存在 3 种形式：①应收账款要求收益率；②坏账损失；③管理信用和回收账款的成本。

前面已经讨论了前两点。第三项成本，即信用管理的成本，是与信用部门的运作相关的成本，不提供信用的企业无此部门也没有这项费用。随着信用政策的放宽，这 3 种成本都随之升高。

如果企业采取的是很严格的信用政策，那么这 3 项成本都很低。在这种情况下，企业出现信用“紧缩”，故这里存在机会成本。机会成本是指由于拒绝提供信用而导致本来可以通过信用销售获得的额外潜在利润的损失。因而放弃的收益来自两个方面：销售数量的增长以及可能的较高价格。随着信用政策的放宽，这些成本随之降低。

对特定的信用政策，持有成本和机会成本之和称为总信用成本曲线。图 4－5 显示了这种曲线。

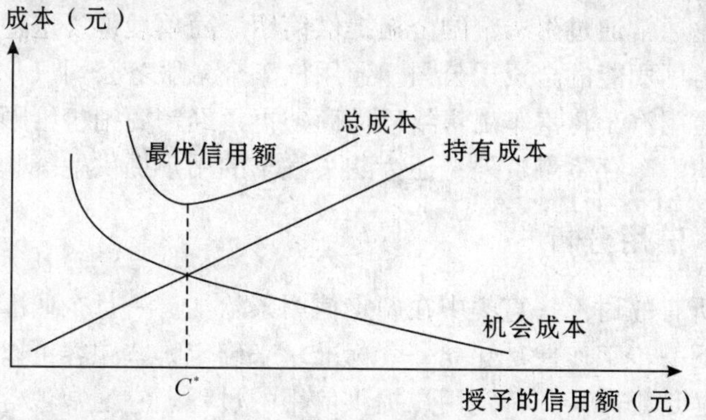

持有成本是授予信用必须发生的现金流量，它与提供的信用量正相关；机会成本拒绝信用导致的销售损失，随着给予信用而逐渐下降。

图4-5　授予信用的成本

从图4-5可见，存在一个总信用成本最小的点 C^*。该点与最优信用额，或者说同等意义上，与最优应收账款投资额是一致的。

如果企业提供的信用超过该点，新顾客带来的额外现金流量将不能抵消应收账款投资的持有成本；如果应收账款额低于该点，企业实际上就放弃了有价值的利润机会。

大体上，提供信用的成本和收益取决于特定的企业和行业性质。例如，在其他条件等同的情况下，拥有如下特征的企业：①多余的生产能力；②较低的经营性变动成本；③顾客基本上是老客户，将很可能比其他企业更容易提供更多的信用。

请想一想，为什么上述因素会促使企业采取更宽松的信用政策？

2. 信用管理的组织

对外提供信用的企业承担着运行信用管理部门的成本。在实务中，企业通常选择将全部或者部分信用管理职能分包给保理商、保险公司或者附属金融公司。保理，是指一种企业出售应收账款的协议。根据特定的协议，保理商可能对信用审查、核准和收款负全部责任。对小企业而言，这种协议要比单独管理信用部门的成本更低。

纯粹在企业内部管理信用的企业，在面临违约风险时，将处于自我保险状态，即它们承担了所有的客户违约风险，解决方法之一是向保险公司购买信用保险。保险公司对应收账款提供一个预先设定限额的保险。正如你所能预料的，客户的信用度越高，所能得到的限额的上限也就越高，对于出口商来讲，这种保险通常提供给某几类特定出口。

大型企业通常通过附属金融公司提供信用。简单地说，这种附属公司是为母公司执行信用职能的全资子公司。通用汽车金融服务公司（GMAC）就是有名的例子。通用汽车将汽车出售给经销商，再由经销商销售给顾客，GMAC 除了为经销商的汽车存货融资外，还为购买汽车的用户提供融资。

4.4.4 信用分析

至此，所有的讨论一直集中在确定信用条款上。一旦企业准备向客户提供信用，它的下一步工作便是建立一套标准，来确定哪些顾客可以进行赊购。信用分析指的是是否向某一特定用户提供信用的过程。它通常包含两个步骤：收集相关信息和确定客户信誉度。

1. 信用信息

如果公司想得到顾客的信用信息，有很多渠道可供选择。常用的评估客户信誉度的信息来源包括以下 4 个方面：

（1）财务报表。

公司可以要求顾客提供财务报表，如资产负债表和利润表，从中得出财务比率的一些最低标准和经验法则，均可以用作提供或拒绝提供信用的基准。

（2）客户向其他公司付款历史的信用报告。

有不少组织出售有关企业信用实力和信用历史的信息。这类公司中名声最响、规模最大的公司是 Dun & Bradstreet，该公司给订户提供信用参考书以及单个公司的信用报告。Experian（前身为 TRW）是另一家著名的信用评级公司，许多公司（包括很小的公司）的评级和信用信息都可以得到。

（3）银行。

在获取其他公司的信誉度信息方面，银行通常会向其客户提供协助。

（4）客户向本公司付款的历史记录。

欲知客户不付款的概况，最简单的方式就是考察它们是否都付清了以前的账款以及以多快速度付清账款。

2. 信用评估和评分

评估客户不付款概率的万能公式是不存在的。从很广泛的意义上，传统的 5C 原则是评估的基本要素：

（1）品质：这是企业评价客户信用时需要考虑的首要因素，是指客户偿还其债务的可能性；

（2）能力：客户用经营性现金流履行到期债务的能力；

（3）资本：客户的财务状况；

（4）抵押：为违约担保而抵押的客户的资产；

（5）条件：客户所在行业的宏观经济状况。

信用评分是指基于收集到的信息，对客户进行量化打分的过程，并基于打分结果决定是否提供信用。例如，利用获取的所有有关该客户的信息按照信用的5C逐项进行从1（很差）到10（很好）的打分，然后根据各项加总求出总的信用评分。根据经验，公司可能选择向某个分数（如30分）以上的客户提供信用。

诸如信用卡发行商等公司，他们建立了详细的统计模型来进行信用评级。通常，他们研究了很多顾客群的特征，包括法律特征和可观察的特征，来发现顾客账款拖欠率的历史联系。在这个基础上，才有可能确定顾客付款与否的最佳预测这一变量，然后根据这些变量来进行信用评分。

由于信用评级模型和程序决定了谁具有和谁不具有信用度，因此它们作为政府管制目标一点也不奇怪。可用于信用决策的背景和人口统计之类的信息尤其是有限的。

4.4.5 收账政策

收账政策是信用政策的最后一个要素，收账政策包括监控应收账款以及时发现问题和收回逾期账款。

1. 监控应收账款

为了追踪客户的付款情况，大多数公司都对尚未付清的账款加以监控。首先，公司通常监控其平均收款期。如果一家公司的业务显现季节性，平均收款期通常会在一年间有些波动，但如果平均收款期出现意外的增长，就应加以关注。其原因要么是大多数客户都延长了付款期，要么是部分应收款已严重逾期。

账龄分析表是监控应收账款的第二个基本工具。在准备账龄分析表时，信用部门将应收账款按账龄加以分类。假定一家公司有1万元的应收账款，其中的一些只有几天历史，但其他的则有较长的时间，如表4－1所示：

表4－1　账龄分析表

账龄分析表		
账龄	金额（元）	占应收账款总额的百分比（%）
0～10天	5 000	50
11～60天	2 500	25
61～80天	2 000	20
80天以上	500	5
合计	10 000	100

如果该公司的信用期为60天，那么将意味着有25%的账款逾期未付。这个问题是否严重取决于公司收款政策和客户的性质。超过一定时限的账款通常无法收回，因此监控应收账款的账龄十分重要。

销售呈季节性变化的公司会发现账龄分析表的百分比数在一年中会发生的变化。例如，如果本月的销售非常高，那么总应收账款也会急剧升高。这意味着时间较长的账款，按照其占总应收账款的比重，变得较小并且可能显得微不足道。一些公司因而对账龄分析表加以修正，使其能够较好地反映销售额的高低变化。

2. 收账工作

对于逾期不付账款的客户，公司通常采取以下的步骤：

(1) 发送一过失函，通知客户账款已经逾期；

(2) 打电话通知客户；

(3) 雇用收款代理；

(4) 付诸法律行动。

有时候，在余款尚未付清之前，公司可能会拒绝向客户提供信用，而这一举措可能会激怒平常关系较好的客户，这也体现了收账部门和销售部门之间存在的潜在利益冲突。

4.5 存货管理

4.5.1 存货与存货成本

存货是指企业在日常活动中持有以备出售的产成品或商品、处在生产过程中的在产品、在生产过程或劳务过程中耗用的材料和物料等。存货在企业的流动资产中占据很大比重，但它又是一种变现能力较差的流动资产项目。对存货的管理重点在于提高存货效益和力求控制存货资金的比重两方面。

存货成本主要有取得成本、储存成本和缺货成本。

1. 取得成本

取得成本是指为取得某种存货而发生的支出，它由购置成本和订货成本构成。

购置成本是指存货本身的价值，即存货的买价，它是存货单价与数量的乘积。在无商业折扣的情况下，购置成本是不随采购次数等变动而变动的，是存货决策的一项无关成本。

订货成本是指为组织采购存货而发生的费用。订货成本有一部分与订货次数无关，如常设采购机构的基本开支等，这类固定性的订货成本与决策无关。

订货成本中另一部分与订货次数有关，如差旅费、邮电费等，这类变动性的订货成本是决策中的相关成本。

2. 储存成本

储存成本是指存货在储存过程中发生的支出。储存成本有一部分是固定性的，如仓库折旧费、仓库员工的固定工资等，这类成本与决策无关。储存成本中另一部分与存货储存数额成正比，如存货资金的应计利息、存货损失、存货保险费等，这类变动性的储存成本是决策中的相关成本。

3. 缺货成本

缺货成本是指由于存货不足而造成的损失，如材料供应中断造成的停工损失；产成品库存短缺造成延期发货的信誉损失及丧失销售机会的损失；材料缺货而采用替代材料的额外支出。缺货成本中有些是机会成本，只能作大致的估算。当企业允许缺货时，缺货成本随平均存货的减少而增加，它是存货决策中的相关成本。

4.5.2 存货资金定额的测算

存货在企业流动资产中占的比重很大，做好存货资金定额的测算工作，有助于控制降低存货资金在流动资产中的比重，以提高存货资金的利用效率。测算存货资金定额的方法有定额日数法、因素分析法和比例分析法等。

1. 定额日数法

定额日数法是根据存货每日平均资金占用额（周转额）和定额日数来计算存货资金定额的一种方法。其计算公式为：

$$存货资金定额=每日平均资金占用额\times 定额日数$$

这种方法适用于原材料、在产品、产成品等资金定额的测算。

(1) 原材料资金定额的测算。

$$\begin{aligned}原材料资金定额&=原材料每日平均资金占用额\times 原材料定额日数\\&=\frac{计划期原材料耗用总量\times 原材料计划单价}{计划期日数}\times（在途日数+验收日数+整理准备日数+保险日数+供应间隔日数\times 供应间隔系数）\end{aligned}$$

公式中的供应间隔系数是指原材料平均库存量与周转最高库存量的比率，如果仅用一种原材料，则此比率为50%（精确地讲，比50%略大一些）；如果生产中同时用几种原材料，则此比率比50%要大，但一般小于60%。供应间隔系数的精确计算稍有难度，本书不作介绍。公式中对供应间隔日数乘以供应间隔系数是对供应间隔日数打个折扣，这样处理的原因是原材料在供应间隔期内随着生产投入，其占用的资金会逐渐转移到在产品项目上，并非始终全额占用。

【例4-2】南岗公司计划年度生产甲产品9 000件，每件耗用A材料200千克，A材料计划单价100元。A材料在途4天，验收1天，整理准备1天，保险2天，供应间隔30天，供应间隔系数60%。要求：计算A材料的资金定额。

解：A材料资金定额 =（100×200×9 000）÷360×（4+1+1+2+30×60%）

=13 000 000（元）

（2）在产品资金定额的测算。

在产品资金定额 =（计划期生产总量×单位产品计划成本）÷计划期日数×生产周期×在产品成本系数

公式中的在产品成本系数是指生产过程中在产品平均成本占产品成本的百分比，打这个折扣的原因是产品生产成本不一定在生产周期之初就一次全额投入。例如，某产品的单位成本是150元，其中原材料费用为90元，在生产开始时一次投入，其他费用60元在生产中陆续投入。该产品的在产品成本系数为：

（90+60×50%）÷150=80%

【例4-3】南岗公司甲产品全年产量20 000吨，产品单位计划成本500元，生产周期18天，在产品成本系数为70%。要求：计算该在产品资金定额。

解：该在产品资金定额 =（20 000×500）÷360×18×70%

=350 000（元）

（3）产成品资金定额的测算。

产成品资金定额 =（计划期生产总量×单位产品计划成本）÷计划期日数×产成品定额日数

公式中产成品定额日数包括产成品在库储存日数、发送日数和销售款项的结算日数。

【例4-4】根据【例4-3】的资料，若甲产品完工库存日数为6天，发送日数为1天，结算日数为2天。要求：计算甲产品的产成品资金定额。

解：产成品资金定额 =（20 000×500）÷360×（6+1+2）

=250 000（元）

2. 因素分析法

存货资金定额 =（上年存货实际平均占用额-不合理占用额）×（1+预测年度生产增长%）×（1+预测年度价格增长%）×（1-预测年度存货周

转速度增长%）

【例4－5】南岗公司上年度包装物平均占用资金20万元，其中不合理占用额为2万元。假定计划年度生产增长5%，价格上涨10%，资金周转加速5%。要求：计算计划年度包装物资金定额。

解：包装物资金定额＝（200 000－20 000）×（1＋5%）×（1＋10%）×（1－5%）＝197 505（元）

3. 比例分析法

比例分析法是根据存货资金占用额的相关指标的变动情况，按比例推算存货定额的一种方法。其计算公式为：

存货资金定额＝计划年度某项指标的数额×上年该项指标正常存货率×（1－预测计划年度存货周转速度增长%）

【例4－6】某企业上年度合理存货平均占用额为800万元，上年销售收入总额1 600万元，预测计划年度销售收入将增加到2 000万元，计划年度存货周转速度增长10%。要求：计算计划年度存货资金定额。

解：存货资金定额＝2 000×80/1 600×（1－10%）＝90（万元）

4.5.3 存货控制的方法

存货资金定额确定之后，如何取得存货和管理存货，使存货在使用和周转过程中相关成本最小，效益最大，这就是存货的控制。存货控制的方法有多种，以下介绍经济批量模型、陆续到货模型、商业折扣模型、存货ABC控制法、分级归口控制及适时性管理。

1. 经济批量模型

经济批量是指能够使一定时期内某项存货的相关成本达到最小时的订货批量。经济批量模型的分析研究要有若干基本假设，主要有：存货单价不变；不允许缺货；存货的消耗均匀；订货能瞬间一次到达；变动性的单位订货、储存成本都不变等。

经济批量模型中的相关总成本 TC 是由两项相关成本合成的，即变动性订货成本 TC_0 和变动储存成本 TC_C。

设存货年需用量为 A，每次订货的变动性订货成本为 P，全年订货 n 次，每次订货量为 Q，则：

$$TC_0 = P \times n = P \times A/Q$$

设存货年平均单位变动性储存成本为 C_1，后平均储存量为 Q^-，则：

$$TC_C = C_1 \times Q^- = C_1 \times Q/2$$

存货的年相关总成本 TC 是 TC_0 与 TC_C 之和：

$$TC = TC_0 + TC_C = P \times A/Q + C_1 \times Q/2$$

显然，每次订货量少，则储存成本小，但必然导致订货次数增多，引起订货成本增大；反之，每次订货量多，则储存成本大，但可使订货次数减少，导致订货成本降低。可见，每次订货量太多或太少都不好。存货控制就是要寻求最优的订货量 Q^*，使全年存货相关总成本达到最小值 TC^*。这个 Q^* 就是经济订货量，或称经济批量。

经济批量模型可以用微分学方法求解：

$TC' = -PA/Q^2 + C_1/2$，令 $TC' = 0$

可得：$Q = \sqrt{2PA/C_1}$

$TC' = \sqrt{2PC_1}$

因为　$TC'' = 2PA/Q^3 > 0$

所以 $\sqrt{2PC_1}$ 是 TC 的最小值。

由此可知，经济批量模型的最优解为：最优订货批量 $Q^* = \sqrt{2PA/C_1}$

最小相关总成本 $TC^* = \sqrt{2PC_1}$

经济批量模型下存货储存情况如图 4－6 所示。

最优订货批量出现在变动性订货成本和变动性储存成本之和最小，也即变动性订货成本和变动性储存成本相等时。

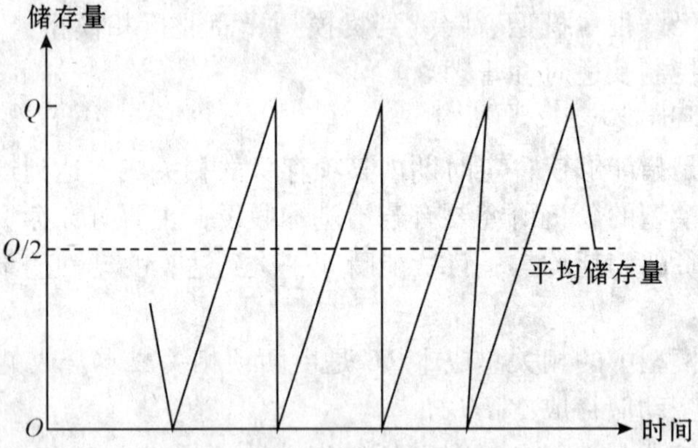

图 4－6　经济批量模型

【例 4－7】南岗公司全年耗用甲种材料 1 800 千克，该材料单价 20 元，年单位储存成本 4 元，一次订货成本 25 元。要求确定：①经济订货批量；②最小相关总成本；③最佳订货次数；④最佳订货周期；⑤最佳存货资金占用额。

解：①经济批量 = $\sqrt{2\times1\ 800\times25/4}=150$（千克）

②最小相关总成本 = $\sqrt{2\times1\ 800\times25\times4}=600$（元）

③最佳订货次数 $=1\ 800\div150=12$（次）

④最佳订货周期 $=360\div12=30$（天）

⑤最佳存货资金占用额 $=20\times150/2=1\ 500$（元）

2. 陆续到货模型

在陆续到货模型中，共作了 6 项基本假设，其中有一项是“订货能瞬间一次到达”，然而这一项假设实际未必能实现。为此，下面分析讨论陆续到达情况下的最优决策。

本模型下，存货储存情况如图 4－7 所示。图中时间段 AC 是订货周期，这一周期分成两部分：在 AB 段陆续到货又陆续耗用，在 BC 段只耗用。

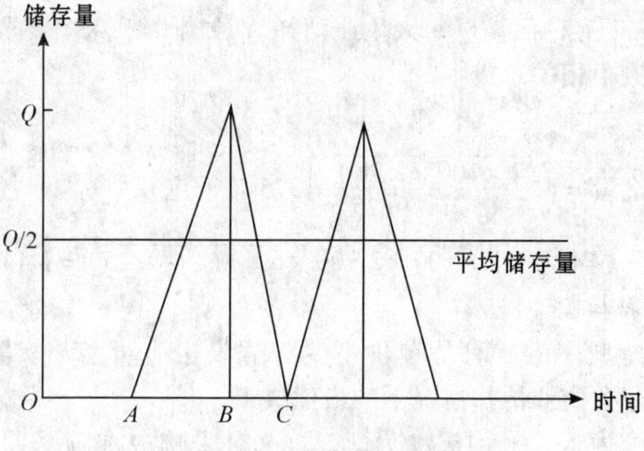

图 4－7　陆续到货模型

设存货需用量为 A，每次订货量为 Q，每次订货的变动性订货成本为 P，全年订货 n 次，则相关订货成本 TC_0 为：

$TC_0=P\times n\ =\ P\times A/Q$

设存货平均单位变动储存成本为 C_1，年平均储存量为 Q'，存货每日到货量为 m，每日耗用量为 n，则在 AB 段，每日增加储存 $m-n$，则

最大库存量 Q' 及相关储存成本 TC_C 为：

$Q'=（m-n）\times Q/m=（1-n/m）\times Q$

$TC_C=C_1\times Q'=C_1\times Q'/2=1/2\ C_1\times（1-n/m）\times Q$

陆续到货模型的相关总成本 TC 为：

$TC = TC_0 + TC_C = P \times A/Q + 1/2\ C_1 \times (1 - n/m) \times Q$

$TC' = -PA/Q^2 + 1/2\ C_1 \times (1 - n/m)$

令 $TC' = 0$，得 $Q^* = \sqrt{\dfrac{2PA}{C_1 \times (1 - n/m)}}$

因为 $TC'' = 2AP/Q^3 > 0$

所以 Q^* 处 TC 有最小值 $TC^* = \sqrt{2PAC_1 \times (1 - n/m)}$

陆续到货模型的最优解为：

最优订货批量 $Q^* = \sqrt{\dfrac{2PA}{C_1 \times (1 - n/m)}}$

最小相关总成本 $TC^* = \sqrt{2PAC_1 \times (1 - n/m)}$

【例 4－8】南岗公司全年需 A 原料 2 700 千克，每次订货的变动性订货成本为 100 元，每千克 A 原料年平均变动性储存成本为 6 元，每次订货后每天能运达 A 原料 25 千克，而该厂每天生产消耗 A 原料 9 千克。要求：计算最优订货批量及全年最小相关总成本。

解：

最优订货批量 $= \sqrt{\dfrac{2 \times 100 \times 2\ 700}{6 \times (1 - 9/25)}} = 375$（千克）

最小相关总成本 $= \sqrt{2 \times 100 \times 2\ 700 \times 6 \times (1 - 9/25)} = 1\ 440$（元）

3. 商业折扣模型

经济批量模型中的“存货单价不变”假设也有可能与实际不符，为此，我们分析讨论存在商业折扣情况下的最优决策。

设采购单价为 K，采购成本为 TC_K，这时采购成本随采购批量大小而变动，是决策的一项相关成本。相关总成本 TC 为：

$$TC = TC_K + TC_0 + TC_C$$
$$= K \times A + P \times A/Q + C_1 \times Q/2$$

本模型可按下述步骤求最优解：

（1）按经济批量模型求出订货批量。

（2）按商业折扣条款查出与步骤（1）求得的批量对应的采购单价及相关总成本。

（3）按商业折扣条款中采购单价低于步骤（2）求得的单价的各档次的最低批量对应的相关总成本。

（4）比较各相关总成本，最低的为最优。

【例 4－9】南岗工厂全年需用甲零件 10 000 件。每次变动性订货成本为

50 元，每件甲零件年平均变动性储存成本为 4 元。当采购量小于 600 件时，单价为 10 元；当采购量大于或等于 600 件，但小于 1 000 件时，单价为 9 元；当采购量大于或等于 1 000 件时，单价为 8 元。要求：计算最优采购批量及全年最小相关总成本。

解：首先计算经济批量 $Q_1 = \sqrt{(2 \times 50 \times 10\ 000) \div 4} = 500$（件）

这时甲零件单价为 10 元。

相关总成本 $TC_1 = 10 \times 10\ 000 + \sqrt{2 \times 50 \times 10\ 000 \times 4} = 102\ 000$（元）

当单价为 9 元时：

$Q_2 = 600$ 件

$TC_2 = 9 \times 10\ 000 + 50 \times 10\ 000/1\ 000 + 4 \times 600/2 = 91\ 700$（元）

当单价为 8 元时：

$Q_3 = 1000$ 件

$TC_3 = 8 \times 10\ 000 + 50 \times 10\ 000/1\ 000 + 4 \times 1\ 000/2 = 82\ 500$（元）

由此可知本例最优采购批量 1 000 件，全年最小相关总成本为 82 500 元。

4. 存货 ABC 控制法

ABC 控制法的要点是把企业的存货物资按金额大小分为 A、B、C 三类，然后根据重要性在控制管理中分别对待。

A 类物资是指品种少、实物量少而价值高的物资，其成本金额约占 70%，而实物量不超过 20%。

C 类物资是指品种多、实物量多而价值低的物资，其成本金额约占 10%，而实物量不超过 50%。

B 类物资介于 A 类、C 类物资之间，其成本金额约占 20%，而实物量不超过 30%。

对于 A 类物资应经常检查库存，严格管理，科学地制定其资金定额并按经济批量模型合理进货；对于 C 类物资不必严加控制，一次进货可适当多些，待发现存量已经不多时再次进货即可；对于 B 类物资采取比较严格的管理，视具体情况部分参照 A 类、部分参照 C 类控制。

当企业存货品种繁多、单价高低悬殊、存量多寡不一时，使用 ABC 控制法可以分清主次、抓住重点、区别对待，使存货控制更方便有效。

5. 分级归口控制

分级归口控制是指按照使用资金和管理资金相结合、物资管理和资金管理相结合的原则，将存货资金定额按各职能部门所涉及的业务归口管理，各职能部门再将资金定额计划层层分解落实到车间、班组乃至个人，实行分级管理。

6. 适时性管理

适时性管理是指企业在生产经营过程中努力实现经营需求与存货供应同步，存货传送与存货消耗同步，使存货库存最小化。适时性管理能有效地降低存货资金的占用，提高流动资金的使用效率。

关键概念

营运资金　可用余额　现金折扣　存货资金定额　信用政策　信用标准　持有成本　转换成本　短缺成本　管理成本　浮账

主要公式

1. 浮账 = 公司可用余额 − 公司账面余额
2. 存货资金定额 = 每日平均资金占用额 × 定额日数
3. 存货资金定额 =（上年存货实际平均占用额 − 不合理占用额）×（1 + 预测年度生产增长%）×（1 + 预测年度价格增长%）×（1 − 预测年度存货周转速度增长%）
4. 存货资金定额 = 计划年度某项指标的数额 × 上年该项指标正常存货率 ×（1 − 预测计划年度存货周转速度增长%）
5. 最优订货批量 $Q^* = \sqrt{2PA/C_1}$
6. 最小相关总成本 $TC^* = \sqrt{2PC_1}$
7. 最优订货批量 $Q^* = \sqrt{\dfrac{2PA}{C_1 \times (1 - n/m)}}$
8. 最小相关总成本 $TC^* = \sqrt{2PAC_1 \times (1 - n/m)}$

思考题

1. 什么是营运资金？营运资金管理的原则是什么？
2. 企业持有现金的目的是什么？
3. 什么是应收账款成本？它包括哪些内容？

4. 什么是信用政策？其内容包括哪些方面？

5. 信用条件包括哪些因素？

6. 企业如何加强对应收账款的日常管理？

7. 存货的功能与成本包括哪些方面？

8. 存货控制主要有哪些方法？

计算题

1. 朱山公司预计1个月内经营所需要的货币资金约为800万元，准备用短期有价证券变现取得，证券每次的固定成本为100元，证券市场年利率为12%。要求：计算最佳货币资金持有量及最小相关总成本。

2. 后房公司需在指定日期前把一笔款项汇到某外地单位。若用普通邮寄需3元，若用电汇需13元，但可快4天时间。假定该公司资金成本率为10%，需汇款9万元。要求：判断应采用普通邮寄还是电汇。

3. 南岗公司目前信用标准为5%，变动成本率为80%，生产能力有余。该公司为了扩大销售，拟将信用标准放宽到10%。放宽信用标准后，预计销售增加5万元，新增销售平均的坏账率为7%，新增销售平均的付款期为60天。若机会成本率为15%，分析放宽信用标准是否可行。

4. 今年后房公司信用条件为30天付款，无现金折扣，平均收现期为40天，销售额为10万元。预计明年的销售利润率与今年相同，仍为30%。现为了扩大销售，企业财务部门制定了两个方案。

方案1：信用条件为“3/10，*n*/20”，预计销售额将增加3万元，所增加的销售额中，坏账损失率为4%。客户获得现金折扣的比率为60%，平均收现期为15天。

方案2：信用条件为“2/20，*n*/30”，预计销售额将增加4万元，所增加的销售额中，坏账损失率为5%。客户获得现金折扣的比率为70%，平均收现期为25天。

要求：若应收账款的机会成本为10%，请问哪个方案为优？

5. 南岗公司产销A产品，单位售价400元，单位变动成本300元。现接到某客户追加订单1 000件，公司尚有生产能力给予接受。但是该客户提出赊账期为60天的付款方式，假如在30天内付款能给予2%的现金折扣，客户愿意有20%的货款在折扣期限内支付。南岗公司根据信用调查，发现该客户信用等级较低，坏账损失可能达到20%。南岗公司最低投资报酬率为15%，收账管理费用为赊销收入额的2%。要求：计算并决策南岗公司是否应接受订单。

6. 中门工厂计划期年度生产甲产品 7 200 件，每件耗用 A 材料 200 千克；生产乙产品 3 600 件，每件耗用 A 材料 300 千克。A 材料的计划单价为 15 元。A 材料在途天数 10 天，验收天数 1 天，整理准备天数为 4 天，供应间隔天数 30 天，供应间隔系数 60%，保险天数 2 天。要求：计算 A 材料资金需要量。

7. 甲产品计划年度计划产量为 7 200 件，单位产品计划成本 800 元，生产周期为 10 天。若产品成本系数为 60%，那么其在产品资金需要量是多少？

8. 甲产品计划年度计划产量 7 200 件，单位产品计划成本 800 元，甲产品完工在库储存天数为 6 天，发运天数为 2 天，办理结算天数为 4 天。要求：计算甲产品资金需要量。

9. 老下村工厂每年需要耗用 B 材料 25 000 千克，该材料单位价格为 10 元，单位储存成本为 4 元，每次订货成本 20 元。要求：计算经济批量、年订货次数和订货间隔天数。

第五章　金融投资

金融投资的对象是金融资产，金融资产是以经济合约为基本存在形式的权利性资产。金融资产具有独特的性质，所代表的是一种契约性权利；其周转速度取决于金融资产的持有目的；金融资产的价值取决于能带来的未来现金流量。本章将考察证券投资、基金投资和期权投资。

学习目标：

●了解投资基金的运作原理，不同投资基金的投资方向，期权的性质、合约要素、种类以及交易的基本策略；

●理解期权的财务功能，期权的理财思想、价值构成，债券收益的来源，股票价值的含义，债券价值的含义，证券的系统性风险和非系统性风险的含义与区别，基金价值的内涵；

●掌握债券估价的基本模型，债券的内部收益率的计算方法，股票估价的基本模型和常用的股票估价模式，股票投资收益率的计算方法，证券投资组合的风险与报酬的计算，基金收益率的计算方法。

5.1　证券投资概述

5.1.1　证券投资的风险

证券投资是公司在证券交易市场上购买有价证券的经济行为。由于证券市价波动频繁，证券投资的风险往往较大，如何达到风险与报酬的均衡是证券投资的主要财务问题。

获取投资收益是证券投资的主要目的，证券投资的风险是投资者无法获得预期投资收益的可能性。证券投资的风险按风险性质划分为系统性风险和非系统性风险两大类别。

（一）系统性风险

证券投资的系统性风险，是由于外部经济环境因素变化引起整个证券市场的不确定性加强，从而对市场上所有证券都产生影响的共同性风险。系统性风险影响到市场上的所有证券，无法通过投资多样化的证券组合而加以避免，也称为不可分散风险。

系统性风险波及所有证券，最终会反映在证券市场平均利率的提高上，因此所有的系统性风险几乎都可以归结为利率风险。利率风险是由于市场利率变动引起证券价值变化的可能性。市场利率反映了社会平均报酬率，投资者对证券投资报酬率的预期总是在市场利率基础上进行的，当证券投资报酬率大于市场利率时，证券价值才会高于证券市价。一旦市场利率提高，就会引起证券价值的下降，投资者就不易得到超过社会平均报酬率的超额报酬。系统性风险表现为价格风险、再投资风险和购买力风险。

1. 价格风险

价格风险是由于市场利率上升而使证券价格普遍下跌的可能性。资本是一种商品，利率是资本使用权的价格，它受资本供求关系的制约。资本需求量增加，市场利率上升；资本供应量增加，市场利率下降。证券市场是一个资本市场，价格风险来自于证券市场买卖双方供求关系的不平衡。

市场利率上升，资本需求量增加，意味着证券发行量的增加，引起整个证券市场所有证券价格的普遍下降。同时，市场利率的上升，促使投资者将资本投向于银行存款，证券市场资本供应量下降，证券投资者减少，引起证券价格下跌。纯粹利率的变动会造成证券价格的普遍波动，两者呈反向变化：市场利率上升，证券价格下跌；市场利率下降，证券价格上升。不过，这里的价格波动并不是指证券发行者的经营业绩变化而引起的个别证券的价格波动。

当证券持有期间的市场利率上升，证券价格就会下跌，证券期限越长，投资者遭受的损失就越大。流动性附加率，是对投资者承担利率变动风险的一种补偿，期限越长的证券，要求的流动性附加率就越大。

2. 再投资风险

再投资风险是由于市场利率下降而造成的无法通过再投资来实现预期收益的可能性。根据流动性偏好理论，长期证券的报酬率应当高于短期证券，这是因为：

(1) 期限越长，不确定性就越强。证券投资者一般喜欢持有短期证券，因为它们较易变现而收回本金。因此，投资者愿意接受短期证券的低报酬率。

(2) 证券发行者一般喜欢发行长期证券，因为长期证券可以筹集到长期资金，而不必经常面临筹集不到资金的困境。因此，证券发行者愿意为长期证券支付较高的报酬率。

为了避免市场利率上升的价格风险，投资者可能会投资于短期证券，但短期证券又会面临市场利率下降的再投资风险，即无法按预定报酬率进行再投资而实现所要求的预期收益。

3. 购买力风险

购买力风险是由于通货膨胀而使货币购买力下降的可能性。在持续而剧烈的物价波动环境下，货币性资产会产生购买力损益：当物价持续上涨时，货币性资产会遭受购买力损失；当物价持续下跌时，货币性资产会带来购买力收益；在物价上涨和下跌交替进行时，购买力损失与购买力收益可能会相互抵消。

证券资产是一种货币性资产，通货膨胀会使证券投资的本金和收益贬值，使名义报酬率不变而实际报酬率降低。购买力风险对具有收款权利性质的资产影响很大，债券投资的购买力风险远大于股票投资。如果通货膨胀长期延续，投资人会把资本投向实体性资产以求保值，对证券资产的需求量减少，从而引起证券价格下跌。

（二）非系统性风险

证券的非系统性风险，是由于特定经营环境或特定事件变化引起的不确定性，从而对个别证券产生影响的特有性风险。非系统性风险源于每个公司自身特有的营业活动和财务活动，与某个具体的证券相关联，同整个证券市场无关。非系统性风险可以通过持有证券的投资多样化来抵消，也称为可分散风险。非系统性风险是公司特有风险，从公司内部管理的角度考察，公司特有风险的主要表现形式是公司经营风险和财务风险。从公司外部的证券市场投资者的角度考察，公司经营风险和财务风险的特征无法明确区分，公司特有风险是以履约风险、变现风险、破产风险等形式表现出来的。

1. 履约风险

履约风险是指证券发行者无法按时兑付证券利息和偿还本金的可能性。有价证券本身就是一种契约性权利资产，经济合同的一方违约都会给另一方造成损失。履约风险是投资于收益固定型有价证券的投资者经常面临的，多发生于债券投资中。履约风险产生的原因可能是公司产品经销不善，也可能是公司现金周转不灵。

2. 变现风险

变现风险是证券持有者无法在市场上以正常的价格平仓出货的可能性。持有证券的投资者，可能会在证券持有期限内出售现有证券投资于另一项目，但在短期内找不到愿意出合理价格的买主，投资者就会丧失新的投资机会或面临降价出售的损失。在同一证券市场上，各种有价证券的变现能力是不同的，交易越频繁的证券，其变现能力越强。

3. 破产风险

破产风险是在证券发行者破产清算时投资者无法收回应得权益的可能性。当证券发行者由于经营管理不善而持续亏损，现金周转不畅而无力清偿债务或其他原因导致难以持续经营时，他可能会申请破产保护。破产保护会导致债务清偿的豁免、有限责任的退资，使得投资者无法取得应得的投资收益，甚至无法收回投资的本金。

5.1.2 证券投资的目的

证券投资是指企业为获取投资收益或特定经营目的而买卖有价证券的一种投资行为。

不同企业进行证券投资的目的不同，但总的来说有以下 4 个方面：

1. 充分利用闲置资金，获取投资收益

企业正常经营过程中有时会有一些暂时多余的资金闲置，为了充分有效地利用这些资金，可购入一些有价证券，在价位较高时抛售，以获取投资收益。

2. 为了控制相关企业，增强企业竞争能力

企业有时从经营战略上考虑需要控制某些相关企业，可通过购买该企业的大量股票，从而取得对被投资企业的控制权，以增强企业的竞争能力。

3. 为了积累发展基金或偿债基金，满足未来的财务需求

企业如欲在将来扩建厂房或归还到期债务，可按期拨出一定数额的资金投入到一些风险较小的证券，以便到时售出，满足所需的整笔资金的需求。

4. 调剂资金余缺，保持资金需求量均衡

企业可以利用闲置的现金进行短期证券投资以获取不定期的收益，短期证券的投资在多数情况下是出于预防的动机。在现金流出超过现金流入时，售出有价证券，以增加现金，尤其是从事季节性经营的公司在一年内某些月份资金有余，而有些月份则会出现短缺，可在资金剩余时购入有价证券，短缺时则售出。

5.1.3 证券投资的一般程序

1. 投资对象的选择

合理选择投资对象是证券投资成败的关键。企业应根据一定的投资原则，认真分析投资对象的收益水平和风险程度，合理地选择投资对象，将风险降低到最低限度，取得较好的投资收益。

2. 买卖委托

由于投资者无法直接进场交易，买卖证券业务需委托证券商代理。企业可

通过电话委托、计算机终端委托、递单委托等方式委托券商代为买卖有关证券。

3. 成交

证券买卖双方通过中介券商的场内交易员分别出价委托，若买卖双方的价位与数量合适，交易即可达成，这个过程叫成交。

4. 清算与交割

企业委托券商买入某种证券成功后，即应解交款项，收取证券。清算即证券买卖双方结清价款的过程。

5. 办理证券过户

证券过户只限于记名证券的买卖业务。当企业委托买卖某种记名证券成功后，必须办理证券持有人的姓名变更手续。

5.2 证券投资的收益评价

企业要进行证券投资，首先必须进行证券投资的收益评价。评价证券的收益水平主要有两个指标，即证券的价值和收益率。

5.2.1 债券投资的收益评价

（一）债券的价值

债券的价值，又称债券的内在价值。根据资产的收入资本化定价理论，任何资产的内在价值都是在投资者预期的资产可获得现金收入的基础上进行贴现决定的。运用到债券上，债券的价值即是指进行债券投资时投资者预期可获得的现金流入的现值。债券的现金流入主要包括利息和到期收回的本金或出售时获得的现金两部分。当债券的购买价格低于债券价值时，才值得购买。

1. 债券价值计算的基本模型

债券价值的基本模型主要是按复利方式计算的每年定期付息、到期一次还本情况下的债券估价模型。其价值模型为：

$$V=\sum_{t=1}^{n}\frac{i\times F}{(1+K)^{t}}+\frac{F}{(1+K)^{n}}$$
$$=i\times F\ (P/A,\ K,\ n)\ +F\times\ (P/F,\ K,\ n)$$
$$=I\times\ (P/A,\ K,\ n)\ +F\times\ (P/F,\ K,\ n)$$

式中，V 为债券价值；i 为债券票面利息率；I 为债券利息；F 为债券面值；K 为市场利率或投资人要求的必要收益率；n 为付息总期数。

【例 5－1】南岗公司拟购入 2008 年 2 月 1 日发行的债券，面值 1 000 元，票面利率为8%，期限为5年，每年付息一次，到期还本。当前的市场利率为8%。要求：计算债券价格为多少元时才能进行投资。

解：$V=1\,000\times8\%\times(P/A,8\%,5)+1\,000\times(P/F,8\%,5)$

$=80\times3.993+1\,000\times0.681$

$=1\,000$（元）

由上面计算可知，该债券的价格必须低于1 000元时才能进行投资。

2. 一次还本付息的单利债券价值模型

我国很多债券都属于一次还本付息、单利计算的存单式债券，其价值模型为：

$$V=F(1+i\times n)/(1+K)^n$$
$$=F(1+i\times n)\times(P/F,K,n)$$

公式中符号含义同前式。

【例5－2】南岗公司拟购买朱山公司的企业债券作为投资，该券面值1 000元，期限3年，票面利率5%，单利计息，当前市场利率为6%。要求：计算该债券发行价格为多少元时才能购买。

解：$V=1\,000\times(1+5\%\times3)\times(P/F,6\%,3)$

$=1\,000\times1.15\times0.839\,6$

$=965.54$（元）

由上面计算可得，该债券的价格必须低于965.54元时才适宜购买。

3. 零星债券的价值模型

零息债券的价值模型是指到期只能按面值收回，期内不计息债券的估价模型。其价值模型为：

$$P=F/(1+K)^n=F\times(P/F,K,n)$$

公式中的符号含义同前式。

【例5－3】后房公司发行的债券面值1 000元，期限3年，期内不计息，到期按面值偿还，市场利率6%。要求：计算价格为多少元时，南岗公司才能购买。

解：$V=1\,000\times(P/F,6\%,3)=1\,000\times0.839\,6=839.6$（元）

由上面计算可得，该债券的价格只有低于839.6元时，南岗公司才能购买。

（二）债券的收益率

1. 短期债券收益率的计算

短期债券由于期限较短，一般不用考虑货币时间价值因素，只考虑债券价差及利息，将其与投资额相比，即可求出短期债券收益率。其基本计算公式为：

$$K=\frac{S_1-S_0+I}{S_0}\times 100\%$$

式中，S_0 为债券购买价格；S_1 为债券出售价格；I 为债券利息；K 为债券投资收益率。

【例 5－4】南岗公司于 2006 年 5 月 8 日以 920 元购进一张面值 1 000 元，票面利率 5%，每年付息一次的债券，并于 2007 年 5 月 8 日以 970 元的市价出售。要求：计算该债券的投资收益率是多少。

解：$K=(970-920+50)\div 920\times 100\%=10.87\%$

由上面计算表明，该债券的投资收益率为 10.87%。

2. 长期债券收益率的计算

对于长期债券，由于涉及时间较长，需要考虑货币时间价值，其投资收益率一般是指购进债券后一直持有至到期日止可获得的收益率，它是使债券利息的年金现值和债券到期收回本金的复利现值之和等于债务购买价格时的贴现率。

（1）一般债券收益率的计算。一般债券的价值模型为：

$$V=I\times(P/A,\ K,\ n)+F\times(P/F,\ K,\ n)$$

式中，V 为债券的购买价格；I 为每年获得的固定利息；F 为债券到期收回的本金或中途出售收回的资金；K 为债券的投资收益率；n 为投资期限。

由于无法直接计算收益率，必须采用逐步测试法及内插法来计算，即：先设定一个贴现率代入上式，如计算出的 V 正好等于债券买价，该贴现率即为收益率，若计算出的 V 与债券买价不等，则须继续测试；再用内插法求出收益率是多少。

【例 5－5】南岗公司 2008 年 1 月 1 日用平价购买前房公司发行的一张面值为 1 000 元的债券，其票面利率为 8%，每年 1 月 1 日计算并支付一次利息，该债券于 2013 年 1 月 1 日到期，按面值收回本金。要求：计算其到期收益率。

解：已知 $I=1\,000\times 8\%=80$（元），$F=1\,000$（元）

设收益率 $K=8\%$，则

$V=80\times(P/A,\ 8\%,\ 5)+1\,000\times(P/F,\ 8\%,\ 5)$

$\quad=1\,000$（元）

由上面计算表明，用 8% 计算出来的债券价值正好等于债券买价，所以该债券的收益率为 8%。可见，平价发行的每年复利计息一次的债券，其到期收益率等于票面利率。

如果该公司购买该债券的价格为 1 100 元，即高于面值，则该债券收益率应为多少？

要求出收益率，必须使下式成立：1 100 = 80 ×（P/A，K，5）+1 000 ×（P/F，K，5）

通过前面计算已知，当 $K=8\%$ 时，上式等式右边为1 000 元。由于利率与现值呈反向变化，即现值越大，利率越小。而债券买价为 1 100 元，收益率一定低于 8%，降低贴现率进一步试算。

① 用 $K_1=6\%$ 试算：

V_1 =80 ×（P/A，6%，5）+1 000 ×（P/F，6%，5）

=80 ×4. 242 4 +1 000 ×0. 747 3

=1 086. 692（元）

② 用 $K_2=5\%$ 试算：

V_2 =80 ×（P/A，5%，5）+1 000 ×（P/F，5%，5）

=80 ×4. 329 5 +1 000 ×0. 783 5

=1 129. 86（元）

③ 用内插法计算：

$$K=5\%+\frac{1\ 129.86-1\ 100}{1\ 129.86-1\ 086.692}\times(6\%-5\%)=5.69\%$$

所以，如果债券的购买价格为 1 100 元时，债券的收益率为 5. 69%。

（2）一次还本付息的单利债券收益率的计算。

【例 5 -6】南岗公司 2008 年 1 月 1 日以 1 020 元购买一张面值为 1 000 元，票面利率为 10%，单利计息的债券，该债券期限 5 年，到期一次还本付息。要求：计算其到期收益率。

解：一次还本付息的单利债券价值模型为：

$V=F(1+i\times n)\times(P/F, K, n)$。

1 020 =1 000 ×（1 +5 ×10%）×（P/F，K，5）

（P/F，K，5）=1 020 ÷1 500 =0. 68

查“复利现值表”，5 年期的复利现值系数等于 0. 68 时，$K=8\%$。

如果此时查表无法直接求得收益率，则可用内插法计算。

债券的收益率是进行债券投资时选购债券的重要标准，它可以反映债券投资按复利计算的实际收益率。如果债券的收益率高于投资人要求的必要报酬率，则可购进债券；否则，就应放弃此项投资。

（三）债券投资的优缺点

1. 债券投资的优点

（1）投资收益稳定。

进行债券投资一般可按时获得固定的利息收入，收益稳定。

(2) 投资风险较低。

相对于股票投资而言，债券投资风险较低。政府债券有国家财力作后盾，通常被视为无风险证券。而企业破产时企业债券的持有人对企业的剩余财产有优先求偿权，因而风险也较低。

(3) 流动性强。

大企业及政府债券很容易在金融市场上迅速出售，流动性较强。

2. 债券投资的缺点

(1) 无经营管理权。债券投资者只能定期取得利息，无权影响或控制被投资企业。

(2) 购买力风险较大。由于债券面值和利率是固定的，如投资期间通货膨胀率较高，债券面值和利息的实际购买力就会降低。

5.2.2 股票投资的收益评价

(一) 股票的价值

股票的价值，又称股票的内在价值，是进行股票投资所获得的现金流入的现值。股票带给投资者的现金流入包括两部分，即股利收入和股票出售时的资本利得。因此，股票的内在价值由一系列的股利和将来出售股票时售价的现值所构成。通常当股票的市场价格低于股票内在价值才适宜投资。

1. 股票价值的基本模型

$$V=\sum_{t=1}^{n}\frac{d_t}{(1+K)^t}+\frac{V_n}{(1+K)^n}$$

式中，V 为股票内在价值；d_t 为第 t 期的预期股利，K 为投资人要求的必要资金收益率；V_n 为未来出售时预计的股票价格；n 为预计持有股票的期数。

股票价值的基本模型要求无限期地预计历年的股利，如果持有期是个未知数，上述模型实际上很难计算。因此，应用的模型都是假设股利零增长或固定比例增长时的价值模型。

2. 股利零增长、长期持有的股票的价值模型

$$V=d\div K$$

式中，V 为股票内在价值；d 为每年固定股利；K 为投资人要求的资金收益率。

【例 5-7】南岗公司拟投资购买并长期持有某公司股票，该股票每年分配股利 4 元，必要收益率为 10%。要求：计算该股票价格为多少元时才适合购买。

解：$V=d\div K=4\div10\%=40$（元）

由上面计算可知，股票价格低于40元时才适合购买。

3. 股利固定增长、长期持有的股票的价值模型

设上年股利为d_0，本年股利为d_1，每年股利增长率为g，则股票价值模型为：

$$V=d_0\times(1+g)\div(K-g)$$
$$=d_1\div(K-g)$$

【例5－8】南岗公司拟投资朱山公司股票，该股票上年每股股利为4元，预计年增长率为2%，必要投资报酬率为7%。要求：计算该股票价格为多少元时才可以投资。

$V=d_0\times(1+g)\div(K-g)=4\times(1+2\%)\div(7\%-2\%)=81.6$（元）

上面计算表明，该股票价格低于81.6元时才可以投资。

4. 非固定成长股票的价值

有些公司的股票在一段时间里高速成长，在另一段时间里又正常固定增长或固定不变，这样就要分段计算，才能确定股票的价值。

【例5－9】南岗公司持有朱山公司股票，其必要报酬率为12%，预计朱山公司未来三年股利高速增长，成长率为20%，此后转为正常增长，增长率为8%。朱山公司最近支付的股利是2元。要求：计算朱山公司的股票价值。

解：首先，计算非正常增长期的股利现值，见表5－1。

表5－1　非正常增长期的股利现值

年份	股利（元）	现值因算	现值（元）
1	2×1.2=2.4	0.892 9	2.143 0
2	2.4×1.2=2.88	0.797 2	2.295 9
3	2.88×1.2=3.456	0.718 8	2.460 0
合计（3年股利现值）			6.898 9

其次，按固定股利成长模型计算固定增长部分的股票价值：

$$V_3=\frac{d_3\times(1+g)}{K-g}=\frac{3.456\times1.08}{0.12-0.08}=93.312\text{（元）}$$

由于这部分股票价值是第三年年底以后的股利折算的内在价值，需将其折算为现值：

$V_3=(P/F,\ 12\%,\ 3)=93.312\times0.711\ 8=66.419$（元）

最后，计算股票目前的内在价值：

$V = 6.8989 + 66.419 = 73.32$（元）

（二）股票投资的收益率

1. 短期股票收益的计算

如果企业购买的股票在一年内出售，其投资收益主要包括股票投资价差及股利两部分，不需考虑货币时间价值，其收益率计算公式如下：

$$K = (S_1 - S_0 + d) \div S_0 \times 100\%$$
$$= (S_1 - S_0) \div S_0 + d \div S_0$$
$$= \text{预期资本利得收益率} + \text{股利收益率}$$

式中，K 为短期股票收益率；S_1 为股票出售价格；S_0 为股票购买价格；d 为股利。

【例5－10】2007年3月10日，南岗公司购买朱山公司股票，每股市价为20元，2008年1月，南岗公司每股获现金股利1元。2008年3月10日，南岗公司将该股票以每股22元的价格出售。要求：计算投资收益率应为多少。

解：$K = (22 - 20 + 1) \div 20 \times 100\% = 15\%$

上面计算表明，该股票的收益率为15%。

2. 股利固定增长、长期持有的股票的收益率的计算

由固定增长股利价值模型可知：$V = d_1 \div (K - g)$，将公式移项整理，求 K，可得到股利固定增长收益的计算模型：

$$K = d_1 \div V + g$$

【例5－11】有一只股票的价格为40元，预计下一期的股利是2元，该股利将以大约10%的速度持续增长。要求：计算该股票的预期收益率为多少。

解；$K = 2 \div 40 + 10\% = 15\%$

上面计算表明，该股票的收益率为15%。

3. 一般情况下股票投资收益率的计算

一般情况下，企业进行股票投资可以取得股利，股票出售时也可收回一定资金，只是股利不同于债券利息，是经常变动的，股票投资的收益率是使各期股利及股票售价的复利现值等于股票买价时的贴现率。即：

$$V = \sum_{t=1}^{n} \frac{d_t}{(1+K)^t} + \frac{V_n}{(1+K)^n}$$

式中，V 为股票的买价；d_t 为 第 t 期的股利；K 为投资收益率；V_n 为股票出售价格；n 为持有股票的期数

【例5－12】南岗公司于2008年6月1日投资600万元，购买某种股票100万股，2009年、2010年和2011年的5月分得每股利分别为0.6元、0.8

元和0.9元，并于2011年5月30日以每股8元的价格将股票全部出售，试计算该项目投资的收益率。

解：用逐步测算法计算，先用20%的收益率进行测算：

$$V=60\div(1+20\%)+80\div(1+20\%)^2+890\div(1+20\%)^3$$
$$=60\times0.8333+80\times0.6944+890\times0.5787$$
$$=620.59\text{（万元）}$$

由于620.59万元比600万元大，再用24%测试：

$$V=60\div(1+24\%)+80\div(1+24\%)^2+890\div(1+24\%)^3$$
$$=60\times0.8065+80\times0.6504+890\times0.5245$$
$$=567.23\text{（万元）}$$

然后用内插法计算如下：

$$K=20\%+(620.59-600)\div(620.59-567.23)\times4\%$$
$$=21.54\%$$

由上面计算可得，该项目投资的收益率为21.54%。

（三）股票投资的优缺点

1. 股票投资的优点

（1）投资收益高。股票投资风险大，收益也高，只要选择得当，就能取得优厚的投资收益。

（2）购买力风险低。与固定收益的债券相比，普通股能有效地降低购买力风险。因为通货膨胀率较高时，物价普遍上涨，股份公司盈利增加，股利也随之增加。

（3）拥有经营控制权。普通股股票的投资者是被投资企业的股东，拥有一定的经营控制权。

2. 股票投资的缺点

（1）收入不稳定。普通股股利的有无、多少，需视被投资企业经营状况而定，很不稳定。

（2）价格不稳定。股票价格受众多因素影响，极不稳定。

（3）求偿权居后。企业破产时，普通股投资者对被投资企业的资产求偿权居于最后，其投资有可能得不到全额补偿。

5.3 基金投资

基金投资是以投资基金为运作对象的投资方式。投资基金是一种利益共享、风险共担的集合投资方式，即通过发行基金股份或者受益凭证等有价证券聚集众多的不确定投资者的出资，交由专业投资机构经营运作，以规避投资风险并谋取投资收益的证券投资工具。它是资本市场，特别是证券市场上的一种金融投资工具。

5.3.1 投资基金的运作原理

（一）投资基金的组建

投资基金的称谓各有不同，美国称为共同基金或互惠基金（mutual funds），也称为投资公司，英国和我国香港特区称为单位信托基金（unit trusts），日本和我国台湾省称为证券投资信托基金。尽管称谓各异，但投资基金的组建框架及操作过程基本上都是相同的。

一般来说，投资基金的组织与运作包括如下 4 个方面的内容：

（1）投资基金的发起人设计、组织各种类型的投资基金。通过向社会发行基金受益凭证或基金股份，将社会上众多投资者的零散资金聚集成一定规模的数额，设立基金。

（2）基金的份额用“基金单位”来表达，基金单位也称为受益权单位，它是确定投资者在某一投资基金中所持份额的尺度。

（3）指定的信托机构保管和处分基金资产，专款存储以防止基金资产被挪为他用。基金保管机构亦称为基金保管公司，接受基金管理人的指令，负责基金的投资操作，处理基金投资的资金拨付、证券交割和过户、利润分配、本金偿付等事项。

（4）基金经理公司（也称为基金管理公司）负责基金的投资运作。基金经理公司负责设计基金品种，制订基金投资计划，确定基金的投资目标和投资策略，以基金的名义购买证券资产或其他资产，向基金保管人发出投资操作指令。

（二）投资基金的类型

投资基金最基本的运作分类有两种。按基金的组织形式，投资基金分为契约型基金和公司型基金两大类；按基金发行的限制条件，投资基金分为开放型基金和封闭型基金。

1. 契约型基金与公司型基金

（1）契约型基金，又称单位信托基金，是基于一定的信托契约而联结起来的代理投资行为，是发展历史最为悠久的一种投资基金。在契约型基金的运作中，委托人（基金经理公司）与受托人（基金保管公司）之间签订信托契约，由基金经理公司作为发起人发行等额或不等额的受益凭证募集社会资金，交由基金保管公司保管，自己专注于下达投资指令。

（2）公司型基金是按公司法组建股份有限公司而构建的代理投资组织，公司型基金本身就是一个基金股份公司，通常称为投资公司。投资公司向社会发行基金股份，投资者通过购买股份成为股东，股东大会选出董事会，监督基金资产的运作，负责基金资产的安全与增值。

从组织结构上来说，投资公司与一般的股份有限公司并无多大的差别。但投资公司并不是一个自身开展业务的经营实体，只是一种名义、机制，一种集腋成裘进行规模性专业投资的集合式间接投资机制，公司型投资基金本身就可以称为投资公司。投资公司的主要职责是创办基金并对基金资产的运作进行监督，除了董事会以外，投资公司可以没有其他工作人员，甚至没有专门的办公场所。

契约型基金的大众化程度较高，公司型基金的经营比较稳定，两种形式的基金各有优劣。各国的证券投资信托制度均以这两种组织形式为基本模式，英国的单位信托基金以契约型基金为主，美国的共同基金以公司型基金为主。由于受香港特区的影响，我国内地的投资基金多属于契约型基金。

2. 封闭型基金与开放型基金

（1）封闭型基金（close-end fund）有基金发行总额和发行期限的限定，在募集期间结束和达到基金发行限额后，基金即告成立并予以封闭，在封闭期内不再追加发行新的基金单位，也不可赎回原有的基金单位。

（2）开放型基金（open-end fund）没有基金发行总额和发行期限的限定，发行者可以连续追加发行新的基金单位，投资者也可以随时将原有基金单位退还给基金经理公司。从基金退还角度看，基金经理公司可回购基金股份或受益凭证，赎回基金，投资者可退还基金，赎回现金，因此开放型基金也叫可赎回基金。

在市场流通方面，封闭型基金采用证券交易所上市的方式，基金募集完毕上市后，投资者要购买或转让基金，都要通过证券经纪商在二级市场上竞价交易。可以说，封闭型基金类似于普通股票，交易价格受供求关系影响。开放型基金在国家规定的营业场所申购，通过基金经理公司的柜台交易赎回，其赎回价格由基金单位净资产值（NAV）决定。

在基金期限方面，开放型基金的投资者由于随时可以向基金经理人提出赎回要求，故无设定基金期限的必要，而封闭型基金则需要设定一个固定的基金经营期限。我国国务院证券委员会颁布的《证券投资基金管理暂行办法》（1997 年）规定，封闭型基金的存续年限不得少于 5 年。

5.3.2 投资目标与投资方向

不论是公司型基金还是契约型基金，投资基金的经营主体是基金经理公司，投资基金的经营业绩完全取决于基金经理人的努力。基金经理公司在对投资基金进行经营运作时，确立投资目标和设计投资方向是决定投资基金经营业绩的前提因素。

（一）投资目标

投资目标是基金投资经营运作所要达到的目的，引导着基金的投资方向和投资政策。基金的投资目标一般有4种类型：

1. 资本迅速增值

这类基金强调在较短的时期内为投资者谋取较大的资本增长幅度，投资收益的来源主要是资本利得，即投资对象的买卖差价，而当期的期间收益不是追求的对象。谋求资本迅速增值的基金称为积极成长型基金，一般投资于有高成长潜力的小型公司股票、高科技公司股票，投资政策往往采取快进快出策略，以避免投资风险。这类基金通常很少或不分派基金分红，而是将盈利滚入本金再投资，以取得高速成长。谋取资本的快速成长，是以承担高风险为代价的。

2. 资本长期增值

这类基金强调为投资者谋取长期而稳定的资本增幅，投资收益的来源主要也是资本利得。谋取资本长期增值的基金称为成长型基金。

3. 收益与风险平衡

这类基金同时注重收益稳定和资本增值，要求既能派发红利又能使资本适当成长。这类基金称为平衡型基金，其投资对象一般是价格波动较小的证券，强调在收益稳定性证券（如债券、优先股）和成长性证券（如股票）中组合投资。

4. 收益长期稳定

这类基金注重长期稳定的收益，故称为收入型基金。这类基金一般投资于政府债券、公司债券、优先股以及货币市场工具。

（二）投资方向

投资方向是指设计投资基金的主要投资区域。投资基金受投资目标的影响，投资取向是不同的。

1. 货币投资

基金投资的取向是以货币为客体的金融工具，形成货币市场基金。货币市场基金的业务主要是货币市场上的一系列长期和短期的存款和贷款，包括银行存款、银行票据、商业票据、短期国库券等。以货币作为投资方向的优势在于：汇集投资者的零散资金作为大额存款，获得优惠的利率；参与外汇市场投资，赚取汇兑收益和利息差率。

2. 股票投资

基金投资的取向是普通股票或分行业专门股票，既可以取得资本收益又可以取得资本利得。对于中小投资者而言，利用基金投资于股票比自己操作股票更安全，市场信息更易取得。并且，股票市场的国际化没有货币市场高，利用基金可以投资境外股票。

3. 债券投资

基金投资的取向是各类债券，包括政府公债、地方债券、公用事业债券、公司债券等。无疑，投资于债券的风险较小、收益稳定，但受市场利率的影响较大。

4. 认股权证投资

认股权证是一种票据类金融工具，持有人有权在指定的期间按指定的价格购买发行公司一定数量的股份。从理论上说，认股权证的价格是正股市价与认股价的差价，但认股权证价格的波动幅度远大于正股市价的波动幅度，具有强烈的杠杆效用，风险较大。我国目前的可转换债券可归类为认股权证。

5. 衍生金融工具投资

衍生金融工具是以基础金融工具的存在为前提、以基础金融工具为交易对象、其价值也依附于基础金融工具的金融合同或合约，如金融远期、金融期货、金融期权、金融互换等。衍生金融工具诞生的原动力就是风险管理，它通过买空、卖空等手段把市场风险聚集起来，在基础金融工具的价格上涨行情和下跌行情中都能赚取收益。但衍生金融工具的收益与风险放大的杠杆效用比认股权证更加强烈，在聚集风险的同时释放风险，需要较高的投资技巧。

6. 专门化投资

专门化投资方向是从股票投资方向中衍化过来的，基金主要集中投放于一些有特殊领域背景的证券。如投资于金矿采掘和加工公司的股票的黄金基金，投资于国家资源公司的证券的资源基金，投资于目前未上市而前景良好的小型企业和新兴企业的创业基金，投资于高科技领域的科技基金等。

5.3.3 投资策略

投资组合是为实现基金投资的目标所遵循的基本投资政策，在这个基本政策前提下，基金投资需要采用一些具体的投资策略，以提高投资效率。

（一）平均成本投资策略

平均成本投资策略是指在均衡的时间间隔内，按固定的金额分次投资于同一种证券，这里的平均成本指的是各次购买证券的平均价格。在证券市价高于平均成本时，将分批买进的证券一次性全部抛出以获取盈利。

采用平均成本投资策略，能够通过证券持有份数的变化来抵消证券价格的波动。由于每次以固定金额投资于同一证券，证券价格较低时，所购买的证券份数就多一些；证券价格较高时，所购买的证券份数就少一些，由此来拉低平均购买成本。

【例 5－13】南岗基金计划在 A 证券上投资 3 000 万元，分 6 次投资，每次投资额度 500 万元，各次投资的购买价格及证券持有份数如表 5－2 所示。

表 5－2　证券投资的平均成本

投资次数	购买价格（元）	本次份数（万份）	累计份数（万份）	累计投资（万元）	平均成本（元）	市价总额（万元）
1	10	50.00	50.00	500	10	500
2	11	45.45	95.45	1 000	10.477	1 050
3	9	55.56	151.01	1 500	9.933	1 359
4	12	41.67	192.68	2 000	10.380	2 312
5	10	50.00	242.68	2 500	10.302	2 427
6	11	45.45	288.13	3 000	10.412	3 169

6 次投资共购入 A 证券 288.13 万份，平均购买价格为 10.412 元（3 000 万元÷288.13 万份）。以后如果该证券的市价大于 10.412 元，便将 A 证券全部抛出从而获取盈利。例如，在投资期末证券市价为 11 元时，每份证券获利 0.588 元，288.13 万份证券共获利 169 万元。按所持证券目前的市价总额 3 169万元计算，比 3 000 万元的投资总额超出 169 万元，也可得到同样结果。因此，到第 6 次投资期市价为 11 元时，不必再购买证券 45.45 万份，而是将原有的 242.68 万份全部抛售，平均成本 10.302 元，每份获利 0.698 元，共获利 169 万元。事实上，只要投资对象的市价超过平均投资成本，就可以把以前所购买的证券全部抛售，而不必等到投资额度全部使用完毕。本例中，第 3 次投资后证券持有份数为 151.01 万份，平均成本为 9.933 元，到第 4 次准备投资时，证券市价达到 12 元，已超过前次平均投资成本，此时便可以全部抛售以获取既得利益，而不是追加投资。等到市价下跌到一定程度（比如跌到前次平均成本 9.933 元），再重新投资于 A 证券。

平均成本投资策略的实质是分次投资，能避免一次性在高价位上套牢的价格波动风险。这种策略可以应用于对投资组合的重组，当准备更换投资组合时，安全的做法是分次投转，把资金从一个投资对象中逐步退出，分次转移至另一个投资对象中，既可避免原有投资对象的低价位退出，又可防止新投资对象高价位的进入。

平均成本投资策略只针对同一投资对象，与其他投资对象的投资不发生关系，不适用于对投资组合的调整。而且，该策略在证券价格高于平均成本时就一次性全部抛售，当证券价格持续上涨时，就会丧失再投资于该证券的机会，无法完成投资额度的计划。

（二）固定比重投资策略

固定比重投资策略要求将资金按比例分配投资于各类证券，使持有的各类证券市价总额达到设定的比重。一旦由于市价波动使证券比重变化超过一定限度，就通过买卖证券来调整投资比重，以保持原有的投资组合比重。

固定比重投资策略的实质是用一种投资对象的增值利润投资于另一种投资对象，如第2期将在债券和其他证券上所获取的资本利得再投资于股票。即当某类证券上涨时，就补进价格相对较低的其他类别证券；当该类证券价格下跌较多时，就抛售其他类别证券以补进该类证券。这样能使基金投资经常保持低成本状态，也有助于让投资者及时实现既得的利益。

固定比重投资策略一般不适用于投资对象长期持续上涨或长期持续下跌的情况。投资对象长期持续上涨，会令基金经理人过早全部抛出该品种而失去继续获利的机会；投资对象长期持续下跌，又会使基金经理人不断抛售其他投资品种而承担该品种价格继续下跌的风险。

（三）分级定量投资策略

分级定量投资策略的基本做法是：设定投资对象的价格涨跌等级，价格每上升一个等级就抛售，价格每下降一个等级就购进，每次抛售或购进的数量是相等的。

分级定量投资策略与平均成本投资策略相类似，都是针对同一投资品种分次进行投资。但两种策略在操作上还是有明显的区别：

（1）分级定量投资策略没有投资额度限制，如果投资对象的价位不断下降，按此策略要求只有不断地购进，这对基金的资金实力有较高的要求，同时，也要求事先应当规划一个购入的最低价位。

（2）每次购进的数量是相等的，而投资额是不相等的。

（3）平均成本投资策略按移动加权平均方式计算平均购进价位，在当前价位高于平均成本时出售证券，分级定量投资策略按上一次价位决定下一次购进或出售的行动，在当前价位高于上一次价位并达到设定的价位涨跌等级时出售，反之亦然。

（4）平均成本投资策略的抛售行为往往一次完成，分级定量投资策略的抛售行为往往分次进行。

分级定量投资策略中，价位涨跌等级间隔的设定是关键的因素，等级间隔不宜定得过宽，若定得过宽则容易失去抛售或购进的机会。

5.3.4 投资基金的财务评价

对投资基金进行财务评价旨在衡量投资基金的经营业绩，为投资者选择合适的基金作为投资对象提供参考。对投资基金进行财务评价所依据的信息来源主要是公开的基金财务报告信息。

（一）基金的价值

基金也是一种证券，与其他证券一样，基金的内涵价值也是指在基金投资上所能带来的现金净流量。但是，基金内涵价值的具体确定依据与股票、债券等其他证券又有很大的区别。

1. 基金价值的内涵

债券的价值取决于债券投资所带来的利息收入和所收回的本金，股票的价值取决于股份公司净利润的稳定性和增长性。这些利息和股利都是未来收取的，也就是说，未来的而不是现在的现金流量决定着债券和股票的价值。基金的价值取决于目前能给投资者带来的现金流量，这种目前的现金流量用基金的净资产价值来表达。

基金的价值取决于基金净资产的现在价值，其原因在于：股票的未来收益是可以预测的，而投资基金的未来收益是不可预测的。由于投资基金不断变换投资组合对象，再加上资本利得是投资基金收益的主要来源，变幻莫测的证券价格波动使得对投资基金未来收益的预计变得不大现实。既然未来不可预测，投资者把握的就是“现在”，即基金资产的现有市场价值。

2. 基金单位净值（NAV）

基金的单位净值（Net Asset Value），也称为单位资产净值。基金的价值取决于基金净资产的现在价值，因此基金单位净值是评价基金业绩最基本和最直观的指标，也是开放型基金申购价格、赎回价格以及封闭型基金上市交易价格确定的重要依据。

基金单位净值是在某一时点每一基金单位（或基金股份）所具有的市场价值，计算公式为：

$$基金单位净值 = 基金净资产价值总额/基金单位总份数$$

其中：基金净资产价值总额 = 基金总资产价值 − 基金负债总额

在基金净资产价值的计算中，基金的负债除了以基金名义对外的融资借款以外，还包括应付投资者的分红、基金，应付给基金经理公司的首次认购费、经理费用等各项基金费用。相对来说，基金的负债金额是固定的，基金净资产的价值主要取决于基金总资产的价值。这里，基金总资产的价值并不是指资产总额的账面价值，而是指资产总额的市场价值。

3. 基金的报价

从理论上说，基金的价值决定了基金的价格，基金的交易价格是以基金的单位净值为基础的，基金单位净值高，基金的交易价格也高。封闭型基金在二级市场上竞价交易，其交易价格由供求关系和基金业绩决定，围绕着基金单位净值上下波动。开放型基金的柜台交易价格则完全以基金单位净值为基础，通常采用两种报价形式：认购价（卖出价）和赎回价（买入价）。开放型基金柜台交易价格的计算方式为：

基金认购价 = 基金单位净值 + 首次认购费

基金赎回价 = 基金单位净值 - 基金赎回费

（二）基金收益率

基金收益率用以反映基金增值的情况，它通过基金净资产的价值变化来衡量。基金净资产的价值是以市价计量的，基金资产的市场价值增加，意味着基金的投资收益增加，基金投资者的权益也随之增加。基金收益率的计算公式为：

基金收益率 =（年末持有份数 × 基金单位净值年末数 - 年初基金单位数 × 基金单位净值年初数）÷（年初基金单位数 × 基金单位净值年初数）

如果年末和年初基金单位的持有份数相同，基金收益率就简化为基金单位净值在本年内的变化幅度。

年初的净值相当于购买基金的本金投资，基金回报率也就相当于一种简便的投资报酬率。

5.4 期权投资

期权在公司财务理论中占有十分重要的地位，这不仅仅是因为财务经理可以通过期权交易来锁定风险损失，更重要的是许多非期权的投资项目包含着期权的性质，利用期权理论能对这些投资项目进行恰当的价值定位。

5.4.1 期权原理

期权是一种“钱权交易”的合同合约，合同的买方支付购买费（权利金）

向合同的卖方取得一种权利，有权决定在未来某一时刻按约定的价格向合同的卖方买卖某种物品。

（一）期权的性质

期权也称为选择权，期权合同表明合同双方在合同期限内，期权买方要求期权卖方按约定价格交割特定的标的物。期权是单向合同，风险收益机制是非对称性的，这是期权运作的最大特征。期权的非对称风险收益机制主要表现在：

1. 权利义务不对称

在支付了期权权利金以后，期权的买方有权履约，也有权放弃合同；而期权的卖方只有履约的义务，并无放弃的权利。

2. 风险与收益的不对称

期权买方的风险是已知的，仅限于支付的权利金，不存在追加义务，而潜在的收益在理论上是无限的。期权卖方的收益是已知的，仅限于收到的权利金，而风险损失在理论上说也是无限的。

3. 获利概率的不对称

由于期权卖方承受的风险很大，为取得平衡，设计期权时通常会使期权卖方获利的可能性远大于期权买方。不论期权买方是否履约，期权卖方都能获得权利金利益。

（二）期权合约要素

（1）交易标的物。期权标的物是指执行期权的对象，也是合约商品。

（2）交易方。期权交易方是指期权合同的买方和卖方，购买期权合同的称为期权买方，出售期权合同的称为期权卖方。

（3）敲定价格。又称为履约价格、执行价格，是双方约定的合同标的物成交价格。

（4）权利金。权利金是期权买方为取得选择权而付出的期权购买费，也称为期权价格或期权费。

（三）期权交易基本策略

期权交易最基本的策略有四种：购买看涨期权、购买看跌期权、出售看涨期权、出售看跌期权。

5.4.2 期权的财务功能

1. 风险转移功能

期权的风险转移，是将市场价格变化的风险通过一定的运行机制，从一部分人身上转移到另一部分人身上。期权市场的风险转移是通过套期保值来实现的，当预计商品价格会上涨时，通过购买看涨期权锁定商品的买入价格；当预计商品价格会下跌时，通过购买看跌期权锁定商品的出售价格，把商品价格涨跌的风险转移到期权卖方身上。当然，在转移风险的同时又聚集了风险，当商品价格朝预计方向反向变化时，期权买方面临着权利金的风险损失。

2. 价值定位功能

期权交易所集中了来自四面八方、社会各界的买卖交易者，带来了对期权合约标的物商品的供求信息和市场预计。不论是看涨期权还是看跌期权，合约中的履约价格就是供求双方对合约商品未来价格的预计，是双方达成的市场均衡价格，给现货市场的商品价值定位提供了方向。

期权投资的方法：买进认购期权；买进认售期权；买入认售期权同时买入期权标的物；买入认售期权同时卖出一定量期权标的物；综合多头；综合空头。

5.5 证券投资的风险与组合

5.5.1 单一证券投资风险的衡量

衡量单一证券的投资风险对证券投资者具有极为重要的意义，它是投资者选择合适投资对象的基本出发点。投资者在选择投资对象时，如果各种证券具有相同的期望收益率，显然会倾向于风险低的证券。

衡量单一证券投资风险的方法一般包括算术平均法与概率测定法两种。

（一）算术平均法

算术平均法是最早产生的单一证券投资风险的测定方法。其计算公式为：

$$平均价差率=\frac{\sum_{i=1}^{n}各期价差率}{n}$$

式中，各期价差率 =（该时期最高价 - 最低价）÷（该时期最高价 + 最低价）÷2；n 为计算时期数。

如果将风险理解为证券价格可能的波动，平均价差率则是一个衡量证券投资风险的较好指标。证券投资决策可以根据平均价差率的大小来判断该证券的风险大小。平均价差率大的证券风险也大，平均价差率小的证券风险则较小。

利用算术平均法对证券投资风险的测定，其优点是简单明了，但其测定范围有限，着重于过去的证券价格波动，风险所包含的内容过于狭窄，因此，不能准确地反映该证券投资未来风险的可能趋势。

(二）概率测定法

概率测定法是衡量单一证券投资风险的主要方法，它依据概率分析原理，计算各种可能收益的标准差与标准离差率，以反映相应证券投资的风险程度。

1. 标准差

判断实际可能的收益率与期望收益率的偏离程度，一般可采用标准差指标。其计算公式为：

$$\sigma = \sqrt{\sum_{i=1}^{n} (K_i - \bar{K})^2 P_i}$$

式中，$\bar{K}$ 为期望收益率 $[\sum_{i=1}^{n} (K_i \times P_i)]$；$K_i$ 为第 i 种可能结果的收益率；P_i 为第 i 种可能结果的概率；n 为可能结果的个数；σ 为标准差。

一般来说，标准差越大，说明实际可能的结果与期望收益率偏离越大，实际收益率不稳定，因而该证券投资的风险大；标准差越小，说明实际可能的结果与期望收益率偏离越小，实际收益率比较稳定，因而该证券投资的风险较小。但标准差只能用来比较期望收益率相同的证券投资风险程度，而不能用来比较期望收益率不同的证券投资的风险程度。

2. 标准离差率

标准离差率，又称标准差系数，可用来比较不同期望收益率的证券投资风险程度。其计算公式为：

$$q = \sigma \div \bar{K} \times 100\%$$

标准差系数是通过标准差与期望收益率的对比，以消除期望收益率水平高低的影响，可比较不同收益率水平的证券投资风险程度的大小。一般来说，标准差系数越小，说明该证券投资风险程度相对较低；否则，则相反。

【例5－14】某企业拟对两种证券进行投资，每种证券均可能遭遇繁荣、衰退两种行情，各自的预期收益率及概率如表5－3所示。要求：试比较A、B两种证券投资的风险程度。

表5－3　两种证券投资的风险比较

经济趋势	发生概率（P_i）	收益率（K_i）	
		A	B
衰退	50%	－20%	10%
繁荣	50%	70%	30%

解：（1）分别计算A、B证券的期望收益率。

$\bar{K}_A = -20\% \times 0.5 + 70\% \times 0.5 = 25\%$

$\bar{K}_B = 10\% \times 0.5 + 30\% \times 0.5 = 20\%$

（2）分别计算 A、B 证券的标准差。

$\sigma_A = \sqrt{(-20\% - 25\%)^2 \times 0.5 + (70\% - 25\%)^2 \times 0.5} = 45\%$

$\sigma_B = \sqrt{(10\% - 20\%)^2 \times 0.5 + (30\% - 20\%)^2 \times 0.5} = 10\%$

（3）分别计算 A、B 证券的标准离差率。

$q_A = 45\% \div 25\% = 180\%$

$q_B = 10\% \div 20\% = 50\%$

由此可以判定：尽管证券 A 的期望收益率高于证券 B，但其风险程度也高于证券 B。

5.5.2 证券投资组合

证券投资充满了各种各样的风险，为了规避风险，可采用证券投资组合的方式，即投资者在进行证券投资时，不是将所有的资金都投向单一的某种证券，而是有选择地投向多种证券，这种做法叫做证券的投资组合或者投资的多样化。

（一）证券投资组合的策略与方法

1. 证券投资组合的策略

（1）冒险型策略。这种策略认为，只要投资组合科学而有效，就能取得远远高于平均收益水平的收益。这种组合主要选择高风险高收益的成长性股票，对于低风险低收益的股票则不屑一顾。

（2）保守型策略。这种策略是指购买尽可能多的证券，以便分散掉全部可分散风险，得到市场的平均收益。这种投资组合的优点：①能分散掉全部可分散风险；②不需要高深的证券投资专业知识；③证券投资管理费较低。这种策略收益不高，风险也不大，故称为保守型策略。

（3）适中型策略。这种策略介于保守型与冒险型策略之间。采用这种策略的投资者一般都善于对证券进行分析，通过分析，选择高质量的股票或债券组成投资组合。他们认为，股票价格是由企业经营业绩决定的，市场上价格一时的沉浮并不重要。这种投资策略风险不太大，收益却比较高，但进行这种组合的人必须具备丰富的投资经验及证券投资的各种专业知识。

2. 证券投资组合的方法

（1）选择足够数量的证券进行组合。当证券数量增加时，可分散风险会逐步减少；当证券数量足够时，大部分可分散的风险都能分散掉。

（2）把不同风险程度的证券组合在一起，即1/3资金投资于风险大的证券，1/3资金投资于风险中等的证券，1/3资金投资于风险小的证券。这种组合法虽不会获得太高的收益，但也不会承担太大的风险。

（3）把投资收益呈负相关的证券放在一起组合。负相关证券是指一种证券的收益上升而另一种证券的收益下降的两种证券，把收益呈负相关的证券组合在一起，能有效分散风险。

（二）证券组合投资的期望收益率

$$\overline{K_P} = \sum_{i=1}^{n} K_i \times W_i \times P_i = \sum_{i=1}^{n} \overline{K_i} \times W_i$$

式中，$\overline{K_P}$ 为证券组合投资的期望收益率；$\overline{K_i}$ 为第 i 种证券的期望收益率；W_i 为第 i 种证券价值占证券组合投资总价值的比重；n 为证券组合中的证券数。

仍沿用例【5－14】中的资料，如该企业各投资50%于A、B证券，则组合投资的期望收益率为：

$\overline{K_P} = 25\% \times 0.5 + 20\% \times 0.5 = 22.5\%$

（三）证券组合投资的风险

证券组合投资的期望收益率可由各个证券期望收益率的加权平均而得，但证券组合投资的风险并不是各个证券标准差的加权平均数，即：$\sigma_p \neq \sum_{i=1}^{n} \sigma_i \times \omega_i$。证券投资组合理论研究表明，理想的证券组合投资的风险一般要小于单独投资某一证券的风险，通过证券投资组合可以规避各证券本身的非系统性风险。现举例说明如下：

【例5－15】南岗公司投资于由W、M两种证券组成的投资组合，投资比重各为50%，从1996—2000年各年的收益率及标准差资料如表5－4所示。

表5－4　完全负相关的两种证券组合

年度	证券W收益率 K_W（%）	证券M收益率 K_M（%）	WM投资组合收益率 K_P
1996	40	－10	15
1997	－10	40	15
1998	35	－5	15
1999	－5	35	15
2000	15	15	15
平均收益率	15	15	15
标准差	22.6	22.6	0.0

由此可见，如果只投资 W 或 M，它们的风险都很高，但如将两种证券进行组合投资，则其风险为零（标准差为零）。这种组合之所以会风险为零，是因为这两种证券的投资收益率的变动方向正好相反：当 W 的投资收益率上升时，M 的投资收益率下降；反之，当 W 的投资收益率下降时，M 的投资收益率上升。这种收益率的反向变动趋势统计学上称为完全负相关（$\gamma = -1.0$）。如果两种证券的收益率变动方向完全一致，统计学上称为完全正相关（$\gamma = +1.0$），这样的两种证券进行投资组合，不能抵消风险。对于大多数证券，一般表现为正相关，但又不是完全正相关，所以投资组合可在一定程度上降低投资风险，但不能完全消除投资风险。一个证券组合的风险，不仅取决于组合中各构成证券个别的风险，也取决于它们之间的相关程度。

（四）系统性风险的衡量

前已述及，系统性风险是由于政治、经济及社会环境的变动影响整个证券市场上所有证券价格变动的风险。它使证券市场平均收益水平发生变化，但是，每一种具体证券受系统性风险的影响程度并不相同。β 值就是用来测定一种证券的收益随整个证券市场平均收益水平变化程度的指标，它反映了一种证券收益相对于整个市场平均收益水平的变动性或波动性。如果某种股票的 β 系数为 1，说明这种股票的风险情况与整个证券市场的风险情况一致，即如果市场行情上涨了 10%，该股票也会上涨 10%；如果市场行情下跌 10%，该股票也会下跌 10%。如果某种股票的 β 系数大于 1，说明其风险大于整个市场的风险；如果某种股票的 β 系数小于 1，说明其风险小于整个市场的风险。

单一证券的 β 值通常会由一些投资服务机构定期计算并公布，证券投资组合的 β 值则可由证券组合投资中各组成证券 β 值加权计算而得，其计算公式如下：

$$\beta_p = \sum_{i=1}^{n} \omega_i \beta_i$$

式中，β_p 为证券组合的 β 系数；ω_i 为证券组合中第 i 种股票所占的比重；β_i 为第 i 种股票的 β 系数；n 为证券组合中股票的数量。

【例 5－16】南山公司持有共 200 万元的 3 种股票，该组合中 A 股票 40 万元，B 股票 80 万元，β 系数均为 1.5；C 股票 80 万元，β 系数为 0.8 元。则该投资组合的 β 系数为：

$\beta_p = 20\% \times 1.5 + 40\% \times 1.5 + 40\% \times 0.8 = 1.22$

（五）证券投资组合的风险与收益

1. 证券投资组合的风险收益

投资者进行证券投资，就要求对承担风险进行补偿，股票的风险越大，要求的收益率就越高。由于证券投资的非系统性风险可通过投资组合来抵消，投资者要求补偿的风险主要是系统性风险。因此，证券投资组合的风险收益是投资者因承担系统性风险而要求的，超过资金时间价值的那部分额外收益。其计算公式为：

$$R_p = \beta_p \times (K_m - R_f)$$

式中，R_P 为证券组合的风险收益率；β_P 为证券组合的 β 系数；K_m 为市场收益率，即证券市场上所有股票的平均收益率；R_f 为无风险收益率，一般用政府公债的利率来衡量。

【例 5－17】根据【例 5－16】资料，如股票的市场收益率为 10%，无风险收益率为 6%。要求：确定该证券投资组合的风险收益率。

解：$R_P = 1.22 \times (10\% - 6\%) = 4.88\%$

在其他因素不变的情况下，风险收益取决于证券投资组合的 β 系数：β 系数越大，风险收益越大；β 系数越小，风险收益越小。

2. 证券投资的必要收益率

证券投资的必要收益率等于无风险收益率加上风险收益率，即：

$$K_i = R_f + \beta (K_m - R_f)$$

式中，K_i 为第 i 种股票或证券组合的必要收益率；β 为第 i 种股票或证券组合的 β 系数；K_m 为市场收益率，即证券市场上所有股票的平均收益率；R_f 为无风险收益率。

这就是资本资产计价模型（CAPM）。

【例 5－18】华为公司股票的 β 系数为 1.5，无风险利率为 4%，市场平均收益率为 8%。要求：计算该股票的必要收益率为多少时，投资者才会购买。

解：$K_i = R_f + \beta \times (K_m - R_f)$

$= 4\% + 1.5 \times (8\% - 4\%)$

$= 10\%$

上面计算表明，华为公司股票的收益率达到或超过 10% 时，投资者才会购买。

关键概念

证券　基金　基金投资　期权投资　系统风险　股票的内在价值
必要收益率　组合投资　契约型基金　公司型基金

主要公式

1. $V=\sum_{t=1}^{n}\frac{i\times F}{(1+K)^t}+\frac{F}{(1+K)^n}$

$=i\times F\ (P/A,\ K,\ n)\ +F\times\ (P/F,\ K,\ n)$

$=I\times\ (P/A,\ K,\ n)\ +F\times\ (P/F,\ K,\ n)$

2. $V=F\ (1+i\times n)\ /\ (1+K)^n$

$=F\ (1+i\times n)\ \times\ (P/F,\ K,\ n)$

3. $P=F/\ (1+K)^n=F\times\ (P/F,\ K,\ n)$

4. $K=\frac{S_1-S_0+I}{S_0}\times 100\%$

5. $V=I\times\ (P/A,\ K,\ n)\ +F\times\ (P/F,\ K,\ n)$

6. $V=\sum_{t=1}^{n}\frac{d_t}{(1+K)^t}+\frac{V_n}{(1+K)^n}$

7. $V=d\div K$

8. $V=d_0\times\ (1+g)\ \div\ (K-g)$

$=d_1\div\ (K-g)$

9. $K=\ (S_1-S_0+d)\ \div S_0\times 100\%$

$=\ (S_1-S_0)\ \div S_0+d\div S_0$

10. $K=d_1\div V+g$

11. $V=\sum_{t=1}^{n}\frac{d_t}{(1+K)^t}+\frac{V_n}{(1+K)^n}$

12. 基金认购价 = 基金单位净值 + 首次认购费

基金赎回价 = 基金单位净值 − 基金赎回费

13. 基金收益率 =（年末持有份数 × 基金单位净值年末数 − 年初基金单位数 × 基金单位净值年初数）÷（年初基金单位数 × 基金单位净值年初数）

14. $平均价差率=\frac{\sum_{i=1}^{n}各期价差率}{n}$

15. $\sigma=\sqrt{\sum_{i=1}^{n}\ (K_i-\bar{K})^2P_i}$

16. $q=\sigma\div\bar{K}\times 100\%$

$$17.\ \overline{K}_P = \sum_{i=1}^{n} K_i \times W_i \times P_i = \sum_{i=1}^{n} \overline{K}_i \times W_i$$

$$18.\ \beta_p = \sum_{i=1}^{n} \omega_i \beta_i$$

$$19.\ K_i = R_f + \beta\ (K_m - R_f)$$

思考题

1. 证券投资有何目的？
2. 证券有哪些种类？
3. 证券投资存在哪些风险？
4. 股票投资和债券投资有何优缺点？
5. 影响证券投资的因素有哪些？它们如何影响证券投资？

计算题

1. 无风险报酬率为7%，市场证券组合的收益率为13%。要求计算下列指标：

（1）市场风险报酬率为多少？

（2）如果某一证券投资计划的β系数为0.8，其短期的报酬率为12%，是否应该投资？

（3）如果某证券的必要报酬率是16%，则其β系数是多少？

2. 南岗公司普通股基年股利为6元，估计年股利增长率为6%，期望的收益率为15%，打算两年以后转让出去，估计转让价格为30元，计算普通股的价值。

3. 后房公司于2007年3月6日投资850元购进一张面值1 000元，票面利率为8%，每年付息一次的债券，并于2008年3月6日以950元的价格出售，计算该债券的投资收益率。

4. 已知：章里吴公司拟购买某公司债券作为长期投资（打算持有至到期日），要求的必要收益率为6%（复利按年计息）。现有3家公司同时发行5年期，面值均为1 000元的债券，其中：

甲公司债券的票面利率为8%，每年付息一次，到期还本，债券发行价格为1 041元；乙公司债券的票面利率为8%，单利计息，到期一次还本付息，债券发行价格为1 050元；丙公司债券的票面利率为零，债券发行价格为750元，到期按面值还本。

要求：

（1）计算章里吴公司购入甲公司债券的价值；

（2）计算章里吴公司购入乙公司债券的价值；

（3）计算章里吴公司购入丙公司债券的价值；

（4）根据上述计算结果，评价甲、乙、丙三种公司债券是否具有投资价值，并为章里吴公司做出购买何种债券的决策。

5. 前房公司计划投资某一项目，原始投资额为 200 万元，全部在建设起点一次投入，并于当年完工投产。投产后每年增加销售收入 90 万元，付现成本 21 万元。该项固定资产预计使用 10 年，按直线法提取折旧，预计残值为 10 万元。该公司拟按目前产权比率为 0.4 的目标结构来追加资金，预计负债的利息率是 5.82%，所得税税率为 25%。公司过去没有投产过类似项目，但新项目与另一家上市公司的经营项目类似，该上市公司的 β 系数为 1.5，其资产负债率为 50%，目前证券市场的无风险收益率为 5%，证券市场的风险溢价率为 9%。

要求：

（1）计算该项目各年度营业现金净流量；

（2）要求考虑所得税的影响，计算新项目投产后的加权平均资本成本；

（3）计算项目的净现值，并评价项目的可行性。

第六章　项目投资

项目投资是对企业内部生产经营所需要的各种资产的投资，其目的是为保证企业生产经营过程的连续和生产经营规模的扩大。在企业的整个投资过程中，项目投资具有十分重要的地位。

学习目标：

- **了解项目投资的概念、类型及项目投资决策的程序；**
- **了解现金流量的概念及构成内容；**
- **了解各种贴现与非贴现指标的特点；**
- **理解投资风险分析的肯定当量法的含义及计算技巧；**
- **掌握现金净流量、各种贴现与非贴现指标的含义及计算方法；**
- **掌握项目投资决策评价指标的应用，并能作出项目投资决策；**
- **掌握风险项目投资决策情况下，风险调整贴现率法的含义及计算技巧。**

6.1　项目投资的概念

6.1.1　项目投资的概述

（一）投资的概念

广义地说，投资是指企业为了在未来取得收益而发生的投入财力的行为。它包括用于机器、设备、厂房的购建与更新改造等生产性资产的投资，简称项目投资，也包括购买债券、股票等有价证券的投资和其他类型的投资。

本章所介绍的项目投资是一种以特定项目为对象，直接与新建项目或更新改造项目有关的长期投资行为。它是对企业内部各种生产经营资产的长期投资。与短期投资和对企业外部的长期投资比较，项目投资具有以下特点：

（1）影响时间长。作为长期投资的项目投资发挥作用的时间较长，几年、十几年甚至几十年才能收回投资。因此，项目投资对企业未来的生产经营活动和长期经济效益将产生重大影响，其投资决策的成败对企业未来的命运将产生决定性作用。

（2）投资数额多。项目投资，特别是战略性的扩大生产能力投资一般都需要较多的资金，如小企业的上百万元、上千万元，大企业的上千万元、上亿元的设备和建设项目，其投资数额往往是企业或其投资人多年的资金积累，在企业总资产中占有相当大的比重。因此，项目投资对企业未来的现金流量和财务状况都将产生深远的影响。

（3）不经常发生。与企业的短期投资和长期性金融投资相比，企业内部项目投资的发生次数不太频繁，特别是大规模的具有战略投资意义的扩大生产能力投资，一般要几年或十几年才发生一次，这就要求企业财务管理人员对此进行慎之又慎的可行性研究。

（4）变现能力差。作为长期投资项目投资，不仅不准备在一年或者超过一年的一个营业期内变现，而且在一年或者超过一年的一个营业期内变现的能力也很差。因为项目投资一旦完成，要想改变是相当困难的，不是无法实现，就是代价太大。

（二）项目投资程序

项目投资的特点决定了项目投资的风险大、周期长、环节多、考虑因素复杂，因此，项目投资是一项复杂的系统工程。项目投资一旦决策失误，对企业未来的生产经营活动、长期经济效益和长期偿债能力都将产生重大而深远的影响，甚至会导致企业破产。因此，企业既要把握投资机会，又要进行深入的调查研究和科学、严密的可行性论证。项目投资的程序主要包括以下 5 个环节：

1. 投资项目的提出

投资项目的提出是根据企业的长远发展战略、中长期投资计划和投资环境的变化，在把握良好投资机会的情况下提出的。投资项目的提出是项目投资程序的第一步，它可以由企业管理当局或企业高层管理人员提出，也可以由企业的各级管理部门和相关部门的领导提出。一般地，企业管理当局或企业高层管理人员提出的项目投资多是具有战略意义的项目投资或者扩大生产能力的项目投资，投资金额巨大，影响深远；企业的各级管理部门和相关部门领导提出的主要是一些战术性项目投资或者维持性项目投资。对于企业管理当局或企业高层管理人员提出的战略意义的项目投资或者扩大生产能力的项目投资，一般要由企业战略、市场、生产、财务和物资等部门参与共同论证；对于企业的各级管理部门和相关部门领导提出的战术性项目投资或者维持性项目投资，可先由提出部门进行可行性论证。

2. 投资项目的评价

投资项目的评价主要涉及如下工作：

（1）对提出的投资项目进行适当分类，为分析评价做准备；

（2）计算有关项目的建设周期，测算有关项目投产后的收入、费用和经济效益，预测有关项目的现金流入和现金流出；

（3）运用各种投资评价指标，把各项投资按可行程度进行排序；

（4）写出评价报告。

3. 投资项目的决策

投资项目评价后，应按分权管理的决策权限由企业高层管理人员或相关部门经理作最后决策。投资额小的战术性项目或维持性项目投资，一般由部门经理作出；投资额较大的项目投资，一般由企业管理当局或企业高层管理人员作出；特别重大的项目投资还需要报董事会或股东大会批准。不管由谁最后决策，其结论一般都可以分为3种：

（1）接受这个投资项目，可以进行投资；

（2）拒绝这个投资项目，不能进行投资；

（3）发还给项目提出部门，重新论证后，再行处理。

4. 项目投资的执行

对已作出可行决策的投资项目，企业管理部门要编制资金预算，并筹措所需要的资金。在投资项目实施过程中，要进行控制和监督，使之按期按质完工，投入生产，为企业创造经济效益。

5. 项目投资的再评价

在投资项目的执行过程中，应注意原来作出的投资决策是否合理，是否正确，一旦出现新的情况，就要随时根据变化的情况作出新的评价。如果情况发生重大变化，原来的投资决策已变得不合理，那么，就要进行是否终止投资或怎样终止投资决策，以避免更大的损失。

（三）项目投资的分类

（1）项目按其与企业未来经营活动的关系分为维持性投资和扩大生产能力性投资。

（2）项目按其对企业前途的影响可分为战术性投资和战略性投资。

（3）项目按其投资对象可分为固定资产投资、无形资产投资和递延资产投资。

（4）项目按其相互关系可分为相关性投资和非相关性投资。

（5）项目按其增加利润的途径可分为扩大收入投资和降低成本投资。

（6）项目还可分为新建项目投资和更新改造项目投资。

（四）新建项目和更新改造项目

1. 新建项目

新建项目是指以新建生产能力为目的的外延式扩大再生产。新建项目按其涉及内容又可分为单纯固定资产投资项目和完整工业投资项目。

（1）单纯固定资产投资项目，简称固定资产投资，其特点在于：在投资中只包括为取得固定资产而发生的垫支资本投入而不涉及周转资本的投入。

（2）完整工业投资项目，其特点在于：不仅包括固定资产投资，而且涉及流动资金投资，甚至包括无形资产等其他长期资产投资。

2. 更新改造项目

更新改造项目是指以恢复或改善生产能力为目的的内含式扩大再生产。

因此，不能将项目投资简单地等同于固定资产投资。项目投资对企业的生存和发展具有重要意义，是企业开展正常生产经营活动的必要前提，是推动企业生产和发展的重要基础，是提高产品质量、降低产品成本不可缺少的条件，是增强企业市场竞争能力的重要手段。

6.1.2 现金流量

（一）现金流量的概念

在进行项目投资决策时，首要环节就是估计投资项目的预算现金流量。所谓现金流量也称为现金流动量，是指投资项目在其计算期内因资金循环而引起的现金流入和现金流出增加的数量。

这里的“现金”概念是广义的，包括各种货币资金及与投资项目有关的非货币资产的变现价值（或重置成本）。例如，一个项目需要使用原有的厂房、设备和材料等，则相关的现金流量是指它们的变现价值，而不是其账面成本。

（二）现金流量的构成

投资决策中的现金流量，包括现金流入量、现金流出量和现金净流量 3 个具体概念。

1. 现金流入量

一个项目投资的现金流入量是指投资项目实施后在项目计算期内所引起的企业现金收入的增加额，简称现金流入。一个项目投资的现金流入量主要包括以下 4 部分：

（1）营业收入。

营业收入是指项目投产后每年实现的全部营业收入。为简化核算，假定正常经营年度内，每期发生的赊销额与回收的应收账款大致相等。营业收入是经营期主要的现金流入量项目。

（2）固定资产的余值。

固定资产的余值是指投资项目的固定资产在终结报废清理时的残值收入，或中途转让时的变价收入。固定资产的残值一般为其原始价值的3% ~5%。

（3）回收流动资金。

回收流动资金是指投资项目在项目计算期结束时，收回原来投放在各种流动资产上的营运资金。

固定资产的余值和回收流动资金统称为回收额。

（4）其他现金流入量。

其他现金流入量是指以上3项指标以外的现金流入量项目。

2. 现金流出量

一个项目投资的现金流出量是指投资项目实施后在项目计算期内所引起的企业现金流出的增加额，简称现金流出。一个项目投资的现金流出量主要包括了以下5部分：

（1）建设投资（含更改投资）。

①固定资产投资。固定资产投资由工程费用、工程建设其他费用、预备费用以及建设期借款利息构成。

②无形资产投资。无形资产投资主要包括土地使用权、专利权、商标权、专有技术、商誉、特许权等方面的投资额。

（2）垫支的流动资金。

垫支的流动资金是指投资项目建成投产后为开展正常经营活动而投放在流动资产（存货、应收账款等）上的营运资金。

建设投资与垫支的流动资金合称为项目的原始总投资。

（3）付现成本（或经营成本）。

付现成本是指在经营期内为满足正常生产经营而需用现金支付的成本。它是生产经营期内最主要的现金流出量。

付现成本 = 变动成本 + 付现的固定成本

= 总成本 - 折旧额及摊销额

（4）所得税额。

所得税额是指投资项目建成投产后，因应纳税所得额增加而增加的所得税。

（5）其他现金流出量。

其他现金流出量是指不包括在以上内容的现金流出项目。

3. 现金净流量

现金净流量是指投资项目在项目计算期内现金流入量和现金流出量的净额。

由于投资项目的计算期超过一年，且资金在不同的时间具有不同的价值，所以本章所述的现金净流量是以年为单位的，并且在本节中不考虑所得税的因素。

当现金流入量大于现金流出量时，现金净流量为正值；反之，现金净流量为负值。现金净流量的计算公式为：

现金净流量（NCF）=年现金流入量－年现金流出量

4. 项目计算期

项目计算期是指投资项目从投资建设开始到最终清理结束的全部时间，用 n 表示。

项目计算期通常以年为单位，0 年称为建设起点，若建设期不足半年，可假定建设期为零；项目计算期最后一年——第 n 年称为终结点，可假定项目最终报废或清理均发生在终结点，但更新改造除外。

项目计算期包括建设期和生产经营期，从项目投产日到终结点的时间间隔称为生产经营期，也叫寿命期，由此可得：

项目计算期（n）=建设期+经营期

所以，现金净流量可分为建设期的现金净流量和经营期的现金净流量。

（1）建设期现金净流量的计算。

现金净流量=－该年投资额

由于在建设期没有现金流入量，所以建设期的现金净流量总为负值。同时，建设期现金流量还取决于投资额的投入方式是一次投入还是分次投入。若投资额是在建设期一次全部投入的，上述公式中的该年投资额即为原始总投资。

（2）经营期营业现金净流量的计算。

经营期营业现金净流量指投资项目投产后，在经营期内由于生产经营活动而产生的现金净流量。

现金净流量=营业收入－付现成本
=营业收入－（总成本－折旧额）
=利润+折旧额

如有无形资产摊销额，则：

付现成本=总成本－折旧额及摊销额

（3）经营期终结现金净流量的计算。

经营期终结现金净流量是指投资项目在项目计算期结束时所发生的现金净流量。

现金净流量=营业现金净流量+回收额

（三）确定现金流量时应考虑的问题

由于项目投资的现金流量的确定是一项很复杂的工作，为了便于确定现金流量的具体内容，简化现金流量的计算过程，本章特作以下假设：

（1）全投资假设。

全投资假设，即假设在确定项目的现金流量时，只考虑全部投资的运动情况，不论是自有资金还是借入资金等具体形式的现金流量，都将其视为自有资金。

（2）建设期投入全部资金假设。

建设期投入全部资金假设，即项目的原始总投资不论是一次投入还是分次投入，均假设它们是在建设期内投入的。

（3）项目投资的经营期与折旧年限一致假设。

项目投资的经营期与折旧年限一致假设，即假设项目主要固定资产的折旧年限或使用年限与其经营期相同。

（4）时点指标假设。

时点指标假设，即现金流量的具体内容所涉及的价值指标，不论是时点指标还是时期指标，均假设按照年初或年末的时点处理。其中，建设投资在建设期内有关年度的年初发生；垫支的流动资金在建设期的最后一年末即经营期的第一年初发生；经营期内各年的营业收入、付现成本、折旧（摊销等）、利润、所得税等项目的确认均在年末发生；项目最终报废或清理（中途出售项目除外），回收流动资金均发生在经营期最后一年末。

（5）确定性假设。

确定性假设，即假设与项目现金流量估算有关的价格、产销量、成本水平、所得税率等因素均为已知常数。

（6）项目投资类型假设。

假设项目投资只包括单纯固定资产投资项目、完整工业投资项目和更新改造投资项目。这些项目又可进一步分为不考虑所得税因素和考虑所得税因素的项目。

（四）项目投资使用现金流量的原因

（1）采用现金流量有利于科学地考虑时间价值因素。利润的计算是以权责发生制为基础的，并不考虑时间价值，因此要在投资决策中考虑时间价值因素，就有能利用利润来衡量项目的优势，因此只能采用现金流量。

（2）采用现金流量能使投资决策更符合客观实际情况。利润的计算没有统一的标准，且以未实现收到现金的收入作为收益，风险较大，容易高估投资项目的经济效益，存在不科学、不合理的成分。因此，在项目投资决策中应用现金流量能更科学、客观地评价投资的优势。

（五）现金流量的估算

在确定项目投资的现金流量时，应遵循的基本原则是：只有增量现金流量才是与投资项目相关的现金流量。所谓增量现金流量，是指由于接受或放弃某个投资项目所引起的现金变动部分。由于采纳某个投资方案而引起的现金流入增加额，才是该方案的现金流入。同理，某个投资方案引起的现金流出增加额，才是该方案的现金流出。为了正确计算投资项目的增量现金流量，要注意以下 4 个问题：

1. 沉落成本

沉落成本是过去发生的支出，而不是新增的成本。这一成本是由于过去的决策所引起的，对企业当前的投资决策不产生任何影响。例如，某企业在两年前购置的某设备原价 10 万元，估计可使用 5 年，无残值，按直线法计提折旧，目前账面净值为 6 万元。由于科学技术的进步，该设备已被淘汰，在这种情况下，账面净值 6 万元就属于沉落成本。所以，企业在进行投资决策时要考虑的是当前的投资是否有利可图，而不是过去已花掉了多少钱。

2. 机会成本

在投资决策中，如果选择了某一投资项目，就会放弃其他投资项目，其他投资机会可能取得的收益就是本项目的机会成本。机会成本不是我们通常意义上的成本：它不是实际发生的支出或费用，而是一种潜在的放弃的收益。例如，一笔现金用来购买股票就不能存入银行，那么存入银行和利息收入就是股票投资的机会成本。如果某企业有一闲置的仓库，准备用来改建职工活动中心，但将仓库出租每年可得租金收入 2 万元，则这租金收入就是改建活动中心的机会成本。机会成本作为丧失的收益，离开被放弃的投资机会就无从计量。在投资决策过程中考虑机会成本，有利于全面分析评价所面临的各个投资机会，以便选择经济上最为有利的投资项目。

3. 公司其他部门的影响

一个项目建成后，该项目会对公司的其他部门和产品产生影响，这些影响所引起的现金流量变化应计入项目现金流量。

4. 对净营运资金的影响

一个新项目投产后，存货和应收账款等流动资产的需求随之增加，同时应付账款等流动负债也会增加。这些与项目相关的新增流动资产与流动负债的差额即净营运资金，应计入项目现金流量。

【例 6－1】南岗公司投资于 A 项目投资，需要一次性投入固定资产投资

600 万元，流动资金投资 120 万元，资金来源于银行借款，年利率为 10%，建设期为 2 年，发生资本化利息 100 万元，该项目经营期为 5 年，按固定资产按直线法计提折旧，期满有 60 万元净残值。另外，预计项目投产后，每年可获得 320 万元的营业收入，并发生 120 万元的总成本。该公司企业所得税税率为 25%。经营期每年支付借款利息 70 万元，经营期结束后归还本金。设定折现率为 10%。要求：计算该项目投资在项目计算期内各年的现金净流量。

解：固定资产原值 = 固定资产投资 + 建设期资本化利息 = 600 + 100 = 700（万元）

年折旧 =（700 − 60）÷5 = 128（万元）

项目计算期 = 2 + 5 = 7（年）

（1）建设期现金净流量。

$NCF_0 = -600$（万元）

$NCF_1 = 0$（万元）

$NCF_2 = -120$（万元）

（2）经营期现金净流量。

经营期某年现金净流量 = 该年净利润 + 该年折旧 + 该年摊销 + 该年利息 + 该年回收额

$NCF_{3\sim6} = (320 - 120 - 128 - 70) \times (1 - 25\%) + 128 + 70 = 199.5$（万元）

（3）经营期终结现金净流量。

$NCF_7 = 199.5 + 120 + 60 = 379.5$（万元）

【例 6 − 2】南岗公司拟更新一套尚可使用 5 年的旧设备。旧设备原价 170 000元，账面净值 110 000 元，期满残值 10 000 元，目前旧设备变价净收入 60 000元。旧设备每年营业收入 200 000 元，付现成本 164 000 元。新设备投资总额 300 000 元，可用 5 年，使用新设备后每年可增加营业收入 60 000 元，并降低付现成本 24 000 元，期满残值 30 000 元。要求：

（1）计算新旧方案的各年现金净流量；

（2）计算更新方案的各年差量现金净流量。

解：（1）继续使用旧设备的各年现金净流量。

$NCF_0 = -60\,000$（元）（变价净收入为机会成本）

$NCF_{1\sim4} = (200\,000 + 60\,000) - (164\,000 - 24\,000) = 120\,000$（元）

$NCF_5 = 36\,000 + 10\,000 = 46\,000$（元）

（2）采用新设备的各年现金净流量。

$NCF_0 = -300\,000$（元）

$NCF_{1\sim4} = (200\,000 + 60\,000) - (164\,000 - 24\,000) = 120\,000$（元）

$NCF_5 = 120\ 000 + 30\ 000 = 150\ 000$（元）

(3) 更新方案的各年差量现金净流量。

$\Delta NCF_0 = -300\ 000 - (-60\ 000) = -240\ 000$（元）

$\Delta NCF_{1\sim4} = 120\ 000 - 36\ 000 = 84\ 000$（元）

$\Delta NCF_5 = 150\ 000 - 46\ 000 = 104\ 000$（元）

6.2 项目投资决策的方法

为了客观、科学地分析评价各种投资方案是否可行，一般应使用不同的指标，从不同的侧面或角度反映投资方案的内涵。项目投资决策的方法又称为投资决策评价指标，是指用于衡量和比较投资项目可行性，以便据以进行方案决策的定量化标准与尺度。它由一系列综合反映投资效益、投入产出关系的量化指标构成。

项目投资决策评价指标根据其是否考虑资金的时间价值，可分为非贴现指标和贴现指标两大类。

6.2.1 非贴现指标

非贴现指标，也称为静态指标，即没有考虑资金时间价值因素的指标，主要包括投资利润率、投资回收期等指标。

（一）投资利润率

投资利润率，又称投资报酬率，是指项目投资方案的年平均利润额占平均投资总额的百分比。

投资利润率的计算公式为：

$$投资利润率 = \frac{年平均利润率}{平均投资总额} \times 100\%$$

式中分子是平均利润，不是现金净流量，不包括折旧等；分母可以用投资总额的50%来简单计算平均投资总额，一般不考虑固定资产的残值。

投资利润率的优点是容易理解，计算简单；缺点是计算每年平均现金流入量时不考虑现金流入的时间先后，不能准确地反映项目的优劣。

投资利润率是一个静态的相对量正指标。一般地，投资项目的投资利润率越高越好，低于无风险投资利润率的方案是不可行的方案。

【例6-3】南岗公司有甲、乙两个投资方案，投资总额均为10万元，全部用于购置新的设备，折旧采用直线法，使用期均为5年，无残值，其他有关资料如表6-1所示。

表 6-1 甲、乙方案利润与现金净流量表 单位：元

项目计算期	甲方案		乙方案	
	利润	现金净流量（NCF）	利润	现金净流量（NCF）
0		-100 000		-100 000
1	15 000	35 000	10 000	30 000
2	15 000	35 000	14 000	34 000
3	15 000	35 000	18 000	38 000
4	15 000	35 000	22 000	42 000
5	15 000	35 000	26 000	46 000
合计	75 000	75 000	90 000	90 000

要求：计算甲、乙两方案的投资利润率。

解：$甲方案投资利润率=\frac{15\ 000}{100\ 000\div 2}\times 100\%=30\%$

$$乙方案投资利润率=\frac{90\ 000\div 5}{100\ 000\div 2}\times 100\%=36\%$$

从计算结果来看，乙方案的投资利润率比甲方案的投资利润率高 6%（36% -30%），因此应选择乙方案。

（二）静态投资回收期

静态投资回收期又称全部投资回收期，简称回收期，是指以投资项目经营净现金流量抵偿原始总投资所需要的全部时间。它包括建设期的投资回收期和不包括建设期的投资回收期，是收回全部投资总额所需要的时间。它的计算可分为两种情况。

1. 经营期年现金净流量相等

其计算公式为：

$$投资回收期=\frac{投资总额}{年现金净流量}$$

如果投资项目投产后若干年（假设为 M 年）内，每年的经营现金净流量相等，且有以下关系成立：

$$M\times 投产后 M 年内每年相等的现金净流量（NCF）\geq 投资总额$$

则可用上述公式计算投资回收期。

【例 6-4】根据表 6-2 资料，计算甲方案的投资回收期。

表 6-2　经营期年现金净流量相等　　单位：元

项目计算期	甲方案	
	每年净现金流量	年末尚未回收的投资额
0	0	0
1	19 000	41 000
2	17 800	6 600
3	16 600	
4	15 400	
5	14 200	

解：甲方案投资回收期 $=3+\frac{6\ 600}{15\ 400}=3.429$（年）

【例 6-5】天然气 A 投资项目投资总额为 100 万元，建设期为 2 年，投产后第 1 年至第 8 年每年现金净流量为 25 万元，第 9 年、第 10 年每年现金净流量均为 20 万元。要求：计算项目的投资回收期。

解：因为　$8\times25\geqslant$ 投资额 100 万元

所以　投资回收期 $=2+\frac{100}{25}=6$（年）

从此例中可知，投资回收期还应包括建设期。

2. 经营期年现金净流量不相等

此时，需计算逐年累计的现金净流量，然后用插入法计算出投资回收期。

【例 6-6】根据资料表 6-3 所示，计算 A 方案的投资回收期。

解：列表计算 A 方案累计现金净流量，见表 6-3。

表 6-3　经营期年现金净流量不相等　　单位：元

项目计算期	A 方案	
	现金净流量（*NCF*）	累计现金净流量
1	30 000	30 000
2	34 000	64 000
3	38 000	102 000
4	42 000	144 000
5	46 000	190 000

从表 6-3 可得出，A 方案的投资回收期在第 2 年与第 3 年之间，用插入

法可计算出：

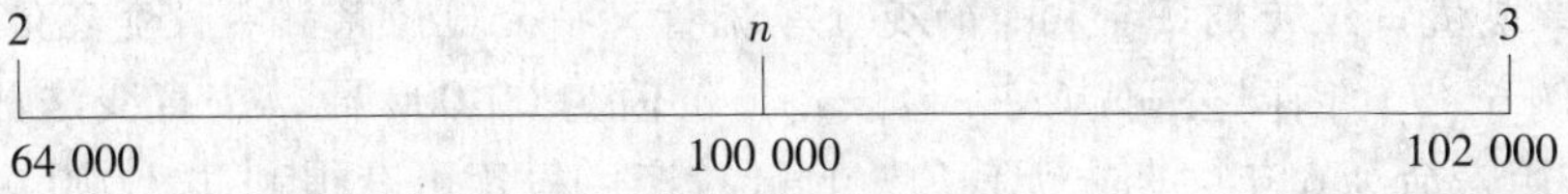

$$A\text{方案投资回收期}=2+\frac{100\ 000-64\ 000}{102\ 000-64\ 000}=2.95\text{（年）}$$

静态投资回收期指标是一个静态的绝对量反指标。该指标计算简单明了，容易掌握，但是，这类指标的计算均没有考虑资金的时间价值，投资回收期是一个非贴现的反指标，回收期越短，方案就越有利。

另外，投资利润率也没有考虑折旧的回收，即没有完整地反映现金净流量，无法直接利用现金净流量的信息。而静态投资回收期也没有考虑回收期之后的现金净流量对投资收益的贡献，也就是说，没有考虑投资方案的全部现金净流量，所以有较大局限性。因此，该类指标一般只适用于方案的初选，或者投资后各项目间经济效益的比较。

为了弥补静态投资回收期指标没考虑资金时间价值的缺陷，人们引入了动态回收期指标，这一指标将未来各期现金流量予以贴现，然后再计回收期。

6.2.2 贴现指标

贴现指标也称为动态指标，即考虑资金时间价值因素的指标，主要包括净现值、净现值率、现值指数、内含报酬率等指标。

（一）净现值（*NPV*）

净现值是指在项目计算期内，按一定贴现率计算的各年现金净流量现值的代数和。所用的贴现率可以是企业的资本成本，也可以是企业所要求的最低报酬水平。净现值的计算公式为：

$$NPV=\sum_{t=0}^{n}NCF_t\times(P/F,i,t)$$

式中，n 为项目计算期（包括建设期与经营期）；NCF_t 为第 t 年的现金净流量；$(P/F, i, t)$ 为第 t 年、贴现率为 i 的复利现值系数。

净现值指标的决策标准是：如果投资方案的净现值大于或等于零，该方案为可行方案；如果投资方案的净现值小于零，该方案为不可行方案；如果几个方案的投资额相同，项目计算期相等且净现值均大于零，那么净现值最大的方案为最优方案。所以，净现值大于或等于零是项目可行的必要条件。

1. 经营期内各年现金净值流量相等，建设期为零

净现值的计算公式为：

净现值＝经营期每年相等的现金净流量×年金现值系数－投资现值

【例6－7】南岗公司购入一台设备，价值为60 000元，按直线法计提折旧，使用寿命为6年，期末无残值。预计投产后每年可获得利润7 000元，假定贴现率为12%。要求：计算该项目的净现值。

解：$NCF_0=-60\ 000$（元）

$NCF_{1\sim6}=7\ 000+\dfrac{60\ 000}{6}=17\ 000$（元）

$NPV=17\ 000\times(P/A,12\%,6)-60\ 000$

$=17\ 000\times4.111\ 4-60\ 000$

$=9\ 893.8$（元）

2. 经营期内各年现金净流量不相等

净现值的计算公式为：

净现值＝（经营期各年的现金净流量×各年的现值系数）－投资现值

【例6－8】南岗公司购入车床一台，原价为30 000元，无残值，按直线法计提折旧，可以使用6年。估计投产后每年可获得利润分别为3 000元、3 000元、4 000元、4 000元、5 000元、6 000元，假定贴现率为12%。要求：计算该项目的净现值。

解：$NCF_0=-30\ 000$（元）

年折旧额$=\dfrac{30\ 000}{6}=5\ 000$（元）

$NCF_1=3\ 000+5\ 000=8\ 000$（元）

$NCF_2=3\ 000+5\ 000=8\ 000$（元）

$NCF_3=4\ 000+5\ 000=9\ 000$（元）

$NCF_4=4\ 000+5\ 000=9\ 000$（元）

$NCF_5=5\ 000+5\ 000=10\ 000$（元）

$NCF_6=6\ 000+5\ 000=11\ 000$（元）

$NPV=8\ 000\times(P/F,12\%,1)+8\ 000\times(P/F,12\%,2)+9\ 000\times(P/F,12\%,3)+9\ 000\times(P/F,12\%,4)+10\ 000\times(P/F,12\%,5)+11\ 000\times(P/F,12\%,6)-30\ 000$

$=8\ 000\times0.892\ 9+8\ 000\times0.797\ 2+9\ 000\times0.711\ 8+9\ 000\times0.635\ 5+10\ 000\times0.5674+11\ 000\times0.506\ 6-30\ 000$

$=6\ 893.1$（元）

【例6-9】后房公司计划建一项固定资产，需投资55万元，按直线法计提折旧，使用寿命为10年，期末有5万元净残值。该项工程建设期为1年，投资额分别于年初投入30万元，年末投入25万元。预计项目投产后每年可增加营业收入15万元，总成本10万元，假定贴现率为10%。要求：计算后房公司的该投资项目净现值。

解：（1）建设期现金净流量。

$NCF_0=-30$（万元）

$NCF_1=-25$（万元）

（2）经营期营业现金净流量。

$NCF_{2\sim10}=(15-10)+\frac{55-5}{10}=10$（万元）

（3）经营期终结现金净流量。

$NCF_{11}=10+5=15$（万元）

（4）$NPV=10\times[(P/A,10\%,10)-(P/A,10\%,1)]+15\times(P/A,10\%,11)-[30+25\times(P/A,10\%,1)]$

$=10\times(6.1446-0.9091)+15\times0.3505-(30+25\times0.9091)$

$=4.885$（万元）

净现值是一个贴现的绝对值正指标，其优点在于：一是综合考虑了资金时间价值，较合理地反映了投资项目的真正经济价值；二是考虑了项目计算期的全部现金净流量，体现了流动性与收益性的统一；三是考虑了投资风险性，因为贴现率的大小与风险大小有关，风险越大，贴现率就越高。但是该指标的缺点也是明显的，即无法直接反映投资项目的实际投资收益率水平，当各项目投资额不同时，难以确定最优的投资项目。

（二）净现值率（NPVR）与现值指数（PI）

上述的净现值是一个绝对数指标，与其相对应的相对数指标是净现值率与现值指数。净现值率是指投资项目的净现值与投资现值合计的比值，现值指数是指项目投产后按一定贴现率计算的在经营期内各年现金净流量的现值合计与投资现值合计的比值，其计算公式为：

$$净现值率=\frac{净现值}{投资现值}$$

$$现值指数=\frac{\sum 经营期各年现金净流量现值}{投资现值}$$

净现值率与现值指数有如下关系：

$$现值指数=净现值率+1$$

净现值率大于零，现值指数大于1，表明项目的报酬率高于贴现率，存在额外收益；净现值等于零，现值指数等于1，表明项目的报酬率等于贴现率，收益只能抵补资本成本；净现值率小于零，现值指数小于1，表明项目的报酬率小于贴现率，收益不能抵补资本成本。所以，对于单一方案的项目来说，净现值率大于或等于零，现值指数大于或等于1是项目可行的必要条件。当有多个投资项目可供选择时，由于净现值率或现值指数越大，企业的投资报酬水平就越高，所以应采用净现值率大于零或现值指数大于1中的最大者。

【例6－10】根据例【6－7】的资料，计算净现值率和现值指数。

解：净现值率 $=\dfrac{9\,893.8}{60\,000}=0.164\,9$

现值指数 $=\dfrac{17\,000\times(P/A,\ 12\%,\ 6)}{60\,000}=1.164\,9$

现值指数 = 净现值率 + 1 = 0.164 9 + 1 = 1.164 9

【例6－11】根据例【6－9】的资料，计算净现值率和现值指数。

解：净现值率 $=\dfrac{4.885}{30+25\times(P/F,\ 10\%,\ 1)}=0.092\,65$

现值指数 =

$$\frac{10\times[(P/A,\ 10\%,\ 10)-(P/A,\ 10\%,\ 1)]+15\times(P/F,\ 10\%,\ 1)}{30+25\times(P/F,\ 10\%,\ 1)}$$

$=1.092\,65$

现值指数 = 净现值率 + 1 = 0.092 65 + 1 = 1.092 65

（三）内含报酬率（*IRR*）

内含报酬率，又称内部收益率，是指投资项目在项目计算期内各年现金净流量现值合计数等于零时的贴现率，亦可将其定义为能使投资项目的净现值等于零时的贴现率。显然，内含报酬率 *IRR* 满足下列等式：

$$\sum_{t=0}^{n} NCF_t \times (P/F,\ IRR,\ t)=0$$

从上式中可知，净现值的计算是根据给定的贴现率求净现值，而内含报酬率的计算是先令净现值等于零，然后求能使净现值等于零的贴现率。所以，净现值不能揭示各个方案本身可以达到的实际报酬率是多少，而内含报酬率实际上反映了项目本身的真实报酬率。用内含报酬率评价项目可行的必要条件是：内含报酬率大于或等于贴现率。

1. 经营期内各年现金净流量相等，且全部投资均于建设起点一次投入，建设期为零

经营期每年相等的现金净流量（NCF）×年金现值系数（P/A，IRR，t）－投资总额＝0

内含报酬率具体计算的程序如下：

（1）计算年金现值系数（P/A，IRR，t）。

$$\text{年金现值系数}=\frac{\text{投资总额}}{\text{经营期每年相等的现金净流量}}$$

（2）根据计算出来的年金现值系数与已知的年限 n，查“年金现值系数表”，确定内含报酬率的范围。

（3）用插入法求出内含报酬率。

【例6－12】根据【例6－7】的资料，计算内含报酬率。

解：$(P/A,\ IRR,\ 6)=\dfrac{60\ 000}{17\ 000}=3.529\ 4$

查表可知，

18%	IRR	20%
3.497 6	3.333 3	3.325 5

$$IRR=16\%+\frac{3.6847-3.5294}{3.6847-3.4976}\times(18\%-16\%)=17.66\%$$

2. 经营期内各年现金净流量不相等

若投资项目在经营期内各年现金净流量不相等，或建设期不为零，投资额是在建设期内分次投入的情况下，无法应用上述的简便方法，必须按定义采用逐次测试的方法，计算能使净现值等于零的贴现率，即内含报酬率。其计算步骤如下：

（1）估计一个贴现率，用它来计算净现值。如果净现值为正数，说明方案的实际内含报酬率大于预计的贴现率，应提高贴现率用进一步测试；如果净现值为负数，说明方案本身的报酬率小于估计的贴现率，应降低贴现率再进行测算。如此反复测试，寻找出使净现值由正到负或由负到正且接近零的两个贴现率。

（2）根据上述相邻的两个贴现率用插入法求出该方案的内含报酬率。由于逐步测试法是一种近似方法，因此相邻的两个贴现率不能相差太大，否则误差会很大。

【例 6－13】根据【例 6－8】资料，计算内含报酬率。

解：先按 16% 估计的贴现率进行测试，其结果净现值 2 855. 8 元，是正数。于是把贴现率提高到 18% 进行测试，净现值为 1 090. 6 元，仍为正数。再把贴现率提高到 20% 重新测试，净现值为 －526. 5 元，是负数，说明该项目的内含报酬率在 18% ～20% 之间。有关测试计算如表 6－4 所示。

表 6－4　计算内含报酬率　　单位：元

年份	现金净流量（NCF）	贴现率＝16%		贴现率＝18%		贴现率＝20%	
		现值系数	现值	现值系数	现值	现值系数	现值
0	－30 000	1	－30 000	1	－30 000	1	－30 000
1	8 000	0. 862 1	6 896. 8	0. 847 5	6 780	0. 833 3	6 666. 4
2	8 000	0. 743 2	5 945. 6	0. 718 2	5 745. 6	0. 694 4	5 555. 2
3	9 000	0. 640 7	5 766. 3	0. 608 6	5 477. 4	0. 578 7	5 208. 3
4	9 000	0. 552 3	4 970. 7	0. 515 8	4 642. 2	0. 482 3	4 340. 7
5	10 000	0. 476 2	4 762. 0	0. 437 1	4 371. 0	0. 401 9	4 019. 0
6	11 000	0. 410 4	4 514. 4	0. 370 4	4 074. 4	0. 334 9	3 683. 9
净现值			2 855. 8		1 090. 6		－526. 5

然后用插入法近似计算内含报酬率：

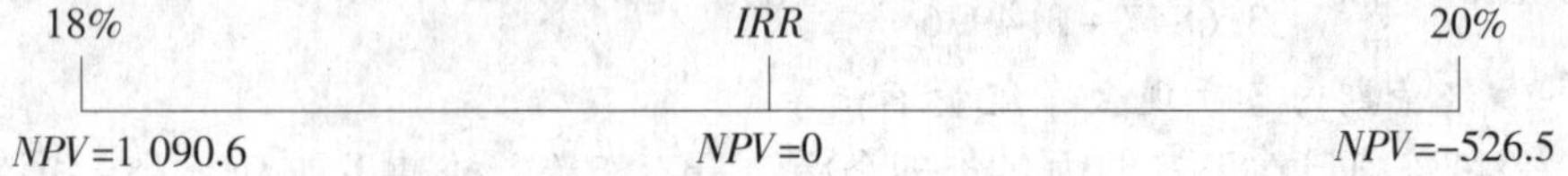

$$IRR = 18\% + \frac{1\,090.6 - 0}{1\,090.6 - (-526.5)} \times (20\% - 18\%) = 19.35\%$$

内含报酬率是个动态相对量正指标，它既考虑了资金时间价值，又能从动态的角度直接反映投资项目的实际报酬率，且不受贴现率高低的影响，比较客观，但该指标的计算过程比较复杂。

（四）评价指标之间的关系

净现值 *NPV*，净现值率 *NPVR*，现值指数 *PI* 和内含报酬率 *IRR* 指标之间存在以下数量关系，即：

当 $NPV > 0$ 时，$NPVR > 0$，$PI > 1$，$IRR > i$

当 $NPV = 0$ 时，$NPVR = 0$，$PI = 1$，$IRR = i$

当 $NPV<0$ 时，$NPVR<0$，$PI<1$，$IRR<i$

这些指标的计算结果都受到建设期和经营期的长短、投资金额及方式以及各年现金净流量的影响。所不同的是净现值（*NPV*）为绝对数指标，其余为相对数指标，计算净现值、净现值率和现值指数所依据的贴现率（i）都是事先已知的，而内含报酬率（*IRR*）的计算本身与贴现率（i）的高低无关，只是采用这一指标的决策标准是将所测算的内含报酬率与其贴现率进行对比，当 $IRR \geqslant i$ 时该方案是可行的。

6.2.3　项目投资决策评价指标的应用

计算评价指标的目的，是为了进行项目投资方案的对比与选优，使它们在方案的对比与选优中正确地发挥作用，为项目投资方案提供决策的定量依据，但投资方案对比与选优的方法会因项目投资方案的不同而有所区别。

（一）独立方案的对比与选优

独立方案是指方案之间存在着相互依赖的关系，但又不能相互取代的方案。在只有一个投资项目可供选择的条件下，只需评价其财务上是否可行。

常用的评价指标有净现值、净现值率、现值指数和内含报酬率，如果评价指标同时满足以下条件：$NPV \geqslant 0$，$NPVR \geqslant 0$，$PI \geqslant i$，则项目具有财务可行性；反之，则不具备财务可行性。而静态的投资回收期与投资利润率可作为辅助指标评价投资项目，但需注意，当辅助指标与主要指标（净现值等）的评价结论发生矛盾时，应当以主要指标的结论为准。

【例 6－14】根据【例 6－7】、【例 6－10】、【例 6－12】的计算结果可知：

$NPV=9\ 893.8$（元）>0

$NPVR=0.164\ 9>0$

$PI=1.164\ 9>1$

$IRR=17.66\%>12\%$（贴现率）

以上计算结果表明，该方案各项主要指标均达到或超过相应标准，所以它具有财务可行性，方案是可行的。

【例 6－15】南岗公司拟引进一条生产作业线，投资额 110 万元，分两年投入。第一年初投入 70 万元，第二年初投入 40 万元，建设期为 2 年，净残值 10 万元，折旧采用直线法。在投产初期投入流动资金 20 万元，项目使用期满仍可全部回收。该项目可使用 10 年，每年销售收入为 60 万元，总成本 45 万元。假定企业期望的投资报酬率为 10%。要求：计算该项目的净现值、内含报酬率，并判断该项目是否可行。

解：$NCF_0 = -70$（万元）

$NCF_1 = -40$（万元）

$NCF_2 = -20$（万元）

年折旧额 $= \dfrac{110-10}{10} = 10$（万元）

$NCF_{3\sim11} = 60-45+10 = 25$（万元）

$NCF_{12} = 25+(10+20) = 55$（万元）

$$\begin{aligned} NPV &= 25\times[(P/A,10\%,11)-(P/A,10\%,2)]+55\times(P/F,10\%,\\ &\quad 12)-[70+40\times(P/F,10\%,1)+20\times(P/F,10\%,2)]\\ &= 25\times(6.4951-1.7355)+55\times0.3186-(70+40\times0.9091+\\ &\quad 20\times0.8264)\\ &= 13.621\text{（万元）} \end{aligned}$$

用 $i=12\%$ 测算 NPV：

$$\begin{aligned} NPV &= 25\times(5.9377-1.9601)+55\times0.2567-(70+40\times0.8929+\\ &\quad 20\times0.7972)\\ &= -1.3515\text{（万元）} \end{aligned}$$

用插入法计算 IRR：

$IRR = 10\% + \dfrac{13.621-0}{13.621-(-1.3515)}\times(12\%-10\%) = 11.82\% >$ 贴现率 10%

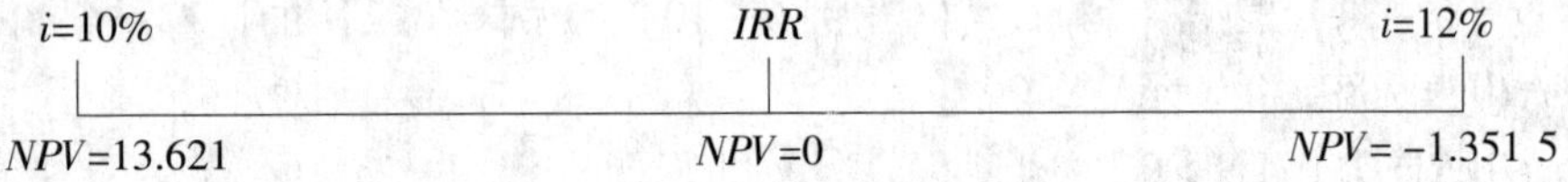

由以上计算结果表明，净现值为 13.621 万元，大于零，内含报酬率 11.82%，大于贴现率 10%，所以该项目在财务上是可行的。一般来说，用净现值和内含报酬率对独立方案进行评价，不会出现相互矛盾的结论。

（二）互斥方案的对比与选优

项目投资决策中的互斥方案（相互排斥方案）是指在决策时涉及的多个相互排斥，不能同时实施的投资方案。互斥方案决策过程就是在每一个入选方案已具备项目可行性的前提下，利用具体决策方法比较各个方案的优劣，利用评价指标从各个备选方案中最终选出一个最优方案的过程。

由于各个备选方案的投资额、项目计算期不相一致，因而要根据各个方案的使用期、投资额相等与否，采用不同的方法作出选择。

1. 互斥方案的投资额、项目计算期均相等

此时可采用净现值法或内含报酬率法。所谓净现值法，是指通过比较互斥方案的净现值指标的大小来选择最优方案的方法，所谓内含报酬率法，是指通过比较互斥方案的内含报酬率指标的大小来选择最优方案的方法。净现值或内含报酬率最大的方案为优。

【例6－16】南岗公司进行固定资产项目投资100万元，现有A、B、C、D四个互相排斥的备选方案可供选择，这四个方案投资总额均为100万元，项目计算期都为6年，贴现率为10%，现经计算：

$NPV_A=8.1253$（万元）　　$IRR_A=13.3\%$

$NPV_B=12.25$（万元）　　$IRR_B=16.87\%$

$NPV_C=-2.12$（万元）　　$IRR_C=8.96\%$

$NPV_D=10.36$（万元）　　$IRR_D=15.02\%$

要求：决策哪一个投资方案为最优。

解：因为C方案净现值为－2.12万元，小于零，内含报酬率为8.96%，小于贴现率，不符合财务可行的必要条件，应舍去。

又因为A、B、D三个备选方案的净现值均大于零，且内含报酬率平均大于贴现率。所以A、B、D三个方案均符合财务可行的必要条件。

且　$NPV_B>NPV_D>NPV_A$　　$IRR_B>IRR_D>IRR_A$

12.25万元＞10.36万元＞8.1253万元　　16.87%＞15.02%＞13.3%

所以B方案最优，D方案为其次，最差为A方案，应采用B方案。

2. 互斥方案的投资额不相等，但项目计算期相等

所谓差额法，是指在两个投资总额不同方案的差量现金净流量（记作ΔNCF）的基础上，计算出差额净现值（记作ΔNPV）或差额内含报酬率（记作ΔIRR），并据以判断方案孰优孰劣的方法。

此时可采用差额法。在此方法下，一般以投资额大的方案减去投资额小的方案，当$\Delta NPV\geqslant 0$或$\Delta IRR\geqslant i$时，投资额大的方案较优；反之，则投资额小的方案为优。

差额净现值ΔNPV或差额内含报酬率ΔIRR的计算过程和计算技巧同净现值NPV或内含报酬率IRR完全一样，只是所依据的是ΔNCF。

【例6－17】南岗公司有甲、乙两个投资方案可供选择，甲方案的投资额为100 000元，每年现金净流量均为30 000元，可使用5年；乙方案的投资额为70 000元，每年现金净流量分别为10 000元、15 000元、20 000元、25 000元、30 000元，使用年限也为5年。甲、乙两方案建设期均为零年，如

果贴现率为10%。要求：对甲、乙方案作出选择。

解：因为两方案的项目计算期相同，但投资额不相等，所以可采用差额法来评判。

$\Delta NCF_0 = -100\ 000 - (-70\ 000) = -30\ 000$（元）

$\Delta NCF_1 = 30\ 000 - 10\ 000 = 20\ 000$（元）

$\Delta NCF_2 = 30\ 000 - 15\ 000 = 15\ 000$（元）

$\Delta NCF_3 = 30\ 000 - 20\ 000 = 10\ 000$（元）

$\Delta NCF_4 = 30\ 000 - 25\ 000 = 5\ 000$（元）

$\Delta NCF_5 = 30\ 000 - 30\ 000 = 0$（元）

$$\begin{aligned}\Delta NPV_{甲-乙} &= 20\ 000 \times (P/F, 10\%, 1) + 15\ 000 (P/F, 10\%, 2) + 10\ 000 \\ &\quad \times (P/F, 10\%, 3) + 5\ 000 \times (P/F, 10\%, 4) - 30\ 000 \\ &= 20\ 000 \times 0.909\ 1 + 15\ 000 \times 0.826\ 4 + 10\ 000 \times 0.751\ 3 + 5\ 000 \\ &\quad \times 0.683\ 0 - 30\ 000 \\ &= 11\ 506 (元) > 0\end{aligned}$$

用 $i = 28\%$ 测算 ΔNPV：

$$\begin{aligned}\Delta NPV &= 20\ 000 \times (P/F, 28\%, 1) + 15\ 000 \times (P/F, 28\%, 2) + \\ &\quad 10\ 000 \times (P/F, 28\%, 3) + 5000 \times (P/F, 28\%, 4) - \\ &\quad 30\ 000 \\ &= 20\ 000 \times 0.781\ 3 + 15\ 000 \times 0.610\ 4 + 10\ 000 \times 0.476\ 8 + 5\ 000 \times \\ &\quad 0.372\ 5 - 30\ 000 \\ &= 1\ 412.5 (元) > 0\end{aligned}$$

再用 $i = 32\%$ 测算 ΔNPV：

$$\begin{aligned}\Delta NPV &= 20\ 000 \times (P/F, 32\%, 1) + 15\ 000 \times (P/F, 32\%, 2) + 10\ 000 \times \\ &\quad (P/F, 32\%, 3) + 5\ 000 \times (P/F, 32\%, 4) - 30\ 000 \\ &= 20\ 000 \times 0.757\ 6 + 15\ 000 \times 0.573\ 9 + 10\ 000 \times 0.434\ 8 + 5\ 000 \times \\ &\quad 0.329\ 4 - 30\ 000 \\ &= -244.5 < 0\end{aligned}$$

用插入法计算 ΔIRR：

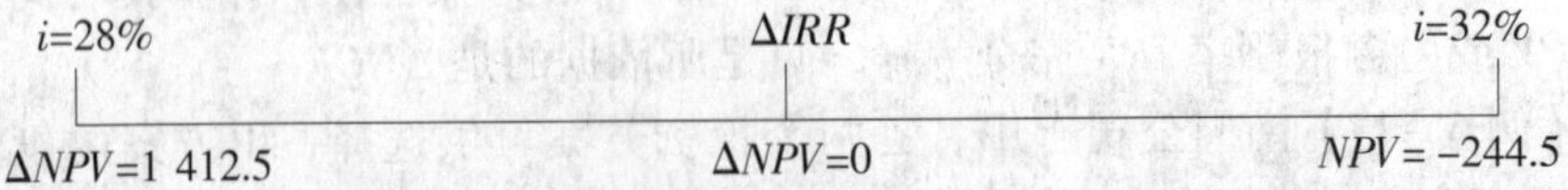

$$\Delta IRR = 28\% + \frac{1\ 412.5 - 0}{1\ 412.5 - (-244.5)} \times (32\% - 28\%)$$

$=31.41\% >$ 贴现率 10%

由以上计算表明，差额净现值为 11 506 元，大于零，差额内含报酬率为 31.41%，大于贴现率 10%，所以应选择甲方案。

3. 互斥方案的投资额不相等，项目计算期也不相同

此时可采用年回收额法。所谓年回收额法，是指通过比较所有投资方案的年等额净现值指标的大小来选择最优方案的决策方法。在此法下，年等额净现值最大的方案为优。

年回收额的计算步骤如下：

（1）计算各方案的净现值 NPV；

（2）计算各方案的年等额净现值，若贴现率为 i，项目计算期为 n，则

$$\text{年等额净现值 } A = \frac{\text{净现值}}{\text{年金现值系数}} = \frac{NPV}{(P/A,\ i,\ n)}$$

【例 6－18】某企业有两项投资方案，其现金净流量如表 6－5 所示。

表 6－5　现金净流量　　单位：元

项目计算期	甲方案		乙方案	
	净收值	现金净流量	净收值	现金净流量
0		－200 000		－120 000
1	20 000	120 000	16 000	56 000
2	32 000	132 000	16 000	56 000
3			16 000	56 000

要求：如果企业期望达到的最低报酬率为 12%，请作出决策。

解：（1）计算甲、乙方案的 NPV。

$$NPV_{\text{甲}} = 120\,000 \times (P/F,\ 12\%,\ 1) + 132\,000 \times (P/F,\ 12\%,\ 2) - 200\,000$$
$$= 120\,000 \times 0.892\,9 + 132\,000 \times 0.797\,2 - 200\,000$$
$$= 12\,378.4 \text{（元）}$$

$$NPV_{\text{乙}} = 56\,000 \times (P/A,\ 12\%,\ 3) - 120\,000$$
$$= 56\,000 \times 2.401\,8 - 120\,000 = 14\,500.8 \text{（元）}$$

（2）计算甲、乙方案的年等额净现值。

$$\text{甲方案年等额净现值} = \frac{12\,378.4}{(P/A,\ 12\%,\ 2)} = \frac{12\,378.4}{1.690\,1} = 7\,324.06 \text{（元）}$$

$$\text{乙方案年等额净现值} = \frac{14\,500.8}{(P/A,\ 12\%,\ 3)} = \frac{14\,500.8}{2.401\,8} = 6\,037.47 \text{（元）}$$

(3) 作出决策。

因为甲方案年等额净现值 > 乙方案年等额净现值

7 324.06 > 6 037.47

所以应选择甲方案。

根据上述结果可知，乙方案的净现值大于甲方案的净现值，但乙方案的项目计算期为3年，而甲方案仅为2年，所以，乙方案的净现值高并不能说明该方案优，因此，需要通过年回收额法计算年等额净现值得出此结论，甲方案的年等额净现值高于乙方案，则甲方案为最优方案。

(三) 其他方案的对比与选优

在实际生活中，有些投资方案不能单独计算盈亏，或者投资方案的收入相同或收入基本相同且难以具体计量，一般可考虑采用成本现值比较法或年成本比较法来作出比较和评价。所谓成本现值比较法是指计算各个方案的成本现值之和并进行对比。成本现值之和最低的方案为最优的。成本现值比较法一般适用于项目计算期相同的投资方案间的对比、选优，对于项目计算期不同的方案就不能用成本现值比较法进行评价，而应采用年成本比较法，即比较年平均成本现值对投资方案作出选择。

【例6－19】南岗公司有甲、乙两个方案可供选择，两个方案的设备生产能力相同，设备的寿命期均为4年，无建设期。甲方案的投资额为64 000元的净残值，每年的经营成本分别为4 000元、4 400元、4 600元、4 800元，寿命终期有6 400元的净残值；乙方案投资额为60 000元，每年的经营成本均为6 000元，寿命终期有6 000元净残值。要求：如果企业的贴现率为8%，试比较两个方案的优劣。

解：因为甲、乙两方案的收入不知道，无法计算 *NPV*，且项目计算期相同，均为4年，所以应采用成本现值比较法。

$$\begin{aligned}\text{甲方案的投资成本现值} &= 64\,000+4\,000\times(P/F,8\%,1)+4\,400\times(P/F,8\%,2)+4\,600\times(P/F,8\%,3)+4\,800\times(P/F,8\%,4)-6\,400\times(P/F,8\%,4)\\ &= 64\,000+4\,000\times0.925\,9+4\,400\times0.857\,3+4\,600\times0.793\,8+4\,800\times0.735\,0-6\,400\times0.735\,0\\ &= 73\,951.20\ (\text{元})\end{aligned}$$

$$\begin{aligned}\text{乙方案的投资成本现值} &= 60\,000+6\,000\times(P/A,8\%,4)-6\,000\times(P/A,8\%,4)\\ &= 60\,000+6\,000\times3.312\,1-6\,000\times0.735\,0\\ &= 75\,462.6\ (\text{元})\end{aligned}$$

根据以上计算结果表明，甲方案的投资成本现值较低，所以甲方案优于乙方案。

【例 6－20】根据【例 6－19】所给的资料，假设甲、乙投资方案寿命期分别为 4 年和 5 年，建设期仍为零，其余资料不变。要求：如果企业的贴现率仍为 8%，应选择哪个方案。

解：因为甲、乙两个方案的项目计算期不相同：

甲方案项目计算期 =0 +4 =4（年）

乙方案项目计算期 =0 +5 =5（年）

所以不能采用成本现值比较法，而应采用年成本比较法。

计算步骤如下：

（1）计算甲、乙方案的成本现值。

甲方案成本现值 =73 951.20（元）　　（同【例 6－19】一致）

$$
\begin{aligned}
\text{乙方案成本现值} &= 60\,000 + 6\,000 \times (P/A,\ 8\%,\ 5) - 6\,000 \times (P/F,\ 8\%,\ 5) \\
&= 60\,000 + 6\,000 \times 3.992\,7 - 6\,000 \times 0.680\,6 \\
&= 79\,872.6\ (\text{元})
\end{aligned}
$$

（2）计算甲、乙方案的年均成本。

$$\text{甲方案的年均成本} = \frac{73\,951.20}{(P/A,\ 8\%,\ 4)} = \frac{73\,951.20}{3.312\,1} = 22\,327.59\ (\text{元})$$

$$\text{乙方案的年均成本} = \frac{79\,872.60}{(P/A,\ 8\%,\ 5)} = \frac{79\,872.60}{3.992\,7} = 20\,004.66\ (\text{元})$$

以上计算结果表明，乙方案的年均成本低于甲方案的年均成本，因此应采用乙方案。

6.3 所得税与折旧对项目投资的影响

6.3.1 考虑所得税与折旧因素的现金流量

所得税是企业的一种现金流出，它取决于利润大小和税率的高低，而利润大小又受折旧的影响，因此，讨论所得税对现金流量的影响时，必然要考虑折旧问题。

（一）税后成本和税后收入

凡是可以减免税负的项目，实际支付额并不是真实的成本，真实成本应是扣除了所得税后考虑进去。扣除了所得税影响以后的费用净值，即税后成本。例如，南岗公司 2008 年年度支付水费 100 000 元，公司所得税率为 25%，因为水费是一项减免所得税费用，因此实际支付额并不是真实的成本，税后成本的计算公式为：

税后成本 = 实际支付额 ×（1 - 所得税率）

水费的税后成本 = 100 000 ×（1 - 25%）= 75 000（元）

由于所得税的作用，企业营业收入的金额有一部分会流出企业，企业实际得到的现金流入是税后收入。

税后收入 = 收入金额 ×（1 - 所得税率）

这里所说的收入金额是指根据税法需要纳税的收入，不包括项目结束时收回垫支流动资金等现金流入。

（二）折旧的抵税作用

固定资产随着使用，其实物形态不断磨损而变得越来越陈旧。为了补偿其实物损耗，维持再生产过程，必然按照一定的折旧率计算固定资产陈旧程度即价值损耗，将计入产品成本或有关费用的固定资产损耗价值称为固定资产折旧费。企业如果不计提折旧，企业所得税将会增加很多，折旧可以起到减少税负的作用，我们称之为折旧抵税。

折旧抵税额的计算公式为：

折旧抵税率（税负减少）= 折旧额 × 所得税率

例如，企业的折旧额增加了 100 000 元，所得税率为 25%，则企业增加了折旧额 100 000 元，使税前利润减少了 25 000 元，减少了所得税 100 000 × 25% = 25 000 元，即企业实际少缴了 25 000 元的所得税，现金净流量增加了 25 000 元。

（三）税后现金流量

1. 建设期现金净流量

在考虑所得税因素之后，建设期的现金净流量的计算要根据投资项目的类型分别考虑。

如果是新建项目，所得税对现金净流量没有影响。

建设期现金净流量 = - 该年投资额

如果是更新改造项目，固定资产的清理损益就应考虑所得税问题。

2. 经营期现金净流量

在考虑所得税因素之后，经营期的营业现金净流量可按下列方法计算：

（1）根据现金净流量的定义计算。

现金净流量 = 营业收入 - 付现成本 - 所得税

（2）根据年末经营成果计算。

现金净流量 = 税后利润 + 折旧额

(3) 根据所得税对收入和折旧的影响计算。

现金净流量 = 税后收入 - 税后成本 + 折旧抵税额

= 营业收入 × (1 - 所得税率) - 付现成本 × (1 - 所得税率) + 折旧额 × 所得税率

经营期的终结现金净流量可根据营业现金净流量加上回收额即可得出。

【例 6-21】南岗公司 5 年前购置某生产设备，价值 78 万元，购置时预期使用寿命为 15 年，残值为 3 万元。折旧采用直线法，目前已提折旧 25 万元，账面净值为 53 万元。利用这一设备，企业每年发生营业收入为 90 万元，付现成本为 60 万元。现在市场上推出一种新设备，价值为 120 万元，购入后即可投入使用，使用寿命 10 年，预计 10 年后残值为 20 万元，该设备由于技术先进，效率较高，预期每年的净利润可达到 30 万元，如果现在将旧设备出售，估计售价为 10 万元。若该企业的资本成本为 10%，所得税率为 40%。要求：试对该企业是否应用新设备替换旧设备作出决策。

解：因为旧设备的账面净值 = 53 (万元)

所以

旧设备出售净损失 = 53 - 10 = 43 (万元)

少缴所得税 = 43 × 40% = 17.2 (万元)

所以

购买新设备增加的投资额 = 120 - 10 - 17.2 = 92.8 (万元)

又因为旧设备还可使用 10 年，新设备的项目计算期也为 10 年 (0 + 10)，所以新旧设备项目计算期相同，可采用差额法来进行评价：

新设备年折旧额 = $\frac{120-20}{10}$ = 10 (万元)

$NCF_{新1\sim9} = 30 + 10 = 40$ (万元)

$NCF_{新10} = 40 + 20 = 60$ (万元)

旧设备的年折旧额 = $\frac{53-3}{10}$ = 5 (万元)

$NCF_{旧1\sim9} = 90 \times (1-40\%) - 60 \times (1-40\%) + 5 \times 40\% = 20$ (万元)

$NCF_{旧10} = 20 + 3 = 23$ (万元)

$\Delta NCF_0 = -120 + 10 + (53-10) \times 40\% = -92.8$ (万元)

$\Delta NCF_{1\sim9} = 40 - 20 = 20$ (万元)

$\Delta NCF_{10} = 60 - 23 = 37$ (万元)

$\Delta NPV = 20 \times (P/A, 10\%, 9) + 37 \times (P/F, 10\%, 10) - 92.8$

$= 20 \times 5.759 + 37 \times 0.3855 - 92.8$

=36.643 5（万元）>0

从以上计算结果可知，企业应该考虑设备更新。

【例6-22】南岗公司有一台生产设备，购于4年前，现在考虑是否需要更新，假定新、旧设备生产能力相同，其他有关资料如表6-6所示。要求：若企业所得税率为40%，贴现率为10%，设备是否更新，请作出决策。

表6-6 设备有关资料 单位：元

项 目	旧设备	新设备
原价	800 000	800 000
税法规定残值（10%）	80 000	80 000
税法规定使用年限（年）	10	8
已使用年限	4	0
尚可使用年限	6	8
建设期	0	0
每年付现成本	90 000	70 000
3年后大修理	100 000	0
最终报废残值	70 000	90 000
旧设备目前变现价值	150 000	0

解：因为新、旧设备生产能力相同，所以取得的营业收入也相同。

又因为新、旧设备的项目计算期不相同，

旧设备的项目计算期=6（年）

新设备项目计算期=0+8=8（年）

所以应采用“年成本比较法”。

（1）分别计算新、旧设备经营期的现金净流量，如表6-7所示。

表6-7 新、旧设备现金净流量 单位：元

经营期	$NCF_{新}$	$NCF_{旧}$
年折旧额	$\frac{800\,000\times(1-10\%)}{8}=90\,000$	$\frac{800\,000\times(1-10\%)}{10}=72\,000$
1	$-70\,000\times(1-40\%)+90\,000\times40\%$ $=-6\,000$	$-90\,000\times(1-40\%)+72\,000\times40\%$ $=-25\,200$
2	$-6\,000$	$-25\,200$
3	$-6\,000$	$-25\,200-100\,000\times(1-40\%)$ $=-85\,200$

（续上表）

经营期	$NCF_{新}$	$NCF_{旧}$
4	-6 000	-25 200
5	-6 000	-25 200
6	-6 000	-25 200 +70 000 +（80 000 -70 000）×40% =48 800
7	-6 000	
8	-6 000 +90 000 -（90 000 -80 000）×40% =80 000	

①经营期现金净流量按照下列公式计算：

$$NCF = 税后收入 - 税后成本 + 折旧 \times 所得税率$$

②第 3 年旧设备大修理费用 10 万元属现金流出，100 000 ×（1 -40%）= 60 000 元为税后大修理费用。

③第 6 年旧设备有残值收入 70 000 元，第 8 年新设备有残值收入 90 000 元，属现金流入。

因为新、旧设备的最终实际残值与税法规定残值均不相同，这样就会存在多缴与少缴所得税的问题，新设备的实际残值大于税法规定残值，从而增加了企业利润需多缴所得税（90 000 -80 000）×40% =4 000 元，属现金流出；旧设备的实际残值小于税法规定残值，从而减少了企业利润可少缴所得税（80 000 -70 000）×40% =4 000 元，属现金流入。

（2）分别计算新、旧设备建设期现金净流量。

$NCF_{旧0}$ = -150 000（元）（机会成本）

因为旧设备账面净值 =800 000 -4 ×72 000 =512 000（元）

所以

旧设备出售净损失 =512 000 -150 000 =362 000（元）

（计入营业外支出）

少缴所得税 =362 000 ×40% =144 800（元）（属现金流入）

所以

$NCF_{新0}$ = -800 000 +144 800 = -655 200（元）

（3）分别计算新、旧设备的成本现值。

新设备成本现值 =6 000 ×（P/A，10%，7）-80 000 ×（P/F，10%，8）+655 200

=6 000 ×4.868 4 -80 000 ×0.466 5 +655 200

=647 090.40（元）

旧设备成本现值 $= 25\ 200 \times (P/A, 10\%, 2) + 85\ 200 \times (P/F, 10\%, 3) + 25\ 200 \times (P/F, 10\%, 4) + 25\ 200 \times (P/F, 10\%, 5) - 48\ 800 \times (P/F, 10\%, 6) + 150\ 000$

$= 25\ 200 \times 1.735\ 5 + 85\ 200 \times 0.751\ 3 + 25\ 200 \times 0.683 + 25\ 200 \times 0.620\ 9 - 48\ 800 \times 0.564\ 5 + 150\ 000$

$= 263\ 056.04$（元）

（4）分别计算新、旧设备的年均成本。

$$新设备的年均成本 = \frac{647\ 090.40}{(P/A, 10\%, 8)} = \frac{647\ 090.40}{5.334\ 9} = 121\ 293.82（元）$$

$$旧设备的年均成本 = \frac{263\ 056.04}{(P/A, 10\%, 6)} = \frac{263\ 056.04}{4.355\ 3} = 60\ 399.06（元）$$

以上计算结果表明，新设备的年均成本高于旧设备的年均成本，所以企业不应考虑更新，而应继续使用旧设备。

6.4 投资风险分析

风险是客观存在的，投资活动因此充满了风险性。决策不仅要考虑到资金时间价值，而且要考虑到投资风险价值，即决策者所要求的投资报酬率必须包括资金时间价值与投资风险价值两部分。资金时间价值是无风险最低报酬率，风险价值是指投资者因为投资活动中冒风险而取得的报酬，通常以风险报酬率来表示。投资者冒风险越大，可能得到的风险价值越多，风险报酬率就越高。

投资风险分析的常用方法是风险调整贴现率法和肯定当量法。

6.4.1 风险调整贴现率法

风险调整贴现率法是将无风险报酬率调整为考虑风险的投资报酬率（即风险调整贴现率），然后根据风险调整贴现率来计算净现值并据此选择投资方案的决策方法。这种方法的基本思路就是对于高风险的项目必须要有高的贴现率，对于低风险的项目必须采用低的贴现率。所以风险调整贴现率法主要解决两个问题：一是投资项目风险程度大小如何确定；二是风险报酬斜率如何确定。解决了这两个问题后包含风险报酬的贴现率就能计算出来。

风险调整贴现率 = 无风险报酬率 + 风险报酬率

= 无风险报酬率 + 风险报酬斜率 × 风险程度

如果用 K 表示风险调整贴现率，i 表示无风险报酬率，b 表示风险报酬斜率，Q 表示风险程度，则上式可以表示为：

$$K = i + b \times Q$$

【例 6－23】南岗公司无风险报酬率为 5%，现有两个投资方案，有关资料如表 6－8 所示。

表 6－8　A、B 方案相关资料　　单位：元

计算期 \ 项目	A 方案		B 方案	
	现金净流量	概率（P_i）	现金净流量	概率（P_i）
0	－500 000	1	－200 000	1
1	300 000	0.25	75 000	0.2
	200 000	0.5	100 000	0.6
	100 000	0.25	125 000	0.2
2	400 000	0.3	75 000	0.2
	300 000	0.4	100 000	0.6
	200 000	0.3	125 000	0.2
3	250 000	0.2	75 000	0.2
	200 000	0.6	100 000	0.6
	150 000	0.2	125 000	0.2

要求：采用风险调整贴现率法来确定选择哪一方案。

解：（1）确定风险程度 Q。

①计算投资方案各年现金净流量的期望值 E_t。

$$E_t = \sum_{i=1}^{n} X_i P_i$$

本例的风险因素全部在经营期的 NCF 之中，有 3 种可能，并且已知概率，但并不意味着建设期的 NCF 没有风险，而只是为了简化。

A 方案：

$E_0 = -500\ 000 \times 1 = -500\ 000$（元）

$E_1 = 300\ 000 \times 0.25 + 200\ 000 \times 0.5 + 100\ 000 \times 0.25 = 200\ 000$（元）

$E_2 = 400\ 000 \times 0.3 + 300\ 000 \times 0.4 + 200\ 000 \times 0.3 = 300\ 000$（元）

$E_3 = 250\ 000 \times 0.2 + 200\ 000 \times 0.6 + 150\ 000 \times 0.2 = 200\ 000$（元）

B 方案：

$E_0 = -200\ 000 \times 1 = -200\ 000$（元）

$E_1 = E_2 = E_3 = 75\ 000 \times 0.2 + 100\ 000 \times 0.6 + 125\ 000 \times 0.2 = 100\ 000$（元）

②计算反映各年现金净流量离散程度的标准差 d_t。

$$d_t = \sqrt{\sum_{i=1}^{n} (X_i - E_t)^2 \times P_i}$$

A 方案：

$$d_1 = \sqrt{(300\,000 - 200\,000)^2 \times 0.25 + (200\,000 - 200\,000)^2 \times 0.5 + (100\,000 - 200\,000)^2 \times 0.25}$$
$$= 70\,710.68 \text{（元）}$$

$$d_2 = \sqrt{(400\,000 - 300\,000)^2 \times 0.3 + (300\,000 - 300\,000)^2 \times 0.4 + (200\,000 - 300\,000)^2 \times 0.3}$$
$$= 77\,459.67 \text{（元）}$$

$$d_3 = \sqrt{(250\,000 - 200\,000)^2 \times 0.2 + (200\,000 - 200\,000)^2 \times 0.6 + (150\,000 - 200\,000)^2 \times 0.2}$$
$$= 31\,622.78 \text{（元）}$$

B 方案：

$$d_1 = d_2 = d_3 = \sqrt{(75\,000 - 100\,000)^2 \times 0.2 + (100\,000 - 100\,000)^2 \times 0.6 + (150\,000 - 200\,000)^2 \times 0.2}$$
$$= 15\,811.39 \text{（元）}$$

标准差越大，说明现金净流量分布的离散程度越大，风险就越大；反之，风险越小。用标准差反映现金流量的不确定性即风险的大小是很重要的，但也存在一定的局限性，因为标准差是一个绝对值，不便于比较期望值不同的决策方案风险的大小。因此，还需计算标准差系数，即标准离差率。

③计算标准差系数 q_t。

$$q_t = \frac{d_t}{E_t}$$

A 方案：

$$q_1 = \frac{70\,710.68}{200\,000} = 0.353\,6$$

$$q_2 = \frac{77\,459.67}{300\,000} = 0.258\,2$$

$$q_3 = \frac{31\,622.78}{200\,000} = 0.158\,1$$

B 方案：

$$q_1 = q_2 = q_3 = \frac{15\,811.39}{100\,000} = 0.158\,1$$

上述计算只反映了某一年的风险大小，为了综合各年的风险，还需计算综合的标准差系数。

④计算综合标准差系数 Q。

$$Q = \frac{D}{EPV}$$

式中，D 为综合标准差，其计算公式为：$D=\sqrt{\sum_{t=1}^{n}\left[\frac{d_t}{(1+i)^t}\right]^2}$；$EPV$ 为各年期望值的现值之和，其计算公式为：$EPV=\sum_{t=1}^{n}\frac{E_t}{(1+i)^t}$。

A 方案：

$$D_A=\sqrt{\left[\frac{70\ 710.68}{(1+5\%)^1}\right]^2+\left[\frac{77\ 459.68}{(1+5\%)^2}\right]^2+\left[\frac{31\ 622.78}{(1+5\%)^3}\right]^2}$$

$$=101\ 081.97\text{（元）}$$

$$EPV_A=\frac{200\ 000}{(1+5\%)^1}+\frac{300\ 000}{(1+5\%)^2}+\frac{200\ 000}{(1+5\%)^3}$$

$$=635\ 352.55\text{（元）}$$

$$Q_A=\frac{101\ 081.97}{635\ 352.55}=0.159\ 1$$

B 方案：

$$D_B=\sqrt{\left[\frac{15\ 811.39}{(1+5\%)^1}\right]^2+\left[\frac{15\ 811.39}{(1+5\%)^2}\right]^2+\left[\frac{15\ 811.39}{(1+5\%)^3}\right]^2}$$

$$=24\ 879.41\text{（元）}$$

$$EPV_B=100\ 000\times(P/A,\ 5\%,\ 3)$$

$$=100\ 000\times2.723\ 2=272\ 320\text{（元）}$$

$$Q_B=\frac{24\ 879.41}{272\ 320}=0.091\ 4$$

（2）确定风险报酬斜率 b。风险报酬斜率 b 的高低反映了风险程度变化对风险调整贴现率影响的大小，其数值的大小可以根据历史资料用高低点法或直线回归法求出，也可以由企业领导或有关专家根据经验数据确定。

假定该企业过去五年投资的投资报酬率和标准差系数之间的关系如表6－9所示。

表6－9　投资报酬率和标准差系数的关系

投资项目	标准差系数	投资报酬率
甲	0.2	8%
乙	1.2	18%
丙	1.5	21%
丁	0.4	10%
戊	0.8	14%

根据直线方程 $K=i+b\times Q$，采用高低点法来确定 b。

$$b=\frac{最高报酬率-最低报酬率}{最高标准差系数-最低标准差系数}$$

$$=\frac{21\%-8\%}{1.5-0.2}=0.1$$

（3）计算风险调整贴现率 K。根据 $K=i+b\times Q$，得出：

$K_A=5\%+0.1\times0.1591=6.6\%$

$K_B=5\%+0.1\times0.0914=5.9\%$

（4）根据风险调整贴现率计算投资方案的净现值，其计算公式为：

$$NPV=\sum_{t=0}^{n}\frac{E_t}{(1+K)^t}$$

$$NPV_A=\frac{200\ 000}{(1+6.6\%)^1}+\frac{300\ 000}{(1+6.6\%)^2}+\frac{200\ 000}{(1+6.6\%)^3}-500\ 000$$

$$=116\ 723.32（元）$$

$$NPV_B=\frac{100\ 000}{(1+5.9\%)^1}+\frac{100\ 000}{(1+5.9\%)^2}+\frac{100\ 000}{(1+5.9\%)^3}-200\ 000$$

$$=67\ 796.51（元）$$

$$NPVR_A=\frac{116\ 723.32}{500\ 000}=0.233\ 4$$

$$NPVR_B=\frac{67\ 796.51}{200\ 000}=0.339\ 0$$

考虑了风险价值后，A 方案的净现值 116 723.32 元大于 B 方案的净现值 67 796.51 元，但是，A、B 方案的投资额不相等，用净现值指标进行方案之间的选择有所不妥，所以还应用净现值率这一相对数指标进行决策，A 方案的净现值率 0.233 4 小于 B 方案的净现值率 0.339 0，因此，应选择 B 方案进行投资。

6.4.2 肯定当量法

所谓肯定当量法，就是按照一定的系数（即肯定当量系数）把有风险的每年现金净流量调整为相当于无风险的现金净流量，然后根据无风险的报酬率计算净现值等指标，并据以评价风险投资项目的决策方法。其计算公式为：

$$NPV=\sum_{t=0}^{n}\frac{\alpha_t\times E_t}{(1+i)^t}$$

式中，α_t 为第 t 年现金净流量的肯定当量系数；E_t 为第 t 年的有风险的现金净流量期望值；i 为无风险的贴现率。

肯定当量系数，是把有风险的1元现金净流量，相当于确定的也即无风险的现金净流量金额的系数，即为肯定的现金净流量与不肯定的现金净流量期望值之间的比值。其计算公式为：

$$\alpha_t = \frac{\text{肯定的现金净流量}}{\text{不肯定的现金净流量期望值}}$$

但在实际工作中，肯定当量系数往往是在估计风险程度的基础上凭借经验来确定的，所以又可以说它是一个经验系数。投资方案风险大小通过标准差系数来表示，某方案标准系数越小，说明该方案的风险越小，将其不肯定的现金净流量换算为肯定的现金净流量的数额应相对较大；反之，则换算为肯定的现金净流量的数额就相对较小。显然，标准差系数越小，其相对应的肯定当量系数则越大；标准差系数越大，其相对应的肯定当量系数越小。标准差系数与肯定当量系数的经验关系如表6-10所示。

表6-10　标准差系数与肯定当量系数的经验关系

标准差系数（q）	肯定当量系数（α_t）
$0 \leqslant q \leqslant 0.07$	1
$0.07 < q \leqslant 0.15$	0.9
$0.15 < q \leqslant 0.23$	0.8
$0.23 < q \leqslant 0.32$	0.7
$0.32 < q \leqslant 0.42$	0.6
$0.42 < q \leqslant 0.54$	0.5
…	…

风险调整贴现率法是通过调整净现值公式中的分母来考虑风险因素的。肯定当量法是通过调整净现值公式中的分子来考虑风险因素的，它能克服风险调整贴现率法将资金时间价值与风险价值混在一起的缺陷，但要准确、合理地确定当量系数。

关键概念

项目投资　现金流量　现金流出量　现金流入量　相关成本　机会成本
沉落成本　净现值法　现值指数　内部收益率　投资回收期

主要公式

1. 付现成本 = 变动成本 + 付现的固定成本 = 总成本 - 折旧额及摊销额

2. 现金净流量（NCF） = 年现金流入量 - 年现金流出量

3. 项目计算期（n） = 建设期 + 经营期

4. 现金净流量 = - 该年投资额（建设期）

5. 现金净流量 = 营业收入 - 付现成本 = 营业收入 - （总成本 - 折旧额） = 利润 + 折旧额（经营期）

6. 现金净流量 = 营业现金净流量 + 回收额（终结期）

7. 付现成本 = 总成本 - 折旧额及摊销额

8. $投资利润率 = \frac{年平均利润率}{平均投资总额} \times 100\%$

9. $投资回收期 = \frac{投资总额}{年现金净流量}$

10. 净现值（NPV） $= \sum_{t=0}^{n} NCF_t \times (P/F, i, t)$

11. $净现值率 = \frac{净现值}{投资现值}$

12. $现值指数 = \frac{\sum 经营期各年现金净流量现值}{投资现值}$

13. 现值指数 = 净现值率 + 1

14. 内含报酬率（IRR）：$\sum_{t=0}^{n} NCF_t \times (P/F, IRR, t) = 0$

15. 税后成本 = 实际支付额 ×（1 - 所得税率）

16. 税后收入 = 收入金额 ×（1 - 所得税率）

17. 折旧抵税率（税负减少） = 折旧额 × 所得税率

18. 现金净流量 = 营业收入 - 付现成本 - 所得税

19. 现金净流量 = 税后收入 - 税后成本 + 折旧抵税额
= 营业收入 ×（1 - 所得税率） - 付现成本 ×（1 - 所得税率） + 折旧额 × 所得税率

20. 风险调整贴现率 = 无风险报酬率 + 风险报酬率
= 无风险报酬率 + 风险报酬斜率 × 风险程度

21. 期望值 $E_t = \sum_{i=1}^{n} X_i P_i$

22. 标准差 $d_t = \sqrt{\sum_{i=1}^{n} (X_i - E_t)^2 \times P_i}$

23. 标准差系数 $q_t = \dfrac{d_t}{E_t}$

24. 肯定当量法 $NPV = \sum_{t=0}^{n} \dfrac{\alpha_t \times E_t}{(1+i)^t}$

25. 肯定当量系数 $\alpha_t = \dfrac{\text{肯定的现金净流量}}{\text{不肯定的现金净流量期望值}}$

思考题

1. 简述项目投资的类型。
2. 简述净现值法的优缺点。
3. 什么是现金流量？现金流量的估计要注意什么问题？
4. 简述投资风险决策的两种方法及它们之间的联系和区别。

计算题

1. 南岗公司拟购建一项固定资产，预计在建设起点需一次性投入资金1 100万元，建设期为2年，建设期满后需投入流动资金200万元。该固定资产估计可使用100年，期满有净残值100万元，按直线法计提折旧，流动资金于项目终结时一次收回，预计投产后每年可为企业多创利润100万元。假定不考虑所得税因素，计算该项目各年的现金净流量。

2. 朱山公司考虑将一台2008年末以50 000元购入的相当陈旧又缺乏效率的旧设备予以更新，设备可使用10年，期满无残值，按直线法计提折旧，目前设备的账面价值为30 000元，新设备的购买成本为64 000元，可使用6年，期满税法规定的净残值为4 000元，按直线法计提折旧，新设备启用后，销售额可由每年30 000元上升到33 000元，并且由于效率提高，原材料及人工成本降低使营运成本由每年24 000元降至20 000元，期满估计可售5 000元，旧设备目前市价为20 000元，所得税税率为40%，计算更新设备各年的增量现金净流量。

3. 某固定资产项目需要一次投入资金100万元。该固定资产可使用6年，按直接法折旧，税法规定期末有残值10万元，当年建设当年投产，投产后可为企业在各年创造净利润如下：

年份	1	2	3	4	5	6
净利（万元）	20	25	35	30	25	20

计算该投资项目的回收期和净现值（保留小数点后三位数，假定资本成本为10%）

4. 某固定资产项目需在建设起点一次投入资金210万元，建设期为2年，第二年末完工，并于完工后投入流动资金30万元，预计该固定资产投产后，使企业各年的经营净利润净增60万元。该固定资产的使用寿命期为5年，按直线法折旧，期满有固定资产残值收入10万元，垫支的流动资金于项目终结时一次收回，该项目的资本成本率为10%。计算该项目各年的现金净流量，并利用净现值指标对项目的财务可行性作出评价（计算结果保留小数点后三总位数）。

5. 后房公司考虑开发一种新产品，假定该产品行销期估计为5年，5年后停产，生产该产品所获得的收入和需要的成本等有关资料如下：

投资购入机器设备	100 000 元
投产需垫支流动资金	50 000 元
每年的销售收入	80 000 元
每年的材料、人工等付现成本	50 000 元
前四年每年的设备维修费	2 000 元
5 年后设备的残值	10 000 元

假定该项新产品的最低投资报酬率为10%，不考虑所得税。计算项目各年的现金净流量，并用内部收益率指标对该项新产品开发方案是否可行进行评价（保留小数点后三位数）。

6. 秦房公司目前使用的P型设备是6年前购置的，原始购价为30 000元，使用年限12年，预计还可使用6年，每年经营成本5 600元，期末残值1 000元，目前市场上有一种较为先进的Q型设备，价值40 000元，预计可使用10年，年经营成本4 400元，期末无残值，如果购买Q设备，P设备的变现价值为10 000元，公司要求的最低投资收益率12%。请用年均费用法评价是否用Q设备取代P设备（计算结果保留小数点后三位数）。

7. 假设广电项目的原始投资为100万元，该项目的使用寿命为10年，期末无残值，按直线法折旧，项目投产后，每年可生产新产品10 000件，单价100元，单位变动成本40元，固定成本总额120 000元，假定所得税税率为40%，预期的投资收益率为10%，求该项目的盈亏平衡现值点。

第七章　成本控制

成本控制是指运用科学方法对公司生产经营过程中实际发生的各种成本费用进行严格的审查和限制，以降低公司成本费用的一项管理工作。其目的在于动员公司全体职工，挖掘企业内部潜力，厉行节约，不断降低生产经营耗费和产品成本。

学习目标：

- **了解费用管理的内容；**
- **理解成本控制的主要内容；**
- **熟练掌握进行成本费用控制的方法。**

7.1　成本控制概述

现代企业应结合自身的特点，建立成本控制系统，强化成本预算约束，推行质量成本控制办法，实行成本定额管理、全员管理和全过程控制。

7.1.1　成本控制系统

（一）成本及成本控制的含义

成本[①]是指企业在生产经营过程中所消耗的各种资源的经济价值。所谓"资源"，既包括材料、固定资产等有形资源的消耗，也包括劳务、资金等无形资源的消耗；前者体现为材料成本、折旧费用等，后者体现为人工成本、管理费用、资金成本等。所谓资源"消耗"，既有资源存在形态发生转化的情形，如原材料经加工成为半成品进而成为存货，也有直接耗费的情形，如支付税金、职工薪酬等。

成本控制，是指企业按照国家有关财务制度的要求以及单位自身的财务目

① 我国《企业财务通则》所指的"成本"，既包括产品成本或存货成本，也包括期间费用。

标，运用各种成本管理方法，将各项成本控制在一定范围内的财务活动。成本控制是成本管理的核心环节，它通常根据成本预测、成本决策和成本预算所确定的目标和任务，以及标准成本计算结合变动成本法所提供的实际数据，对生产经营过程中所发生的各项资源的耗费及相应的降低成本的措施，进行指导、监督、调节和干预，以保证成本目标和成本预算任务的实现。

（二）成本控制系统的组成

一个企业的成本控制系统包括组织系统、信息系统、考核制度和奖励制度等内容。

1. 组织系统

组织是指人们为了一个共同目标而从事活动的一种方式。在企业组织中，通常将目标划分为几个子目标，并分别指定一个下级单位负责完成。每个子目标再划分为更小的目标，并指定更下一级的部门去完成。一个企业的组织机构可以用管理等级和平均控制跨度来描述。管理等级是最高级单位和最低级单位之间的等级，控制跨度是指一个单位所属下级的数目。一个企业的组织机构还可以用各级管理等级之间权力集中和分散的程度描述。在一个高度集中的组织机构中，权力集中于较高级别的管理层次，低级管理人员只拥有很少的决策权。在一个企业里，权力很可能在一个职能领域中高度集中，而在其他职能领域则高度分散。一般说来，生产、财务和人事管理都属于高度集中的领域。因此，成本控制系统必须与企业组织机构相适应，即企业预算是由若干分级的小预算组成的。每个小预算代表一个分部、车间、科室或其他单位的财务计划。与此有关的成本新体制，如记录实际数据、提出控制报告等，也是分小单位进行的。这些小单位作为责任中心，也必须有十分明确的、由其控制的行动范围。按其所负责任和控制范围不同，分为成本中心、利润中心、投资中心。

2. 信息系统

成本控制系统的另一个组成部分是信息系统，也是责任会计系统。责任会计系统是企业会计系统的一部分，负责计量、传送和报告成本控制使用的信息。责任会计系统主要包括编制责任预算、核算预算的执行情况、分析评价和报告业绩三个部分。通常企业分别编制销售、生产、成本和财务等预算，这种预算主要按生产经营的领域来落实企业的总体计划。为了进行控制，必须分别考察各个执行人的业绩，这就要求按责任中心来重编预算，按责任中心来落实企业的总体计划。这项工作被称为责任预算，其目的是使各责任中心的管理人员明确其应负的责任和应控制的事项。

在实际业务开始之前，责任预算和其他控制标准要下达给有关人员，他们以此控制自己的活动。对实际发生的成本、取得的收入和利润以及占用的资金等，要按责任中心来汇集和分类。为此，需要在各明细账设置时考虑责任中心分类的需要，并与预算的口径一致。在进行核算时，为减少责任的转嫁，分配共同费用时，应按责任归属选择合理的分配方法。各单位之间相互提供产品或劳务，要拟定适当的内部转移价格，以利于单独考核各自的业绩，报告预算的执行情况。在预算期末要编制业绩报告，比较预算和实际的差异，分析差异的产生原因和责任归属。此外，要实行例外报告制度，对预算中没有规定的事项和超过预算限额的事项，要及时向适当的管理级别报告，以便及时作出决策。

3. 考核制度

考核制度是控制系统发挥作用的重要因素。一般地，考核制度的主要内容有：

（1）责任中心目标的一般尺度。它因责任中心的类别而异，可能是销售额、可控成本、净利润或投资收益率，还可能是市场份额、次品率、占用资金的限额等。

（2）责任中心目标尺度的解释。作为考核标准，对它们必须事先规定正式的解释。例如，什么是销售额，它是总销售额还是扣除折让和折扣后的销售净额，等等，应该有所规定。

（3）业绩考核标准的计量。例如，对成本分摊、内部转移价格、使用历史成本还是使用重置成本计量等，都应作出明确规定。

（4）规定采用的预算标准。例如，使用固定预算还是弹性预算，是宽松的预算还是严格的预算，编制预算时使用的各种常数是多少等。

（5）业绩报告的内容、时间、详细程度等。

4. 奖励制度

奖励制度是维持控制系统长期有效运行的重要因素。应规定明确的奖励办法，让被考核人明确业绩与奖励之间的关系，知道什么样的业绩将会得到什么样的奖励。恰当的奖励制度将引导人们去约束自己的行为，尽可能争取好的业绩。奖励制度是调动人们工作积极性以实现企业总目标的有力手段。

一般地，奖励有货币奖励和非货币奖励两种形式，如提升、加薪、表扬、奖金等。惩罚也会影响工作努力程度，惩罚是一种负奖励。

（三）成本控制原则

虽然各个企业的成本控制系统是不一样的，但是有效的控制系统仍有一些共同特征，它们是任何企业实施成本控制都应遵循的原则，也是有效控制的必要条件。成本控制的原则可以概括为以下四条。

1. 经济原则

经济原则，是指因推行成本控制而发生的成本，不应超过因缺少控制而丧失的收益。任何管理工作，和销售、生产、财务活动一样，都要讲求经济效果。为建立某项控制，要花费一定的人力或物力，付出一定的代价。这种代价不能太大，不应超过建立这项控制所能节约的成本。通常，增加控制环节发生的成本比较容易计量，而控制的收益比较难以确定，但不能因此否定这条原则。在一般情况下，控制的收益会明显大于其成本，人们可以作出定性的判断。当然，确实有些企业为了赶时髦，不计工本，搞了一些华而不实的烦琐手续，经济效果不大，甚至得不偿失。不符合经济原则的控制办法，是没有生命力的，是不可能持久的。经济原则在很大程度上决定了我们只在重要领域中选择关键因素加以控制，而不对所有成本都进行同样周密的控制。

经济原则要求成本控制要能起到降低成本、纠正偏差的作用，具有实用性。成本控制系统应能揭示何处发生了失误，谁应对失误负责，并能确保采取纠正措施。只有通过适当的计划工作、组织工作和领导工作来纠正脱离目标的偏差，才能证明成本控制系统是有用的。经济原则要求在成本控制中贯彻“例外管理”原则。对正常成本费用支出可以从简控制，而格外关注各种例外情况。例如，对脱离标准的重大差异展开调查，对超出预算的支出建立审批手续等。经济原则还要求贯彻重要性原则。应把注意力集中于重要事项，对成本细微尾数、数额很小的费用项目和无关大局的事项可以从略。经济原则要求成本控制系统应具有灵活性。面对已更改的计划，出现了预见不到的情况，控制系统仍能发挥作用，不至于在市场变化时控制系统成为无用的装置。

2. 因地制宜原则

因地制宜原则，是指成本控制系统必须个别设计，适合特定企业、部门、岗位和成本项目的实际情况，不可照搬别人的做法。适合特定企业的特点，是指大型企业和小型企业，老企业和新企业，发展快和相对稳定的企业，这个行业和那个行业的企业，同一企业的不同发展阶段，其管理重点、组织结构、管理风格、成本控制方法和奖金形式都应当有区别。例如，新建企业的管理重点是销售和制造，而不是成本；正常营业后管理重点是经营效率，要开始控制费用并建立成本标准；扩大规模后管理重点转为扩充市场，要建立收入中心和正式的业绩报告系统；规模庞大的老企业，管理的重点是组织的巩固，需要周密的计划和建立投资中心。不存在适用所有企业的成本控制模式。适合特定部门的要求，是指销售部门、生产部门、技术开发部门、维修部门和管理部门的成本形成过程不同，建立控制标准和实行控制的方法应有区别。适合职务与岗位责任要求，是指总经理、厂长、车间主任、班组长需要不同的成本信息，应为他们提供不同的成本控制报告。适合成本项目的特点，是指材料费、人工费、制造费用和管理费用的各明细项目，以及资本支出等，有不同的性质和用途，控制的方法应有区别。

3. 全面控制原则

全面控制，即全体职工参与，对企业生产经营全过程中所耗费的全部成本进行严格的限制和监督。它要求对企业全部的料、工、费支出进行控制；对产品形成的全过程，包括产品的设计和试制、物资的采购和储存、生产工艺的制定、生产组织、质量检查、供销、运输、售后服务等各环节发生的成本进行控制；企业内部所有员工全员参与成本控制。

4. 管理层推动原则

由于成本控制涉及全体员工，并且不是一件受人欢迎的事情，因此必须由管理层来推动。

成本控制对企业管理层的要求是：

（1）重视并全力支持成本控制。

（2）具有完成成本目标的决心和信心。

（3）具有实事求是的精神。

（4）以身作则，严格控制自身的责任成本。

7.1.2 成本控制的方法

成本控制是企业内部控制的重要组成部分，是企业加强管理、提高效率的必然选择。企业提高经济效益的根本途径就是“开源”和“节流”，前者受市场竞争等外部因素限制较多，后者更多依赖于企业内部管理水平的提高，可控性相对较高。因此，成本控制是企业主动实现扭亏增盈、增强企业竞争力等财务目标的有力武器。成本控制的方法包括成本预算控制、质量成本控制、成本定额管理、成本全员管理和全过程控制等。

（一）成本预算控制

预算作为一种计划，是用数字表示的预期结果的报告书。预算管理是利用预算对企业内部各部门、各单位的各种财务及非财务资源进行分配、考核、控制，以便有效地组织和协调企业的生产经营活动，完成既定的经营目标。可以通过对成本进行预算，而后考核其成本控制的实际业绩，实现对成本的约束。

成本预算是企业成本控制的主要方法，是企业财务预算中最基本的预算。它要求企业加强成本预算编制、执行、分析、考核等环节的管理，明确预算项目，建立预算标准，规范预算的编制、审定、下达和执行程序，及时分析和控制预算差异，采取改进措施，确保预算的执行。

强化成本预算控制，要求企业严格按照预算执行。在日常控制中，企业应当健全凭证记录，完善各项管理规章制度，严格执行生产经营月度计划和成本费用的定额、定率标准，加强适时的监控。对预算执行中出现的异常情况，企业有关部门应及时查明原因，提出解决办法。

企业可以结合自身情况，建立相应的成本预算，如产品成本预算、制造费用预算、营业成本预算、期间费用预算等。企业各职能部门应当充分利用自身管理优势，对在成本中占重要份额的能耗、成材率等重点指标进行全过程的控制，并有针对性地采取措施，使降低成本指标落到实处，最终形成一系列贯穿全生产过程的预算控制线，确保成本预算指标的全面完成。

（二）质量成本控制

质量成本是指企业为保持或提高产品质量所支出的一切费用，以及因产品质量未达到规定水平所产生的一切损失。

1. 质量成本的构成

质量成本包括两部分的内容：一是预防检验成本；二是损失成本。

预防检验成本包括预防成本和检验成本。预防成本，是指为保证产品质量达到一定水平而发生的各种费用，如质量计划工作费用、新产品评审费用、工序能力研究费用、质量审核费用、质量情报费用、人员培训费用和质量奖励费用等。检验成本，是指为评估和检查产品质量而发生的费用，如进货检验费、工序检验费、产品检验费、破坏性试验的产品试验费用和检验设备的维护、保养费用等。

损失成本包括内部质量损失成本和外部质量损失成本两部分。内部质量损失成本，是指生产过程中因质量问题而发生的损失成本，包括产品生产过程中出现的各类缺陷所造成的损失，以及为弥补这些缺陷而发生的各类费用支出，如报废损失、返修损失、复检费用、停工损失、事故分析处理费用和产品降级损失等。外部质量损失成本，是指产品销售后，因产品质量缺陷而引起的一切费用支出，如支付用户的索赔费用、退货损失、保修费用和折价损失等。

与质量有关的预防检验成本和损失成本是两类具有不同性质的成本。预防检验成本属于不可避免成本，随着产品质量的不断提高，这部分成本将会不断增大；损失成本则属于可避免成本，随着产品质量的不断提高，这部分成本将逐渐降低。产品质量的高低通常以产品的合格率来表示。

2. 质量成本控制程序

（1）确定最优质量成本，并以此作为质量成本控制的总目标。

最优质量既不在质量高时，也不在质量低时，而是在使质量成本所有四项内容之和最低时的质量水平上。

（2）建立健全质量成本管理的组织体系。

有了质量成本的控制标准，还应建立健全质量成本管理的组织体系，以确保目标的实现。由于质量成本涉及企业的诸多部门，如供应、生产、销售、质检、财会等部门，因此，必须划分责任，归口控制。

(3) 应坚持预防为主的方针。

在质量成本控制中为保证一定的质量水平，应适当地增大预防检验成本占质量成本的比重，这样可减少事故成本的发生。

(4) 计算和分析质量成本差异。

企业应及时计算实际质量成本脱离预算的差异，并对此分项逐一进行分析，寻找原因，以采取相应措施加以控制。

3. 最佳质量成本模型

尽管现实中，在两类不同性质的质量成本（预防检验成本和损失成本）之间找到最优平衡点，是相当困难的工作，但在理论上，最优的质量成本水平是确实存在的。确定最优的质量成本的方法可参考合理比例法进行。

此法是根据质量成本各项目之间的比例关系，确定一个合理的比例，从而找出质量水平的适宜区域，而不是确定最优质量成本点。因为达到某一点的合格品率不易保持，而使合格品率保持在某一范围内还是容易做到的。

此法将质量总成本曲线分为三个区域：改善区、适宜区和至善区。如图7－1所示。

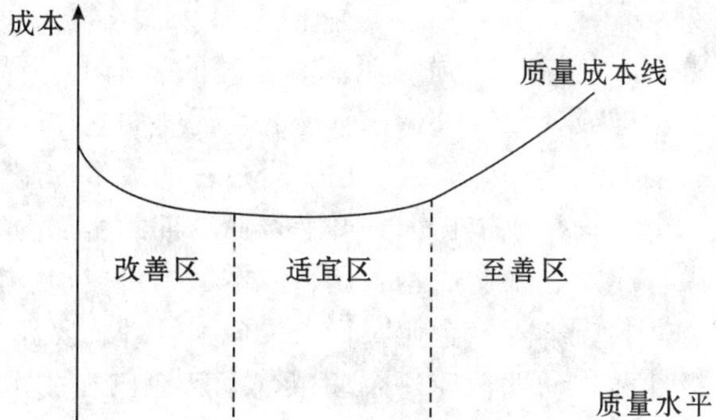

图7－1 质量成本线

如果产品质量处于改善区，说明产品质量水平低，损失成本高，这为企业敲响警钟，企业应尽快采取措施，追加预防和检验费用支出，尽可能地提高产品质量；如果产品质量处于至善区，说明产品质量水平很高，甚至超过用户的需要，出现了不必要的质量成本损失，此时也是不可取的。理想的质量水平区域是适宜区，在这一区域内，质量适当，成本低，效益高。

成本质量诸项目间，客观地存在着一个合理的比例，当达到这一合理比例时，质量水平处于适宜区。有关研究者对制造企业的研究发现，就一般平均水平而言，质量成本中，预防成本占10%左右，检验成本占30%左右，损失成本占60%左右。我国一些企业的实践证明这个比例基本上具有代表性。当然，我们不能对此作绝对化理解，还应根据企业自身的具体情况来确定。

（三）成本定额管理

成本定额管理，是指在资源价格一定的前提下，通过事先制定单位产品或活动的标准资源消耗量，控制产品成本和期间费用水平的一种成本控制方法。

成本定额管理的关键，首先在于制定标准消耗量。一般方法有经验估计法、类推比较法、统计分析法和技术测定法。其次，要通过成本核算，揭示实际消耗量与定额的差异。最后，分析定额差异的原因，找出责任者，并将差异及时反馈到责任部门或责任者，以便采取切实有效的措施加以解决。成本定额管理与企业的经济责任制相结合，能收到更好的效果。

如果产品或经济活动消耗的资源价格也发生变动，那么企业除了制定标准消耗量以及比较量的差异外，还需制定各类资源的标准单价，以及比较价的差异，这就是通常所说的“标准成本管理”。从这个角度看，成本定额管理和标准成本管理的理念是一致的。

（四）成本全员管理和全过程控制

成本的全员管理，是指在加强专业成本管理的基础上，要求人人、事事、时时都按照定额、标准或者预算进行成本控制，需要向全体职工宣传各种成本限额和考评标准，使人人皆知，人人明白。全过程的成本控制，是指成本控制贯穿于成本形成的全过程，成本扩大到产品寿命周期的全部内容，包括设计成本、研制成本、工艺成本、采购成本、制造成本、销售成本、管理成本、运行成本、维修成本、保养成本等。企业实行全员成本管理，要充分调动各个部门和全体职工的积极性和主动性，使每个职工都了解自己在成本控制中的作用，明确自己的职责和权限，建立广泛的责任成本制度，将企业的专业成本控制和群众性成本控制工作结合起来，才能使企业各项费用定额、费用开支标准、成本目标等更加趋于合理，降低成本的措施才能得到更好的执行。

为了调动全体职工成本控制的积极性，企业应注意：①需要有客观的、准确的、适用的控制标准；②鼓励参与制定标准，至少也要让职工充分了解控制标准建立的依据和必要性；③让职工了解企业的困难和实际情况，自觉适应工作的需要；④建立适当的激励措施，激发职工成本控制的积极性；⑤冷静地处理成本超支和过失，应始终记住分析成本不利差异的根本目的，这是寻求解决问题的办法，而不是处罚。

企业实行全过程成本管理，成本控制应当贯穿于成本形成的全过程，包括产品在企业内部所发生的规划成本、设计成本、研制成本、工艺成本、质量成本、功能成本、采购成本、制造成本、销售成本、物流成本、管理成本，以及产品在用户使用过程中发生的运行成本、维修成本、保养成本等方面。实践证明，只有当产品的整个寿命周期成本得到有效控制，成本才会显著降低。

实行全面成本管理，要提高企业职工的成本控制意识，要求职工：①具有控制成本的愿望和成本意识，养成节约成本的习惯，关心成本控制的结果；②具有合作精神，理解成本控制是一项集体的努力过程，不是个人活动，必须在共同目标下齐心协力；③能够正确理解和使用成本控制信息，据以改进工作，降低成本。

（五）使用寿命周期成本控制

1. 使用寿命周期成本的含义

在当今社会，企业只关心产品成本的控制是不够的，还必须从用户的角度来研究和分析使用成本的影响，也就是要研究使用寿命周期成本控制。

使用寿命周期成本也称使用成本，是用户为取得并实现所需产品或劳务功能所付出的代价。

目前西方许多国家比较重视寿命周期成本的研究，因为客户要求生产厂商报价时，不仅要报原价，还要报使用寿命周期成本，提供产品的能源消耗、排污标准、保修期以及大修理周期等参数。另外，购买单位处理报价投标时，往往以寿命周期成本为准，而不是以售价为准。我们许多企业家已经认识到，要想在竞争日趋激烈的市场站稳脚跟，求得发展，必须重视产品寿命周期成本的研究与控制。

2. 使用寿命周期成本的内容

使用寿命周期成本包括原始成本和运行维护成本两部分。原始成本是指设计成本、开发成本和生产成本；运行维护成本是指售后的与使用该产品有关的消耗成本及维修成本、保养成本等。可见，运行维护成本是生产成本的补充。一般来说，运行维护成本的高低，常常反映出产品的功能或质量的好坏。凡质量高、功能好的产品，其运行维护成本就低，而其寿命期限却长；反之，质量低、功能差的产品，其运行维护成本必然高，而其寿命也相对短。因此企业要在激烈的竞争中立于不败之地，不仅要考虑产品的物美价廉，而且还要研究运行维护成本的降低问题。运行维护成本的降低是一个综合性问题，它牵涉产品的许多方面，如产品的功能、产品的质量等，企业可以从生产者和使用者两个不同的角度对此加以控制。

3. 生产者角度的使用寿命周期成本控制

从生产者的角度，就是一切为用户着想，千方百计降低产品的寿命周期成本，减少用户支出，从而达到扩大销量，争取更多用户，增加利润的目的。需要注意的一点是，对于生产者来讲，控制寿命周期成本只是促销的一种手段，而不是像产品成本控制那样纯粹为了控制成本。

4. 客户角度的使用寿命周期成本控制

从客户的角度，就是决定是否购买某一产品时，不仅要考虑产品的售价，而且还要考虑商品的使用寿命周期成本。采用的分析方法有两种：一是购买时，要求厂家提供使用寿命周期成本的资料，比较不同厂家产品的使用寿命周期成本，取其低者；二是将发生在使用期内不同时点上的运行维护成本分别折现，计算出可供选择产品的现值成本，然后进行比较，择其低者。

（六）利用 ERP 进行成本控制

企业资源计划系统，英文为 Enterprise Resource Planning，简称 ERP，是指建立在信息技术应用基础上，结合系统化的管理思想，为企业决策层及职工提供决策手段的管理平台。

ERP 系统集信息技术与先进的管理思想于一身，反映时代对企业合理调配资源，最大化地创造社会财富的要求，成为企业在信息时代生存、发展的基石。ERP 是整合了企业管理理念、业务流程、基础数据、人力物力资源、计算机硬件、软件和网络资源于一体的企业资源管理系统。

ERP 将企业内部所有资源整合在一起，对采购、生产、成本、库存、分销、运输、财务、人力资源等进行规划，以达到最佳资源组合，取得最佳效益。

因此，利用 ERP 这个工具，可以帮助企业在生产经营的各个环节，如采购、生产、库存、销售和资金运作等方面控制成本。

1. 采购成本

利用 ERP 控制采购成本，就是要把整个采购过程公开化、透明化、制度化。利用计算机网络，把不同供应商的报价收集在一起，企业的领导者很容易地调出同一商品不同的供应商的报价。同时，建立起不同供应商的同一商品的质量统计分析，由企业的检验部门、技术部门、供应部门做质量检验。

2. 生产成本

利用 ERP 控制生产过程成本，目前大多数 ERP 提供商所提供的软件主要是控制次品率和物料的耗费。对于控制废品率，先要设定一个废品率，要有一个计划指标，如果实际废品率是在计划成本控制之下，就没有问题。而控制次品率的方式就是利用 ERP 确定哪一个人在哪个时间段生产了哪些产品，以明确该生产者的责任，加强责任心。利用 ERP 还可以控制物料耗用。有了物料需求计划，各个环节就会有详细的物料清单，对于将要生产多少产品，需要多少原料很清楚，可以有效地避免生产环节的物料浪费。

3. 库存成本

利用 ERP 可以解决从原材料库存、半成品库存到产成品库存整个库存环节的成本控制问题。有了 ERP，使得及时系统（JIT）在生产环节和库存管理的应用成为可能。JIT 的核心思想就是企业所需物料或产品能够在需要的时间、地点，以正好需要的数量及时到位，这里面需要考虑安全库存和提前期这两个因素。如果可以忽略这两个因素的话，就能够达到理想的零库存境界。ERP 可以按照生产的节拍和节奏计算出加工批量，并算出前一个工序在什么时候该把一个批量给下一个工序。这样一来，整个库存结构都是非常合理的。

国外有一些大型的龙头企业把它的物料需求计划公布给主要合作伙伴，让供应商按照它的物料需求计划安排生产计划，在忽略安全库存的前提下，大买家的原材料库里是零库存，供应商的产成品库里也是零库存，这样大家的库存与资金占用都下降了。在整个供应链上，如果库存与资金占用都下降，终端产品的价格就可以下降，大型生产厂的竞争力就会增强，这样企业与企业之间的竞争，就会演变成供应链与供应链之间的竞争。供应链所得到的好处是一个企业得不到的，几个企业形成供应链，就会将成本压到极限。

4. 销售成本

利用 ERP 进行销售成本控制也是遵循了计划和控制的思想。利用 ERP 不仅可以更有效地控制和管理应收账款，还可以对销售网络中各网点的库存结构进行动态管理。对于不能按照计划收回的应收账款，ERP 系统会马上产生一个信息来控制管理过程，促使应收账款的收回。另外，很多行业都存在分销问题，也就是产品放在分销网点销售。如何把分销网点的库存结构控制好，是企业控制销售成本的关键。当网点多，产品系列、品种和规格很多时，仅仅依靠人工很难把握销售网点的库存结构，况且网点的销售和库存是动态的，必须有 ERP 系统帮助控制。

5. 生产环节的资金运作

生产环节的资金运作也是利用 ERP 进行管理。利用 ERP，可以计划出在什么时间，将要购进什么原材料或产品，使得提前的时间刚好够用，并且所支付利息的时间尽量地短。有些 ERP 软件供应商提供的软件能够做到工序级的管理，使企业通过 ERP 很清楚地知道企业计划要支出的费用，可以使企业对资金的需求计算得更精确，减少企业在资金上不合理的占用，降低财务成本。

总之，企业应根据自身的情况，分阶段、分级别地使用 ERP 这个工具。

即使不能达到那种供应链、零库存的境界，至少也能在不同程度上控制成本。

（七）作业成本控制

作业成本控制也称作业成本法，英文名称是 Activity Based Costing，简称 ABC 法。

1. 作业成本法的相关概念

作业，是指企业为了达到其生产经营的目标所进行的与产品相关或对产品有影响的各种具体活动，性质相同的作业所构成的集合叫做作业中心。

作业成本概念深化了人们对成本的认识，它是指产品消耗的作业所发生的成本和费用。传统的成本概念认为，成本是对象化的费用，是生产经营过程中所耗费的资金。这一概念虽然揭示了成本的经济实质（价值耗费）和经济形式（货币资金），但没有反映出成本形成的动态过程。作业成本法有效地弥补了这一不足。它把企业生产经营过程描述为一个为满足顾客需要而设计的一系列作业的集合（作业链），随着作业的推移，在作业链上发生的费用，就转移到了最终产品的成本上，并且这一过程也随着价值从企业内部逐步积累最后转移到顾客（价值链）。作业成本法通过作业这一媒介，将费用的发生与产品成本的形成联系了起来，形象地揭示了成本形成的动态过程，使成本的概念更为完整和具体。

成本动因是指成本发生的因素，即成本的诱因。成本动因通常以作业活动耗用的资源来进行度量，如质量检查次数、用电度数等，在作业成本法下，成本动因是成本分配的依据。

2. 作业成本法的基本原理

作业成本法就是以作业为基础计算和控制产品成本的方法。其基本理念是产品消耗作业，作业消耗资源，生产导致作业发生，作业导致间接成本的发生。作业是产品和间接成本的纽带。

在作业成本法下，将间接费用和直接费用都视为产品消耗作业而付出的代价。对于直接费用的确认和分配，作业成本法与传统的成本计算方法一样；但对于间接费用的分配，则与传统的方法不同。在作业成本法下的间接费用分配对耗费的成本不仅仅是分配到作业中心，而是作业。分配时，首先根据作业中心对资源的耗费情况将资源耗费的成本分配到作业中心去；然后再将上述分配给作业中心的成本按照各自的成本动因，根据作业的耗用数量分配到各产品。作业成本法下，对于不同的作业中心，由于成本动因的不同，使得间接费用的分配标准也不同。

3. 作业成本法的意义

从费用分配的准确性来讲，由于作业成本法采用多样化的分配标准，使成本的归属性得以提高，因此，成本信息相对更客观、真实和准确。从成本控制的角度上讲，由于 ABC 的本质是以作业作为确定分配间接费用的基础，引导管理人员将注意力集中在成本发生的动因上，而不仅仅是关注成本计算结果本身，通过对作业成本的计算和有效控制，就可以较好地克服传统成本法中间接费用责任不清的缺点，并且使以往一些不可控的间接费用在 ABC 系统中变为可控。同时，通过对作业活动的动态跟踪，可以更好地发挥决策、计划和控制的作用，以促进作业管理和成本控制的不断提高。因此，ABC 不仅是一种成本计算方法，更是一种成本控制和企业管理的手段。

7.2 生产经营费用的管理

工业企业的生产经营费用内容如图 7－2 所示①。

- 工业企业生产经营费用
  - 制造成本
    - 直接材料
    - 直接工资
    - 其他直接支出
    - 制造费用
  - 期间费用
    - 销售费用
    - 管理费用
    - 财务费用

图 7－2 工业企业的生产经营费用内容

7.2.1 费用管理制度

（一）费用分级归口管理

《企业财务通则》里的费用指的是期间费用，即生产经营中除产品成本之外的所有耗费，它应当按照权责发生制和配比原则确认，凡属于本期发生的费用，不论其款是否支付，均确认为本期费用；反之，不属于本期发生的费用，即使其款项已经在本期支付，也不能确定为本期费用。企业确认的期间费用，应当进一步划分为管理费用、销售费用和财务费用等项目，并直接计入当期

① 我国《企业财务通则》要求企业建立费用管理制度，并对一些不太明确或者有争议的规定进行了明确，细化了企业费用的规定，包括企业销售费用的确认和管理；个人与企业开支差别；企业研发和科技成果转化项目所需经费的管理；企业依法实施安全生产、清洁生产、污染治理、灾害防治、生态恢复和环境保护等所需经费的处理等。

损益。

费用分级归口管理，是将各项费用指标归口到各相关职能部门进行管理并作为该部门年度考核指标。通过费用分级归口管理将预算目标的分解、预算编制的专业审核、预算执行的监督与控制等管理职能落实到具体的职能部门。除监督责任部门完成预算目标外，业务归口管理部门还应当帮助有关责任中心解决实际存在的问题，加强沟通与联系，群策群力，共同实现企业的预算目标。分级管理是将企业内部按照不同的职能划分为不同的级别，并赋予不同的权利与责任，并以此为标准进行考核。

（二）费用的预算控制

企业应当对期间费用实行预算控制，把费用预算纳入到企业的预算管理之中。期间费用预算是预算期内对预算执行单位组织经营活动必要的管理费用、销售费用、财务费用的预先安排。在编制时，应当区分变动费用与固定费用、可控费用与不可控费用，根据上年实际费用水平和预算期内生产经营的需要，结合费用开支标准和企业降低成本、费用的要求，按照一定的方法，分项目、分责任单位进行。其中，研发费用、业务招待费、出国经费、会议费、差旅费、宣传广告费等重要项目，应当重点控制。

预算管理是企业财务管理的重要工具，预算是企业财务控制的标准，是考核经营者业绩的尺度。建立费用归口、分级管理和预算控制，有利于企业加强内部管理，统筹管理各项财务资源，明确经济责任，使责、权、利有机结合，从而帮助企业实现价值最大化等财务目标。

（三）费用的开支范围、标准和报销审批制度

在对成本费用进行管理时，应该建立必要的费用开支范围、标准和报销审批制度，并以此为标准作为报销与入账的依据。在建立相关制度时，要考虑企业的实际情况与可行性，以免流于形式，同时加强对占企业费用比例较大的费用如招待费、差旅费等的管理力度。

【例 7－1】朱山公司出差交通费的标准。

出差人员交通费的标准如表 7－1 所示。

表 7-1　朱山公司出差交通费标准表

职务	火车	轮船	飞机	其他交通工具
公司经理	硬席车	二等舱位	普通舱位	据实报销
高级职称专业技术人员	硬席车	二等舱位	普通舱位	据实报销
其他人员	硬席车	三等舱位		据实报销

备注：

(1) 出差人员乘坐飞机要从严控制，只限符合乘坐条件的人员，确因出差任务紧急必须乘坐飞机的，必须事前请示主要领导，经批准后方可乘坐，否则财务部门不予报销。

(2) 乘坐火车从晚 8 时至次日晨 7 时之间，在火车上过夜 6 小时以上的，或连续乘车时间超过 12 小时的，可购同席卧铺票，对符合乘坐卧铺车条件的而未购买卧铺的，按其本人实际乘坐的火车同席票价的 50% 发给，但使用空调设备而另行加收的费用不计入座席票价之内。

(3) 对于超出乘坐条件的，超额部分公司财务不予报销。对于降低乘坐条件的也不再发给票价差额。

7.2.1　企业研发经费的管理

在我国，企业技术研发和科技成果转化项目所需经费，可以通过建立研发准备金筹措，据实列入相关资产成本或者当期费用。符合国家规定条件的企业集团，可以集中使用研发费用，用于企业主导产品和核心技术的自主研发。

(一) 研发费用概述

1. 研发费用的组成

企业研发费用（即“技术开发费”），是指企业在产品、技术、材料、工艺、标准的研究、开发过程中发生的各项费用。企业技术研发和实施科技成果转化形成的资产，纳入相关资产进行管理，即形成资产的相应研发费用可予以资本化，计入资产成本。由于研发活动对培养企业核心竞争力至关重要，而且国家对企业研发支出有一系列的财税优惠政策，因此，企业应当规范和加强研发费用管理，明确研发费用的开支范围和标准，严格审批程序，并按照研发项目或者承担研发任务的单位，设立台账归集核算研发费用。企业研发费用主要包括：

(1) 研发活动直接消耗的材料、燃料和动力费用。

(2) 企业在职研发人员的工资、奖金、津贴、补贴、社会保险费、住房公积金等人工费用以及外聘研发人员的劳务费用。

(3) 用于研发活动的仪器、设备、房屋等固定资产的折旧费或租赁费以及相关固定资产的运行维护、维修等费用。

(4) 用于研发活动的软件、专利权、非专利技术等无形资产的摊销费用。

(5) 用于中间试验和产品试制的模具、工艺装备开发及制造费，设备调整及检验费，样品、样机及一般测试手段购置费，试制产品的检验费等。

(6) 研发成果的论证、评审、验收、评估以及知识产权的申请费、注册费、代理费等费用。

(7) 通过外包、合作研发等方式，委托其他单位、个人或者与之合作进行研发而支付的费用。

(8) 与研发活动直接相关的其他费用，包括技术图书资料费、资料翻译费、会议费、差旅费、办公费、外事费、研发人员培训费、培养费、专家咨询费、高新科技研发保险费用等。

企业依法取得知识产权后，在境内外发生的知识产权维护费、诉讼费、代理费、“打假”及其他相关费用支出，从管理费用据实列支，不应作为研发费用。

2. 研发准备金的管理

企业可以通过建立研发准备金，筹措技术研发和科技成果转化项目所需经费。也就说，研发项目已经确定、预算管理较为成熟的企业，可以根据研发计划及资金需求，按销售收入的一定比例提前安排资金，实行预算管理。建立研发准备金制度，对当年的研发资金提前作出安排，能够增强企业自主创新的规划性，确保企业研发活动的资金需求。

为了加强事中控制，企业可以结合自身特点建立研发准备金使用情况的定期报告制度以及追踪反馈制度。例如，要求企业内部研发或者科技部门，每半年向财务部门报送技术研发和科技成果转化费收支情况，年度终了编制年度收支决算上报财务部门，项目完成后编制项目经费决算及项目固定资产清单等报财务部门。

（二）企业集团的研发费用

对技术要求高、投资数额大、单个企业难以独立承担的研发项目，或者研发力量集中在集团公司并由其统筹管理集团研发活动的，集团公司报经主管税务机关批准后，可以集中收取和支出研发费用，用于研发主导产品和核心技术。集团公司集中使用研发费用，至少应当遵循以下三项原则：

(1) 必要原则。即集中使用的目的应当是研发主导产品和核心技术，而这个目的以集团内单个企业一己之力确实无法达成，或者各企业分散进行研发，缺乏合力。

(2) 适度原则。即集团公司应当合理估计研发需求，向成员企业收取的研发费用不应过多偏离实际研发支出。根据国际经验，企业研发经费占销售收入的比重一般应当在3%以上，根据实际情况，集团公司集中收取的研发费用总额，原则上不超过集团合并报表销售收入的2%；使用后的年末余额连续三年超过当年集中收取总额20%或者出现赤字的，集团公司应当调整集中收取的标准。

（3）权责利一致原则。为了避免集团公司集中财力时侵占成员企业权益，或者各企业对集中使用研发费用形成的知识产权归属发生争执，集团公司应当确定研发费用集中收付方式以及研发成果的分享办法，通过与成员企业协商、签订协议等方式，维护集团成员企业的合法权益。集团成员企业交纳的研发费用从当期管理费用列支。集团公司集中收取的研发费用作为专项应付款管理，发生的研发支出，形成资产的部分作为集团公司递延收益处理；没有形成资产的部分，据实核销。集团公司应当在年度合并财务报告中，按规定披露研发费用相关财务信息，包括研发费用支出规模及其占销售收入的比例，集中收付研发费用情况等。会计师事务所在审计时，应当对研发费用的使用和管理情况予以关注。

7.2.2 社会责任的履行

企业作为经济组织，以追求经济效益的最大化，组织产品生产和经济活动，依法向国家纳税，来实现对社会的贡献。我国企业无论在计划经济时期还是在市场经济时期，都对经济社会发展作出了重要贡献。作为社会中最有影响力的经济组织之一，企业应当依法实施安全生产和清洁生产，履行污染治理、生态环境保护和地质灾害防治等社会责任，并按照国家有关标准提取或者承担相关费用。

我国《企业财务通则》第三十九条规定：企业依法实施安全生产、清洁生产、污染治理、地质灾害防治、生态恢复和环境保护等所需经费，按照国家有关标准列入相关资产成本或者当期费用。

石油天然气开采企业应当按照《企业会计准则——石油天然气开采》，将预计的油气田弃置费计入油气田固定资产价值，一并通过计提折旧方式积累所需要的生态环境恢复资金，履行生态环境恢复责任。

7.2.3 销售费用的管理

销售费用是指企业在销售商品过程中发生的费用，包括企业销售商品过程中发生的运输费、装卸费、包装费、保险费、展览费和广告费，以及为销售本企业商品而专设的销售机构（含销售网点、售后服务网点）的职工工资福利费、类似工资性的费用等业务费用。

(一) 业务费用的组成与管理要求

1. 业务费用的界定

在市场竞争中，企业有时可能需要直接给协作单位以优惠，包括销售折扣、折让，或者返利、进场费，以调动对方的积极性，争取有利的市场机会、交易条件。有时也可能需要借助一些“中间人”的帮助，才能捕捉商机或者促成交易。这些“中间人”，泛指为促成交易而对交易双方提供信息、施加影响、代理服务等活动的单位和个人，包括以从事中介服务为职业的经纪组织及经纪劳务活动，对此，企业可能需要支付一些必要的报酬，包括佣金、回扣、手续费、劳务费、提成、业务奖励等。

(1) 佣金。这是企业在市场交易中给予为其提供服务的具有合法经营资格的中间人的劳务报酬。它既可由买方单独支付，也可由卖方单独支付，或者由双方分摊。我国禁止国家机关工作人员经商，因此，企业不能向国家机关工作人员支付佣金。企业给予佣金必须以明示的方式支付，给予和接受佣金的，都必须如实入账。手续费与佣金具有相同的性质。需要注意的是，进出口佣金，特指在国际贸易中的价格条件或合同规定应支付给中间商的推销报酬。它包括明佣、暗佣和累计佣金三种。明佣是指价格条件中规定的佣金，即在出口或进口发票上注明的佣金。暗佣是指价格条件中未作规定，出口或进口发票上只列销售货款或购进货款总额，但在购销合同中作出规定的佣金。累计佣金是指在国际贸易中同国外包销、代销客户订立协议，在一定的时期内按照其累计销售和规定的佣金率计算的佣金。一般情况下，出口商品支付佣金，进口商品取得佣金。

(2) 回扣。这是企业在销售产品、提供劳务时，为了促进销售等目的，按照合同约定给予购买方一定比例的成本返还。这种返还，是由于企业业务往来产生的，而个人只是履行岗位职责和义务，因此购买方收取的回扣应当属于企业所有，销售方应当直接向购买方支付回扣，并作为企业的支出进行管理。

(3) 提成。这是企业在销售产品、提供劳务过程中，根据合同约定，按实现的销售额的一定比例提取，并支付给对方的费用。对方可以是从事该项销售业务的企业单位或者个人。对从事该项销售业务的职工而言，这是参与企业收益分配、获取劳动报酬的一种形式。劳务费、业务奖励也具有相同的性质。

(4) 返利。这是企业为了促进销售、维系经销商的忠诚度等原因，将通过经销商实现的销售或者销售利润按照一定比例予以返还。

(5) 进场费。这是企业在销售产品、提供劳务中，为了取得利用大型商业企业的场地、人员、柜台以及信誉等资源的资格，而向该商业企业支付的费用。这种费用是一次性支付的，其是否存在以及金额大小由市场行为决定，具有资格费性质。因此，企业支付进场费后，仍需支付场地租金。

2. 销售费用的管理要求

企业开展业务发生的销售折扣、折让以及支付必要的佣金、回扣、手续费、劳务费、提成、返利、进场费、业务奖励等支出，必须以合同为依据，必须是合法的。销售折扣、折让、佣金、回扣、手续费、劳务费、提成、返利、进场费、业务奖励等的支出，必须依据相关管理制度的规定，按照企业内部授权审批制度和程序执行。同时，根据合同约定的金额和支付方式，在依法设立的账簿上按规定明确如实记载。

（二）条件及佣金、运保费的处理

1. 条件

条件又称为价格术语，是指商品交易双方各自应承担的责任、费用以及货物所有权转移界限。在国际贸易中，使用价格条件，可以简化磋商内容，缩短磋商过程，促进商品成交，节省业务费用。它以交货地方不同，分为出口国和进口国两大类、13 种，其中最为常用的有三种：一是离岸价格（F. O. B），即转运港船上交货价格；二是到岸价格（C. I. F），即成本加保险费、运费价格；三是成本加运费价格（C. F. R），即运费在内价格、离岸加运费价格。

2. 运保费的处理

企业从事进出口业务，发生的佣金、运保费与使用的价格条件密切相关。在以外汇衡量出口销售收入和进口采购成本的情况下，出口商品价格一般以离岸价格为基础，如果出口合同确定价格不是离岸价格，企业在出口商品离岸以后支付的运费、保险费、佣金，抵减出口销售收入；进口商品价格则以到岸价格为基础，如果进口合同签订的价格不是到岸价格，在商品到达目的港口以前，由企业以外汇支付的运费、保险费和佣金，也作为进口商品的进价来管理。

7.2.4 区分企业与个人的开支

企业不得承担属于个人的下列支出：娱乐、健身、旅游、招待、购物、馈赠等支出；购买商业保险、证券、股权、收藏品等支出；个人行为导致的罚款、赔偿等支出；购买住房、支付物业管理费等支出；应由个人承担的其他支出。所有者必须对公司的成本费用开支等进行控制，一方面是为了确保所有者的资本回报，另一方面也是为了限制经营者的过度在职消费等不道德行为。

从所有者的角度，公司的成本费用可以分为与个人收入有关的成本费用和与个人收入无关的成本费用，与个人收入有关的成本费用是指通过成本费用的开支会直接或间接地转化为个人收入的成本费用，与个人收入无关的成本费用是指通过成本费用的开支都不会直接或间接形成个人收入的成本费用。凡是与个人收入有关的成本费用都必须通过股东大会确定其成本费用的开支范围和标准。

7.3 职工薪酬与福利

职工薪酬，是指企业为获得职工提供的服务而必须给予各种形式的报酬以及其他支出，包括职工在职期间和离职后提供给职工的货币性薪酬和非货币性福利。企业职工支付的基本医疗、基本养老、失业、工伤等社会保险费，所需费用直接作为成本（费用）列支。

7.3.1 职工薪酬

（一）企业支付职工劳动报酬的责任

职工在法定工作时间内提供了正常劳动的前提下领取足额报酬，是职工的合法权益。根据《劳动法》的规定，企业根据本单位的生产经营特点和经济效益，依法自主确定本单位的工资分配方式和工资水平，但支付劳动者的工资不得低于当地最低工资标准。

企业应当以货币形式按月支付给劳动者本人，不得克扣和无故拖欠职工的工资。在法定休假日和婚丧假期间以及依法参加社会活动期间，企业应当依法支付工资。在遇到法定休假日的情况下，则应提前到最近的工作日内支付。

对于职工超时工作和加班的，企业应当按照以下标准支付工资：一是安排职工延长工作时间的，支付不低于工资的150%的工资；二是休息日安排职工工作又不能安排补休的，支付不低于工资的200%的工资；三是法定休假日安排职工工作的，支付不低于工资的300%的工资。

（二）职工薪酬的组成

1. 薪酬的内涵

薪酬属于职工的劳动报酬，具体分配办法包括工资制度、年薪制、股权激励、技术奖励或分成等。其中，年薪制、股权激励、技术奖励或分成对象一般适用于经营者和核心技术人员。

2. 工资制度

我国企业的工资制度，主要体现为工资总额管理。工资总额是各单位在一定时期内直接支付给本单位全部职工的劳动报酬总额，它由计时工资、计件工资、奖金、津贴和补贴、加班加点工资、特殊情况下支付的工资 6 个部分组成。

企业应当执行国家规定的工资政策。在工资总额增长幅度不超过本企业经济效益增长幅度、职工实际平均工资增长幅度不超过本企业劳动生产率增长幅度的前提下，企业可以自主决定内部工资分配办法，包括内部职工工资的分配依据、分配形式和分配标准。一般来讲，企业设计内部工资制度，应当综合考虑职工的生活费用、年资长短、能力差别、职务价值、工作成果等因素，对于现实中存在的按件计酬、按技分配、按绩取薪、按资分配、按智领赏、按利提成等分配形式，以及绩效工资、技能工资、岗位工资、结构工资等工资分配制度，企业有权根据自身情况决定采用。但是，企业高级管理人员试行年薪制、股权激励等分配制度的，必须按照规定报经批准，其中属于本级人民政府及其部门、机构出资的企业，应当将薪酬办法报主管财政机关备案。

3. 年薪制

年薪制，是指以企业的一个生产周期为单位，确定经营者的基本报酬，并视其生产经营成果，经过考核后发给风险收入的工资制度。即把经营者的报酬确定在高于职工平均工资一定幅度的水平上，并分为基本薪金和效益报酬两部分，效益报酬与其经营业绩挂钩，经审计考核之后予以兑现。

企业给职工兑现奖励，可以采取现金形式，也可以采取实物或者商业保险等形式（不含股权），实际发生的费用应当并入企业工资总额进行核算和管理。对于实行“工效挂钩”政策的企业，因实行新的自主创新激励分配制度增加的对研发人员的工资、奖金、津贴、补贴等各项支出，计入工资总额，但应当在工资总额基数之外单列。

7.3.2 社会保险和补充保险

企业应当依法为职工支付基本医疗、基本养老、失业、工伤等社会保险费，所需费用直接作为成本（费用）列支。已参加基本医疗、基本养老保险的企业，具有持续盈利能力和支付能力的，可以为职工建立补充医疗保险和补充养老保险，所需费用按照省级以上人民政府规定的比例从成本（费用）中提取。超出规定比例的部分，由职工个人负担。

（一）员工社会保险制度

根据《劳动法》规定，国家发展社会保险事业，建立社会保险制度，设立社会保险基金，使劳动者在年老、患病、工伤、失业、生育等情况下获得帮助和补偿。从 20 世纪 90 年代开始，我国逐步建立了职工基本医疗、基本养老、失业、工伤等社会保障制度，并不断完善。企业必须按照《社会保险费征缴暂行条例》和《失业保险条例》等有关规定，为职工建立各项社会保险，及时足额缴纳基本养老、基本医疗、失业、工伤等各项社会保险费。由企业承担的部分，直接作为成本（费用）列支；由职工个人缴纳的部分，企业应当从职工个人的应发工资中代为扣缴。

1. 基本医疗保险费

原则上以地级以上行政区（包括地、市、州、盟）为统筹单位，所有用人单位及其职工都要按照属地管理原则参加所在地区的统筹。基本医疗保险费由用人单位和职工共同缴纳，用人单位缴费率应控制在职工工资总额的6%左右，其中大部分用于建立统筹基金，一般按企业缴费的30%左右划入个人账户；职工缴费率一般为本人工资收入的2%，全部计入个人账户。

参加基本医疗保险后，原则上，统筹基金的起付标准控制在当地职工年平均工资的10%左右，最高支付限额控制在当地职工年平均工资的4倍左右；起付标准以下的医疗费用，从个人账户中支付或由个人自付。起付标准以上、最高支付限额以下的医疗费用，主要从统筹基金中支付，个人也要负担一定比例。具体由统筹地区确定。

2. 基本养老保险费

企业缴纳的基本养老保险费比例一般不得超过企业工资总额的20%，个人缴纳的比例从1997年不得低于本人缴费工资的4%，之后逐年提高，最终达到本人缴费工资的8%。从2006年1月1日起，个人账户的规模统一由本人缴费工资的11%调整为8%，全部由个人缴费形成，单位缴费不再划入个人账户。

在《国务院关于建立统一的企业职工基本养老保险制度的决定》（国发〔1997〕126号）实施后参加工作、缴费年限累计满15年的人员，退休后按月发给基本养老金。基本养老金由基础养老金和个人账户养老金组成。基础养老金月标准以当地上年度在岗职工月平均工资和本人指数化月平均缴费工资的平均值为基数，缴费每满1年发给1%；个人账户养老金月标准为个人账户储存额除以当地核定的计发月数。达到退休年龄但缴费年限累计不满15年的人员，不发给基础养老金，个人账户储存额一次性支付给本人，终止基本养老保险关系。

3. 失业保险费

城镇企、事业单位按照本单位工资总额的2%缴纳，职工按照本人工资的1%缴纳，农民合同制工人本人不缴纳。失业保险基金在直辖市和设区的市实行全市统筹；其他地区的统筹层次由省、自治区人民政府规定。

参加失业保险后，对于已按照规定履行缴费义务满1年的、非因本人意愿中断就业的、已办理失业登记并有求职要求的失业人员，可以领取失业保险金，同时享受其他失业保险待遇，包括领取失业保险金期间的医疗补助金，接受职业培训、职业介绍的补贴以及丧葬补助金和其供养的配偶、直系亲属的抚恤金等。失业人员在领取失业保险金期间如果重新就业，应征服兵役，移居境外，享受基本养老保险待遇，被判刑收监执行或者被劳动教养，无正当理由拒不接受当地人民政府指定的部门或者机构介绍的工作，则停止领取失业保险金，并同时停止享受其他失业保险待遇。

4. 工伤保险费

一般在直辖市和设区的市实行全市统筹，由用人单位按照行业差别费率缴纳，职工个人不缴纳。行业按照风险程度划分为三类行业，各企业的行业风险类，由统筹地区社会保险经办机构确定。各省、自治区、直辖市工伤保险费平均缴费率原则上要控制在职工工资总额的1.0%左右，其中，各统筹地区三类行业的基准费率要分别控制在企业职工工资总额的0.5%左右、1.0%左右、2.0%左右。一类行业的基准费率不实行浮动办法；二、三类行业的费率，一至三年浮动一次。费率浮动的具体办法由各统筹地区劳动保障行政部门会同财政、卫生、安全监管部门制定。

（二）补充医疗保险和补充养老保险

1. 补充医疗保险

根据《国务院关于建立城镇职工基本医疗保险制度的决定》（国发〔1998〕44号）的规定，为了不降低一些特定行业职工现有的医疗消费水平，在参加基本医疗保险的基础上，作为过渡措施，允许建立企业补充医疗保险。企业承担的补充医疗保险费规定在工资总额的4%以内。由于企业补充医疗保险属于政府倡导、企业自愿、职工受益的集体福利范畴，根据国务院决定的精神，结合现行有关规定，为了规范企业财务管理，正确处理所有者和职工的利益关系，建立“激励规范、约束有效”的企业财务机制，我们认为，企业在依法参加基本医疗保险的基础上，符合以下条件的，即可以考虑为职工建立补充医疗保险，以减轻职工的医疗负担：

（1）由于所处行业、所在地区的特点，职工医药费负担较重。

（2）近三年没有拖欠职工工资、社会保险费、税利和贷款利息。

（3）近三年年度净利润连续大于企业预计需要的补充医疗保险费用金额。

企业为职工补充医疗保险，所需费用按工资总额4%以内的比例列入成本（费用），由企业管理或者集团公司集中管理，单独建账核算，统筹用于本企业或者集团内部个人负担较重职工和退休人员的医药费补助，不得划入个人账户，也不得另行建立个人账户或者变相用于职工其他方面的开支。

企业建立的补充医疗保险方案，应当经企业职工（代表）大会或者企业工会讨论通过，并由企业投资者按国家有关规定审议批准后实施。企业应当定期向职工公开相关财务、会计信息。

2. 补充养老保险

企业补充养老保险，又称企业年金，是有条件的企业在依法参加基本养老保险的基础上，由企业及其职工按照国家有关规定，自愿建立、共同缴费、基金完全积累的补充养老保险。与企业补充医疗保险相似，企业年金也是属于政府倡导、企业自愿、职工受益的集体福利范畴。职工养老问题事关构建和谐社会的大局，需要国家、投资者（企业）和个人多方共同解决。为了正确处理国家、投资者、职工的利益关系，建立“激励规范、约束有效”的企业财务机制，深化企业收入分配制度改革，我们认为，企业为职工建立企业年金，应当经过社会中介机构审计，确认具备以下条件：

（1）企业发展战略明确，产权明晰，法人治理结构健全，内部绩效考核制度、分配约束和监督机制健全且能够有效实施。

（2）财务会计报告真实，近三年没有因虚假或不实报告问题受到刑事或行政处罚。

（3）近三年没有拖欠职工工资、社会保险费、税利和贷款利息，并完成规定的经营业绩考核目标。

（4）近三年每年盈余现金保障倍数均不小于1，且年度净利润均大于企业预计需缴纳的年金数额。

（5）决定建立企业年金的当年，企业没有以前年度未弥补亏损。

企业为职工个人缴纳的年金费用列入成本（费用），且不得超过该职工年应发工资总额的4%。超过标准的部分应当由职工个人承担。在当前我国职工收入差距很大的情况下，为了抑制社会分配不公的现象，以职工年应发工资总额作为企业缴费的基数，超过当地人均工资水平三倍以上的，按照当地人均工资水平的三倍计算；在当地人均工资水平三倍以内的，据实计算；低于当地人均工资水平的，按照当地人均工资水平计算。

设计企业年金方案，专业性、政策性比较强，企业应当聘请专门机构研究拟订，经企业职工（代表）大会或者企业工会讨论通过，由企业投资者按国家有关规定审议批准后实施。企业与职工个人缴费形成的年金基金，属于参加年金计划的职工所有，企业应当单独设账，与本企业的资产、业务严格分开核算，并委托具有相应资质的中介机构实施管理。对年金基金的相关财务、会计信息，企业应当定期向职工公开。

（三）职工福利费账户的处理

我国《企业财务通则》规定，企业不再按照工资总额14%计提职工福利费。对于2007年已经提取的职工福利费，应予冲回。在实施新财务制度的转换过程中，可区别以下情况处理：

1. 关于职工福利费余额

截至2006年12月31日账面结余的应付福利费（外商投资企业依法从净利润提取的职工福利及奖励基金除外）应当继续按照原有用途使用（包括用于基本医疗保险、补充医疗保险和补充养老保险），如果企业改组改建，则应转增资本公积；如有赤字，转入年初未分配利润，由此造成年初未分配利润出现负数的，依次以任意公积金和法定公积金弥补，仍不足弥补的，以当年及以后年度实现的净利润弥补。

2. 关于职工医药费

对个别尚未参加基本医疗保险的企业，应当建立职工医药费统筹使用管理制度。在以前结余的应付福利费使用完毕后，职工医药费可暂在职工工资总额6%比例以内，据实从成本（费用）中列支；因职工治疗重大疾病或者实施器官移植等重大手术，导致职工医药费突破规定比例的部分，可再在职工工资总额4%的比例以内，据实从成本（费用）中列支。

3. 关于职工集体福利设施支出

少数尚未实行分离办社会职能或者主辅分离、辅业改制的企业，其内设的职工食堂、医务室、托儿所等集体福利机构所需支出，应当严格按照企业内部授权审批制度执行。在以前结余的应付福利费使用完毕后，原在应付福利费列支的相关支出，属于福利机构人员工资性质的，直接列作成本（费用）；其他区别资本性和收益性支出分别处理。

4. 关于其他福利费支出

在以前结余的应付福利费使用完毕后，企业原在应付福利费列支的丧葬补助费、抚恤费、职工交通费补贴、独生子女费、职工食堂补贴、职工误餐补贴、职工困难补助、探亲假路费、职工供养直系亲属医疗补贴及救济费、离休人员的医疗费及节日慰问费、离退休人员统筹项目外费用等其他支出，应当制定内部管理办法，按照内部授权制度审批后，在成本（费用）中据实列支。但企业工会活动所需支出，仍由工会在企业拨缴的工会经费中解决。

7.3.3 其他福利

（一）住房经费

1. 住房公积金制度

住房公积金是各单位及其在职职工缴存的长期住房储金。根据《住房公积金管理条例》的规定，它由职工和企业分别按不低于职工上一年度月平均工资的5%缴存；有条件的城市可以适当提高缴存比例。企业为本企业职工缴存的住房公积金，从企业成本（费用）列支；职工个人缴存的住房公积金，由企业每月从其工资中代扣代缴，不得由企业负担。

缴存住房公积金的本企业职工，包括人事关系和工资关系均在本企业的固定职工、劳动合同制职工。企业和职工缴存的住房公积金属于职工个人所有，按照住房公积金管理委员会决策、住房公积金管理中心运作、银行专户存储、财政监督的原则进行管理，按规定用于职工购买、建造、翻建、大修自住住房等，任何单位和个人不得挪作他用。

2. 住房货币化分配财务制度

根据《国务院关于进一步深化城镇住房制度改革加快住房建设的通知》（国发〔1998〕23号），我国从1998年下半年开始，停止住房实物分配，逐步实行住房分配货币化。为此，财政部先后下发了《关于企业住房制度改革中有关财务处理问题的通知》（财企〔2000〕295号）及其补充通知（财企〔2000〕878号），对企业实行住房分配货币化改革有关财务问题作出了系统的规定。

（1）关于现有公房出售盈亏。企业现有公房按核定的房改价格向职工出售，发生的销售盈亏通过固定资产清理账户，转作营业外收入或者营业外支出处理。

（2）关于老职工住房补贴。1998年12月31日以前参加工作的老职工，无房或者住房未达标的，按照核定的标准发给一次性住房补贴资金，并调整年初未分配利润，由此造成年初未分配利润的负数，依次以任意盈余公积、法定盈余公积、资本公积以及以后年度实现的净利润弥补。应发未发的住房补贴资金作为代管资金，按当地政府有关住房制度改革的规定单独管理。

（3）关于货币化住房补贴。按照国家住房制度改革政策设计的主导思想，是双职工工作25年能够购买当地60平方米的经济适用房，按照这种原则确定住房补贴标准，随工资按月发放。因此，企业按规定逐月发放的住房补贴，随职工工资计入企业成本（费用），但不得作为职工福利费、工会经费、职工教育费的计提依据，也不作为计算缴纳住房公积金的基础。对未购买公房的困难职工，企业在其规定标准以内给予提供的住房提租补贴和住房困难补助，在企业成本（费用）中列支。

（4）关于住房物业管理费和取暖费。由于物业管理费属于固定资产管理费性质，谁拥有固定资产谁付费。因此，职工已经购买的住房，所需物业管理费应当由职工承担；职工未购买的住房，其物业管理费由企业承担。北方地区的冬季取暖费，原则上由业主负担。但因具有地区补贴性质，在未实行市场化改革之前，企业所在地县级以上人民政府规定给予适当补助的，企业可按规定执行，所需取暖费补助计入企业管理费用。对于已经实行职工收入分配市场化的，按照劳动合同支付的薪酬是综合性的，企业应当不再另行计发取暖费。

(5) 关于公共维修基金。已出售住房的共用设备、公共设施维修基金，属于业主所有，由业主委员会管理；尚未成立业主委员会的，也可暂由原产权单位代为管理；已有相应的物业管理机构的，业主委员会或原产权单位应当转由物业管理机构代为管理，并有权进行监督。企业出售住房以后，有关住房管理、维修业务应与企业生产经营业务分离，相关财务移交独立的物业管理机构管理。

（二）职工教育经费

职工教育经费是指企业为职工学习先进技术和提高文化水平而支付的费用。一般企业按照职工工资总额的1.5%从成本（费用）中提取职工教育经费，作为负债管理。从业人员技术素质要求高、培训任务重、经济效益较好的企业可按2.5%提取。

职工教育经费具体列支范围包括：上岗和转岗培训，各类岗位适应性培训，岗位培训、职业技术等级培训、高技能人才培训，专业技术人员继续教育，特种作业人员培训，企业组织的职工外送培训的经费支出，职工参加的职业技能鉴定、职业资格认证等经费支出，购置教学设备与设施，职工岗位自学成才奖励费用，职工教育培训管理费用，有关职工教育的其他开支。

经单位批准参加继续教育以及政府有关部门集中举办的专业技术、岗位培训、职业技术等级培训、高技能人才培训所需经费，可从职工教育经费中列支。

企业职工参加社会上的学历教育以及个人为取得学位而参加的在职教育，所需费用应由个人承担。企业高层管理人员的境外培训和考察，其一次性单项支出较高的费用应从其他管理费用中支出。矿山和建筑企业等聘用外来农民工较多的企业，以及在城市化进程中接受农村转移劳动力较多的企业，对农民工和农村转移劳动力培训所需的费用，可从职工教育经费中支出。

（三）工会经费

工会经费主要用于为职工服务和工会活动。建立工会组织的企业，按月从职工工资总额中抽取2%向工会拨缴经费，并在成本中列支。

7.4 标准成本

7.4.1 标准成本

1. 标准成本的含义

标准成本，是指运用技术测定等方法制定的，在有效的经营条件下应该实现的成本，是根据产品的耗费标准和耗费的标准价格预先计算的产品成本。

标准成本控制，是成本控制中应用最为广泛和最为有效的一种成本控制的方法，也称为标准成本制度、标准成本会计或标准成本法。它是以标准成本为基础，把实际发生的成本与标准成本进行对比，揭示成本差异形成的原因和责任，采取相应措施，实现对成本的有效控制。其中，标准成本的制定与成本的事先控制相联系，成本差异分析、确定责任归属、采取措施改进工作则与成本的事中和事后控制相联系。

2. 标准成本的制定

一般情况下，在制定标准成本时，企业可以根据自身的技术条件和经营水平，在以下三种不同的原则中进行选择：一是理想标准成本，它是指现有条件下所能达到的最优的成本水平，即在资源无浪费、设备无故障、产品无废品、工时全有效的假设条件下而制定的成本标准；二是以历史平均成本作为标准成本，它是指过去较长时间内所达到的成本的实际成本；三是正常标准成本，是指在正常情况下企业经过努力可以达到的成本标准，这一标准考虑了生产过程中不可避免的损失、故障和偏差。通常，正常标准成本大于理想标准成本，但小于历史平均成本。正常标准成本具有客观性、现实性、激励性和稳定性等特点，因此被广泛地运用于下列具体的标准成本的制定过程中：

（1）直接材料标准成本的制定。

某单位产品耗用的直接材料的标准成本是由材料的价格标准和用量标准两项标准确定的。

材料的价格标准通常采用企业编制的计划价格，企业在制定计划价格时，通常是以订货合同的价格为基础，并考虑到将来各种变动情况按各种材料分别计算的。

材料的用量标准是指单位产品耗用原料及主要材料的数量的多少，通常也称为材料消耗定额。材料用量标准应根据企业产品的设计、生产和工艺的现状，结合企业的经营管理水平和成本降价任务的要求，考虑材料在使用过程中发生的必要损耗，并按照产品的零部件来制定各种原料及主要材料的消耗定额。

因此，直接材料标准成本可用下列公式计算：

单位产品耗用的第 i 种材料的标准成本 = 材料 i 的价格标准 × 材料 i 的用量标准

单位产品直接材料的标准成本 = $\sum$［材料 i 的价格标准 × 材料 i 的用量标准］

【例 7－2】南岗公司甲产品耗用 A、B、C 三种直接材料，其直接材料标准成本的计算如表 7－2 所示。

表 7－2　甲产品直接材料标准成本

标准	材料 A	材料 B	材料 C
用量标准（1）	3 千克	6 千克	9 千克
价格标准（2）	45 元	15 元	30 元
成本标准 （3）＝（1）×（2）	135 元	90 元	270 元
单位产品直接材料标准成本 （4）＝∑（3）	495 元		

（2）直接人工标准成本的制定。

直接人工成本是由直接人工价格和直接人工用量两项标准决定的。

直接人工的价格标准就是标准工资率，通常由劳动部门根据用工情况制定，当采用计时工资时，标准工资率就是单位工时标准工资率，它是由标准工资总额与标准总工时的商来计算的。公式如下：

$$标准工资率=\frac{标准工资总额}{标准总工时}$$

人工用量标准，就是工时用量标准，也称工时消耗额。它是指企业在现有的生产技术条件、工艺方法和技术水平的基础上，考虑到提高劳动生产率的要求，采用一定的方法，按照产品生产加工所经过的程序，确定的单位产品所需耗用的生理上的时间，以及机器设备的停工清理时间，使制定的工时消耗定额既合理又先进，从而达到成本控制的目的。

因此，直接人工的标准成本可按照下面的公式来计算：

$$单位产品直接人工标准成本=标准工资率\times工时用量标准$$

当采用计件工资时，标准工资率就是单位产品的标准计件工资单价，所以直接人工标准成本就是单位产品标准计件工资单价。

【例7－3】以【例7－2】中的南岗公司为例，甲产品直接人工标准成本的计算如表 7－3 所示。

表 7－3　甲产品直接人工标准成本

项目	标准
月标准总工时（1）	15 600 小时
月标准总工资（2）	168 480 元
标准工资率（3）＝（2）÷（1）	10.8 元/小时
单位产品工时用量标准（4）	1.5 小时
直接人工标准成本（5）＝（4）×（3）	16.20 元

3. 制造费用标准成本的制定

制造费用的标准成本是由制造费用价格标准和制造费用用量标准两项因素决定的。

制造费用价格标准，也就是制造费用的分配率标准。其计算公式为：

$$制造费用分配率标准 = \frac{标准制造费用总额}{标准总工时}$$

制造费用的用量标准，就是工时用量标准，其含义与直接人工用量标准相同。

$$制造费用标准成本 = 工时用量标准 \times 制造费用分配率标准$$

成本按照其性态，分为变动成本和固定成本。前者随着产量的变动而变动；后者相对固定，不随产量的变动而变动。所以，制定制造费用标准时，也应分别制定变动制造费用的成本标准和固定制造费用的成本标准。

【例7－4】以【例7－3】中的南岗公司为例，甲产品制造费用的标准成本的计算如表7－4所示。

表7－4　甲产品制造费用标准成本

项目	标准
月标准总工时（1）	15 600 小时
标准变动制造费用总额（2）	56 160 元
标准变动制造费用分配率（3）＝（2）÷（1）	3.6 元/小时
单位产品工时标准（4）	1.5 小时
变动制造费用标准成本（5）＝（4）×（3）	5.4 元
标准固定制造费用总额（6）	187 200 元
标准固定制造费用分配率（7）＝（6）÷（1）	12 元/小时
固定制造费用标准成本（8）＝（4）×（7）	18 元
单位产品制造费用标准成本（9）＝（5）＋（8）	23.4 元

4. 单位产品标准成本卡

制定了上述各项内容的标准成本后，企业通常要为每一产品设置一张标准成本卡，并在该卡中分别列明各项成本的用量标准与价格标准，通过直接汇总的方法来求得单位产品的标准成本。

【例7－5】根据上面【例7－2】、【例7－3】和【例7－4】中的各种有关资料，列示出甲产品标准成本卡如表7－5所示。

表 7－5 甲产品标准成本卡

成本项目		用量标准	价格标准	单位标准成本
直接材料	A	3 千克	45 元	135 元
	B	6 千克	15 元	90 元
	C	9 千克	30 元	270 元
	小计	…	…	495 元
直接人工		1.5 小时	10.80 元	16.2 元
变动制造费用		1.5 小时	3.60 元	5.4 元
固定制造费用		1.5 小时	12 元	18 元
甲产品单位标准成本				534.60 元

5. 成本差异的含义和类型

（1）成本差异的含义。

在标准成本制度下，成本差异是指一定时期生产一定数量的产品所发生的实际成本与相关的标准成本之间的差额。

（2）成本差异的类型。

成本差异按照不同标志分为以下类型：

①用量差异与价格差异。用量差异是反映由于直接材料、直接人工和变动性制造费用等要素实际用量消耗与标准用量消耗不一致而产生的成本差异。其计算公式如下：

用量差异＝标准价格×（实际产量下的实际用量－实际产量下的标准用量）

注意：此处的标准用量是总量概念，与标准成本制定过程中使用的“用量标准”不同，后者是单位产品的用量标准，是单位概念。

价格差异是反映由于直接材料、直接人工和变动性制造费用等要素实际价格水平与标准价格不一致而产生的成本差异。其计算公式为：

价格差异＝（实际价格－标准价格）×实际产量下的实际用量

其中的“标准价格”与标准成本制定过程中使用的“价格标准”相同，都属于单位概念。

②纯差异与混合差异。从理论上讲，任何一类差异在计算时都需要假定某个因素变动时其他因素固定在一定基础上不变。把其他因素固定在标准的基础上，所算出的差异就是纯差异。与纯差异相对立的差异就是混合差异。混合差异又称联合差异，是指总差异扣除所有的纯差异后的剩余差异。

③有利差异与不利差异。成本差异按其数量特征可分为有利差异与不利差异。有利差异是指因实际成本低于标准成本而形成的节约差。不利差异是指因

实际成本高于标准成本而形成的超支差。但有利与不利是相对的，并不是有利差异越大越好。不能为了盲目追求成本的有利差异，而不惜以牺牲质量为代价。

④可控差异与不可控差异。可控差异是指与主观努力程度相联系而形成的差异，又叫主观差异，它是控制的重点所在。不可控差异是指与主观努力程度关系不大，主要受客观原因影响而形成的差异，又称客观差异。

6. 成本差异的计算和分析

在标准成本制度下，成本差异计算与分析是现实成本反馈控制的主要手段。凡实际成本大于标准成本或预算成本的称为超支差异；凡实际成本小于标准成本或预算成本的称为节约差异。

（1）直接材料成本差异的计算分析。

直接材料成本差异是指实际产量下直接材料实际总成本与实际产量下标准总成本之间的差额。它可以分解为直接材料用量差异和直接材料价格差异两部分。有关计算公式如下：

直接材料成本差异＝实际产量下的实际成本－实际产量下的标准成本
＝实际用量×实际价格－标准用量×标准价格
＝(实际用量－标准用量)×标准价格＋(实际价格－标准价格)×实际用量
＝直接材料用量差异＋直接材料价格差异

① 直接材料用量差异。直接材料用量差异是指由于材料实际用量与标准用量的不同而导致的差异。其计算公式如下：

直接材料用量差异＝(实际产量下实际用量－实际产量下标准用量)×标准价格

直接材料用量差异的形成原因是多方面的，有生产部门原因，也有非生产部门的原因；人工用量的责任心强弱、人工技术状况、废品率的高低、设备工艺状况、材料质量状况、材料规格的适应程度等都会导致材料用量的差异。材料用量差异的责任需要通过具体分析才能确定，但主要责任往往应由生产部门承担。

② 直接材料价格差异。直接材料价格差异是指实际产量下，由于材料的实际价格与标准价格的不同而导致的差异。其计算公式如下：

直接材料价格差异＝(实际价格－标准价格)×实际产量下实际用量

直接材料价格差异的形成受主客观的影响，较为复杂，如市场价格的变动、供货厂商变动、运输方式的变动、采购批量的变动等，都可以导致材料的价格差异。但由于它与采购部门的关系更为密切，所以其主要责任部门是采购部门。

【例7－6】假定【例7－5】中企业本月投产甲产品8 000件，领用A种材料32 000千克，其实际价格为每千克40元。根据该产品标准成本卡所列，该产品A材料的用量标准为3千克，标准价格为45元。则其直接材料成本差异计算如下：

直接材料实际成本＝32 000×40＝1 280 000（元）

直接材料标准成本＝8 000×3×45＝1 080 000（元）

直接材料成本差异＝1 280 000－1 080 000＝200 000（元）

其中：材料用量差异＝（32 000－8 000×3）×45＝360 000（元）

材料价格差异＝（40－45）×32 000＝－160 000（元）

通过以上计算，可以看出，甲产品本月耗用A材料发生200 000元超支差异。由于生产部门耗用材料超过标准，导致超支360 000元，应该查明材料用量超标的具体原因，以便改进工作，节约材料耗费。从材料价格而言，由于材料价格降低节约了160 000元，从而抵消了一部分由于材料超标耗用而形成的成本超支。这是材料采购部门的工作成绩，也应查明原因，以便巩固和发扬成绩。

（2）直接人工成本差异的计算和分析。

直接人工成本差异是指在实际产量下，直接人工实际成本与标准成本之间的差异，可分解为直接人工效率差异和工资率差异。计算公式如下：

直接人工成本差异＝实际产量下的实际成本－实际产量下的标准成本

＝实际工时×实际工资率－标准工时×标准工资率

＝（实际工时－标准工时）×标准工资率＋（实际工资率－标准工资率）×实际工时

＝直接人工效率差异＋直接人工工资率差异

① 直接人工效率差异。直接人工效率差异即直接人工的用量差异，由于在既定产量下的人工用量多少，反映着效率的高低。所以，直接人工效率差异的计算公式为：

直接人工效率差异＝（实际产量下实际人工工时－实际产量下标准人工工时）×标准工资率

直接人工效率差异的形成原因是多方面的，工人技术状况、工作环境和设备条件的好坏等，都会影响效率的高低，但其主要责任部门还是在生产部门。

② 直接人工工资率差异。工资率差异即直接人工的价格差异。人工的价格表现为小时工资率，其计算公式为：

工资率差异＝（实际工资率－标准工资率）×实际产量下实际人工工时

工资率差异的形成原因也是比较复杂的，工资制度的变动、工人的升降级、加班或临时工的增减等，都将导致工资率差异。一般而言，这种差异的责任不在生产部门，劳动人事部门更应对其承担责任。

【例7－7】假定【例7－6】中企业本月甲产品实际生产8 000件，用工10 000小时，实际应付直接人工工资110 000元。根据甲产品标准成本卡所列，该产品工时标准为1.5小时，标准工资率为10.80元，工资标准为16.20元。其直接人工成本差异计算如下：

直接人工成本差异＝110 000－8 000×16.20＝－19 600（元）

其中：直接人工效率差异＝（10 000－8 000×1.5）×10.80＝－21 600（元）

直接人工工资率差异＝（110 000÷10 000－10.80）×10 000＝2 000（元）

通过以上计算可以看出，该产品的直接人工成本总体上节约19 600元。其中人工效率差异节约21 600元，但工资率差异超支2 000元。工资率超过标准，可能是为了提高产品质量，调用了一部分技术等级和工资级别较高的工人，使小时工资率增加了0.20（即1 100÷100－10.80）元。但也因此在提高产品质量的同时，提高了效率，使工时的耗用由标准的12 000（即8 000×1.5）小时降为10 000小时，节约工时2 000小时，从而导致了最终的成本节约。可见，生产部门在生产组织上的成绩是应当肯定的。

（3）变动制造费用成本差异的计算和分析。

变动制造费用成本差异是指实际产量下实际发生的变动制造费用与实际产量下的标准变动制造费用的差异，可以分解为效率差异和耗费差异两部分。其计算公式为：

变动制造费用成本差异＝实际产量下实际变动制造费用－实际产量下标准变动制造费用
＝实际工时×变动制造费用实际分配率－标准工时×变动制造费用标准分配率
＝（实际工时－标准工时）×标准分配率＋（实际分配率－标准分配率）×实际工时
＝变动制造费用耗用差异＋变动制造费用效率差异

① 效率差异。变动制造费用效率差异即变动制造费用的用量差异，它是因实际耗用工时脱离标准而导致的成本差异。其计算公式为：

变动制造费用效率差异＝（实际产量下实际工时－实际产量下标准工时）×变动制造费用标准分配率

式中的工时既可以是人工工时，也可以是机器工时，这取决于变动制造费用的分配方法。式中的标准工时是指实际产量下的标准总工时。

变动制造费用效率差异的形成原因与直接人工效率差异的形成原因基本相同。

② 耗费差异。变动制造费用耗费差异即变动制造费用的价格差异，它是因变动制造费用或工时的实际耗费脱离标准而导致的成本差异，也称变动制造费用分配率差异。其计算公式为：

直接人工成本差异 = 实际产量下的实际成本 − 实际产量下的标准成本
= 实际工时 × 实际工资率 − 标准工时 × 标准工资率
=（实际工时 − 标准工时）× 标准工资率 +（实际工资率 − 标准工资率）× 实际工时
= 直接人工效率差异 + 直接人工工资率差异

【例7－8】假定【例7－7】中企业本月甲产品实际发生变动制造费用40 000元。根据甲产品标准成本卡所列，其工时标准为1.5小时，标准费用分配率为3.60元/小时。其变动制造费用成本差异计算如下：

变动制造费用成本差异 = 40 000 − 8 000 × 1.5 × 3.60 = −3 200（元）

其中：变动制造费用效率差异 =（10 000 − 8 000 × 1.5）× 3.60
= −7 200（元）

变动制造费用耗费差异 =（40 000 ÷ 10 000 − 3.60）× 10 000
= 4 000（元）

通过以上计算可以看出，甲产品制造费用节约3 200元，这是由于提高效率，工时由12 000（即8 000 × 1.5）小时降为10 000小时的结果。由于费用分配率由3.60提高为4（即40 000 ÷ 10 000）元，使变动制造费用发生超支，从而抵消了一部分变动制造费用的节约额。应该查明费用率提高的具体原因。

（4）固定制造费用成本差异的计算和分析。

固定制造费用成本差异是指实际产量下固定制造费用与实际产量下标准固定制造费用的差异。其计算公式为：

固定制造费用成本差异 = 实际产量下实际固定制造费用 − 实际产量下标准固定制造费用
= 实际分配率 × 实际工时 − 标准分配率 × 实际产量下标准工时

其中：标准分配率 = 固定制造费用预算总额 ÷ 预算产量下标准总工时

式中的成本差异是在实际产量的基础上算出来的。由于固定制造费用相对固定，一般不受产量的影响，因此，产量变动会对单位产品所分配的固定制造费用产生影响，所以，实际产量与预算产量的差异会对单位产品所承担的固定制造费用产生影响。这样一来，固定制造费用成本差异的分析方法与其他费用成本差异的分析方法有所区别，通常分为两差异分析法和三差异分析法。

① 两差异分析法。两差异分析法是将总差异分解为耗费差异和能量差异两部分，它们的计算公式分别为：

耗费差异 = 实际产量下实际固定制造费用 - 预算产量下实际固定制造费用
= 实际固定制造费用 - 预算产量 × 工时标准 × 标准分配率
= 实际固定制造费用 - 预算产量下标准工时 × 标准分配率

能量差异 = 预算产量下标准固定制造费用 - 实际产量下标准固定制造费用
=（预算产量下的标准工时 - 实际产量下的标准工时）× 标准分配率

【例 7-9】假定【例 7-8】中企业甲产品预算产量为 10 400 件，实际固定制造费为 190 000 元。根据甲产品标准成本卡所列，工时标准为 1.5 小时，固定制造费用标准分配率为 12 元，其固定制造费用的成本差异计算如下：

固定制造费用的成本差异 = 190 000 - 8 000 × 1.5 × 12 = 46 000（元）

其中：耗费差异 = 190 000 - 10 400 × 1.5 × 12 = 2 800（元）

能量差异 =（10 400 × 1.5 - 8 000 × 1.5）× 12 = 43 200（元）

通过以上分析，可以看出，该企业甲产品固定制造费用超支 46 000 元，主要是由于生产能力利用不足，实际产量小于预算产量所致。

②三差异分析法。三差异分析法将固定性制造费用成本差异分解为耗费差异、能力差异（又称产量差异）和效率差异三种，其中耗费差异现两差异法中的耗费差异概念和计算都相同，三差异法与两差异法的不同只在于它将进一步将两差异法中的能量差异分解为产量差异和效率差异。相关的计算公式分别是：

耗费差异 = 实际产量下实际固定制造费用 - 预算产量下实际固定制造费用
= 实际固定制造费用 - 预算产量 × 工时标准 × 标准分配率
= 实际固定制造费用 - 预算产量下标准工时 × 标准分配率

产量差异 =（预算产量下的标准工时 - 实际产量下的实际工时）× 标准分配率

效率差异 =（实际产量下的实际工时 - 实际产量下的标准工时）× 标准分配率

【例 7-10】根据【例 7-9】中企业甲产品的有关数据，计算固定制造费用的成本差异如下：

固定制造费用的成本差异 = 190 000 - 8 000 × 1.5 × 12 = 46 000（元）

其中：耗费差异 = 190 000 - 10 400 × 1.5 × 12 = 2 800（元）

产量差异＝（10 400×1.5－10 000）×12＝67 200（元）

效率差异＝（10 000－8 000×1.5）×12＝－24 000（元）

采用三差异法，能够更好地说明生产能力利用程度和生产效率高低所导致的成本差异情况，便于分清责任。

【例7－11】中门公司适用标准成本控制成本，甲产品每月的正常生产量为2 000件，每件产品直接材料的标准用量是0.6千克，每千克的标准价格为100元；每件产品标准耗用工时3小时，每小时标准工资率为10元；制造费用预算总额为18 000元，其中变动制造费用6 000元，固定制造费用12 000元。

本月实际生产了1 875件甲产品，实际材料价格为105元/千克，全月实际领用1 200千克；本月实际耗用总工时6 000小时，每小时支付的平均工资为9.8元；制造费用实际发生额为18 900元（其中变动制造费用为6 900元，固定制造费用为12 000元）。

要求：

（1）编制甲产品标准成本卡；

（2）计算和分解直接材料、直接人工、制造费用的成本差异。

解：（1）编制甲产品的标准成本卡如表7－6所示。

表7－6　甲产品标准成本卡　　金额单位：元

项目	用量标准	价格标准	单位标准成本
直接材料	0.6	100	60
直接人工	3	10	30
变动制造费用	3	1［6 000÷（3×2 000）］	3
固定制造费用	3	2［12 000÷（3×2 000）］	6
单位标准成本			99

（2）计算成本差异。

① 首先列示实际单位成本（表7－7）。

表7－7　甲产品的实际单位成本　　金额单位：元

项目	实际用量	实际价格	实际单位成本
直接材料	0.64（1 200÷1 875）	105	67.2
直接人工	3.2（6 000÷1 875）	9.8	31.36
变动制造费用	3.2	1.15（6 900÷6 000）	3.68
固定制造费用	3.2	2（12 000÷6 000）	6.4
单位成本			108.64

② 直接材料成本差异 = 67.2 × 1 875 − 60 × 1 875 = 13 500（元）

其中：用量差异 = （1 200 − 1 875 × 0.6） × 100 = 7 500（元）

价格差异 = （105 − 100） × 1 200 = 6 000（元）

③ 直接人工成本差异 = 31.36 × 1 875 − 30 × 1 875 = 2 550（元）

其中：效率差异 = （6 000 − 3 × 1 875） × 10 = 3 750（元）

工资率差异 = （9.8 − 10） × 6 000 = −1 200（元）

④ 变动制造费用成本差异 = 6 900 − 3 × 1 875 = 1 275（元）

其中：效率差异 = （6 000 − 1 875 × 3） × 1 = 375（元）

耗费差异 = （1.15 − 1） × 6 000 = 900（元）

⑤ 固定制造费用成本差异 = 12 000 − 6 × 1 875 = 750（元）

其中：耗费差异 = 12 000 − 6 × 2 000 = 0

产量差异 = （2 000 × 3 − 6 000） × 2 = 0

效率差异 = （6 000 − 1 875 × 3） × 2 = 750（元）

关键概念

成本　成本控制　组织系统　信息系统　成本预算　质量成本　成本定额管理　成本的全员管理　使用寿命周期成本　作业成本　费用归口管理　研发费用　销售费用　价格术语　职工薪酬　住房公积金　标准成本　耗费差异　能力差异（又称产量差异）　效率差异　直接材料成本差异　变动制造费用成本差异　固定制造费用成本差异

主要公式

1. 单位产品耗用的第 i 种材料的标准成本 = 材料 i 的价格标准 × 材料 i 的用量标准

单位产品直接材料的标准成本 = Σ［材料 i 的价格标准 × 材料 i 的用量标准］

2. $标准工资率 = \frac{标准工资总额}{标准总工时}$

3. 单位产品直接人工标准成本 = 标准工资率 × 工时用量标准

4. 制造费用分配率标准 = $\frac{标准制造费用总额}{标准总工时}$

5. 用量差异 = 标准价格 ×（实际产量下的实际用量 − 实际产量下的标准用量）

6. 价格差异 =（实际价格 − 标准价格）× 实际产量下的实际用量

7. 直接材料成本差异 = 实际产量下的实际成本 − 实际产量下的标准成本
= 实际用量 × 实际价格 − 标准用量 × 标准价格
=（实际用量 − 标准用量）× 标准价格 +（实际价格 − 标准价格）× 实际用量
= 直接材料用量差异 + 直接材料价格差异

8. 直接材料用量差异 =（实际产量下实际用量 − 实际产量下标准用量）× 标准价格

9. 直接材料价格差异 =（实际价格 − 标准价格）× 实际产量下实际用量

10. 直接人工成本差异 = 实际产量下的实际成本 − 实际产量下的标准成本
= 实际工时 × 实际工资率 − 标准工时 × 标准工资率
=（实际工时 − 标准工时）× 标准工资率 +（实际工资率 − 标准工资率）× 实际工时
= 直接人工效率差异 + 直接人工工资率差异

11. 直接人工效率差异 =（实际产量下实际人工工时 − 实际产量下标准人工工时）× 标准工资率

12. 工资率差异 =（实际工资率 − 标准工资率）× 实际产量下实际人工工时

13. 变动制造费用成本差异 = 实际产量下实际变动制造费用 − 实际产量下标准变动制造费用
= 实际工时 × 变动制造费用实际分配率 − 标准工时 × 变动制造费用标准分配率
=（实际工时 − 标准工时）× 标准分配率 +（实际分配率 − 标准分配率）× 实际工时
= 变动制造费用耗用差异 + 变动制造费用效率差异

14. 变动制造费用效率差异 =（实际产量下实际工时 − 实际产量下标准工时）×变动制造费用标准分配率

15. 变动制造费用耗费差异 =（变动制造费用实际分配率 − 变动制造费用标准分配率）×实际产量下实际工时

16. 固定制造费用成本差异 = 实际产量下实际固定制造费用 − 实际产量下标准固定制造费用
= 实际分配率 × 实际工时 − 标准分配率 × 实际产量下标准工时

其中：标准分配率 = 固定制造费用预算总额 ÷ 预算产量下标准总工时

17. 两差异分析法耗费差异 = 实际产量下实际固定制造费用 − 预算产量下实际固定制造费用
= 实际固定制造费用 − 预算产量 × 工时标准 × 标准分配率
= 实际固定制造费用 − 预算产量下标准工时 × 标准分配率

18. 两差异分析法能量差异 = 预算产量下标准固定制造费用 − 实际产量下标准固定制造费用
=（预算产量下的标准工时 − 实际产量下的标准工时）×标准分配率

19. 三差异分析法耗费差异 = 实际产量下实际固定制造费用 − 预算产量下实际固定制造费用
= 实际固定制造费用 − 预算产量 × 工时标准 × 标准分配率
= 实际固定制造费用 − 预算产量下标准工时 × 标准分配率

20. 三差异分析法产量差异 =（预算产量下的标准工时 − 实际产量下的实际工时）×标准分配率

21. 三差异分析法效率差异 =（实际产量下的实际工时 − 实际产量下的标准工时）×标准分配率

思考题

1. 简述成本控制的内涵。

2. 成本控制的方法有哪几种？

3. 费用管理的内容是什么？

4. 简述标准成本的内容。

计算题

1. 南岗公司生产 A 产品，其标准成本资料如下：

直接材料	(50 千克 ×0.2 元/千克)	10 元
直接人工	(3 小时 ×6 元/小时)	18 元
制造费用		
变动部分	(3 小时 ×3 元/小时)	9 元
固定部分	(3 小时 ×1 元/小时)	3 元
单位产品标准成本		40 元/件

制造费用预算：全月固定性制造费用 1 000 元，变动性制造费用 3 000 元，按正常开工 1 000 直接人工小时分配：

固定性制造费用分配率 = 1 000 元 ÷ 1 000 小时 = 1 元/小时

变动性制造费用分配率 = 3 000 元 ÷ 1 000 小时 = 3 元/小时

本月该企业投产 A 产品 500 件。其中：完工入库 450 件；50 件已投料，但尚未开始加工。本月出售 A 产品 400 件，月初无半成品和产成品存货。A 产品售价为 60 元/件。该企业实际发生的各项经济业务如下：

购进材料 25 000 千克，单价 0.24 元/千克，共计 6 000 元。耗用材料 24 000千克。实际耗用的直接人工 1 200 小时，支付人工成本 6 600 元。实际发生的制造费用中，变动部分为 2 880 元，固定部分为 1 050 元。

要求：根据上述资料进行各项有关成本差异的分析。

第八章　资本结构优化

资本结构是指企业全部资本中各种资本的构成及其比例关系，它是企业筹资活动的结果。企业资本结构是否合理，对企业的资本成本和杠杆利益有决定性影响，从而对企业经济效益产生重大影响。因此，优化资本结构是企业筹资管理的核心问题。在本章中，将首先分别阐述资本成本和杠杆利益这两项资本结构决策的基本依据或标准，然后讨论优化资本结构的基本原理和方法。

学习目标：

●了解资本成本和杠杆的概念；

●掌握优化资本结构的基本原理和方法。

8.1　资本成本

8.1.1　资本成本的概念和意义

所谓资本成本，即企业为了取得使用资本而付出的代价，包括资本筹集费和资本使用费两部分。资本筹集费是指在资本筹集过程中支付的各项费用，如发行股票或债券支付的印刷费、发行手续费、律师费、资信评估费、公证费、担保费和广告费等。资本使用费是企业经常发生的，比如利息，股利等，而资本筹集费通常在企业筹集资金时一次性发生，因此在计算资本成本时可作为筹集金额的一项扣除。

为了便于分析比较，资本成本通常以相对数表示，因而也称资本成本率。资本成本率是企业资本使用费与实际筹集资金的比率，用公式表示如下：

$$K=\frac{D}{P-F}\text{ 或 }K=\frac{D}{P\ (1-f)}$$

式中，K 为资本成本率；F 为资本筹集费；D 为资本使用费；f 为筹资费率；P 为筹资金额。

资本成本是财务管理中一个重要的财务概念，对于比较筹资方式、选择筹资方案、评价投资项目和衡量经营业绩等都有重要意义。

（1）资本成本是比较筹资方式、选择筹资方案的依据，也是评价企业资本结构是否合理的基本标准。在实际工作中，个别资本成本是比较各种筹资方式优劣的尺度，综合资本成本是选择筹资组合方案的依据，边际资本成本是比较追加筹资方案的依据。

（2）资本成本是评价投资项目、比较投资方案和追加投资决策的标准。一个投资项目，投资报酬率必须高于资本成本率，经济上才是可行的，否则，该投资项目就会无利可图，甚至亏本。因此可以将资本成本率视为最低报酬率，作为投资项目的取舍标准。在项目可行性分析中，可将资本成本率作为贴现率来计算投资方案的现金流量现值、净现值和现值系数。

（3）资本成本是衡量企业经营业绩的基准。如果企业经营的利润率高于资本成本率，说明企业经营良好；反之，应当认为企业经营不善，必须改进。

8.1.2 个别资本成本

个别资本成本是指各种长期资金的成本。其中，长期借款、债券的资金成本称为债务成本；优先股、普通股、留用利润的资本成本，称为权益成本。

（一）债务成本

债务成本的特点是利息允许在所得税前列支，因此，债务利息可以起到抵税的作用。债务利息引起的企业的实际负担为：

$$利息-利息\times所得税率=利息\times（1-所得税率）$$

1. 长期借款成本

长期借款成本是指借款利息和筹资费用，计算长期借款成本的公式为：

$$K_L=\frac{I_L\ (1\quad T)}{L\ (1-F_L)}$$

式中，K_L 为长期借款成本；I_L 为长期借款年利息；T 为所得税率；L 为长期借款筹资额（借款本金）；F_L 为长期借款筹资费用。

上述公式也可改写为以下形式：

$$K_L=\frac{R_L\ (1-T)}{1-F_L}$$

式中，R_L 为长期借款的利率。

在长期借款附加补偿性余额的情况下，长期借款筹资额应扣除补偿性余额，这时长期借款成本将会增大。长期借款的筹资费用主要是借款手续费，数额很小时可以略去不计。此时，其计算公式为：

$$K_L=R_L\ (1-T)$$

2. 债券成本

发行债券的成本主要指债券利息和筹资费用。债券利息的处理与长期借款利息的处理相同，应以税后的债务成本为计算依据。债券的筹资费用一般比较高，不可在计算资本成本时省略。债券筹资费用即债券发行费用，包括申请发行债券的手续费、债券注册费、印刷费、上市费及摊销费用等。

债券资本成本公式的计算公式为：

$$K_b = \frac{I_b\ (1-T)}{B\ (1-F_b)}$$

式中，K_b 为债券资本成本；I_b 为债券年利息；T 为所得税率；B 为债券筹资额；F_B 为债券筹资费用率。

或：
$$K_b = \frac{R_b\ (1-T)}{B\ (1-F_B)}$$

式中，R_b 为债券利率。

债券的发行价格有等价、溢价和折价三种。债券利息按面额（即本金）和票面利率确定，但债券的筹资额应按具体发行价格计算，以便正确计算债券成本。

在实际中，由于债券利率水平通常高于长期借款，同时债券发行费用较多，因此，债券成本一般高于长期借款成本。

（二）权益成本

权益成本主要有吸收直接投资的成本、优先股成本、普通股成本和留用利润成本等。各种权益形式责任不同，计算方法也不同。

1. 优先股成本

公司发行优先股筹资需要支付发行费用，优先股股利通常是固定的，因此，优先股成本可按下列公式计算：

$$K_p = \frac{D_p}{P_p\ (1-F_p)}$$

式中，K_p 为优先股成本；D_p 为优先股每年股利；P_p 为优先股筹资额；F_p 为优先股筹资费用率。

其中，优先股筹资额应按优先股发行价格确定。优先股股利在税后支付，而债券利息在税前支付。当公司破产清算时，优先股持有人的求偿权在债券持有人之后，故其风险大于债券。因此，优先股成本明显高于债券。

2. 普通股成本

普通股成本的确定与优先股基本相同。不同点在于普通股利一般不是固定的，而是随企业经营状况而变化的。通常假定普通股股利每年以固定比率 G

增长，并按下列公式计算普通股成本。

设普通股每年股利为 D_1，D_2，…，D_N，则股票市价即筹资数额应为

$$P_C=\frac{D_1}{(1+K_C)}+\frac{D_2}{(1+K_C)^2}+\cdots+\frac{D_N}{(1+K_C)^N}=\sum_{T=1}^{\infty}\frac{D_T}{(1+K_C)^T}\ (N\to\infty)$$

考虑到普通股发行时的筹资费用，修正得出普通股成本的计算公式：

$$K_C=\frac{D_1}{P_C\ (1-F_C)}+G$$

式中，K_C 为普通股成本；D_1 为普通股第一年股利；P_C 为普通股筹资额；G 为普通股股利年增长率；F_C 为普通股筹资费用率。

上述普通股成本的确定方法，通常称为增长模型，是一种常用的方法。除此之外，还有资本资产定价模型法、债券收益率加收益风险报酬法、已实现投资收益率等方法可供选择。

按资本资产定价模型法，普通股成本的计算公式为：

$$K_C=R_F+\beta\ (R_M-R_F)$$

式中，R_F 为无风险报酬率；β 为股票的贝塔系数；R_M 为平均风险股票必要报酬率。

按照债券收益率加上收益风险报酬率方法，普通股股东要求报酬率 K_C 等于债券报酬率加上普通股超过债券投资的风险报酬率。

运用股利增长模型测算普通股成本，难点在于股利增长率的预计。在实际工作中，可分析过去股利增长率并结合未来情况加以确定。另外这里假定每年股利以固定比率持续增长。如果股利增长率变动或者股利呈间歇增长，则需对上述公式作相应的修正。

当公司不发放现金股利或当公司的普通股不上市时，不能采用股利增长模型测算普通股成本，这种情况下，可采用资本资产定价模型法和债券收益率加收益风险报酬率等方法。

3. 留用利润成本

公司留用利润是由公司税后净利形成的，它属于普通股股东，实质上相当于股东对公司的追加投资。股东将留用利润留用于公司，是想从中获取投资报酬，因此，留用利润也是资本成本。留用利润的成本是股东失去向外投资的机会成本，所以与普通股成本计算基本相同。只是不考虑筹资费用，其计算公式为：

$$K_R=\frac{D_1}{P_C}+G$$

式中，K_R 为留用利润成本。其他符号含义同前。

在公司全部资本中，普通股以及留用利润的投资风险最大，要求的报酬也相应最高，因此其成本也最高。

以上关于权益成本的论述是针对股份公司的，一般非股份企业的权益资本主要由吸收的直接投资和留用利润构成。吸收投资的协议或合同有约定固定分利比率时，可比照股份公司的优先股计算其资本成本。

8.1.3 综合资本成本

由于受多种因素的制约，企业不可能只使用某种单一的筹资方式，往往需要通过多种方式筹集所需资金。为了进行筹资决策，就要计算企业的综合资本成本。企业综合资本成本是以各种资本占全部资本的比重为权数，对各种资本的成本进行加权平均计算得出的，故又称为加权平均资本成本。它是由个别资本成本和加权平均数两个因素决定的，其计算公式为：

$$K_W = \sum_{I=1}^{N} K_I \cdot W_I$$

式中，K_W 为综合资本成本；K_I 为第 I 种个别资本；W_I 为第 I 种个别资本占全部资本的比重，且 $\sum_{I=1}^{N} W_I = 1$。

【例 8－1】某公司共有长期资本 1 000 万元，其中普通股 250 万元，优先股 100 万元，留用利润 200 万元，长期债券 150 万元，长期借款 300 万元，其成本分别为 12%、10%、11%、8%、6.5%。则该公司的综合资本成本为：

$$K_W = 12\% \times \frac{250}{1\,000} + 10\% \times \frac{100}{1\,000} + 11\% \times \frac{200}{1\,000} + 8\% \times \frac{150}{1\,000} + 6.5\% \times \frac{300}{1\,000} = 9.35\%$$

需要特别指出的是，计算综合资本成本所用的权数 W_I 有三种确定方法：

（1）账面价值权重。按账面价值确定权重，其优点在于从资产负债表上直接取得资料，缺点在于当债券、股票的市场价值偏离账面价值较大时，计算结果偏差太大。

（2）市场价值权重。按债券、股票的市场价值确定权重，能反映当前实际情况，但当证券市场价格流动频繁剧烈时，应采用平均价格。

（3）目标价值权重。按债券、股票未来预计的目标市场价值确定权重，能够体现期望的资本结构，更适用于企业筹措新资，但是客观合理地确定目标价值权重是一件颇为困难的事情。

对上述三种计算权重的方法，实际工作中应根据具体情况选用。

8.1.4 边际资本成本

边际资本成本是企业追加筹资的资金成本。企业在追加筹资的决策中必须预先计算边际资本成本。

企业追加筹资可能只采用某一种筹资方式，也可能采取多种筹资方式的组合来实现。在采用多种筹资方式的组合时，其边际资本成本实际上就是各种追加筹资方式的加权平均资本成本。计算公式如下：

$$K'_W = \sum_{i=1}^{n} K'_i w'_i$$

式中，K'_W 为边际资本成本；K'_i 为第 i 种追加筹资的个别资本成本；w'_i 为第 i 种追加筹资在全部追加筹资中的比重即权数；n 为追加筹资的种类总数。

在该公式中须注意的是权数必须为市场价值权数，不应采用账面价值权数。

【例 8－2】某公司拟追加筹资 300 万元，筹资资本结构为长期借款 20%、债券 30%、普通股 50%，个别资金成本分别为 5%、10%、15%，试计算边际资本成本。

解：$K'_W = 5\% \times 20\% + 10\% \times 30\% + 15\% \times 50\% = 11.5\%$

8.1.5 资本成本对资本结构决策的影响

通常情况下，企业通过正常的融资渠道以获取自己生产经营所需资本，从而形成一定的资本结构。资本结构一经确定，企业的综合资本成本也就确定了。虽然资本结构决定了资本成本的高低，但资本成本也会影响企业的资本结构决策。资本成本是企业资本结构决策的一项重要指标，这是因为在风险一定的情况下，企业会尽力使自己的资本成本降低。若企业目前资本成本在同行业中处于较高水平，这意味着企业在竞争中处于劣势，同时也反映了企业当前的资本结构并非最优。在这种情况下，企业会通过筹资、融资等手段优化自己的资本结构，以获取更低的资本成本，从而在同行业的竞争中占据优势。

8.2 杠杆利益与风险

杠杆利益是企业进行资本结构决策的另一重要标准，而杠杆利益与风险是密不可分的，因此，决策者必须把相关的杠杆利益与风险结合起来分析，在二者之间进行合理权衡。

8.2.1 营业杠杆

营业杠杆又称经营杠杆，是指企业在经营决策时对经营成本中的固定成本的利用。营业杠杆利益是指在扩大营业额的条件下，利用固定成本而带来的额外营业利润。由于固定成本并不随产品销量的增加而增加，在一定产销规模内，随着销量的增长，单位销售所负担的固定成本会相应减少，从而给企业带来额外的利润。

营业风险也称经营风险，是指企业因经营上的原因导致利润变动的风险。营业风险影响着企业的筹资能力，因此，也制约了资本结构决策的重要因素。影响企业营业风险的因素很多，主要有产品需求、产品售价、产品成本、调整价格的能力和固定成本的比重等。

由于营业杠杆对经营风险的影响最为综合，因此常常被用来衡量经营风险的大小。营业杠杆的作用程度通常用营业杠杆系数来表示，它是企业支付利息和所得税之前的利润（简称息税前利润）变动率与销售额变动率之间的比率。其计算公式为：

$$DOL=\frac{\Delta EBIT/EBIT}{\Delta Q/Q}$$

式中，DOL 为经营杠杆系数；$\Delta EBIT$ 为息税前利润变动额；$EBIT$ 为变动前息税前利润；ΔQ 为销售变动量；Q 为变动前销售量。

由于 $EBIT=Q(P-V)-F$，$\Delta EBIT=\Delta Q(P-V)$，所以上式可改为：

公式一：
$$DOL_Q=\frac{Q(P-V)}{Q(P-V)-F}$$

式中，DOL_Q 为销售量为 Q 时的经营杠杆系数；P 为单位产品销售价格；V 为单位产品变动成本；F 为总固定成本。

公式二：
$$DOL_S=\frac{S-VC}{S-VC-F}$$

式中，DOL_S 为销售量为 S 时的经营杠杆系数；S 为产品销售收入；VC 为变动成本总额。

在实际工作中，公式一可用于计算单一产品的经营杠杆系数；公式二除了用于单一产品外，还可以用于计算多种产品的经营杠杆系数。

【例 8－3】某企业固定成本为 50 万元，变动成本率为 50%，当企业销售额分别为 500 万元、300 万元、100 万元时，其营业杠杆系数是多少？

解：$DOL_1=\frac{500-500\times 40\%}{500-500\times 40\%-50}=1.2$

$$DOL_2 = \frac{300 - 300 \times 40\%}{300 - 300 \times 40\% - 50} = 1.38$$

$$DOL_3 = \frac{100 - 100 \times 40\%}{100 - 100 \times 40\% - 50} = 6$$

以上计算结果表明：

（1）在固定成本不变的情况下，经营杠杆系数说明了销售增长（减少）所引起的利润增长（减少）的幅度。

（2）在固定成本不变的情况下，销售额越大，经营杠杆系数越小，经营风险也就越小；反之，销售额越小，经营杠杆系数越大，经营风险也就越大。

（3）当销售额达到盈亏临界点时，经营杠杆系数趋近无穷大。

企业一般可以通过增加销售额、降低产品单位变动成本、降低固定成本比重等措施使经营杠杆率下降，降低经营风险，但这往往要受多种客观因素的制约。

8.2.2 财务杠杆

1. 财务杠杆的概念

财务杠杆，又称筹资杠杆或融资杠杆，是指企业的负债程度。它表示企业筹资中对债务资本的利用情况，通常用负债资本与权益资本或资本总额来表示。用公式表示为：

$$F_L = \frac{B}{B + E} \quad 或 \quad F_L = \frac{B}{E}$$

式中，F_L 为财务杠杆；B 为企业负债资本；E 为企业权益资本。

2. 财务杠杆效应

财务杠杆效应是指由于财务杠杆的使用而对企业产生的影响或结果。财务杠杆效应具有不确定性，可能是正向的、积极的，会给企业带来额外的利益，也可能是负向的、消极的，会给企业造成不良影响甚至巨额损失，使企业面临破产。

财务杠杆正效应，又称财务杠杆利益，是指由于财务杠杆的合理使用，企业的税后利润增长变动率高于息税前利润变动率而获得的额外利益，即随着息税前利润的增长，税后利润增长的变动率高于息税前利润的增长率。

财务杠杆负效应是与正效应相对而言的，它是指由于财务杠杆的不合理使用而导致企业税后利润率大幅降低甚至为负。实际上财务杠杆负效应是财务杠杆所带来的财务风险的结果。

财务杠杆正负效应是同一财务杠杆的两种可能结果，财务杠杆使用得当，就会产生正效应，产生财务杠杆正效应的前提是企业的息税前利润高于负债资本成本。这可以通过以下公式推导论证：

$$R_E = \frac{R_{EBIT}\ (B+E)\ -K_B \cdot B}{E} \cdot\ (1-T)\ =\ [R_{EBIT} + \frac{B}{E}\ (R_{EBIT} - K_B)] \cdot (1-T)$$

式中，R_E 为企业权益资本利润率；R_{EBIT} 为企业息税前利润率；T 为所得税税率；K_B 为企业负债资本成本。

从该公式可以看出，由于 K_B 在企业获得资本时就确定了，一般不会发生变化，只要 $R_{EBIT} > K_B$，增加 B，即提高财务杠杆比率，就会提高 R_E，即当企业息税前利润高于负债资本成本时，增加负债即提高财务杠杆比率就会使企业权益资本利润率提高，也就是获得财务杠杆正效应，否则，就会产生财务杠杆负效应。

3. 财务风险

财务风险，也称融资风险或筹资风险，是指与企业筹资相关的风险，尤其是指财务杠杆负效应导致企业权益资本利润率大幅度降低的风险，甚至可能导致企业破产的风险。事实上，财务杠杆正效应是财务风险的结果，只要企业进行负债经营，就存在财务风险，就有可能产生财务杠杆负效应，给企业造成损失。企业负债或扩大负债经营时，必然会增加利息等固定费用的负担，这样，当 $R_{EBIT} < K_B$ 时，在息税前利润率降低的情况下，企业权益资本利润率必然加倍下跌，即发生财务杠杆负效应，从而使企业亏损，甚至破产。

影响财务风险的因素主要有：

（1）资本供求的变化；

（2）利率水平的变动；

（3）盈利能力的变化；

（4）资本结构的变化，即财务杠杆比率。

其中，财务杠杆对财务风险的影响最为综合。

4. 财务杠杆效应和财务风险的衡量

财务杠杆效应和财务风险都可以用财务杠杆系数来衡量。财务杠杆系数又称财务杠杆程度，是普通股每股税后利润变动率相当于息税前利润变动率的倍数。其计算公式为：

$$DFL = \frac{\Delta EPS/EPS}{\Delta EBIT/EBIT}$$

式中，DFL 为财务杠杆系数；ΔEPS 为每股利润变动率；EPS 为每股利润。

为了便于计算，可将上式变换如下：

因为 $EPS = (EBIT - I)(1 - T) / N$

$EPS = \Delta EBIT \cdot (1 - T) / N$

所以 $\frac{\Delta EPS}{EPS} = \frac{\Delta EBIT (1 - T) / N}{(EBIT - I)(1 - T) / N} = \frac{\Delta EBIT}{EBIT - I}$

故 $\frac{\Delta EPS / EPS}{\Delta EBIT / EBIT} = \frac{\Delta EBIT}{EBIT - I} \div \frac{\Delta EBIT}{EBIT}$

即：$DFL = \frac{EBIT}{EBIT - I}$

式中，I 为利息；T 为所得税税率；N 为流通在外的普通股股数。

其他符号含义同前。

在优先股的条件下，由于优先股股利通常也是固定的，但应以息税前利润支付。因此，上述公式应改写为：

$$DFL = \frac{EBIT}{EBIT - I - PD / (1 - T)}$$

式中，PD 为优先股股利，其他符号含义同前。

【例 8 -4】某公司全部资本为 1 000 万元，债务资本比率为 0.4，债务利率为 10%，所得税税率为 33%。在息税前利润为 120 万元时，税后利润为 53.6 万元，财务杠杆系数为：

$$\frac{120}{120 - 1\,000 \times 0.4 \times 10\%} = 1.5$$

计算结果表示：当息税前利润增长 1 倍时，普通股每股利润将增长 1.5 倍；反之，当息税前利润下降 1 倍时，普通股每股利润将下降 1.5 倍。当资本结构、利率、息税前利润等因素发生一定变化时，财务杠杆系数也会变动，从而表示不同程度的财务杠杆利益和财务风险。财务杠杆系数越大，对财务杠杆利益的影响就越强，财务风险也就越高。其中资本结构是企业可以控制的，企业可通过适度负债经营来优化资本结构，从而使财务杠杆利益能够抵消财务风险带来的不利影响。

5. 对资本结构决策的影响

财务杠杆利益与财务风险是相伴而生的，企业要想获得一定的财务杠杆利益就必须承担相应的财务风险。因此，在资本结构决策中，必须在财务杠杆利益与财务风险之间进行合理权衡。首先，企业资本结构决策和财务杠杆决策有着密切的联系，财务杠杆比率是企业资本结构的有机组成部分，财务杠杆决策包含在资本结构决策过程之中。企业可通过正确的财务杠杆决策，确定合理的负债规模和负债结构。由于企业处于动态经济环境之中，企业不可能保持一种财务杠杆系数，并使之最优。企业可在认真研究其理财环境的基础上，正确进行财务杠杆决策，为企业拥有最优资本结构奠定基础。其次，企业可通过适当的融资和筹资方式来优化企业的资本结构，从而使财务杠杆利益能够在一定程度上抵消财务风险带来的不利影响。

8.2.3 联合杠杆

从上述分析可知，营业杠杆是通过扩大销售影响息税前利润，而财务杠杆则是通过扩大息税前利润影响每股利润，两者最终都影响到普通股的收益。如果企业同时利用营业杠杆和财务杠杆，这种影响作用会更大，同时，总的风险也更高。

营业杠杆和财务杠杆的综合作用，称为联合杠杆或总杠杆。联合杠杆对利益和风险的影响程度用联合杠杆系数来衡量，它是营业杠杆系数和财务杠杆系数的乘积。用公式表示为：

$$DCL = DOL \cdot DFL = \frac{\Delta DPS/EPS}{\Delta S/S} \text{或} \frac{\Delta EPS/DPS}{\Delta Q/Q}$$

上列公式表明，联合杠杆系数是每股利润变动率相当于销售额（销售量）变动率的倍数。由于营业杠杆系数和财务杠杆系数的表达式为：

$$DOL = \frac{EBIT + F}{EBIT} \text{和} \ DFL = \frac{EBIT}{EBIT - 1}$$

可以得出：

$$DCL = \frac{EBIT + F}{EBIT - I}$$

或
$$DCL = \frac{Q\ (P - V)}{Q\ (P - V)\ - F - I}$$

或
$$DCL = \frac{S - VC}{S - VC - F - I}$$

【例8-5】南岗公司固定成本为300万元，债务利息100万元，销售额1 000万元，总变动成本500万元。求营业杠杆系数、财务杠杆系数和联合杠杆系数。

解：$EBIT = 1\ 000 - 500 - 300 = 200$（万元）

$DOL =$（$200 + 300$）$\div 200 = 2.5$

$DFL = 200 \div$（$200 - 100$）$= 2$

$DCL =$（$200 + 300$）$\div$（$200 - 100$）$= 5$

联合杠杆的意义如下：

首先，它能够估计销售收入变动对每股利润的影响。如上例销售额每增（减）1倍，每股利润将增（减）5倍。

其次，它反映了经营杠杆和财务杠杆之间的相互关系。企业为达到某一总杠杆系数，可根据具体情况选择不同的营业杠杆和财务杠杆组合来实现，如营业杠杆程度较高的企业可以在较低程度上利用财务杠杆，营业杠杆程度较低的企业可以在较高程度上利用财务杠杆。

8.3 资本结构优化

由于负债具有降低综合资本成本和获得杠杆利益的作用，从而使得资本结构与企业价值密切相关，因此，寻求最佳资本结构和优化资本结构便成为企业筹资管理中的核心问题。下面，首先阐述资本结构的概念及其影响因素，然后讨论企业资本结构的原理和方法。

8.3.1 资本结构的概念及其影响因素

资本结构的含义有狭义和广义之分。狭义的资本结构是指企业各种长期资金的构成比例，广义的资本结构则是指企业各种资本的构成及其比例关系。资本结构可以用绝对数或相对数表示。例如，某企业的资本总额为 10 000 万元，其中借款 1 500 万元，债券 2 500 万元，普通股 4 000 万元，留用利润2 000万元，其比例分别为借款 0. 15、债券 0. 25、普通股 0. 40、留用利润 0. 20。

在现实生活中，影响和制约资本结构决策的因素，除了前已述及的资本成本、财务杠杆以外，还有如下一些重要因素，企业在进行资本结构决策时应予以综合考虑。

1. 企业财务状况

我们通常用企业盈利能力、偿债能力和营运能力高低来表明企业财务状况。盈利能力高的企业通常具有较高的息税前利润率，从而具有较大的负债空间。但实际工作中，盈利水平高的企业往往并不使用大量的债务资本，因为其可以利用较多的留用利润来满足增资的需要。企业偿债能力越强，意味着企业借贷筹资能力越强，从而有能力保持负债率越高的资本结构，而较高的营运能力意味着企业有能力承担高负债率所带来的高财务风险。总而言之，企业的财务状况越好，企业就越有能力承担高负债，反之亦然。企业的财务状况直接影响企业的资本结构决策。

2. 行业特点

企业总是处于某一特定行业，各国实践表明，不同行业的资本结构相差很大，但各行业资本结构都保持相对稳定，呈现出一定规律性。企业一般把行业平均负债率作为一个重要参考因素。现以美国行业负债比率为例，医药、汽车、电子/电气行业负债率在30%以下，而零售、公用事业、钢铁行业负债率在40%以上。

3. 经营者对风险的态度

企业经营者对待风险的态度，也是影响资本结构决策的重要因素。那些对经济发展前景比较乐观，并有进取精神，喜欢冒险的经营者往往会安排比较高的负债率；而那些对宏观经济未来走势持悲观态度或者经营稳健的经营者，则会使用较少的负债资本。

4. 利率变动趋势

经营者对利率变动趋势的预期，也会影响资本结构决策。若银行利率有上升的趋势，企业会增加当前的债务资本；相反，当银行利率有下降趋势时，企业会减少当前债务资本，而在利率下跌之后，增加负债。

5. 资本市场的发展程度

在资本市场发达的国家，企业可自由选择股票、债券等筹资方式筹资，企业在进行资本结构决策时，拥有较多的选择，通常负债率比率较低。而在资本市场的不发达的国家，由于融资渠道单一，企业过度依赖银行信贷，造成负债水平较高。

6. 信用等级评定机构和债权人的态度

虽然企业对如何适当运用财务杠杆进行资本结构决策可自己做主，但在涉及较大规模的债务筹资时，债权人和信用等级评定机构的态度往往成为企业资本结构的关键因素。如果企业过高地安排债务筹资，债权人往往不会接受企业的贷款请求。一般说来，信用等级评定机构的态度决定了债权人的态度。因此，企业资本结构中负债比重的高低，应当以不影响企业的信用等级为限。

7. 企业资产类型

拥有有形资产和通用形资产较多的企业通常具有较高的借贷筹资能力，因为这类资产用于抵押更容易被接受。例如，房地产开发公司通常负债率较高，而高新技术企业和无形资产比重大的企业，负债率水平较低，因为一旦发生经营困难，公司无形资产价值易低估而发生破产危机，因而，应保持较低的负债率。

8. 企业税负

由于债务利息作为经营成本在息税前利润中支付，增加负债可获得避税收益和财务杠杆利益，因此对于所得税税率较高的公司增加负债更为有利。

8.3.2 资本结构的优化

根据现代资本结构理论分析，企业存在最优资本结构。最优资本结构是指企业在一定时期和最适宜的条件下，使其综合资本成本最低，同时企业价值最大的资本结构。最优资本结构是一种能在财务杠杆利益、财务风险、资金成本、企业价值等之间实现最优均衡的资本结构，它应作为企业的目标资本结构。其基本原理可用图 8 - 1 说明。

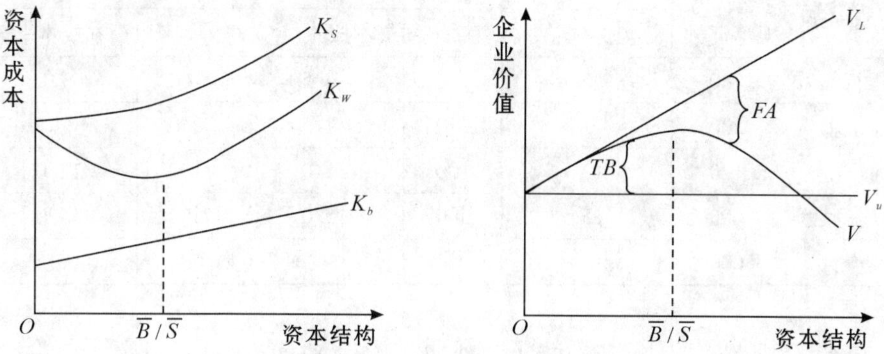

图 8 - 1　资本结构对资本成本和企业价值的影响

图 8 - 1 中，K_s 表示权益资本成本，K_b 表示负债资本成本，K_W 表示企业的加权平均资本成本（综合资本成本），V_u 表示无负债的企业价值，TB 表示负债利息免税现值，FA 表示因负债可能发生的财务危机成本和代理成本的现值，V_L 表示在不考虑财务危机成本和代理成本的企业价值，$V_L = V_u + TB$，V 表示在 TB 和 FA 同时作用下企业的实际价值。从图中可以看出，当资本结构为 $\bar{B}/\bar{S}$ 时，企业的综合资本成本最低，实际价值也最大，是最佳的资本结构。当企业的负债水平低于 $\bar{B}/\bar{S}$ 时，增加负债可使企业的综合资本成本降低，价值上升；当企业的负债水平达到 $\bar{B}/\bar{S}$ 时，若继续增加负债，则会使企业的综合资本成本迅速上升，企业的实际价值迅速下降。企业筹资管理的核心，就是要通过合理组织筹资活动，使企业的资本结构向最优资本结构逼近，实现企业资本结构的优化。

由于评价企业资本结构是否最优的主要标准是看其综合资本成本最低的企业价值是否最大，因此，优化企业资本结构的关键，是在综合考虑影响企业资本结构各种因素的基础上，选择能使企业综合资本成本最低、企业价值最大的筹资方案。优选筹资方案的方法主要有比较资本成本法和每股利润分析法。

1. 比较资本成本法

比较资本成本法，是计算不同筹资方案的加权平均资本成本，并比较其高低，选择其中成本最低者确定为最优筹资方案。

(1) 初始筹资方案的优选。

例如，某企业有三种筹资方案可供选择，有关资料如表 8－1 所示。

表 8－1　筹资方案有关资料

筹资方式	筹资方案一		筹资方案二		筹资方案三	
	筹资额	资本成本（%）	筹资额	资本成本（%）	筹资额	资本成本（%）
银行借款	80	6	150	6.5	160	7.0
企业债券	200	7	250	7.5	240	7.5
优先股	120	12	100	12.0	100	12.0
普通股	600	15	500	15.0	500	15.0
合计	1 000	—	1 000	—	1 000	—

下面分别测算三个筹资方案的加权平均资本成本。

方案一的加权平均资本成本：

$$K_{W1}=\frac{80}{1\ 000}\times 6\%+\frac{200}{1\ 000}\times 7\%+\frac{120}{1\ 000}\times 12\%+\frac{600}{1\ 000}\times 15\%=12.32\%$$

方案二的加权平均资本成本：

$$K_{W2}=\frac{150}{1\ 000}\times 6.5\%+\frac{250}{1\ 000}\times 7.5\%+\frac{100}{1\ 000}\times 12\%+\frac{500}{1\ 000}\times 15\%$$
$$=11.55\%$$

方案三的加权平均资本成本：

$$K_{W3}=\frac{160}{1\ 000}\times 7\%+\frac{240}{1\ 000}\times 7.5\%+\frac{100}{1\ 000}\times 12\%+\frac{500}{1\ 000}\times 15\%=11.62\%$$

以上三个筹资方案的加权平均资本成本相比较，筹资方案二的资本成本最低，在其他有关因素大体相同的条件下，方案二是最好的筹资方案，企业按此方案筹集资本，可以促进资本结构的最优化。

(2) 追加筹资方案的优选。

一般而言，按照最优资本结构的要求，选择筹资组合方案可用两种方法：一种是直接测算比较各备选追加筹资方案的综合平均资本成本，从中选择最优方案；另一种方法是将各备选追加筹资方案与原有最优资本结构汇总，测算各追加筹资条件下汇总资本结构的综合资本成本，比较确定最优追加筹资方案。

【例 8－6】某企业原有资本结构及追加筹资方案的有关资料汇总列示如表 8－2。

表 8-2 原有资本结构及追加筹资方案的有关资料汇总表

<table>
<tr><td rowspan="2">筹资方式</td><td colspan="2">原资本结构</td><td colspan="2">追加筹资方案一</td><td colspan="2">追加筹资方案二</td><td colspan="2">追加筹资后资本结构</td></tr>
<tr><td>筹资额</td><td>资本成本（%）</td><td>筹资额</td><td>资本成本（%）</td><td>筹资额</td><td>资本成本（%）</td><td>方案一</td><td>方案二</td></tr>
<tr><td>银行借款</td><td>200</td><td>6.5</td><td>25</td><td>7.0</td><td>75</td><td>7.5</td><td>225</td><td>275</td></tr>
<tr><td>企业债券</td><td>300</td><td>8.0</td><td>75</td><td>8.5</td><td>25</td><td>8.5</td><td>375</td><td>325</td></tr>
<tr><td>优先股</td><td>150</td><td>12.0</td><td>—</td><td>13.0</td><td>50</td><td>13.0</td><td>150</td><td>200</td></tr>
<tr><td>普通股</td><td>350</td><td>15.0</td><td>400</td><td>16.0</td><td>350</td><td>16.0</td><td>750</td><td>700</td></tr>
<tr><td>合计</td><td>1 000</td><td>—</td><td>500</td><td>—</td><td>500</td><td>—</td><td>1 500</td><td>1 500</td></tr>
</table>

若采用方案一，追加筹资后的综合资本成本计算为：

$$K_{W1}=\frac{225}{1\ 500}\times\frac{200\times6.5\%+25\times7\%}{225}+\frac{375}{1\ 500}\times\frac{300\times8\%+75\times8.5\%}{375}+\frac{750}{1\ 500}\times16\%+\frac{150}{1\ 500}\times12\%=12.21\%$$

若采用方案二，追加筹资后的综合资本成本计算为：

$$K_{W2}=\frac{275}{1\ 500}\times\frac{200\times6.5\%+75\times7.5\%}{275}+\frac{325}{1\ 500}\times\frac{300\times8\%+25\times8.5\%}{325}+\frac{200}{1\ 500}\times\frac{150\times12\%+50\times13\%}{200}+\frac{700}{1\ 500}\times16\%=12.08\%$$

以上计算中，根据同股同利原则，原有普通股应按新普通股的资本成本计算其加权平均数，这里假定股票的成本与报酬等价。

比较两个方案追加筹资后两个新的资本结构下的综合资本成本，方案二追加筹资后的综合资本成本低于方案一追加筹资后的综合资本成本，显然应采用方案二追加筹资。同时可以看出，追加筹资后可使企业的原有资本结构得到调整和优化。

2. *每股利润分析法*

每股利润分析法是通过计算和比较不同筹资方案增资后的每股利润，选择其中每股利润最高的方案作为最优筹资方案。

每股利润的计算公式如下：

$$DPS=\frac{(EBIT-I)\ (1-T)\ -D_P}{N}$$

式中，DPS 为每股利润；$EBIT$ 为息税前利润；I 为负债年利息；T 为所得税税率；D_P 为优先股年股利；N 为普通股股数。

在上例中，假设普通股面值为 10 元，所得税率为 33%，则按两追加筹资方案筹资后的每股利润分别为：

$$DPS_1 = [(200-200\times6.5\%-300\times8\%-25\times7\%-75\times8.5\%)\times(1-33\%)]\div75$$
$$=1.38（元）$$

$$DPS_2 = [(200-200\times6.5\%-300\times8\%-75\times7.5\%-25\times8.5\%)\times(1-33\%)]\div70$$
$$=1.49（元）$$

计算结果表明，方案二的每股利润高于方案一的每股利润，应取方案二追加筹资。

在实际筹资工作中，往往会遇到债务、普通股、优先股的相互替代问题，即企业经营者需要知道在息税前利润为多少时，采用哪种增资方式更有利。这可以通过息税前利润平衡点来判断，其计算公式如下：

$$\frac{(\overline{EBIT}-I_1)(1-T)-D_{P1}}{N_1}=\frac{(\overline{EBIT}-I_2)(1-T)-D_{P2}}{N_2}$$

式中，$\overline{EBIT}$为息税前利润平衡点，即每股利润无差别点；I_1、I_2 为两种增资方式下的年利息；D_{P1}、D_{P2} 为两种增资方式下的年优先股股利；N_1、N_2 为两种增资方式下的普通股股数。

举例说明如下：

【例 8－7】某公司拥有资本 500 万元，其结构为：债务资本 100 万元，普通股权益资本 400 万元（10 万股）。现拟追加筹资 100 万元，有三种筹资选择：增发普通股（3 万股），增加债务（后利率 9%），发行优先股（年股利 12%）。已知所得税税率为 33%。由以上资料可知：债务年利息额为 9 万元，优先股股利为 12 万元。

将上述数据代入公式计算。

（1）增发普通股与增加债务两种筹资方式下的无差别点为：

$$\frac{(\overline{EBIT}-9)(1-33\%)}{13}=\frac{(\overline{EBIT}-18)(1-33\%)}{10}$$

$$\overline{EBIT}=48（万元）$$

（2）增发普通股与发行优先股两种筹资方式下的无差别点为：

$$\frac{(\overline{EBIT}-9)(1-33\%)}{13}=\frac{(\overline{EBIT}-9)(1-33\%)-12}{10}$$

$$\overline{EBIT}=86.61（万元）$$

即当息税前利润为 48 万元时，增发普通股和增加债务后的每股利润相等；当息税前利润为 86.61 万元时，增发普通股和发行优先股后每股利润相等。如图 8－2 所示。

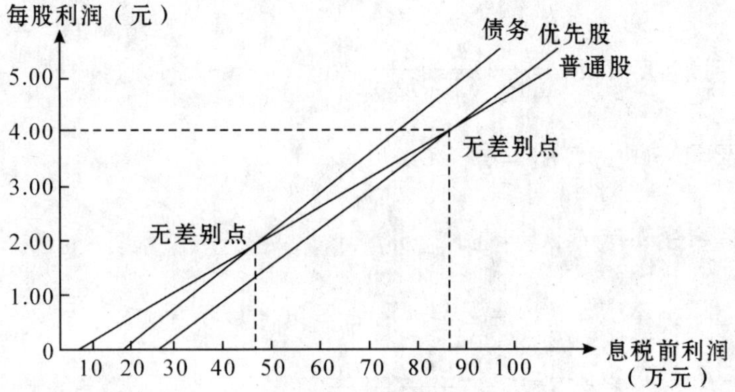

图 8－2 每股利润无差别点分析示意图

为 48 万元的意义在于：当息税前利润大于 48 万元时，增加债务比增发普通股有利；当息税前利润小于 48 万元时，则不应增加债务。为 86.61 万元的意义在于：当息税前利润大于 86.61 万元时，发行优先股比增发普通股有利；当息税前利润小于 86.61 万元时，则不应再发行优先股。

关键概念

资本成本　综合资本成本　边际资本成本　营业杠杆　财务杠杆　财务风险　联合杠杆　资本结构优化

主要公式

1. 资本成本率 $K=\dfrac{D}{P-F}$ 或 $K=\dfrac{D}{P(1-f)}$

2. 长期借款成本 $K_L=\dfrac{I_L(1-T)}{L(1-F_L)}$

3. 债券成本 $K_b = \dfrac{I_b(1-T)}{B(1-F_b)}$

4. 优先股成本 $K_p = \dfrac{D_p}{P_p(1-F_p)}$

5. 普通股成本 $K_C = \dfrac{D_1}{P_C(1-F_C)} + G$

6. 留用利润成本 $K_R = \dfrac{D_1}{P_C} + G$

7. 综合资本成本 $K_W = \sum_{I=1}^{N} K_I \cdot W_I$

8. 边际资本成本 $K'_W = \sum_{i=1}^{n} K'_i w'_i$

9. 营业杠杆系数 $DOL = \dfrac{\Delta EBIT/EBIT}{\Delta Q/Q}$

10. 财务杠杆 $F_L = \dfrac{B}{B+E}$ 或 $F_L = \dfrac{B}{E}$

11. 财务杠杆系数 $DFL = \dfrac{\Delta EPS/EPS}{\Delta EBIT/EBIT}$

12. 联合杠杆系数 $DCL = DOL \cdot DFL = \dfrac{\Delta DPS/EPS}{\Delta S/S}$ 或 $\dfrac{\Delta EPS/DPS}{\Delta Q/Q}$

13. 每股利润 $DPS = \dfrac{(EBIT-I)(1-T) - D_P}{N}$

14. 息税前利润平衡点 $= \dfrac{(\overline{EBIT} - I_1)(1-T) - D_{P1}}{N_1}$

$$= \dfrac{(\overline{EBIT} - I_2)(1-T) - D_{P2}}{N_2}$$

思考题

1. 什么叫资本成本？计算资本成本有何重要意义？如何计算？
2. 什么叫营业杠杆？如何计算营业杠杆系数？其经济含义是什么？
3. 什么叫财务杠杆？如何计算营业财务杠杆系数？其经济含义是什么？
4. 什么叫联合杠杆？如何计算联合杠杆系数？其经济含义是什么？
5. 什么是资本结构？影响资本结构的因素有哪些？如何优化企业资本

结构?

计算题

1. 朱山公司拟通过以下三种方式筹资 600 万元:

(1) 发行普通股筹资 300 万元 (每股 20 元), 预计筹资费用率为 6%, 第一年每股发放股利 2 元, 以后每年股利增长率为 5%。

(2) 发行优先股 100 万元, 预定年股利率为 10%, 预计筹资费用 3 万元。

(3) 发行 5 年期债券 100 万元, 年利率为 7%, 发行费用为 3%, 所得税率为 25%。

要求:

(1) 分别计算该企业的普通股资本成本、优先股资本成本和债券资本成本;

(2) 计算该企业的综合资本成本。

2. 南岗公司年销售净额为 840 万元, 息税前利润为 240 万元, 固定成本为 96 万元, 变动成本率为 60%, 资本总额 600 万元, 负债比率为 40%, 负债利率为 8%。

要求: 分别计算该公司的营业杠杆系数、财务杠杆系数和联合杠杆系数, 并说明其经济含义。

3. 中门公司拟追加筹资 400 万元, 有 A、B、C 三种追加筹资方案可供选择, 有关资料如表 8-3 所示。

表 8-3　三种追加筹资方案

筹资方式	原资本结构		追加筹资方案 A		追加筹资方案 B		追加筹资方案 C	
	筹资额	资本成本 (%)	筹资额	资本成本 (%)	筹资额	资本成本 (%)	筹资额	资本成本 (%)
银行借款	160	7	50	7	150	8	100	7.5
企业债券	240	8.5	150	9	50	8	100	8.25
优先股	—	—	150	12	50	12	100	12
普通股	600	14	50	14	150	14	100	14
合计	1 000	—	400	—	400	—	400	—

要求:

(1) 优选追加筹资方案;

(2) 确定该公司追加筹资后的资本结构, 并测算其综合资本成本。

4. 后房公司现有资本总额 2 000 万元，其中普通股 1 200 万元（每股 20 元），负债 800 万元，负债利率为 8%，公司适用所得税税率为 25%。该公司拟追加资本 400 万元，有两种筹资方案可供选择：①发行债券，年利率为 10%；②增发普通股。追加资本后的年息税前利润可达 400 万元。

要求：

（1）优选追加筹资方案；

（2）测算两追加筹资方案下的无差别点息税前利润和无差别点的普通股每股利润。

第九章　收益分配

收益分配涉及利润收益分配对象、原则、顺序等基本问题，也涉及有关的现金股利分配和股利分配的其他方式。

学习目标：

- **了解利润分配原则和股利支付程序；**
- **理解利润分配的一般程序和影响股利分配的因素；**
- **掌握几种常用的股利分配政策和现金股利与股票股利的基本内容。**

9.1　收益分配概述

企业通过经营活动赚取收益，并将其在相关各方之间进行分配。企业的收益分配有广义的收益分配和狭义的收益分配两种。广义的收益分配是指对企业的收入和收益总额进行分配的过程，狭义的收益分配是指对企业净收益的分配。本章讲的是后者。

9.1.1　收益分配的基本原则

1. 依法分配

为规范企业的利润分配行为，国家制定和颁布了若干法规，这些法规规定了企业利润分配的基本要求、一般程序和重大比例。企业的利润分配必须依法进行，这是正确处理企业各项财务关系的关键。

2. 分配与积累并重

企业的利润分配要正确处理长期利益和近期利益两者的关系，坚持分配与积累并重。企业除按规定提取法定盈余公积金以外，可适当留存一部分利润作为积累，这部分未分配利润仍归企业所有者所有。这部分积累的净利润不仅可以为企业扩大生产筹措资金，增强企业发展能力和抵抗风险的能力，同时还可以供未来年度进行分配，起到以丰补欠、拉平利润分配数额波动、稳定投资报酬率的作用。

3. 兼顾职工利益

企业的净利润归投资者所有，这是企业的基本制度。但企业职工不一定是企业的投资者，净利润就不一定归他们所有，而企业的利润是由全体职工的劳动创造的，他们除了获得工资和奖金等劳动报酬之外，还应该以适当的方式参与净利润的分配，如在净利润中提取公益金，用于企业职工的集体福利设施支出。公益金是所有者权益的一部分，职工对这些福利设施具有使用权并负有保管之责，但没有所有权。

4. 投资与收益对等

通常而言，企业的收益分配必须遵循投资与收益对等的原则，即企业进行收益分配应当体现“谁投资谁收益”、收益大小与投资比例相适应的原则。投资与收益对等原则是正确处理投资者利益关系的关键。投资者因其投资行为而享有收益权，投资收益应同其投资比例对等。企业在向投资者分配收益时，应本着平等一致的原则，按照投资者投入资本的比例来进行分配，不允许发生任何一方随意多分多占的现象，这样才能从根本上实现收益分配中的公开、公平、公正，保护投资者的利益，提高投资者的积极性。

9.1.2 利润分配的一般程序

利润分配程序是指公司制企业根据适用法律、法规或规定，对企业一定期间实现的净利润进行分派必须经过的先后步骤。

1. 非股份制企业的利润分配程序

根据我国《公司法》等有关规定，非股份制企业当年实现的利润总额应按国家有关税法的规定作相应的调整，然后依法交纳所得税。交纳所得税后的净利润按下列顺序进行分配：

（1）弥补以前年度的亏损。

按我国财务和税务制度的规定，企业的年度亏损可以由下一年度的税前利润弥补，下一年度税前利润尚不足弥补的，可以由以后年度的利润继续弥补，但用税前利润弥补以前年度亏损的连续期限不超过5年。5年内弥补不足的，用本年税后利润弥补。本年净利润加上年初未分配利润为企业可供分配的利润，只有可供分配的利润大于零时，企业才能进行后续分配。

（2）提取法定盈余公积金。

可供分配的利润大于零是计提法定盈余公积金的必要条件。法定盈余公积金以净利润扣除以前年度亏损为基数，按10%提取，即企业年初未分配利润为借方余额时，法定盈余公积金计提基数为：本年净利润－年初未分配利润（借方）余额。若企业年初未分配利润为贷方余额时，法定盈余公积金计提基数为本年净利润，未分配利润贷方余额在计算可供投资者分配的净利润时计入。当企业法定盈余公积金达到注册资本的50%时，可不再提取。法定盈余公积金主要用于弥补企业亏损和按规定转增资本金，但转增资本金后的法定盈余公积金一般不低于注册资本的25%。

（3）提取法定公益金。

法定公益金是以法定盈余公积金相同基数的5%～10%计提的职工公共利益资金，主要用于企业职工的福利设施支出。

（4）向投资者分配利润。

企业本年净利润扣除弥补以前年度亏损、提取法定盈余公积金和公益金后的余额，加上年初未分配利润贷方余额，即为企业本年可供投资者分配的利润，按照分配与积累并重原则，确定应向投资者分配的利润数额。

【例9-1】南岗公司2005年初未分配利润账户的贷方余额为37万元，2005年发生亏损100万元，2006—2011年间的每年税前利润为10万元，2007年税前利润为15万元，2007年税前利润为40万元。所得税税率为40%，盈余公积计提比例为15%。要求：

（1）2007年是否缴纳所得税？是否计提盈作公积金（含公益金）？

（2）2010年可供给投资者分配的利润为多少？

解：（1）2007年年初未分配利润 $=37-100+10\times5=-13$（万元）

（为以后年度税后利润应弥补的亏损）

2007年应缴纳所得税 $=15\times40\%=6$（万元）

本年税后利润 $=15-6=9$（万元）

企业可供分配的利润 $=9-13=-4$（万元）

因此，不能计提盈余公积金（含公益金）。

（2）2010年税后利润 $=40\times(1-40\%)=24$（万元）

可供给分配的利润 $=24-4=20$（万元）

计提盈余公积金（公益金）$=20\times15\%=3$（万元）

可供给投资者分配的利润 $=20-3=17$（万元）

分配给投资者的利润，是投资者从企业获得的投资回报。向投资者分配利润应遵循纳税在先、企业积累在先、无盈余不分利的原则，其分配顺序在利润分配的最后阶段，这体现了投资者对企业的权利、义务以及投资者所承担的风险。

2. 股份制企业的利润分配程序

（1）弥补以前年度亏损。

（2）提取法定盈余公积金。

（3）提取法定公益金。

（4）支付优先股股息。一般地，优先股按事先约定的股息率取得股息，不受企业盈利与否或盈利多少的影响。

（5）提取任意盈余公积金。任意盈余公积金是根据企业发展的需要自行提取的公积金，其提取基数与计提盈余公积金的基数相同，计提比例由股东会根据需要决定。

（6）支付普通股股利。

从上述利润分配程序看，股利来源于企业的税后利润，但净利润不能全部用于发放股利，股份制企业必须按照有关法规和公司章程规定的顺序、比例，在提取了法定盈余公积金、公益金后，才能向优先股股东支付股息，在提取了任意盈余公积金之后，才能向普通股股东发放股利。如果股份公司当年无利润或出现亏损，原则上不得分配股利。但为维护公司股票的信誉，经股东大会特别决议，可按股票面值较低比率用盈余公积金支付股利，支付股利后的留存的法定盈余公积金不得低于注册资本的25%。

9.2 股利分配政策

股利分配政策是指企业管理层对与股利有关的事项所采取的方针策略。股利分配在公司制企业经营理财决策中，始终占有重要地位。这是因为股利的发放既关系到公司股东的经济利益，又关系到公司的未来发展。通常较高的股利一方面可使股东获取可观的投资收益，另一方面还会引起公司股票市价上涨，从而使股东除股利收入外还获得了资本利得。但是过高的股利必将使公司留存收益大量减少，或者影响公司未来发展，或者大量举债，增加公司资本成本负担，最终影响公司未来收益，进而降低股东权益。而较低的股利虽然使公司有较多的发展资金，但与公司股东的愿望相背离，股票市价可能下降，公司形象将受到损害。因而对公司管理当局而言，如何均衡股利发放与企业的未来发展，并使公司股票价格稳中有升，便成为企业经营管理层孜孜以求的目标。常用的股利政策主要有以下几种类型：

9.2.1 股利分配政策类型

股利分配政策的核心问题是确定支付股利与留用利润的比例，即股利支付率问题。目前企业财务管理中，常用的股利政策主要有以下几种类型：

1. 剩余股利政策

剩余股利政策主张，企业未来有良好的投资机会时，根据企业设定的最佳资本结构，确定未来投资所需的权益资金，先最大限度地使用留用利润来满足投资方案所需的权益资本，然后将剩余部分作为股利发放给股东。

【例9－2】某企业遵循剩余股利政策，其目标资本结构为资产负债率60%。要求：①如果该年的税后利润为60万元，在没有增发新股的情况下，企业可以从事的最大投资支出是多少？②如果企业下一年拟投资100万元，企业将支付股利多少？

解：① 企业最大的投资支出＝60÷（1－60%）＝150（万元）

② 企业支付股利＝60－100×（1－60%）＝20（万元）

剩余股利政策成立的基础是，大多数投资者认为，如果企业再投资的收益率高于投资者在同样风险下其他投资的收益率，他们宁愿把利润保留下来用于企业再投资，而不是用于支付股利。如企业有投资收益率达12%的再投资机会，而股东取得股息后再投资的收益率只有10%时，则股东们愿意选择利润保留于企业。股东取得股息再投资后10%的收益率，就是企业利润留存的成本。如果投资者能够找到其他投资机会，使得投资收益大于企业利用保留利润再投资的收益，则投资者更喜欢发放现金股利。这意味着投资者对于盈利的留存或发放股利毫无偏好，关键是企业投资项目的净现值必须大于零。

剩余股利政策的优点是，可以最大限度地满足企业对再投资的权益资金需求，保持理想的资本结构，并能使综合资本成本最低。它的缺点是忽视了不同股东对资本利得与股利的偏好，损害那些偏好现金股利的股东利益，从而有可能影响股东对企业的信心。此外，企业采用剩余股利政策是以投资的未来收益为前提的，由于企业管理层与股东之间存在信息不对称，股东不一定了解企业投资未来收益水平，也会影响股东对企业的信心。

2. 固定股利政策

固定股利政策表现为每股股利支付额固定的形式。其基本特征是，不论经济情况如何，也不论企业经营好坏，不降低股利的发放额，将企业每年的每股股利支付额稳定在某一特定水平上保持不变，只有企业管理当局认为企业的盈利确已增加，而且未来的盈利中可以支付更多的股利时，企业才会提高每股股利支付额。

稳定的股利政策的实行比较广泛。如果企业的盈利下降，而股利并未减少，那么，投资者会认为企业未来的经济情况会有好转。因此，一般的投资者都比较喜欢投资于有稳定的股利支付政策的企业。而稳定的股利政策有助于消除投资者心中的不确定感，那些期望每期有固定数额收入的投资者更喜欢比较稳定的股利政策。因此，许多企业都在努力促使其股利的稳定性。固定股利政策的缺点主要在于，股利的支付与盈利相脱节，当盈利较低时仍要支付固定股利，这可能会出现资金短缺、财务状况恶化，影响企业的长远发展。这种股利政策适用于盈利稳定或处于成长期的企业。

【例9-3】南岗公司现有利润150万元，可用于发放股利，也可留存用于再投资。假设该公司的最佳资本结构为30%的负债和70%的股东权益。根据公司加权平均的边际资本成本和投资机会计划，最佳的资本支出为120万元。该公司拟采取剩余股利政策，则该公司的股利发放额和股利支付率为：

资本支出预算	120
现有留存收益	150
资本预算所需要的股东权益资本（120×70%）	84
股利发放额（150-84）	66
股利支付率（66÷150）	44%

如果上例中，资本支出预算为200万元，股利发放额为10万元，股利发放率为6.67%；如果资本支出预算为300万元，股东权益资本需要额为210万元。由于现存的收益满足不了资本预算对股权资本的需要量，因此，不仅不能发放股利，反而要发行新普通股60万元（210-150），以弥补股权资本的不足。

从上述分析可知，按照剩余股利政策，将使股利发放额每年随投资机会和盈利水平的变动而变动。即使在盈利水平不变的情况下，股利将与投资机会的多少呈反方向变动，投资机会越多，股利越少；反之，投资机会越少，股利发放越多。而在投资机会不变的情况下，股利的多少又随着每年收益的多少而变动。在这种政策下，股利变动较大，因此，很少有人会机械地照搬剩余股利理论，但许多公司运用这种理论来帮助建立一个长期目标发放率。

3. 固定股利支付率政策

固定股利支付率政策，是将每年盈利的某一固定百分比作为股利分配给股东。实行这一政策的企业认为，只有维持固定股利支付率，才能使股利与公司盈利紧密结合，体现多盈多分、少盈少分、不盈不分的原则，这样才算真正做到公平地对待每一位股东。这一政策的问题在于，如果企业的盈利各年间波动不定，则其股利也随之波动。由于股利随盈利而波动，会影响股东对企业未来经营的信心，不利于企业股票的市场价格的稳定与上涨。因此，大多数企业并不采用这一股利政策。

4. 正常股利加额外股利政策

正常股利加额外股利政策是介于固定股利与固定股利支付率之间的一种股利政策。其特征是，企业一般每年都支付较低的固定股利，当盈利增长较多时，再根据实际情况加付额外股利。即当企业盈余较低或现金投资较多时，可维护较低的固定股利，而当企业盈利有较大幅度增加时，则加付额外股利。这种政策既能保证股利的稳定性，使依靠股利度日的股东有比较稳定的收入，从而吸引住这部分股东，又能做到股利和盈利有较好的配合，使企业具有较大的灵活性。这种股利政策适用于盈利与现金流量波动不够稳定的企业，因而也被大多数企业所采用。

9.2.2 确定收益分配应考虑的因素

从理论上，股利是否影响企业价值存在相当大的分歧，而在现实经济生活中，企业仍然是要进行股利分配的。当然，企业分配股利并不是无所限制，总是要受到一些因素的影响，一般认为，企业股利政策的影响因素主要有法律因素、企业因素、股东意愿及其他因素等方面。

1. 法律因素

为了保护公司债权人和股东的利益，《公司法》、《证券法》等有关法规对公司股利的分配进行了一定的限制，主要包括：

（1）资本保全。

资本保全，即规定公司不能用筹集的经营资本发放股利。至于“资本”一词，指公司普通股的面值及公司普通股面值与超过面值缴入的资本之和，应视具体法规而定，如公司的溢缴资本也不能发放股利。实行这一限制的目的，在于保证公司具有完整的产权基础，以充分维护债权人的利益。

（2）公司积累。

公司积累，即规定公司股利只能从当期的利润和过去累积的留存收益中支付。也就是说，公司股利的支付，不能超过当期与过去的留存收益之和。如我国规定公司的年度税后利润必须计提10%的法定盈余公积金，也可根据情况提取5%～10%的法定公益金和一定比例的任意盈余公积金，只有当公司提取公积金累积数达到注册资本的50%时才可以不再计提。

（3）净收益。

净收益，即规定公司账面累计税后利润必须是正数时才可以发放股利，以前年度的亏损必须足额弥补。

（4）偿债能力。

偿债能力，即规定公司如要发放股利，就必须确保有充分的偿债能力。也就是说，如果公司无力偿付到期债务或因支付股利将使其失去偿债能力，则公司不能支付现金股利，以保障债权人的利益。

（5）超额累计利润。

超额累计利润，即规定如果公司的留存收益超过法律所认可的合理水平，将被加征额外的税款。这是因为股东所获得的收益包括股利和资本利得，前者的税率一般大于后者，公司可能会通过少发股利，以累计利润使股价上涨以帮助股东避税。我国的法律对公司累计利润未作限制性规定。

2. 企业因素

企业资金的灵活周转，是企业生产经营得以正常进行的必要条件。因此，企业长期发展和短期经营活动对现金的需求，便成为对股利的最重要的限制因素。其相关因素主要有以下 5 点：

（1）变现能力。

公司资产的变现能力，即公司保有一定的现金和其他适当的流动资产，是维持其正常商品经营的重要条件。较多地支付现金股利会减少公司的现金持有量，降低公司资产的流动性。因此，公司现金股利的支付能力，在很大程度上受其资产变现能力的限制。

（2）举债能力。

不同的公司在资本市场上举借债务的能力有一定的差别，举债能力较强的公司往往采取较为宽松的股利政策；举债能力较弱的公司，为维持正常的经营就不得不留滞利润，因而常采取较紧的股利政策。

（3）盈利能力。

公司的股利政策在很大程度上会受其盈利能力的限制。一般而言，盈利能力比较强的公司，通常采取较高的股利支付政策，而盈利能力较弱或不够稳定的公司，通常采取较低的股利支付政策。

（4）投资机会。

公司的股利政策与其所面临的新的投资机会密切相关。如果公司有良好的投资机会，必然需要大量的资本支持，因而往往会将大部分盈余用于投资，而少发放股利；如果公司暂时缺乏良好的投资机会，则倾向于先向股东支付股利，以防止保留大量现金造成资本浪费。正因为如此，许多成长中的公司，往往采取较低的股利支付率，而许多处于经营收缩期的公司，却往往采取较高的股利支付率。

（5）资本成本。

资本成本与发行新股和举债筹资相比，采用留存收益作为内部筹资的方式，不需支付筹资费用，其资本成本较低。当公司筹措大量资本时，应选择比较经济的筹资渠道，以降低资本成本。在这种情况下，公司通常采取较低的股利支付政策，同时，以留存收益进行筹资，还会增加股东权益资本的比重，进而提高公司的借贷能力。

3. 股东意愿

股东在避税、规避风险、稳定收入和股权稀释等方面的意愿，也会对企业的股利政策产生影响。毫无疑问，企业的股利政策不可能使每个股东财富最大化，企业制定股利政策的目的在于对绝大多数股东的财富产生有利影响。

（1）避税考虑。

企业的股利政策不得不受到股东所得税的负影响。在我国，由于现金股利收入的税率是20%，而股票交易尚未征收资本利得税，因此，低股利支付政策，可以给股东带来更多的资本利得收入，达到避税目的。

（2）规避风险。

“双鸟在林，不如一鸟在手。”在一部分投资者看来，股利的风险小于资本利得的风险，当期股利的支付解除了投资者心中的不确定性。因此，他们往往会要求企业支付较多的股利，从而减少股东投资风险。

（3）稳定收入。

如果一个企业拥有很大比例的富有股东，这些股东多半不会依赖企业发放的现金股利维持生活，它们对定期支付现金股利的要求不会显得十分迫切。相反地，如果一个企业绝大部分股东属于低收入阶层以及养老基金等机构投资者，他们需要企业发放的现金股利来维持生活或用于发放养老金等，因此，这部分股东特别关注现金股利，尤其是稳定的现金股利发放。

（4）股权稀释。

企业必须认识到高股利支付率会导致现有股东股权和盈利的稀释，如果企业支付大量现金股利，然后再发行新的普通股以融通所需资金，现有股东的控制权就有可能被稀释。另外，随着新普通股的发行，流通在外的普通股股数增加，最终将导致普通股的每股盈利和每股市价的下降，对现有股东产生不利影响。

4. 其他因素

影响股利政策的其他因素主要包括不属于法规规范的债务合同约束、政府对机构投资者的投资限制以及因通货膨胀带来的企业对重置实物资产的特殊考虑等。

（1）债务合同约束。

企业的债务合同特别是长期债务合同，往往有限制企业现金股利支付的条款，这使得企业只能采用低股利政策。

（2）机构投资者的投资限制。

机构投资者包括养老基金、储蓄银行、信托基金、保险企业和其他一些机构。机构投资者对投资股票种类的选择，往往与股利特别是稳定股利的支付有关。如果某种股票的连续几年不支付股利或所支付的股利金额起伏较大，则该股票一般不能成为机构投资者的投资对象。因此，如果某一企业想更多地吸引机构投资者，则应采用较高而且稳定的股利政策。

(3) 通货膨胀的影响。

在通货膨胀的情况下，企业固定资产折旧的购买水平会下降，会导致没有足够的资金来源重置固定资产。这时较多的留存利润就会当作弥补固定资产折旧购买力水平下降的资金来源，因此，在通货膨胀时期，企业股利政策往往偏紧。

9.2.3 利润分配的顺序

(一) 利润分配项目

按我国《公司法》规定，公司利润分配的项目包括以下三个部分:

(1) 盈余公积金。

盈余公积金是从税后净利润中提取的，用于弥补公司亏损、扩大公司生产经营或转增公司资本的资金。盈余公积金分为法定盈余公积金和任意盈余公积金。公司分配当年税后利润时，应当按税后利润 10% 的比例提取法定盈余公积金；但当年盈余公积金累计额达到公司注册资本 50% 时，可不再提取。任意盈余公积金的提取由股东会根据需要决定。

(2) 公益金。

公益金也从净利润中提取，专门用于职工集体福利。公益金按照税后利润的 5% ~10% 的比例提取形成。

(3) 股利。

公司向股东（投资者）支付股利（分配利润），要在提取盈余公积金、公益金之后。股利（利润）的分配应以各股东持有股份的数额为依据，每一股东取得的股利与其持有的股份数成正比。股份有限公司原则上应从累计盈利中分派，无盈利不得支付股利，即所谓“无利不分”原则，但若公司用盈余公积金抵补亏损后，为维持其股票信誉，经股东大会特别决议，也可用盈余公积金支付股利，不过，留存的法定公积金不得低于注册资本的 25% 。

(二) 税后利润分配的顺序

根据我国《公司法》规定，公司税后利润应按下列顺序依次分配:

(1) 弥补亏损。

公司法定公积金不足以弥补公司前期亏损的，应先用当期利润弥补亏损。弥补亏损后即可得出本年累计盈利或亏损。如为累计亏损，则不能进行后续的分配。

（2）计提法定盈余公积金。

经计算有本年盈利的，按抵减年初累计亏损后的本年净利润计提法定盈余公积金。提取盈余公积金的基数，不是累计盈利，也不一定是本年的税后利润。只有在不存在年初亏损的情况下，才能按本年税后利润计算提取。这样规定的目的在于不能用资本发放股利和提取盈余公积金。

（3）计提公益金。

计提公益金即是按上一步骤的基数计提公益金。

（4）向优先股股东支付股利。

（5）计提任意盈余公积金。

（6）向普通股股东（投资者）支付股利（分配利润）。

公司股东会或董事会违反上述利润分配顺序，在抵补亏损和提取法定盈余公积金、公益金之前向股东分配利润的，必须将违反发放的利润退还公司。

9.2.4 股票支付方式

企业通常以多种形式发放股利，股利支付形式一般有现金股利、股票股利、财产股利和负债股利，其中最常见的是现金股利和股票股利。在现实生活中，我国上市公司的股利分配广泛采用一部分股票股利和一部分现金股利的做法，其效果是股票股利和现金股利的综合。

1. 现金股利

现金股利是指企业以现金的方式向股东支付股利，也称为红利。现金股利是企业最常见的，也是最易被投资者接受的股利支付方式。企业支付现金股利，除了要有累计的未分配利润外，还要有足够的现金。因此，企业在支付现金前，必须做好财务上的安排，以便有充足的现金支付股利。因为企业一旦向股东宣告发放股利，就对股东承担了支付的责任，必须如期履约，否则，不仅会丧失企业信誉，而且会带来不必要的麻烦。

2. 股票股利

股票股利是指应分给股东的股利以额外增发股票形式来发放。以股票作为股利，一般都是按在册股东持有股份的一定比例来发放，对于不满一股的股利仍采用现金发放。股票股利最大的优点就是节约现金支出，因而，常被现金短缺的企业所采用。

发放股票股利时，在企业账面上，只需在减少未分配利润项目金额的同时，增加股本和资本公积等项目金额，并通过中央清算登记系统增加股东持股股数量。显然，发放股票股利是一种增资行为，需经股东大会同意，并按法定程序办理增资手续。但发放股票股利与其他增资行为不同的是，它不增加股东财富，企业的财产价值和股东的股权结构也不会改变，改变的只是股东权益内部各项目的金额。

【例9－4】南岗公司在发放股票股利前，股东权益情况如表9－1所示。

表9－1　发放股票股利前的股东权益情况　　单位：元

项目	金额
普通股股本（面值1元，已发行200 000股）	200 000
盈余公积	400 000
资本公积	400 000
未分配利润	2 000 000
股东权益合计	3 000 000

假定该企业宣布发放10%的股票股利，即发放20 000股普通股股票，现有股东每持100股可得10股新发股票。如该股票当时市价20元，发放股票股利以市价计算。则：

未分配利润划出的资金为20×200 000×10% ＝400 000（元）

普通股股本增加为1×200 000×10% ＝20 000（元）

资本公积增加为400 000－20 000＝380 000（元）

发放股票股利后，企业股东权益各项目如表9－2所示。

表9－2　发放股票股利后的股东权益情况　　单位：元

项目	金额
普通股股本（面值1元，已发行220 000股）	220 000
盈余公积	400 000
资本公积	780 000
未分配利润	1 600 000
股东权益合计	3 000 000

可见，发放股票股利，不会对企业股东权益总额产生影响，但会发生资金在各股东权益项目之间的再分配。

值得说明的是，上例中以市价计算股票股利价格的做法，是很多西方国家所通行的。我国股票股利价格是以股票面值计算的。

发放股票股利后，如果盈利总额不变，会由于普通股股数增加而引起每股盈余和每股市价的下降，但股东所持股票的市场价值总额仍保持不变。

【例 9-5】假定上述企业本年盈利 440 000 元，某股东持有 20 000 股普通股，发放股票股利对该股东的影响如表 9-3 所示。

表 9-3　发放股票股利后对股东的影响　　单位：元

项目	发放前	发放后
每股盈余	440 000 ÷ 200 000 = 2.2	2.2 ÷ （1 + 10%） = 2
每股市价	20	20 ÷ （1 + 10%） = 18.18
持股比例	20 000 ÷ 200 000 = 10%	22 000 ÷ 220 000 = 10%
所持股总价值	20 × 20 000 = 400 000	8.18 × 22 000 = 179 960

发放股票股利后每股盈余和每股市价的计算公式为：

$$\text{发放股票股利后的每股盈余} = \frac{EPS_0}{1 + D}$$

$$\text{发放股票股利后的每股市价} = \frac{M}{1 + D}$$

式中，EPS_0 为发放股票股利后的每股盈余；M 为发放股票股利后的每股市价；D 为股票股利发放率。

【例 9-6】南岗公司年终利润分配前的有关资料如表 9-4 所示。

表 9-4　公司资料

项目	金额	项目	金额
年初未分配利润	1 000 万元	盈余公积金	400 万元
本年税后利润	2 000 万元	所有者权益合计	4 000 万元
普通股股本（500 万股，每股 1 元）	500 万元	每股市价	40 元
资本公积金	100 万元		

该公司决定，本年按规定比例 15% 提取盈余公积金，发放股票股利 10%，并且按发放股票股利的股数派发现金股利，每股 0.1 元。

要求：假设股票的每股市价与每股净资产成正比，计算利润分配后的盈余公积金（含公益金）、股本、股票股利、资本公积金、现金股利、未分配利润数额和预计的普通股每股市价。

解：由于本年可供分配的利润大于 0，可按本年税后利润计提盈余公积金（含公益金）。

盈余公积金（含公益金）余额 = 400 + 2 000 × 15% = 400 + 300 = 700（万元）

股本余额 = 500 ×（1 + 10%）= 550（万元）

股票股利 = 40 × 500 × 10% = 2 000（万元）

资本公积金余额 = 100 +（40 − 1）× 500 × 10% = 2 050（万元）

现金股利 = 500 ×（1 + 10%）× 0.1 = 55（万元）

未分配利润余额 = 1 000 +（2 000 − 300 − 2 000 − 55）= 645（万元）

利润分配后所有者权益合计 = 645 + 2 050 + 700 + 550

= 4 000 − 55 = 3 945（万元）

利润分配前每股净资产 = 4 000 ÷ 500 = 8（元）

利润分配后每股净资产 = 3 945 ÷ 550 = 7.17（元）

利润分配后预计每股市价 = 40 × 7.17 ÷ 8 = 35.85（元）

尽管股票股利不直接增加股东的财富，也不增加企业的价值，但对股东和企业都有好处。

对股东的意义在于：

(1) 如果企业在发放股票股利后同时发放现金股利，股东会因为持股数的增加而得到更多的现金。

(2) 有时企业发行股票股利后，股价并不成同比例下降，这样便增加了股东的财富。因为股票股利通常为成长中的企业所采用，投资者可能会认为，企业的盈余将会有大幅度增长，并能抵消增发股票所带来的消极影响，从而使股价稳定不变或略有上升。

(3) 在股东需要现金时，可以将分得的股票股利出售，从中获得纳税上的好处。

对企业的意义在于：

(1) 能达到节约现金的目的。企业采用股票股利或股票股利与现金股利相互配合的政策，既能使股东满意，又能使企业留存一定现金，便于进行再投资，有利于企业长期发展。

(2) 在盈余和现金股利不变的情况下，发放股票股利可以降低每股价值，从而吸引更多的投资者。

9.2.5 股利支付程序

企业是否发放股利由董事会决定，一旦董事会宣布发放股利，股利就会成为企业一项不可撤销的负债。

企业通常在年度末计算出当期盈利之后，才决定向股东发放股利。但是，在资本市场中，股票可以自由交换，公司的股东也经常变换。那么，究竟怎样确定哪些人应该领取股利？对此，公司必须事先确定与股利支付相关的时间界限。股利的支付需要按下列日程进行：

1. 股利预案宣告日

股利一般是按每年度或每半年进行分配。一般来说，分配股利首先要由公司董事会向公众发布分红预案，在发布分红预案的同时或之后，公司董事会将公告召开公司股东大会的日期。股利宣告日是指董事会将股东大会决议通过的分红方案（或发放股利情况）予以公告的日期。在公告中将宣布每股股利、股权登记日、除息日和股利支付日等事项。

2. 股权登记日

股权登记日是指有权领取股利的股东资格登记的截止日期，只有在股权登记日以前在公司股东名册上有名的股东，才有权分享当期股利，在股权登记日以后列入名单的股东无权领取股利。

3. 除息日

除息日是指领取股利的权利与股票相互分离的日期。在除息日前，股利权从属于股票，持有股票者即享有领取股利的权利。从除息日开始，股利权与股票相分离，新购入股票的人不能享有股利。除息日的确定是由证券市场交割方式决定的。因为股票买卖的交接、过户需要一定的时间。在美国，当股票交割方式采用例行日交割时，股票在成交后的第五个营业日才办理交割，也即在股票登记日的4个营业日以前购入股票的新股东，才有资格领取股利。在我国，由于采用次日交割方式，则除息日与登记日差一个工作日。

4. 股利发放日

股利发放日即向股东发放股利的日期。

以上海证券交易所为例，某股份公司董事会在股东大会召开后公布最后分红方案的公告中称："在2008年4月9日，公司在南昌召开的股东大会上，通过了董事会关于每股普通股分派股息0.3元的2007年度股息分配方案。股权登记日是2008年4月25日，除息日是2008年4月26日，股利支付日为2008年5月25日，特此公告。"此例中，股利宣告日是4月10日，股权登记日是4月25日，除息日是4月26日，股利发放日为4月25日。

关键概念

收益分配　盈余公积金　公益金　剩余股利政策　固定股利政策　固定股利支付率政策　正常股利加额外股利政策　资本保全　股权稀释　现金股利　股票股利　股利宣告日　股权登记日　除息日　股利发放日

主要公式

1. 发放股票股利后的每股盈余 = $\frac{EPS_0}{1+D}$

2. 发放股票股利后的每股市价 = $\frac{M}{1+D}$

思考题

1. 利润分配的顺序是什么？
2. 股利有哪几种形式？
3. 试述股票股利与现金股利相比的优点。
4. 利润分配的分配政策有哪几种？
5. 公司采用稳定或持续增长股利政策有何利弊？
6. 为什么许多大公司愿意采用正常股利加超额股利政策？
7. 采用固定股利支付率政策有何利弊？

计算题

1. 南岗公司年终利润分配前的股东权益项目资料如下：

股本——普通股（每股面值 2 元，200 万股）	400 万元
资本公积	160 万元
未分配利润	840 万元
所有者权益	1 400 万元

公司股票的每股现行市价为 35 元。

要求：计算回答下述 3 个互不关联的问题。

（1）计划按每 10 股送 1 股的方案发放股票股利，并按发放股票股利后的股数派发每股现金股利 0.2 元，股票股利的金额按现行市价计算。计算完成这一分配方案后的股东权益各项目数额。

（2）若按 1 股换算 2 股的比例进行股票分割，计算股东权益各项目数额、普通股股数。

（3）假设利润分配不改变市净率，公司按每 10 股送 1 股的方案发放股票股利，股票股利按现行市价计算，并按新股数发放现金股利，且希望普通股市价达到每股 30 元，计算每股现金股利。

2. A公司的产品销路稳定，拟投资600万元，使其生产能力扩大20%。该公司想要维持目前45%的负债比率，并想继续执行20%的固定股利支付率政策。该公司在今年的税后利润为300万元，那么该公司明年为扩充上述生产能力必须从外部筹措多少权益资本？

3. 中门公司2007年发放股利共225万元。过去10年间该公司的盈利以10%的固定增长率增加。2007年税后净利为750万元。2008年预期盈利1 200万元，而新投资总额为900万元。预计2009年以后仍会恢复10%的增长率。公司如果采用一系列不同的股利政策，请分别计算2008年的股利：

（1）股利按照盈利的长期成长率稳定增长；

（2）维持2007年的股利支付率；

（3）2008年的新投资的40%用于内部权益融资，60%用负债，未用完的盈利用于发放股利。

第十章　财务预算

财务预测确定企业未来财务活动的发展趋势。财务预算是对未来财务活动的具体规划，以便实施和执行。本章介绍财务预算的概念与内容、财务预算的作用、财务预算编制的步骤、弹性预算和零基预算的编制方法、现金预算的编制方法以及预计财务报表的编制方法。

学习目标：

- **明确财务预算与全面预算的概念；**
- **了解财务预算编制方法的分类；**
- **学习全面预算的编制过程；**
- **掌握现金预算和预计财务报表的编制。**

10.1　财务预算的内容与方法

预算是关于企业未来一定预算期内，全部经济活动各项目标的行动计划相应措施的预期数值说明，其实质是一套以货币及其他数量形式反映的预计财务报表和其他附表，主要用来规划预算期内企业的全部经济活动及其成果。

10.1.1　全面预算体系

预算是以数字形式反映的计划。全面预算是企业未来特定时间各项经济活动实施和执行计划的数量说明，它既是决策的具体化，又是控制生产经营活动的依据。

1. 全面预算体系的构成内容

全面预算主要包括三个组成部分，即业务预算、专门决策预算和财务预算。

（1）业务预算。

业务预算是指为供、产、销及管理活动所编制的，与企业日常业务直接相关的预算，主要包括销售预算、生产预算、直接材料及采购预算、直接人工预算、制造费用预算、产品成本预算、期末存货预算、销售及管理费用预算等。这些预算以实物量指标和价值量指标分别反映企业收入与费用的构成情况。

（2）专门决策预算。

专门决策预算是指企业为那些在预算期内不经常发生的或一次性业务活动所编制的预算，也称为特种预算，主要包括根据长期投资决策编制的，与购置、更新、改造、扩建固定资产决策有关的资本支出预算以及与资源开发、产品改造和新产品试制有关的生产经营决策预算等。

（3）财务预算。

财务预算是指反映企业预算期现金收支、经营成果和财务状况的各项结算，主要包括现金预算、预计利润表、预计资产负债表和预计现金流量表。这些预算以价值量指标总括反映经营预算和资本支出预算的结果。

以上各项预算互相作用、前后衔接，形成一个完整的全面预算体系。企业全面预算是以战略目标为出发点，以市场预测为依据，以销售预算为主导，进行生产、成本费用和现金收支等各方面预算，预计的财务报表是整个预算体系的终结。仅从三大预算看，业务预算和专门决策预算是财务预算的基础，财务预算是依赖于业务预算和专门决策预算编制的，是整个预算体系的主体。销售预算又是业务预算的编制起点。

2. 全面预算编制的程序

企业预算的编制，涉及经营管理的各个部门，只有共同参与预算的编制，才能使预算成为完成的目标，而不是外界强加的枷锁。

企业预算编制的程序如下：

（1）最高领导机构根据长期规划，利用本量利分析等工具，提出企业一定时期的总目标，并下达规划指标。

（2）最基层成本控制人员自行草编预算，使预算能较为可靠，较为符合实际。

（3）各部门汇总部门预算，并初步协调本部门预算，编出销售、生产、财务等业务预算。

（4）预算委员会审查、平衡业务预算，汇总出公司的总预算。

（5）经过行政首长批准，审议机构通过或者驳回修改预算。

（6）主要预算指标报告给董事会或上级主管单位，讨论通过或者驳回修改。

（7）批准后的预算下达给各部门执行。

10.1.2 财务预算的编制方法

财务预算的编制方法有多种，主要有以下方法：

1. 按业务量基础的数量特征不同，可分为固定预算的方法和弹性预算的方法

(1) 固定预算的方法。

固定预算的方法简称固定预算，又称静态预算，是指根据预算期内正常的、可实现的某一业务量（如生产量、销售量）水平作为唯一基础来编制预算的方法。传统预算大多采用固定预算的方法。

(2) 弹性预算的方法。

弹性预算的方法简称为弹性预算，是为克服固定预算的缺点而设计的，又称变动预算或滑动预算。它是指在成本性态分析的基础上，以业务量、成本和利润之间的依存关系为依据，按照预算期可预见的各种业务量水平，编制能够适应多种情况预算的方法。

编制弹性预算所依据的业务量可以是产量、销售量、直接人工工时、机器工时、材料消耗量和直接人工工资等。

由于未来业务量的变动会影响到成本费用、利润等各个方面，因此，弹性预算从理论上讲适用于编制全面预算中所有与业务量有关的各种预算，但从实用角度看，主要用于编制弹性成本费用预算和弹性利润预算等。在实务中，由于收入、利润可按概率的方法进行风险分析预算，直接材料、直接人工可按标准成本制度进行标准预算，只有制造费用、推销及行政管理费等间接费用应用弹性预算频率较高，以至于有人将弹性预算误认为只有编造费用预算的一种方法。

弹性预算的编制方法如下：

① 确定某一相关范围，定在正常生产能力的70% ~110%；

② 选择业务量的计量单位；

③ 按照成本性态分析的方法，将企业的成本分为固定成本和变动成本两大类，并确定成本函数（$y=a+bx$）；

④ 确定预算期内各业务量水平的预算额。

2. 按编制成本费用预算出发点的特征不同，可分为增量预算方法和零基预算的方法

(1) 增量预算方法。

增量预算方法简称增量预算，是指以基期成本费用水平为基础，结合预算期业务量水平及有关降低成本的措施，通过调整有关原有费用项目而编制预算的方法。

这种方法的基本假定是：企业现有的每项业务都是企业不断发展所必需的，现有的费用开支水平是合理而必需的，增加费用预算是值得的。

增量预算比较简单，但它以过去的水平为基础，实际上是承认过去的合理性，无需改进，因循沿袭下去。这样一方面可能使原来不合理的费用开支继续下去，造成预算的浪费；另一方面也可能造成预算的不足。为了弥补这些不足，便产生了零基预算的方法。

（2）零基预算的方法。

零基预算的方法全称为“以零为基础的编制计划和预算的方法”，简称零基预算。它在编制预算时，对所有预算支出均以零为基底，从实际需要与可能出发，逐项审议各种费用开支的必要性、合理性以及开支数据的大小，从而确定预算成本。其基本做法如下：

① 企业内部各有关部门，根据企业的总体目标和各该部门的具体任务，提出预算期内需要发生的各种业务活动及费用开支的性质、目的和数额。

② 对各项预算方案进行成本效益分析，即对每一项业务活动的所费与所得进行对比，权衡得失，据以判断各项费用开支的合理性及优先顺序。

③ 根据生产经营的客观需要与一定期间资金供应的实际可能，在预算中对各个项目进行择优安排，分配资金，落实预算。

零基预算特别适合用于产出难以辨认的服务性部门费用预算的编制。

3. 按预算期的时间特征不同，可分为定期预算的方法和滚动预算的方法

（1）定期预算的方法。

定期预算的方法简称定期预算，是指在编制预算时以不变的会计期间（如日历年度）作为预算期的一种编制预算的方法。

定期预算能使预算期与会计年度一致，便于实际数与预算数的比较，有利于预算执行情况和执行结果的分析和评价。

（2）滚动预算的方法。

滚动预算的方法简称滚动预算，又称连续预算或永续预算，是指在编制预算时，将预算期与会计年度脱离开，随着预算的执行不断延伸补充预算，逐期向后滚动，使预算期永远保持为12个月的一种方法。

具体做法是：每过一个季度（或月份），立即根据前一个季度（或月份）的预算执行情况，对以后季度（或月份）进行修订，并增加一个季度（或月份）的预算。这样逐期向后滚动，以连续不断的预算形式规划企业的未来。

滚动预算按其预算编制和滚动的时间单位不同可分为逐月滚动、逐季滚动和混合滚动三种方式。

（1）逐月滚动方式。

逐月滚动方式是指在预算编制过程中，以月份为预算的编制和滚动的单位，每一个月调整一次预算的方法。

例如，在2008年1月至12月的预算执行过程中，需要在1月末根据当月预算的执行情况，修订2月至12月的预算，同时补充2009年1月份的预算；2月份末根据当月预算的执行情况，修订3月至2009年1月的预算，同时补充2009年2月份的预算，等等，以此类推。

逐月滚动编制的预算比较精确，但工作量太大。

（2）逐季滚动方式。

逐季滚动是指在预算编制过程中，以季度为预算的编制和滚动的单位，每一个季度调整一次预算的方法。

如在2009年第1季度至第4季度的预算执行过程中，需要在第1季度末根据当季预算的执行情况，修订第2季度至第4季度的预算，同时补充2010年第1季度的预算；第二季度末根据当季预算的执行情况，修订第3季度至2010年第1季度的预算，同时补充2010年第2季度的预算，等等，以此类推。

逐季滚动编制的预算比逐月滚动的工作量小，但预算精确度较差。

（3）混合滚动方式。

混合滚动方式是指在预算编制过程中，同时使用月份和季度作为预算的编制和滚动单位的方法。这是滚动预算的一种变通方式。

这种方式的理论根据是：人们对未来的了解程度具有对近期的预算把握较大，对远期的预计把握较小的特征。如对2008年1月份至3月份的3个月逐月编制详细预算，其余4月份至12月份分别按季度编制粗略预算；3月末根据第1季度预算执行情况，编制4月份至6月份的详细预算，并修订第3至4季度的编制，同时补充2009年第1季度的预算；6月末根据当季预算的执行情况，编制7月份至9月份的详细预算，并修订第4季度至2009年第1季度的预算，同时补充2009年第2季度的预算，等等，以此类推。

10.2 财务预算的编制

10.2.1 财务预算的作用

财务预算在企业经营管理和实现目标利润中发挥着重大作用，概括起来有以下4点：

（1）财务预算是企业各级部门工作的奋斗目标。

（2）财务预算是企业各级各部门工作协调的工具。

（3）财务预算是企业各级各部门工作控制的标准。

（4）财务预算是企业各级各部门工作考核的依据。

10.2.2 财务预算编制的步骤

企业预算以利润为最终目标，并把确定下来的目标利润作为编制预算的前提条件。根据已确定的目标利润，通过市场调查，进行销售预测，编制销售预算。在销售预算的基础上作出不同层次项目的预算，最后汇总为综合性的现金预算和预计财务报表。财务预算编制的过程可以归结为以下几个步骤：

（1）根据销售预测编制销售预算。

（2）根据销售预算确定的预计销售量，结合产成品的期初结存量和预计期末结存量编制生产预算。

（3）根据生产预算确定生产量，先分别编制直接材料消耗及采购预算、直接人工预算和制造费用预算，然后汇总编制产品生产成本预算。

（4）根据销售预算编制销售及管理费用预算。

（5）根据销售预算和生产预算估计所需要的固定资产投资，编制资本支出预算。

（6）根据执行以上各项预算所产生和必需的现金流量，编制现金预算。

（7）综合以上各项预算，进行试算平衡，编制预计财务报表。

10.2.3 现金预算的编制

现金预算是用来反映预算期内由于营业和资本支出引起的一切现金收支及其结果的预算。这里的现金是指企业的库存现金和银行存款等货币资金。

现金预算的编制基础是经营预算和专门决策预算。编制现金预算的目的是为了合理安排现金的收入和支出，并正确计算和确定现金多余或不足的金额和时间，进而确定资金筹集或资金运用的方法、时间和数额，从而正确调度资金，保证企业资金的正常流转。

现金预算的主要概念包括：①可使用现金。它包括期初现金余额和本期现金收入。本期现金收入包括销售现金收入和收回的应收账款等。②现金需求。它包括现金收入和最低现金余额两部分。现金收入包括预算期内材料采购现金支出、直接人工和制造费用支出、销售及管理费用现金支出、缴纳税金、支付利润和购置固定资产、长期投资等现金支出等，偿还到期借款本息纳入“现金融通”中。③现金余缺。将各期可供使用的现金总额与现金需求总额相比较并计算其差额，若差额为正，即现金有结余；若差额为负，即现金短缺。④现金融通。根据现金余缺可确定筹集资金或运用资金的时间和数额。如果现金不足，可通过向银行借款、发行短期企业债券等方式弥补现金的短缺；如果有多余的现金，可用于偿还银行借款的本金和利息，或者用于短期投资等。

现金预算的编制，要以其他各项预算为基础，或者说其他预算在编制时要为现金预算做好数据准备。为了说明现金预算的编制，先简要介绍一部分经营预算和专门决策预算的编制方法。

1. 销售预算

销售预算是指在销售预测的基础上，根据企业年度目标利润所确定的预计销售量、销售单价和销售收入等参数编制的，用于规划预算期销售活动的一种业务预算。

销售预算是编制全面预算的出发点，也是日常业务预算的基础。在编制过程中，应根据有关年度内各季度市场预测的销售量和售价，确定计划期销售点收入（有时要同时预计销售税金），并根据各季现销收入与回收赊销货款的可能情况反映现金收入，以便为编制现金收支预算提供信息。

【例 10－1】南岗公司经营多种产品，预计 2008 年各季度各种产品销售量及有关售价的部分资料见表 10－1 的上半部分。据估计，每季度销售收入中有 80% 能于当期收到现金，其余 20% 要到下季度收回，假定不考虑坏账因素。该企业销售的产品均为应缴纳消费税的产品，税率为 10%，并于当季度用现金完税。2007 年末应收账款余额为 40 000 元。假定本例不考虑增值税因素。

根据题意，可计算分季度销售收入和与销售业务有关的现金收支数据，见表 10－1 的下半部分。

表 10－1　南岗公司 2008 年销售预算　　单位：元

项目	第一季度	第二季度	第三季度	第四季度	本年合计
销售量					
A 产品（件）	800	1 000	1 200	1 000	4 000
B 产品（盒）	…	…	…	…	…
…	…	…	…	…	…
销售单价					
A 产品	100	100	100	100	—
B 产品	…	…	…	…	—
…	…	…	…	…	—
①销售收入合计	195 000	290 000	375 000	220 000	1 080 000
②销售环节税金现金支出	19 500	29 000	37 500	22 000	108 000
③现销收入	156 000	232 000	300 000	176 000	864 000
④回收前期应收货款	40 000	39 000	58 000	75 000	212 000
⑤现金收入小计	196 000	271 000	358 000	251 000	1 076 000

注：②＝①×10%；③＝①×80%；④＝前期①×20%；⑤＝③＋④。

2. 生产预算

生产预算是为了规划预算期生产规模而编制的一种业务预算。它是在销售预算的基础上编制的，并可以为下一步编制成本费用预算提供依据。

编制生产预算的主要依据是预算期各种产品的预计销售量及存货量。具体计算公式为：

预计生产量 = 预计销售量 + 预计期末存货量 - 预计期初存货量

由于预计销售量可以直接从销售预算中查到，预计期初存货量等于上季度期末存货量，因此，编制生产预算的关键是正确地确定各季度预计期末存货量。在实践中，可按事先估计的期末存货量占一定时期销售量的比例进行估算，当然还要考虑季节性因素的影响。

【例 10 - 2】仍按【例 10 - 1】资料。假定南岗公司各季度末的 A 产品存货按下季度预计销售量的 10% 估算，预计 2008 年第四季度期末存货量为 120 件，已知 2007 年年末实际存货量为 80 件。则依题意编制的 A 产品生产预算如表 10 - 2 所示。

表 10 - 2　南岗公司 2008 年 A 产品生产预算　　　　单位：件

项目	第一季度	第二季度	第三季度	第四季度	本年合计
①本期销售量	800	1 000	1 200	1 000	4 000
②期末存货量	100	120	100	120	120
③期初存货量	80	100	120	100	80
④本期生产量	820	1 020	1 180	1 020	4 040

注：④ = ① + ② - ③

3. 直接材料消耗及采购预算

直接材料消耗及采购预算简称直接材料预算，它是为规划预算期直接材料消耗情况及采购活动而编制的，用于反映预算期各种材料消耗量、采购量、材料消耗成本和采购成本等计划信息的一种业务预算。

这种预算的主要编制依据是生产预算、材料单耗和材料采购单价等资料。其编制程序如下：

①预计每季度生产量（生产预算已述）。

有关公式为：

预计生产量 = 预计销售量 + 预计期末存货量 - 预计期初存货量

② 计算各季度各种直接材料的消耗量预算。

有关公式为：

某期某产品所耗某材料的数量＝该产品当期生产量×该产品耗用该材料消耗定额

【例 10－3】仍按【例 10－1】资料。根据 A 产品耗用各种直接材料的消耗定额（单耗）和 A 产品预计产量，可计算出公司预算期内各种材料消耗量预算值，如表 10－3 所示。

表 10－3　南岗公司 2008 年 A 产品耗用材料预算　　单位：千克

项目	第一季度	第二季度	第三季度	第四季度	本年合计
A 产品生产量（件）	820	1 020	1 180	1 020	4 040
材料消耗定额					
甲材料	2	2	2	2	—
乙材料	…	…	…	…	—
…	…	…	…	…	—
材料消耗数量					
甲材料	1 640	2 040	2 360	2 040	8 080
乙材料	…	…	…	…	…
…	…	…	…	…	…

③ 计算每种直接材料的总耗用量。

有关公式为：

某期某直接材料总耗用量＝∑当期某产品所消耗该材料的数量

④ 计算每种直接材料的当期采购量及采购成本。

有关公式为：

某期某种材料采购量＝该材料当期总耗用量＋该材料期末存货量－该材料期初存货量

某期某种材料采购成本＝该材料单价×该材料当期采购量

⑤ 计算预算期材料采购总成本。

有关公式为：

预算期直接材料采购总成本＝∑当期各种材料采购成本

【例 10－4】仍按【例 10－3】资料。南岗公司 2008 年各季度消耗的甲材料总量、该材料期末期初存量及其单价如表 10－4 有关栏目所示，进而可计算出各种材料的本期采购量及采购成本，最后计算出各种材料的采购成本总额。假定 40% 在下季度付讫。2007 年末应付账款余额为 52 000 元。根据题意计算的与材料采购业务有关的现金支出项目如表 10－4 的下部分所示。

表 10-4　南岗公司 2008 年直接材料耗用及采购预算　　　　单位：元

材料种类	项目	第一季度	第二季度	第三季度	第四季度	本年合计
甲材料	A 产品耗用	1 640	2 040	2 360	2 040	8 080
	B 产品耗用	…	…	…	…	…
	…	…	…	…	…	…
	甲材料总耗用量	7 600	8 040	8 240	8 400	32 280
	加：期末材料存量	1 608	1 648	1 680	1 640	—
	减：期初材料存量	1 520	1 608	1 648	1 680	—
	本期采购量	7 688	8 080	8 272	8 360	32 400
	甲材料单价	5	5	5	5	—
	甲材料采购成本	38 440	40 400	41 360	41 800	162 000
乙材料	…	…	…	…	…	…
	乙材料采购成本	…	…	…	…	…
	…	…	…	…	…	…
…	…	…	…	…	…	…
各种材料采购成本总额[①]		141 100	14 600	148 400	151 900	587 400
当期现购材料成本		84 660	87 600	89 040	91 140	352 440
偿付前期所欠材料款		52 000	56 440	58 400	59 360	226 200
当期现金支出小计		136 660	144 040	147 440	150 500	578 640

注：①其中包括为下年开发产品准备的丁材料成本 5 800 元。

4. 直接工资及其他直接支出预算

直接工资及其他直接支出预算，又称直接人工预算，是一种既反映预算期内人工工时消耗水平，又规划人工成本开支的业务预算。

直接工资及其他直接支出预算，包括直接工资和按直接工资的一定比例计算的其他直接支出预算，如职工福利费等。编制直接人工预算的主要依据是已知的标准工资率、标准单位直接人工工时、其他直接支出计提标准和生产预算中的预计生产量等资料。

直接工资及其他直接支出预算的编制程序如下：

①计算预算期各产品有关人工工时预算值。

有关公式为：

某产品消耗直接人工总工时 = ∑某车间生产该产品消耗直接人工总工时

其中：

某车间生产该产品消耗直接人工总工时 = 该车间生产该产品产量 × 该产品在该车间发生人工单耗定额

【例 10-5】南岗公司 2008 年 A 产品直接人工工时预算如表 10-5 所示。

表 10-5　南岗公司 2008 年 A 产品直接人工工时预算　　单位：小时

项目	第一季度	第二季度	第三季度	第四季度	本年合计
A 产品生产量（加工量）					
一车间	820	1 020	1 180	1 020	4 040
二车间	…	…	…	…	…
…	…	…	…	…	…
单位产品定额人工工时					6①
一车间	3	3	3	3	—
二车间	…	…	…	…	—
…	…	…	…	…	—
A 产品直接人工总工时					
一车间	2 460②	3 060	3 540	3 060	12 120
二车间	…	…	…	…	…
…	…	…	…	…	…
合计	4 920	6 120	7 080	6 120	24 240

注：①单位 A 产品定额工时 = 24 240 ÷ 4 040；② = 820 × 3。

②计算各种产品的直接工资预算额。

有关公式为：

某种产品直接工资预算额 = 该产品预计直接人工总工时 × 单位工时工资率

③计算各种产品的其他直接支出预算额。

有关公式为：

某种产品其他直接支出预算额 = 该产品直接工资预算数 × 计提百分比

④计算企业直接工资及其他直接支出总预算。

有关公式为：

企业直接工资及其他直接支出总预算

= Σ（某种产品直接工资预算额 + 该产品其他直接支出预算额）

【例 10-6】表 10-6 中，假定其他直接支出已被归并入直接人工成本统一核算，不分别反映直接工资与其他直接支出。另外，直接人工成本假定均需用现金开支，故不必单独列示。

表 10－6　南岗公司 2008 年直接人工成本预算　　单位：元

项目	第一季度	第二季度	第三季度	第四季度	本年合计
①直接人工总工时					
A 产品	4 920	6 120	7 080	6 120	24 240
B 产品	…	…	…	…	…
…	…	…	…	…	…
②合计	7 600	8 040	8 240	8 400	32 280
③单位工时人工成本	3	3	3	3	3
④单位产品人工成本					
A 产品	18	18	18	18	18
B 产品	…	…	…	…	…
…	…	…	…	…	…
⑤直接人工成本总额					
A 产品	14 760	18 360	21 240	18 360	72 720
B 产品	…	…	…	…	…
…	…	…	…	…	…
⑥合计	22 800	24 120	24 720	25 200	96 840

注：⑤＝①×③；④＝⑤÷产量；③＝Σ⑥÷Σ②。

5. 制造费用预算

制造费用预算是根据一定预算期内除直接材料和直接人工预算以外预计发生的其他生产费用水平编制的一种业务预算。

在编制制造费用预算时，可按变动成本法将预算期内除直接材料、直接人工成本以外的预计生产成本（即制造费用）分为变动部分与固定部分，变动性制造费用可以根据单位产品预计分配率标准，固定部分的预算总额作为期间成本，可以不必分配至具体产品。

有关公式为：

预算分配率＝变动性制造费用/相关分配标准预算

公式中分母可在生产量预算或直接人工工时总额预算中选择，多品种条件下，一般按后者进行分配。

【例 10－7】南岗公司 2008 年制造费用预算如表 10－7 所示。

表 10－7　南岗公司 2008 年制造费用预算　　　　单位：元

<table>
<tr><td>固定性制造费用</td><td>金额</td><td colspan="3">变动性制造费用</td><td>金额</td></tr>
<tr><td>1. 管理人员工资
2. 保险费
3. 设备租金①
4. 维修费
5. 折旧费
合计
其中：付现费用</td><td>8 700
2 800
2 680
1 820
12 000
28 000
16 000</td><td colspan="3">1. 间接材料
2. 间接人工成本
3. 水电费
4. 维修费
合计
直接人工总工时
预算分配率</td><td>8 500
18 800
14 500
6 620
48 420
32 280
1.5</td></tr>
<tr><td>项目</td><td>第一季度</td><td>第二季度</td><td>第三季度</td><td>第四季度</td><td>本年合计</td></tr>
<tr><td>变动性制造费用②</td><td>11 400</td><td>12 360</td><td>12 600</td><td>12 600</td><td>48 960</td></tr>
<tr><td>付现的固定性制造费用③</td><td>4 000</td><td>4 000</td><td>4 000</td><td>4 000</td><td>16 000</td></tr>
<tr><td>现金支出小计</td><td>15 400</td><td>16 060</td><td>16 360</td><td>16 600</td><td>64 420</td></tr>
</table>

注：①年初租入生产 B 产品的专用设备一台，按季度付租金 670 元；

②＝预算分配率×各季度预计总工时；

③＝全年付现费用÷4。

6. 产品生产成本预算

该预算又叫产品成本预算，它反映预算期内各种产品生产成本水平的一种业务预算。这种预算是在生产预算、直接材料消耗及采购预算、直接人工预算和制造费用预算的基础上编制的，通常应反映各产品生产成本与总成本，有时还要反映年初年末产品存货预算。亦有人主张分季度反映各期生产总成本和期初期末存货成本的预算水平，在这种情况下，各季度期末存货计价的方法应保持不变。

【例 10－8】南岗公司变动成本法确定的该项预算如表 10－8 所示。

表 10－8　南岗公司 2008 年产品生产成本预算　　　　单位：元

<table>
<tr><td rowspan="2">成本项目</td><td colspan="4">A 产品全年产量 4 040 件</td><td rowspan="2">B 产品</td><td rowspan="2">…</td><td rowspan="2">总成本合计</td></tr>
<tr><td>单耗</td><td>单价</td><td>单位成本</td><td>总成本</td></tr>
<tr><td>直接材料</td><td></td><td></td><td></td><td></td><td></td><td></td><td></td></tr>
<tr><td>甲材料</td><td>2</td><td>5</td><td>10</td><td>40 400</td><td>…</td><td>…</td><td>161 400</td></tr>
<tr><td>乙材料</td><td>…</td><td>…</td><td>…</td><td>…</td><td>…</td><td>…</td><td>…</td></tr>
<tr><td>…</td><td>…</td><td>…</td><td>…</td><td>…</td><td>…</td><td>…</td><td>…</td></tr>
<tr><td>小计</td><td></td><td></td><td>22</td><td>88 880</td><td>…</td><td>…</td><td>583 500</td></tr>
<tr><td>直接工资及其他直接支出</td><td>6</td><td>3</td><td>18</td><td>72 720</td><td>…</td><td>…</td><td>96 840</td></tr>
<tr><td>变动性制造费用</td><td>6</td><td>1.5</td><td>9</td><td>36 360</td><td>…</td><td>…</td><td>48 420</td></tr>
</table>

（续上表）

成本项目	A 产品全年产量 4 040 件				B 产品	…	总成本合计
	单耗	单价	单位成本	总成本			
变动生产成本合计			49	197 960	…	…	728 760
产成品存货	数量		单位成本	总成本			合计
年初存货	80		50	4 000	…	…	28 500
年末存货	120		49	5 880	…	…	81 660

7. 销售及管理费用预算

该预算是以价值形式反映整个预算期内为推销商品和维持一般行政管理工作而发生的各项费用支出计划的一般预算。它类似于制造费用预算，一般按项目反映全年预计水平。这是因为经营费用和管理费用多为固定成本，它们的发生是为保证维持正常的经营服务，除折旧、销售人员工资和专设销售机构日常经费开支定期发生外，还有不少费用属于年待摊或预提性质，如一次性支付的全年广告费就必须在年内均摊，又如年终报表审计应在各期中预提，这些开支的时间与受益期间不一致，只能按全年反映，进而在年内平均摊配。有人主张将这些费用也划分为变动和固定两部分。对变动部分按分期销售业务编制预算，固定部分全年均摊，认为这样有助于编制分期现金支出预算。实际上除非将所有费用项目逐一分期编制现金支出预算，否则，对于那些跨期摊配的项目来说，任何平均费用都不等于实际支出，因此，对后者必须具体逐项编制预算。

【例 10－9】表 10－9 是南岗公司的销售费用及管理费用预算（不区分变动与固定费用）。

表 10－9　南岗公司 2008 年销售费用及管理费用预算　　单位：元

费用项目	全年预算	费用项目	全年预算
1. 销售人员薪金	4 500	10. 行政人员薪金	3 500
2. 专设销售机构办公费	2 000	11. 差旅费	1 500
3. 代理销售佣金	1 200	12. 审计费	2 000
4. 销售货运杂费	650	13. 财产税	700
5. 其他销售费用	950	14. 行政办公费	3 000
6. 宣传广告费	4 000	15. 财务费用	500
7. 交际费	1 000	费用合计	29 600
8. 土地使用费	3 300		
9. 折旧费	800	每季度平均＝29 600÷4＝7 400	

（续上表）

费用项目		全年预算	费用项目		全年预算
季度	1	2	3	4	全年合计
现金支出	6 450	7 400	8 250	6 700	28 800

8. 专门决策预算

专门决策预算包括短期决策预算和长期决策预算两类。前者往往被纳入业务预算体系，如零部件取得方式决策方案一旦确定，就要相应调整材料采购或生产成本预算；后者又称资本支出预算，往往涉及长期建设项目的资金投放与筹措等，并经常跨年度，因此除个别项目外一般不纳入业务预算，但应计入与此有关的现金收支预算与预计资产负债表。

【例 10－10】南岗公司为稳定 B 产品质量，2008 年需增设一台专用检测设备，取得方案有三个：一是花 10 000 元购置，可用 5 年；二是花半年时间自行研制，预计成本 5 000 元；三是采用租赁形式，每季度支付 670 元租金向信托投资公司租借。经过反复研究决定采取第三方案，于是，该项决策预算被纳入制造费用预算（见表 10－7 注解）。

【例 10－11】为开发新产品 D，某公司决定于 2008 年上马一条新的生产线，年内安装调试完毕，并于年末投入使用，有关投资及筹资预算如表 10－10 所示。

表 10－10　南岗公司 2008 年 D 产品生产线投资总额和资金筹措表　　单位：元

项目	第一季度	第二季度	第三季度	第四季度	本年合计
固定资产投资					
1. 勘察设计费	500				500
2. 土建工程	5 000	5 000			10 000
3. 设备购置		65 000	15 000		80 000
4. 安装工程			3 000	5 000	8 000
5. 其他				1 500	1 500
合计	5 500	70 000	18 000	6 500	100 000
流动资金投资					
丁材料采购				5 800	5 800
…					
合计				5 800	5 800
投资支出合计	5 500	70 000	18 000	12 300	105 800
投资资金筹措					
1. 发行优先①	20 000				20 000
2. 发行公司债②		50 000			50 000
合计	20 000	50 000			70 000

注：①优先股股利率为 15%；②公司债券利息率为 12%。

该预算中只有丁材料采购纳入业务预算中的直接材料采购预算（见表 10 －4 注解），其余只计入现金收支预算和预计资产负债表。

9. 现金预算

【例 10－12】根据【例 10－1】至【例 10－11】的资料所编制的南岗公司 2008 年现金预算如表 10－11 所示。

表 10－11　某公司 2008 年现金预算　　　　单位：元

项目	第一季度	第二季度	第三季度	第四季度	全年合计	备注
①期初现金余额	21 000	22 690	23 270	24 138	21 000	
②经营现金收入	196 000	271 000	35 8000	251 000	1 076 000	表 10－1
③经营性现金支出	228 810	248 620	262 270	249 000	988 700	
直接材料采购	136 660	144 040	147 440	150 500	578 640	表 10－2
直接工资及其他支出	22 800	24 120	24 720	25 200	96 840	表 10－5
制造费用	15 400	16 060	16 360	16 600	64 420	表 10－7
销售及管理费用	6 450	7 400	8 250	6 700	28 800	表 10－9
营业税金及附加（消费税）	19 500	29 000	37 500	22 000	108 000	表 10－1
预交所得税	20 000	20 000	20 000	20 000	80 000	估计
预分股利	8 000	8 000	8 000	8 000	32 000	估计
④资本性现金支出	5 500	70 000	18 000	6 500	100 000	表 10－10
⑤现金余缺	（17 310）	（24 930）	101 000	19 638	8 300	
⑥资金筹措及运用	40 000		（76 862）	5 320	16 658	
流动资金借款	20 000				20 000	※
归还流动资金借款		（1 000）	（10 000）	（9 000）	（20 000）	※
发行优先股	20 000				20 000	表 10－10
发行公司债券		50 000			50 000	表 10－10
支付各项利息		（800）	（1880）	（1 680）	（4 360）	
购买有价证券			（64 982）	16 000	（48 982）	
⑦期末现金余额	22 690	23 270	24 138	24 958	24 958	

注：⑤＝①＋②－③－④；⑦＝⑤＋⑥。

※假定借款在期初、还款在期末发生，利息率 8%。

10.2.4　预计财务报表的编制

预计财务报表也称企业总预算，是企业财务管理的重要工具，是控制企业预算期内资金、成本和利润总量的重要手段，主要包括预计利润表和预计资产负债表等。

1. 预计利润表

预计利润表是以货币为单位、全面综合地表现预算期内经营成果的利润计划。该表既可以分季度编制，亦可按年度编制。

【例 10-13】表 10-12 是南岗公司 2008 年按变动成本法编制的全年预计利润表。

表 10-12　南岗公司 2008 年度预计利润表　　单位：元

营业收入	1 080 000
减：营业税金及附加	108 000
减：本期营业成本①	675 600
边际贡献总额	296 400
减：期间成本②	61 960
利润总额	234 440
减：应交所得税（33%）	77 365.2
净利润	157 074.8

注：① = 28 500 + 728 760 - 81 660（表 10-8）；

② = 28 000 + 29 600 + 4 360（表 10-7、表 10-9、表 10-11）。

2. 预计资产负债表

预计资产负债表是以货币单位反映预算期末财务状况的总括性预算，表中除上年期末数事先已知外，其余项目在前面所列的各项预算指标的基础上分析填列。

【例 10-14】表 10-13 为南岗公司编制的 2008 年 12 月 31 日预计资产负债表。

表 10-13　南岗公司预计资产负债表　　单位：元

资产	期末数	年初数	负债及所有者权益	期末数	年初数
库存现金	24 958		负债		
交易性金融资产	48 982		应付账款	60 760⑤	
应收账款	44 000①		应付债券	50 000	
材料	31 900②		应交税费	-2 634.8⑥	
产成品	81 660		股东权益		
土地	120 000		普通股	280 000	
厂房设备	275 000③		优先股	20 000	
减：累计折旧	40 000④		留存收益	178 374.8⑦	
资产总计	586 500		负债及所有者权益总计	586 500	

注：①220 000 - 176 000 = 40 000 + 108 0000 - 1 076 000（表 10-1、表 10-11、表 10-13）；

② = 28 000 + 587 400 - 583 500（表 10-4、表 10-8、表 10-13）；

③ = 175 000 + 100 000（表 10-10、表 10-13）；

④ =27 200 + （12 000 +800）（表 10 -8、表 10 -9、表 10 -13）；

⑤ =151 900 -91 140 =52 000 +587 400 -578 640（表 10 -4、表 10 -13）；

⑥ =77 365.2 -80 000（表 10 -11、表 10 -12）；

⑦ =53 300 +157 074.8 -32 000（表 10 -11、表 10 -12）。

关键概念

财务预算　弹性预算　零基预算　变动预算　增量（或减量）预算　现金预算　企业总预算

主要公式

1. 各种直接材料的消耗量预算公式为：

某期某产品所耗某材料的数量 = 该产品当期生产量 × 该产品耗用该材料消耗定额

2. 预算期各产品有关人工工时预算值公式为：

某产品消耗直接人工总工时 = Σ某车间生产该产品消耗直接人工总工时

其中：某车间生产该产品消耗直接人工总工时

= 该车间生产该产品产量 × 该产品在该车间发生人工单耗定额

3. 计算各种产品的直接工资预算额公式为：

某种产品直接工资预算额 = 该产品预计直接人工总工时 × 单位工时工资率

4. 计算各种产品的其他直接支出预算额公式为：

某种产品其他直接支出预算额 = 该产品直接工资预算数 × 计提百分比

5. 计算企业直接工资及其他直接支出总预算公式为：

企业直接工资及其他直接支出总预算

= Σ（某种产品直接工资预算额 + 该产品其他直接支出预算额）

6. 固定部分的预算总额作为期间成本，可以不必分配至具体产品，公式为：

预算分配率 = 变动性制造费用/相关分配标准预算

思考题

1. 什么是财务预算？它与日常业务预算和专门决策预算有什么关系？
2. 编制财务预算的步骤有哪些？

3. 编制零基预算的程序有哪些?

4. 什么是弹性预算? 什么是零基预算? 它们与传统预算的编制方法相比较，具有哪些优点?

计算题

1. 南岗公司甲车间采用滚动预算方法编制制造费用预算。已知 2008 年分季度的制造费用预算如下（其中间接材料费用忽略不计）:

2008 年 3 月 31 日公司在编制 2008 年第 2 季度 ~ 2009 年第 1 季度滚动预算时，发现未来的 4 个季度中将出现以下情况:

（1）间接人工费用预算工时分配率将上涨 10%；

（2）原设备租赁合同到期，公司新签订的租赁合同中设备年租金将降低 20%；

（3）预计直接人工总工时见表 10 – 14 “2008 年第 2 季度 ~ 2009 年第 1 季度制造费用预算” 表。假定水电与维修费用预算工时分配率等其他条件不变。

要求:

（1）以直接人工工时为分配标准，计算下一滚动期间的以下指标:

①间接人工费用预算工时分配率;

②水电与维修费用预算工时分配率。

（2）计算下表中用字母表示的项目。

表 10 – 14　2008 年第 2 季度 ~ 2009 年第 1 季度制造费用预算　　单位: 元

项目	2008 年度			2009 年度	合计
	第 2 季度	第 3 季度	第 4 季度	第 1 季度	
直接人工预算总工时（小时）	51 500	（略）	（略）	57 500	224 000
变动制造费用					
间接人工费用	（略）	（略）	（略）		1 232 000
水电与维修费用	（略）	（略）	（略）	B	560 000
小计	（略）	（略）	（略）	（略）	1 792 000
固定制造费用					
设备租金	C	（略）	（略）	（略）	（略）
管理人员工资	D	（略）	（略）	（略）	（略）
小计	（略）	（略）	（略）	（略）	（略）
制造费用合计	（略）	（略）	（略）	（略）	（F）

2. 南岗公司生产和销售A产品，6月份现金收支的预计资料如下：

（1）6月1日的现金余额为510 000元。

（2）产品售价100元/件（不含税），4月份销售10 000件，5月份销售12 000件，6月预计销售15 000件，7月预计销售20 000件。根据经验，商品售出后当月可收回货款的40%，次月收回55%，另外5%为坏账。

（3）材料采购成本为2元/千克，产品消耗定额为10千克；材料采购货款当月支付70%，下月支付30%。编制预算时月底产成品存货为次月销售量的10%。5月底的实际产成品存货为1 500件，应付账款余额为30 000元。5月底的材料库存量为2 000千克，预计6月末的材料库存量为7 000千克。

（4）6月份需要支付的直接人工工资为650 000元，管理人员工资280 000元，其中有60 000元是生产管理人员工资；需要支付其他的管理费用45 000元、制造费用12 000元，需要支付销售费用64 000元。

（5）支付的应交税金及附加占不含税销售收入的比例为8%，增值税税率为17%。

（6）预计6月份将购置设备一台，支出700 000元，需当月付款。

（7）预交所得税20 000元。

（8）现金不足时可从银行借入，借款额为10 000元的倍数，利息在还款时支付。期末现金余额不少于500 000元。

要求：

（1）预计6月份的生产量；

（2）预计6月份材料需用量和材料采购量；

（3）预计6月份的采购成本和采购金额；

（4）预计6月份的采购现金支出；

（5）预计6月份的经营现金收入；

（6）编制6月份的现金预算，填写下表。

项目	金额
期初现金余额	
经营现金收入	
可运用现金合计	
经营现金支出	
采购现金支出	

（续上表）

项目	金额
支付直接人工	
支付制造费用	
支付销售费用	
支付管理费用	
支付应交税金及附加	
预交所得税	
资本性现金支出	
购置固定资产	
现金支出合计	
现金余缺	
借入银行借款	
期末现金余额	

第十一章　财务控制

控制是指对客观事物进行约束和调节，使之按照设定的目标和轨迹运行的过程。计划工作一经完成，就进入执行阶段，管理工作的重心也就相应地转为控制。财务控制，就是以财务预算为依据，对企业财务活动进行指导、监督和约束，确保财务预算全面完成的管理活动。

学习目标：

- 了解财务控制系统的构成；
- 了解责任控制的内容；
- 掌握责任中心业绩评价的方法；
- 掌握责任中心责任结算的方法；
- 了解成本控制报告的作用。

11.1　财务控制的意义与种类

11.1.1　财务控制的概念与作用

1. 财务控制的概念

控制是指对客观事物进行约束和调节，使之按照设定的目标和轨迹运行的过程。财务控制是指依照财务预算和有关制度，对企业财务活动施加影响或进行调节，确保企业及其内部机构和人员全面落实及实现财务预算的过程。

财务控制具有以下特征：

（1）价值控制。财务预算所包含的先进预算、预计利润表和预计资产负债表，都是以价值形式予以反映的；财务控制所借助的手段，如责任预算、责任报告、业绩考核、内部转移价格等都是通过价值指标实现的。

（2）全面控制。由于财务控制用价值手段来实现其控制过程，因此，它不仅可以将各种不同性质的业务综合起来进行控制，而且可以将不同层次、不同部门的业务综合起来进行控制，体现出财务控制的全面性。

(3) 现金流量控制。企业的财务活动归根结底反映的是企业的资金运动。企业日常的财务活动表现为组织现金流量的过程，为此，财务控制重点应放在现金流量状况的控制上，通过现金预算、现金流量表等保证企业资金活动的顺利进行。

2. 财务控制的作用

财务控制与财务预测、决策、预算和分析等环节共同构成财务管理的循环。其中，财务控制是财务管理循环的关键环节，它对实现财务管理目标具有保证作用。一般来说，财务预测、财务决策和财务预算是为财务控制指明方向、提供依据和进行规划；而财务控制则是保证目标、设想、规划的具体落实。没有控制，任何预测、决策和预算都是无意义的。由于财务控制是借助货币手段对生产经营活动所实施的控制，具有连续性和全面性，它在企业经营控制系统中处于一种特殊地位，起着保证、促进、监督和协调等重要作用。

11.1.2 财务控制的基础

财务控制的基础是指进行财务控制所必须具备的基本条件，主要包括以下几个方面：

(1) 组织基础。财务控制的首要基础是围绕控制目标所建立的组织结构，以保证控制的有效性。如为了确定财务预算应建立相应的决策和预算编制机构，为了组织和实施日常财务控制应建立相应的监督、协调、仲裁机构，为了便于内部结算应建立相应的内部结算组织，为了考评预算的执行结果应建立相应的考评结构。在实施过程中，可根据需要，将这些机构的职能合并到企业的常设机构中，或者将这些机构的职能进行归并。

(2) 制度基础。内部控制制度是指企业为了顺利实施控制过程所进行的组织机构的设计、控制手段的采用及各种措施的制定。这些方法和措施用于检测财务预算目标制定及会计信息的准确性和可靠性，提高控制效率；同时围绕财务预算的执行，建立相应的保证措施或制度，如人事制度、奖惩制度等。

(3) 预算目标。健全的财务预算目标是进行财务控制的依据，财务预算能够满足企业经营目标的要求，同时又能使决策目标具体化、系统化、定量化。量化的财务预测目标可以成为日常控制和业绩考核的依据。财务预算目标应层层分解落实到各责任中心，使之成为控制各责任中心活动的标准。财务预算目标的制定应客观、务实，若财务预算所确定的目标严重偏离实际，财务控制就无法达到预定的目标。

(4) 会计信息。准确、及时、真实的信息是财务控制实施过程中的基本保障。财务控制必须以会计信息为前提，原因在于：首先，财务预算总目标的执行情况必须通过企业的汇总会计核算资料予以反映，透过这些会计资料可以了解、分析企业财务预算总目标的执行情况、存在的差异及其原因，并提出相应的纠偏措施；其次，各责任中心财务预算目标的执行情况也是通过各自的会计核算资料予以反映的，透过这些会计资料可以了解、分析各责任中心财务预算目标的完成情况，为考核各责任中心的工作业绩和正确地进行财务控制而提供依据。

(5) 信息反馈系统。财务控制是一个动态的控制过程，要确保财务预算目标的贯彻实施，必须对各责任中心执行预算的情况进行跟踪监控，不断调整执行偏差。以确保控制过程下情上报，上情下达。为保证信息反馈系统中信息的真实、可靠，还必须建立起相应的信息审查机构和责任制度。

(6) 奖励制度。奖励制度是保证控制系统长期有效运行的重要因素。奖励分为正奖励和负奖励。正奖励是通过表扬、提升、加薪等从正面激励人们努力工作，负奖励是通过批评等方式所进行的惩罚。在利用奖励制度来保证财务控制顺利实施的过程中，要注意结合各责任中心的财务预算目标，建立公平、合理的奖励标准。同时，要建立严格完善的考评机制，保证奖惩分明。

11.1.3 财务控制的分类

1. 按控制的主体分类

财务控制按控制主体分为出资者控制、经营者控制和财务部门的财务控制。

出资者财务控制是资本所有者为了实现其资本保全和增值目的而对经营者的财务收支活动进行的控制，如对成本开支范围和标准的规定等。经营者财务控制是管理者为了实现财务预算目标而对企业的财务收支活动所进行的控制，这种控制是通过管理者制定财务决策目标，并促使这些目标被贯彻执行而实现的，如企业的筹资、投资、资产运用、成本支出决策及其执行等。财务部门的财务控制是财务部门为了有效地保证现金供给，通过编制现金预算，对企业日常财务活动所进行的控制。一般来说出资者财务控制是一种外部控制，而经营者和财务部门的财务控制是内部控制，更能反映出财务控制的作用和效果。

2. 按控制的时间分类

财务控制按控制的时间分为事前财务控制、事中财务控制和事后财务控制。

事前财务控制是指财务收支活动尚未发生之前所进行的控制，如财务收支活动发生之前的申报审批制度等。事中财务控制是指财务收支活动发生过程中所进行的控制，如按财务预算要求监督预算的执行过程，对各项收入的去向和支出的用途进行监督等。事后财务控制是指对财务收支活动的结果所进行的考核及相应的奖罚，如按财务预算的要求对各责任中心的财务收支结果进行评价，并以此实施奖罚。

3. 按控制的依据分类

财务控制按控制的依据分为预算控制和制度控制。

预算控制是指以财务预算为依据，对预算执行主体的财务收支活动进行监督、调整的一种控制形式。预算表明了执行主体的责任和奋斗目标，规定了预算执行主体的行为。制度控制是指通过制定企业内部规章制度，并以此为依据约束企业和责任中心财务收支活动的一种控制形式。制度控制通常规定能做什么、不能做什么，与预算控制相比较，制度控制具有防护性的特征，而预算控制制度具有激励性的特征。

4. 按控制的对象分类

财务控制按控制的对象分为收支控制和现金控制。

收支控制是对企业和各责任中心的财务收入活动和财务支出活动所进行的控制。通过收支控制，使企业收支达到既定目标，而成本开支尽量减少，以实现企业利润最大化。现金控制是对企业和各责任中心的现金流入和现金流出活动所进行的控制，目的是通过现金实现现金流入、流出的基本平衡，既要防止因短缺而可能出现的支付危机，也要防止因现金沉淀而可能出现的机会成本增加。

5. 按控制的手段分类

财务控制按控制的手段分为绝对控制和相对控制。

绝对控制是指对企业和责任中心的财务指标采用绝对额进行控制。一般而言，对激励性指标通过绝对数控制最低限度，对约束性指标通过绝对数控制最高额度。相对控制是指对企业和责任中心的财务指标采用相对比率进行控制。一般而言，相对控制具有反映投入与产出对比、开源与节流并重的特征。比较而言，绝对控制没有弹性，相对控制具有弹性。

11.2 责任中心的控制

11.2.1 责任中心

1. 责任中心的概念与特征

企业为了实行有效的内部协调与控制，通常都按照统一领导、分级管理的原则，在其内部合理划分责任单位，明确各责任单位应承担的经济责任、应有的权利和利益，促使各责任单位各尽其职、各负其责。责任中心就是指具有一定的管理权限，并承担相应的经济责任的企业内部单位。换句话说，责任中心就是各个责任单位对其经济活动进行严格控制的区域。

责任中心通常具有以下特征：

（1）责任中心是一个责、权、利相统一的实体。每一个责任中心都要对一定的财务指标的完成情况负责任。同时，责任中心被赋予与其所承担责任的范围与大小相适应的权力。

（2）责任中心具有承担经济责任的条件。一是责任中心具有履行经济责任中心条款的行为能力；二是责任中心一旦不能履行经济责任，能对其后果承担责任。

（3）责任中心所承担的责任和行使的权力都应是可控的。责任中心对其职责范围内的成本、收入、利润和投资负责。因此，这些内容必定是该责任中心所能控制的内容，在对责任中心进行责任预算和业绩考核时也只能包括该中心所能控制的项目。一般而言，责任层次越高，其可控制范围越大，但不论什么层次的责任中心，它一定都具备考核其责任实施的条件。

（4）责任中心具有独立核算、业绩评价的能力。责任中心的独立核算是实施责、权、利统一的基本条件。只有独立核算，工作业绩才可能得到正确评价。因此，只有既分清责任又能进行独立核算的企业内部单位，才是真正意义上的责任中心。

根据企业内部责任单位的权限范围及业务活动的特点不同，责任中心一般分为成本中心、利润中心和投资中心三大类。

2. 成本中心

（1）成本中心的含义。

成本中心是指该中心不形成或不考核其收入，而只考核其发生的成本费用。由于成本中心不会形成货币计量的收入，故这类中心只对成本费用负责，不对收入、利润或投资负责。成本中心一般包括企业产品的生产部门、劳务提供部门及管理部门。

成本中心的应用范围很广，任何发生成本的责任领域，都可以确定为成本中心。企业内部上至工厂一级，下至车间、班组甚至个人都可能成为成本中心。成本中心由于其层次、规模不同，其控制和考核的内容也不尽相同，但基本上是逐级控制的局面，即各个较小的成本中心共同构成一个较大的成本中心。成本中心的职责是用一定的成本去完成规定的具体任务。

（2）成本中心的类型。

成本中心的类型有两种：标准成本中心和费用中心。

标准成本中心是指这类中心有稳定而明确的产品，且单位产品的投入量

（成本）可以通过技术分析测算出来。通常，标准成本中心的典型代表是制造业工厂、车间、班组等，这类中心每种产品有明确的原材料、人工费用及各种间接费用的数量标准与价格标准。标准成本中心可以通过实施标准成本制度和弹性预算予以控制。因此，标准成本中心是以实际产出量为基础，并按标准成本进行成本控制的成本中心。

费用中心是指这类中心费用发生的多少由管理人员的决策行为所决定，费用的投入与产出之间无密切关系。它一般包括各种管理费用和某些间接成本项目，如广告宣传费、职工培训费等。这类费用的发生主要是为企业提供一定的专业服务，一般不能产生可以用货币计量的结果，因此通常采用预算总额审批的控制方法。费用中心是以直接控制经营管理费用总量为主的成本中心。

（3）成本中心的特征。

①成本中心只考核成本费用而不考核收益。一般而言，成本中心没有经营权和销售权，其工作成果不会形成可以用货币计量的收入。例如，某一生产车间生产的产品只是产成品的某一部件，无法单独出售，因而不可能计量其货币收入。有的成本中心可能有少量收入，但这种收入数量少，零星发生，也没有考核的必要。企业中大多数生产单位只能提供成本费用信息，而无法提供收入信息。总之，以货币形式衡量投入，而不以货币形式衡量产出，是成本中心的基本特征。

②成本中心只对可控成本负责。凡是责任中心能够控制的各种耗费，称为可控成本；凡是责任中心不能控制的各种耗费，称为不可控成本。具体来说，可控成本应同时具备以下三个条件：

a. 责任中心能够通过一定的方式了解将要发生的成本；

b. 责任中心能够对发生的成本进行计量；

c. 责任中心能够通过自己的行为对成本加以调节和控制。

成本的可控性与不可控性是相对而言的，这和责任中心所处的层次、权限的大小及控制范围的大小有直接关系。从企业主体层次看，几乎所有的成本都可以称为可控成本；而对内部各部门、车间来说，则既有可控成本，也有不可控成本。通常，较低层次责任中心的可控成本一定是其所属较高层次责任中心的可控成本；而较高层次责任中心的可控成本不一定是较低层次责任中心的可控成本。例如，生产车间发生的折旧费用，对于生产车间这个成本中心而言是可控成本，但对于其下属的班组这一层次的成本中心则属于不可控成本。此外，某些成本对处于同一层次的某一责任中心而言是可控的，对于另一责任中心来说则是不可控的。如材料价格对于采购部门来说是可控成本，而对于生产部门来说则是不可控成本。

③成本中心控制和考核的是责任成本。责任中心所发生的各项可控成本之和即是该中心的责任成本。对成本中心工作业绩的考核，主要是将实际责任成本与预算责任成本进行比较，以评价该中心的工作业绩。应该注意的是，责任成本与产品成本是既有区别又有联系的两个概念。产品成本是以产品为对象归集的生产耗费，归集的原则是谁受益，谁承担；责任成本是以责任中心为对象归集的生产经营耗费，归集的原则是谁负责，谁承担。这种差异是由于成本计算目的和用途不同所造成的。产品成本是会计核算的结果，反映企业成本计划的执行情况；责任成本是贯彻经济责任制的重要手段，反映责任预算的执行情况。但从共同的方面看，它们同为企业生产经营过程中的资金耗费，产品成本总量等于责任成本总量。

（4）成本中心的考核指标。

如前所述，责任中心考核的主要内容是责任成本，即将成本中心发生的实际责任成本同预期责任成本进行比较，从而评判成本中心工作业绩的好坏。考核指标主要包括成本（费用）降低额和降低率，其计算公式如下：

成本（费用）降低额＝预算责任成本（费用）－实际责任成本

成本（费用）降低率＝成本（费用）降低额/预算责任成本（费用）×100%

在对成本中心进行考核时，如果实际产量与预算产量不一致时，应按弹性预算的编制方法先调整预算责任成本（费用）这一指标，然后再进行计算。调整时应注意：

预算责任成本（费用）＝实际产量×单位预算责任成本

【例11－1】某成本中心生产甲产品，预算产量是1 000件，单位成本为50元，实际产量1 200件，单位成本（费用）45元，计算该中心成本降低额与降低率。

成本降低额＝1 200×50－1 200×45＝6 000（元）

成本（费用）降低率＝（6 000/1 200×50）×100%＝10%

3. 利润中心

（1）利润中心的含义。

利润中心是指对利润负责的责任中心。由于利润是收入扣除费用后的余额，所以利润中心实际上既要对收入负责，也要对成本费用负责，这类责任中心一般是指企业内部有产品经销权或提供劳务服务的部门。

在同一个企业，利润中心相对处于较高层次，与成本中心相比，利润中心的权力和责任要大一些。它一般具有稳定的、独立的收入来源。因此，它不仅要考虑收入的增长，同时还要考虑成本的降低。利润中心追求的是收入的增长超过成本的增长。

（2）利润中心的类型。

利润中心分为自然利润中心与人为利润中心两种。

自然利润中心是指以销售产品而取得实际收入为特征的利润中心。这类中心一般具有产品销售权、价格决策权、材料采购权。它虽是企业内部的一个部门，但功能和独立企业类似，能独立地控制成本，取得收入。

人为利润中心是以产品在企业内部流转而取得"内部销售收入"为特征的利润中心。这种利润中心一般不直接对外销售产品，只对本企业内部各责任中心按内部结算价格提供产品或劳务。人为利润中心一般也具有独立经营权，同时，与其他责任中心一起能够共同确定合理的转移价格，以实现利润中心的功能与责任。

（3）利润中心的考核指标。

对利润中心的考核，必然涉及对成本的计算。

①利润中心只计算可控成本，不计算共同成本或不可控成本。这种方式主要适合于共同成本难以合理分摊的情况。按这种方式计算出来的利润相当于"贡献毛益总额"，利润中心的利润指标必须经过调整才能得到，所以，这种计算方式下的利润中心已失去原来意义，变成了贡献毛益中心。人为利润中心适合这种方式。考核指标计算公式如下：

利润中心贡献毛益总额 = 该利润中心销售收入总额 - 该利润中心变动成本总额

利润中心负责人可控利润总额 = 该利润中心贡献毛益总额 - 该利润中心负责人可控固定成本

利润中心可控利润总额 = 该利润中心负责人可控利润总额 - 该利润中心负责人不可控固定成本

公司利润总额 = 各利润中心可控利润总额之和 - 公司不可分摊的各种管理费用、财务费用等

②利润中心不仅计算可控成本，也计算不可控成本。这种方式适合于共同成本易于合理分摊或不存在共同分摊的场合。这种利润中心在计算时，如果采用变动成本法，应先计算出贡献毛益，再减去固定成本，就是税前利润；如果采用完全成本法，利润中心则可以直接计算出税前利润。各利润中心的利润总额之和，就是全企业的利润总额。

4. 投资中心

（1）投资中心的含义。

投资中心是对投资负责的责任中心，该中心既要对成本和利润负责，又要对投资效果负责。由于投资的目的是获得利润，因而投资中心同时也是利润中

心。它与利润中心的区别主要在于：利润中心没有投资决策权，而投资中心拥有投资决策权，即能够相对独立地运用其所掌握的资金，有权购置和处理固定资产，扩大或缩小生产能力；投资中心处于责任中心的最高层次，它具有最大决策权，同时也承担最大的责任。投资中心一般都是独立的法人，而利润中心可以是也可以不是独立的法人。大型集团公司下面的分公司、子公司往往都是投资中心。

（2）投资中心的考核指标。

投资中心的考核指标主要是投资利润率和剩余收益。

①投资利润率也称投资报酬率，是指投资中心所获得的利润与投资额之间的比率。用公式表示为：

投资利润率＝利润/投资额×100%

＝销售收入/投资额×成本费用/销售收入×利润/成本费用

＝资本周转率×销售成本率×成本（费用）利润率

从上述公式中可以看出，为了提高投资利润率，不仅要千方百计地降低成本，增加销售，还要经济有效地使用营业资本，提高资本周转率。

投资利润率是评价投资中心业绩的常用指标，该指标的优点是：能反映投资中心的综合盈利能力；能比较不同投资额的投资中心的业绩大小，具有横向可比性，应用范围广；通过投资利润率进行投资中心业绩评价，可以正确引导投资中心的经营管理行为，促使其行为长期化。如果投资中心只考虑增加资产或投资规模而不考虑利润的同比例增加，该指标就会下降。因此，利用该指标，将促使各投资中心盘活闲置资产，减少不合理资产占用，加强对应收账款及固定资产的管理。投资利润率作为评价指标的不足之处在于：一是利润在计算时受人为因素的影响，导致利润数据内容失真，使计算出来的投资利润率指标无法反映投资中心的实际盈利能力；二是投资利润率指标会造成各投资中心只顾本中心利益而放弃对整个企业有利的投资行为，缺乏全局观念。例如，南岗总公司平均投资利润率为10%，其所属的A投资中心投资利润率达到15%。现A投资中心有一投资机会，投资利润率为13%。若以投资利润率指标来衡量，A投资中心肯定不会选择这一投资机会，从而出现A投资中心与总公司目标不一致的情况，克服这一缺陷的方法是采用另一评价指标——剩余收益。

②剩余收益是指投资中心获得的利润扣减其最低投资收益后的余额。其计算公式为：

剩余收益＝利润－（投资额×预期最低投资收益率）

以剩余收益作为投资中心经营业绩评价指标的基本要求是：只要投资利润率大于预期的最低收益率，该项投资便是可行的，从而可避免投资中心单纯追求利润而放弃一些有利可图的投资项目，有利于提高资金使用效率。

【例 11－2】某总公司下设甲、乙两个投资中心，甲投资中心的投资额为 500 万元，利润 25 万元；乙投资中心的投资额为 800 万元，利润为 120 万元。该总公司加权平均最低投资利润率为 9%。假设甲投资中心追加投资 200 万元，年利润增加了 17 万元，或乙投资中心追加投资 400 万元，年利润增加了 57 万元。其有关的投资利润率，剩余收益计算如表 11－1 所示。

表 11－1　投资中心指标计算表　　单位：万元

项目		投资额	利润	投资利润率	剩余收益
追加投资前	甲	500	25	5%	25－500×9%＝－20
	乙	800	120	15%	120－800×9%＝48
	Σ	1 300	145	11.15%	145－1 300×9%＝28
甲投资中心追加投资 200 万元	甲	700	42	6%	42－700×9%＝－21
	乙	800	120	15%	120－800×9%＝48
	Σ	1 500	162	10.8%	162－1 500×9%＝27
乙投资中心追加投资 400 万元	甲	500	25	5%	25－500×9%＝－20
	乙	1 200	177	14.75%	177－1 200×9%＝69
	Σ	1 700	202	11.88%	202－1 700×9%＝49

根据表中资料评价甲、乙两个投资中心的经营业绩，可以发现：如果以投资利润率作为评价指标，追加投资后甲的利润率由 5% 提高到 6%，乙的利润率由 15% 下降到 14.75%；如果以剩余收益作为评价指标，甲的剩余收益由原来的－20 万元，变为－21 万元，乙的剩余收益由原来的 48 万元增加到 69 万元。如果单从各投资中心的角度进行评价，就会出现上述矛盾现象。如从公司总体进行评价，就会发现，甲追加投资时，公司总体的投资利润率和剩余收益均有所下降；乙追加投资时，公司总体的投资利润率和剩余收益均有所上升，这和以剩余收益指标评价各投资中心的经营业绩的结果是一致的。可见，以剩余收益作为评价指标可以保持各投资中心经营目标和公司总体目标相一致。

需要说明的是，若以剩余收益作为评价指标，预期最低投资报酬率的大小对剩余收益的影响较大，所以确定这一报酬率时，一般应以公司平均利润率作为标准。

11.2.2 责任预算、责任报告与业绩考核

1. 责任预算

（1）责任预算的含义。

责任预算是指以责任中心为对象，以其可控的成本、收入和利润等为内容编制的预算。责任预算是责任中心努力的目标，也是考核责任中心工作业绩的标准。它可以将责任目标量化，使责任中心工作起来更加具体，同时，也可以作为企业总预算的补充。

责任预算由各种责任指标组成，这些指标包含主要责任指标和其他责任指标，本章前面所涉及的考核指标都是各个责任中心的主要责任指标，这些指标都是根据各个责任中心特有的权利、义务和责任而建立的，反映了各种不同类型的责任中心之间的责任和义务的区别，是必须保证实现的指标。其他责任指标是根据企业其他奋斗目标分解得到的，或是为保证主要责任指标的完成而必须完成的责任指标。

（2）责任预算的编制。

责任预算编制的目的在于将责任中心的经济责任数量化、具体化。编制程序有两种：

一种是在总预算的基础上，从责任中心的角度，对总预算进行层层分解，从而形成各责任中心的具体预算。这种自上而下、指标层层分解的方式是比较常用的方式之一，其优点是各责任中心目标与企业总目标上下一致，便于统一指挥与协调；不足之处是可能会抑制各责任中心工作的积极性与创造性。

另一种是采取自下而上的方式，即各个责任中心首先根据自身情况编制预算指标，然后层层汇总，最后由企业的专门管理机构进行汇总与调整，从而建立企业总预算。这种方式的优点是有利于发挥各责任中心的积极性，并考虑了责任中心的实际能力；其缺陷在于各责任中心往往只从自身角度考虑问题，造成各责任中心之间协调较困难，工作难度加大，影响预算的质量和编制时效。

责任预算的编制程序与企业组织机构设置和经营管理方式有密切关系，组织机构设置和经营管理方式不同，责任预算的编制程序也有较大差异。

【例 11－3】南岗公司的组织结构形式如图表 11－2 所示。这是一个采用分权管理组织形式的企业，各成本中心发生的成本费用均为可控成本，该公司责任预算的简化形式如表 11－2、表 11－3、表 11－4、表 11－5、表 11－6 所示。

通过上例，可以看出各表预算数据之间存在着相应的逻辑关系。随着预算数据的逐渐落实，预算项目越来越具体，使得总预算被真正分解落实到各责任中

心的具体部门和个人，责任预算编制的作用也就真正发挥出来了（见图 11－1）。

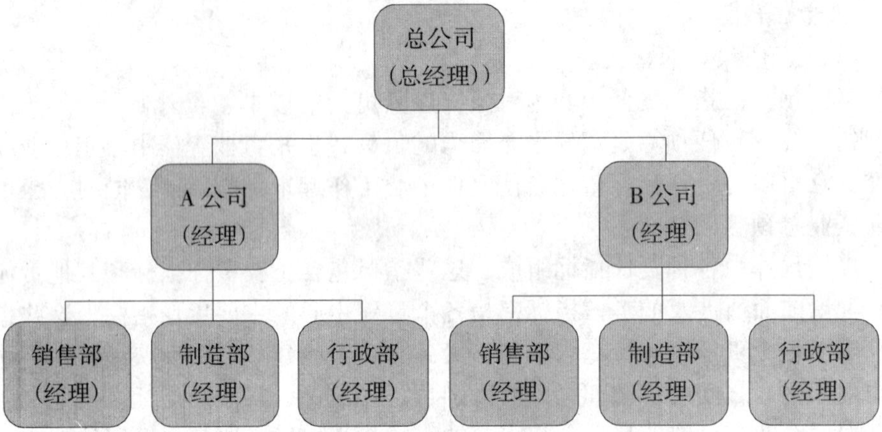

图 11－1　南岗公司的组织结构形式

表 11－2　南岗公司责任预算

2008 年　　单位：万元

责任中心	项目	责任预算	责任人
	营业利润		
利润中心	A 公司	20 000	A 公司经理
利润中心	B 公司	15 000	B 公司经理
利润中心	合计	35 000	总公司经理

表 11－3　A 公司责任预算

2008 年　　单位：万元

责任中心	项目	责任预算	责任人
收入中心	销售部	46 000	销售部经理
成本中心	可控成本		
	制造部	17 000	制造部经理
	行政部	4 000	行政部经理
	销售部	5 000	销售部经理
	合计	26 000	A 公司经理
利润中心	营业利润	20 000	A 公司经理

表 11－4　A 公司销售部责任预算

2008 年　　单位：万元

责任中心	项目	责任预算	责任人
收入中心	东北地区	15 000	责任人 A
收入中心	东南地区	17 000	责任人 B
收入中心	西南地区	8 000	责任人 C
收入中心	西北地区	6 000	责任人 D
收入中心	合计	46 000	销售部经理

表 11－5　A 公司制造部责任预算　　单位：万元

成本中心	项目	责任预算	责任人
一车间	变动成本		一车间负责人
	直接材料	5 000	
	直接人工	3 500	
	变动制造费用	1 000	
	小计	9 500	
	固定成本		
	固定制造费用	300	
	小计	9 800	
二车间	变动成本		二车间负责人
	直接材料	3 500	
	直接人工	2 400	
	变动制造费用	600	
	小计	6 500	
	固定成本		
	固定制造费用	300	
	小计	6 800	
制造部	制造部其他费用	400	制造部经理
	总计	17 000	制造部经理

表 11－6　A 公司行政部及销售部责任预算（费用）

2008 年　　单位：万元

成本中心	项目	责任预算	责任人
行政部	工资费用	1 600	行政部经理
	折旧	1 300	
	办公费	500	
	保险费	600	
	合计	4 000	

（续上表）

成本中心	项目	责任预算	责任人
销售部	工资费用 办公费 广告费 其他	2 500 700 1 500 300	销售部经理
	合计	5 000	

2. 责任报告

责任报告又称业绩报告，它是根据责任会计记录编制的反映责任预算实际执行情况的会计报告。责任报告的形式主要有报表、数据分析和文字说明等。将责任预算的实际履行情况及产生的差异用报表予以列示，是责任报告的基本形式。在揭示差异时，还必须对重大差异予以定量分析和定性分析。通过定量分析了解差异产生的程度，通过定性分析找出差异产生的原因并提出改进意见。

随着企业管理层次的不同，责任报告的侧重点应有所不同。层次越低，责任报告越详细；层次越高，责任报告越概括。责任报告在全面反映责任中心预算执行情况的同时，应突出重点，将差异突出的部分重点反映，使报告的使用者能将注意力集中到少数严重脱离预算的因素或项目上来。

由于责任中心是逐级设置的，责任报告也应自下而上逐级编制。

【例 11－4】以前述某公司为例，将其责任报告的简略形式列表，如表 11－7、表 11－8、表 11－9 所示。

表 11－7　成本中心责任报告　　　　**单位：万元**

项目	预算	实际	超支（节约）
A 公司第一车间可控成本			
变动成本	5 000	5 500	500
直接材料	3 500	3 200	(300)
直接人工	1 000	1 100	100
变动制造费用	9 500	9 300	300
变动成本合计			
固定成本	300	250	(50)
固定制造费用	9 800	10 050	250
合计			

（续上表）

项目	预算	实际	超支（节约）
A公司制造部可控成本			
第一车间			
变动成本	9 500	9 800	300
固定成本	300	250	(50)
小计	9 800	10 050	250
第二车间			
变动成本	6 500	6 600	100
固定成本	300	250	(50)
小计	6 800	6 850	50
制造部其他费用	400	500	100
合计	17 000	17 400	400
A公司可控成本			
制造部	17 000	17 400	400
行政部	4 000	3 800	(200)
销售部	5 000	4 900	(100)
总计	26 000	26 100	100

表 11－8　利润中心责任报告

2008 年　　　　　　　　　　　　　　　　**单位：万元**

项目	预算	实际	超支（节约）
A公司销售收入			
东北地区	15 000	16 000	1 000
西北地区	6 000	5 900	(100)
东南地区	17 000	16 000	(1 000)
西南地区	8 000	8 500	500
小计	46 000	46 400	400
A公司变动成本			
第一车间	9 500	9 800	300
第二车间	6 500	6 600	100
小计	16 000	16 400	400
A公司贡献毛益总额	30 000	30 000	0
A公司固定成本			
制造部			
第一车间	300	250	(50)
第二车间	300	250	(50)
制造部其他费用	400	500	100
小计	1 000	1 000	0
行政部	4 000	3 800	(200)
销售	5 000	4 900	(100)
总计	10 000	9 700	(300)
A公司利润	20 000	20 300	300

（续上表）

项目	预算	实际	超支（节约）
总公司利润			
A公司利润	20 000	20 300	300
B公司利润	15 000	16 000	1 000
合计	35 000	36 300	1 300

表11－9　投资中心责任报告

2009年　　**单位：万元**

项目	预算	实际	超支（节约）
A公司利润	20 000	20 300	300
B公司利润	15 000	16 000	1 000
小计	35 000	36 300	1 300
总公司所得税（30%）	10 500	10 890	390
合计	24 500	25 410	910
净资产平均占用额①	119 000	98 591	（20 409）
投资利润率	20%	25%	5%
行业平均最低报酬率②	15%	18%	3%
剩余收益	6 650	7 663.62	1 013.62

注：①净资产平均占用额是根据预计资产负债表和实际资产负债表所有者权益年初、年末值平均后求得。

②计算剩余收益时，其最低报酬率可按行业或企业平均报酬率计算求得。

3. 业绩考核

业绩考核是责任会计的重要过程。它通常是以责任报告为依据，分析、评价各责任中心责任管理的实际执行情况，查明原因，找出差距，借以考核各责任中心的工作成果，并根据业绩考核结果进行经济和其他方式的奖惩，促使各责任中心及时纠正行业偏差，完成自己所负的责任。

责任中心的业绩考核有狭义和广义之分。狭义的业绩考核仅指对各责任中心的价值指标，如成本、收入、利润等完成情况进行考核。广义的业绩考核，除了上述内容外，还包括对各责任中心的非价值指标的完成情况进行考核。责任中心的业绩考核可分为年终考核与日常考核。年终考核通常是指一个年度终了（或预算期结束）时对责任预算执行结果的考核，目的在于进行惩罚和为下一个年度（或下一个预算期）编制预算提供依据。日常考核是指在年度内（或预算期）内对责任预算执行过程的考核，目的在于通过信息反馈，控制和调节责任预算的执行偏差，确保责任预算的落实。

成本中心是企业最基础的责任中心，在进行业绩考核时，只应对其可控成本负责。成本责任中心业绩考核的内容是将实际可控成本与责任成本进行比较，从而确定两者差异的性质、数额以及形成的原因，并根据差异分析的结果，对成本中心进行奖惩，以督促成本中心努力降低成本 。

利润中心的业绩考核应以销售收入、贡献毛益及息税前利润为重点进行分析、评价。特别是应通过一定期间的实际利润与预测利润目标进行对比，分析差异及形成原因，对经营上存在的问题和取得的成绩进行全面公正的评价。此外，在自然利润中心，若不属于该中心的收入或成本，即使发生实际收付行为，均应在考核时予以剔除。

投资中心是企业最高一级的责任中心，其业绩考核的内容包括投资中心的成本、收入、利润及资金占用指标的完成情况，特别要注意考核投资利润率和剩余收益两项指标，将投资中心的实际数与预算数进行比较，分析差异，查明原因，进行奖惩。由于投资中心层次高，管理范围广，内容复杂，考核时应更加仔细深入，清楚准确，责任落实具体，这样才能起到作用。

11.2.3 责任结算与核算

1. 内部转移价格

（1）内部转移价格的含义。

内部转移价格是指企业内部各责任中心之间转移中间产品或相互提供劳务而发生内部结算和进行内部责任结转所使用的结算价格。

采用内部转移价格进行内部结算，会使两个责任中心之间的关系类似于市场交易的买卖关系。在价格一定的情况下，责任中心的“卖方”必须不断改善经营管埋，降低成本费用，以其收入抵偿支出；责任中心的“买方”则必须在一定的购置成本下，千方百计降低自身加工的成本费用，提高产品或劳务的质量，争取获得更多的利润。

内部转移价格与外部市场价格有很大的不同之处。内部转移价格这一手段使得内部责任处于模拟市场竞争关系之中，并不是真正意义上的市场竞争双方。因此，“买”、“卖”双方同存于一个企业之中。在其他条件不变的情况下，内部转移价格的变化，会使买卖双方的收入或利润呈反方向变化，即提高内部转移价格，一方面会增加“卖方”的收入或内部利润；另一方面却会相应地减少“买方”的收入或内部利润。“卖方”所增加的利润相当于“买方”所减少的利润，“买”、“卖”双方内部利润的一增一减，其数额相等，但方向相反。因此，从总体上看，内部转移价格无论怎样变动，企业利润的总数是不变的，变动的只是利润在各责任中心之间的分配情况。

（2）内部转移价格的制定原则。

正确制定内部转移价格有助于明确划分各责任中心的经济责任，能够将责任中心的业绩考核建立在客观、公正的基础上，同时，也能使各责任中心的经济责任、工作绩效数量化，为制定正确的经营决策提供依据。为此，在制定内部转移价格时应遵循以下原则：

①全局性原则。制定内部转移价格应强调企业的整体利益高于责任中心利益。由于内部转移价格的制定直接关系到各责任中心利润的大小，每个责任中心为了本中心的利益必然会争取最好的条件，在利益有一定冲突的情况下，企业应从整体利益出发制定内部转移价格，保证企业的利润最大化。

②自主性原则。在确保企业整体利润的前提下，承认各责任中心的相对独立性，允许各责任中心通过协商和讨价还价来确定内部转移价格，以给责任中心最大的自主权。

③激励性原则。内部转移价格的制定应公正合理，充分考虑到责任中心的经营能力和经营业绩的配套问题，防止某些部门因价格上的缺陷而造成一些额外的利益或损失。

（3）内部转移价格的类型。

①市场价格。市场价格简称“市价”，是指责任中心应尽可能地进行内部转让，为此，应注意以下两个方面：第一，在中间产品有外部市场可向外部单位销售或从外部单位购买时，以市场价格作为内部转移价格并不表示应以市场价格作为结算价格，因为纯粹的市场价格一般都包括销售费、广告费及运输费等，而这些费用在企业内部产品转移时则可避免。因此，若直接用市场价格作结算，这部分费用则直接变为制造方的利润，将可避免费用从市场价格中减去，然后确定为内部转移价格。第二，以市场价格为标准制定内部转移价格时，通常应注意前提条件，即中间产品有完全竞争的市场或中间产品提供部门无闲置生产能力。

②协商价格。协商价格也称为议价，是企业内部责任中心的“买”、“卖”双方以正常的市场价格为基础，通过共同协商所确定的双方能够接受的价格。采用协商价格的前提是，责任中心转移的产品应有在非竞争性市场买卖的可能性，在这种市场内买卖双方有权自行决定是否买卖这种中间产品。如果买卖双方不能自行决定，或价格协商的双方发生矛盾又不能自行解决，或双方协商定价不能导致企业最优决策，企业高一级的管理层要进行必要的干预。这种干预应以有限、得体为原则，不能使整个谈判变成上级领导完全决定一切。

协商价格的上限是市价，下降是单位变动成本，具体价格应由各相关责任中心在这一范围协商议定。当产品或劳务没有适当的市价时，也只能采用议价方式来确定。通过各相关责任中心的讨价还价，形成企业内部的模拟“公允市价”，作为计价的基础。

协商价格也存在一定的缺陷：一是协商定价的过程要花费人力、物力和时间；二是协商定价各方往往会相持不下，需企业高层领导裁定，这样就弱化了分权管理的作用。

③双重价格。双重价格就是责任中心的“买”、“卖”双方采用不同的内部转移价格作为本中心的计价标准，如对产品（半成品）的供应方，可按协商的市场价格计价；对使用方则按供应方的产品（半成品）的单位变动成本计价，其差额由会计最终调整。之所以采用双重价格，是因为内部转移价格主要是为了对企业内部各责任中心的业绩进行评价、考核，故各相关责任中心所采用的价格并不需要完全一致，可分别选用对责任中心最有利的价格为计价依据。双重价格有两种形式：一是双重市场价格，就是当某种产品或劳务在市场上出现几种不同价格时，“卖”方采用最高市价，“买”方采用最低市价；二是双重转移价格，就是“卖”方按市场价格或议价作为计价基础，而“买”方按供应方的单位变动成本作为计价基础。

双重价格的好处是既可较好满足卖方和买方的不同需要，也能激励双方在经营上充分发挥其主观能动性。采用双重价格的前提条件是：内部转移的产品或劳务有外部市场，供应方有剩余生产能力，而且其单位变动成本要低于市价。

④成本加成。成本加成是指在产品或劳务成本的基础上，加上一定比例的利润作为内部转移价格。由于成本的概念不同，成本加成也有多种不同形式，其中用途较为广泛的有两种：①标准成本加成，即按产品（半成品）或劳务的标准成本加计一定的合理利润作为计价的基础，它的优点是能分清“买”、“卖”双方的相关责任，但确定加成利润率时，则需要稳妥慎重，以保证加成利润率确定的科学性、合理性；②实际成本加成，即根据产品（半成品）或劳务的实际成本加计一定比例利润作为内部转移价格，它的优点是能调动“卖”方的积极性，缺陷是容易造成“卖”方弱化降低成本的责任感。

2. 内部结算方式

企业内部各责任中心之间发生经济业务往来，需要按照一定的方式进行内部结算，按照内部对象不同，通常采用以下结算方式：

（1）内部支票结算方式。

内部支票结算方式是指由付款方签发内部支票通知内部银行从其账户中支付款项的结算方式。这种方式分为签发、收受和银行转账三个环节。签发就是由付款方根据有关原始凭证或业务活动证明签发内部支票交付收款方；收受是收款方经过审核无误后接受付款方的支票；银行转账就是收款方将支票送存内部银行办理收款转账。

内部支票一式三联，第一联为收款凭证，第二联为付款凭证，第三联为内部银行记账凭证。内部支票结算方式主要适用于收、付款双方直接见面进行经济往来的业务结算。

（2）转账通知单方式。

转账通知单方式是由收款方根据有关原始凭证或业务活动证明签发转账通知单，通知内部银行将转账通知单转给付款方，让其付款的一种结算方式。转账通知单一式三联，第一联为收款方的收款凭证，第二联为付款方的付款凭证，第三联为内部银行的记账凭证。这种结算方式适用于“买”、“卖”双方发生的经常性往来业务且信用较高的情况。它手续简便，结算及时，但若付款方有异议，则可能拒付。

（3）内部货币结算方式。

内部货币结算方式是使用内部银行发行的限于企业内部流通的货币（包括内部货币、资金本票、流通券、资金券等）进行内部往来结算的一种方式。这种结算方式是一种典型的一手“钱”、一手“货”的结算方式。

这一结算方式比银行支票结算方式更为直观，可强化各责任中心的价值观念、核算观念、经济责任观念。但是，它也存在携带不便、清点麻烦、保管困难的问题。所以，在一般情况下，小额零星往来业务以内部货币结算，大宗业务以内部银行支票结算。

3. 责任成本的内部结转

责任成本的内部结转又称责任转账，是指在生产经营过程中，对于因不同原因造成的各种经济损失，由承担损失的责任中心对应承担损失的责任中心结转责任和赔偿损失的过程。

企业内部各责任中心在生产经营过程中，常常会发生责任成本发生的责任中心与应承担责任成本的中心不是同一责任中心的情况，为划清责任，就需要将这种责任成本相互结转。例如，生产车间所耗用的原材料损失是由供应部门购入不合格的材料所造成的，由此产生的材料成本的增加额或废品损失的增加额，应由生产车间成本中心转给供应中心负担。

责任转账的目的是划清各责任中心的成本责任，使不应承担损失的责任中心在经济上得到合理补偿，在责权上明确界限，为业绩考核、评价及奖惩奠定合理的基础。

责任转账的方式有直接的货币结算方式和内部银行转账方式，前者是以内部货币直接支付给损失方，后者只是在内部银行所设立的账户之间划转。

各责任中心在往来结算和责任转账过程中，有时因意见不一致而产生一些责、权、利不协调的纠纷，为此，企业应建立内部仲裁机构，从企业整体利益出发对这些纠纷作出裁决，以保证各责任中心正常、合理地使用权力，保证其权益不受侵犯。

关键概念

财务控制　出资者控制　经营者控制　财务部门的财务控制　预算控制　制度控制　事前财务控制　事中财务控制　事后财务控制　收支控制　现金控制　责任中心　成本中心　利润中心　投资中心　标准成本中心　费用中心　自然利润中心　人为利润中心　责任预算　内部转移价格　协商价格　双重价格　成本加成　内部支票结算方式　转账通知单方式

主要公式

1. 成本（费用）降低额＝预算责任成本（费用）－实际责任成本

2. 成本（费用）降低率＝成本（费用）降低额/预算责任成本（费用）×100%

3. 预算责任成本（费用）＝实际产量×单位预算责任成本

4. 利润中心贡献毛益总额＝该利润中心销售收入总额－该利润中心变动成本总额

5. 利润中心负责人可控利润总额＝该利润中心贡献毛益总额－该利润中心负责人可控固定成本

6. 利润中心可控利润总额＝该利润中心负责人可控利润总额－该利润中心负责人不可控固定成本

7. 公司利润总额＝各利润中心可控利润总额之和－公司不可分摊的各种管理费用、财务费用等

8. 投资利润率＝利润/投资额×100%

＝（销售收入/投资额）×（成本费用/销售收入）×（利润/成本费用）

＝资本周转率×销售成本率×成本（费用）利润率

9. 剩余收益＝利润－（投资额×预期最低投资收益率）

思考题

1. 什么是财务控制？财务控制系统的内容有哪些？
2. 什么是责任中心？
3. 简述成本中心考核指标。
4. 简述利润中心考核指标。
5. 简述投资中心考核指标。

计算题

1. 某投资中心投资额为150 000元，年净利润为30 000元，公司为该投资中心规定的最低投资报酬率为15%。

要求：计算该投资中心的投资报酬率和剩余收益，并对该投资中心进行简要的业绩评价。

2. 南岗公司内部某厂为成本中心，生产A产品，预算产量60 000件，单位成本为1 000元，实际产量为70 000件，单位成本为960元，计算成本变动额和变动率。

3. ABC是南岗公司三个业务类似的投资中心，使用相同的预算进行控制，其某年的有关资料如下（单位：万元）：

项目	预算数	实际数		
		A中心	B中心	C中心
销售收入	300	270	320	300
营业利润	27	29	30	27
经营资产	150	135	150	150

公司要求的资金成本率为16%。

要求：对三个中心的业绩进行分析评价，并排出优先次序。

4. 下表是朱山公司甲、乙两个投资中心的有关资料。

项目	甲中心	乙中心
销售收入	400 000元	
营业利润	20 000元	

（续上表）

项目	甲中心	乙中心
经营资产		100 000 元
销售利润率		10%
经营资产周转率		2 次
投资报酬率	16%	

要求：根据上表资料计算并填写出甲、乙两个投资中心的表中未填指标的值。

第十二章　财务分析与业绩评价

财务分析以企业财务报告及相关资料为主要依据，对企业的财务状况和经营成果进行评估和剖析，反映企业在运营过程中的利弊得失和发展趋势，从而为改进企业财务管理工作和优化经济决策提供重要的财务信息。业绩评价是指运用数理统计和运筹学的方法，通过建立综合评价指标体系，对照相应的评价标准，定量分析与定性分析相结合，对企业一定经营期间的获利能力、资产质量、债务风险以及经营增长等各方面进行的综合评判。

学习目标：

- **了解财务分析的方法；**
- **掌握财务分析的运用；**
- **了解业绩评价的指标体系；**
- **了解业绩评价方法；**
- **掌握综合评价报告。**

12.1　财务分析的目的和内容

12.1.1　财务分析的目的

财务分析是指以企业财务报告反映的财务指标为主要依据，采用专门方法，对企业过去的财务状况和经营成果及未来前景所进行的剖析和评价。财务分析的主要目的一般可概括为：评价企业过去的经营业绩，反映企业在运营过程中的利弊得失，衡量现在的财务状况，预测未来的发展趋势，为财务报表使用者作出相关决策提供可靠的依据。

财务报表的使用者主要有投资者、债权人、经理人员、供应商、政府、雇员、中介机构等。不同主体由于利益倾向的差异，在对企业进行财务分析时的目的也有所不同。

1. 企业经营管理人员进行分析的目的

在竞争日趋激烈、供求关系瞬息万变的市场环境下，企业欲立于不败之地，首先必须通过自我剖析，洞察自身的经营状况与财务状况，并依此规划和调整市场定位策略与行为目标。通过财务分析，揭示与披露企业经营状况，全面、客观地掌握本企业的具体情况，适时、合理地调整企业经营决策，改善企业经营管理，是企业经营管理人员进行财务分析的目的。

2. 企业投资者进行分析的目的

投资者作为企业的所有者或股东，必然高度关心其资本的保值和增值状况，因此，通过财务分析评估投资风险和投资前景，以便作出正确的投资决策，是企业投资者进行财务分析的目的。企业的财务状况和经营成果如何，不仅是企业经营者、管理者需要掌握的，也是企业的投资者十分关心的，它直接关系到投资者的利益。因此，投资者对有关企业的盈利能力、营运能力及发展趋势，必须有深入的了解，这就要求对企业的财务报告进行深入的考察和分析，以选择最佳的投资目标。

3. 企业债权人进行分析的目的

企业债权人也十分关注债务企业的经营状况。他们最关心的不是企业是否具有强劲的获利能力，而主要是这种获利能力最终能否形成有效的支付能力，以保证其债务本息及时、足额地予以偿还。因此，全面了解企业的获利能力和偿债能力是债权人进行财务分析的目的。债权人根据财务分析的结果，可正确决定是否继续对该企业提供商业信用、银行信用或资金上的支持，以利于选择最佳信用政策和贷款政策。

4. 其他有关方面进行分析的目的

国家有关政府部门，如财政、税务及有关经济管理部门，从国家财政收入和宏观经济的角度，也要对企业的财务状况及发展趋势进行评估，衡量企业对国家或社会的贡献水平。

国家有关政府部门除关注投资所产生的社会效益外，还必须对投资的经济效益予以考虑，在谋求资本保全的前提下，希望能够同时带来稳定增长的财政收入。政府作为一个特殊的产权所有者，在本质上区别于其他投资者，它更多地从全面利益最大化角度对企业财务状况进行判断。政府考核企业经营管理状况，不仅需要了解资金占用的使用效率，预测财政收入增长情况，有效地组织和调整社会资金资源的配置，而且还要借助财务分析，检查企业是否存在违法乱纪、偷漏国家税款、浪费国家财产等问题。此外，通过综合分析，还可以对企业的发展后劲以及社会的贡献程度进行有据判断。

12.1.2 财务分析的内容

在发达的资本市场环境中形成的企业筹资结构，必然带有多元化结构的特点，从而使企业财务分析的目的各不相同，财务分析的内容各有不同的侧重点。在我国，国家作为投资者关注的是国有资产的保值增值，债权人关注的是企业的偿债能力，股权投资者关注的是企业近期和未来的效益。当然，企业的盈利能力是全体投资者关注的焦点。虽然财务分析的目的和重点不同，但是财务分析的内容却全方位地涉及了企业生产经营的各个方面，概括起来说，财务分析的主要内容不外乎以下几个方面：

1. 偿债能力分析

偿债能力是指企业对债务的清偿能力或保证程度。偿债能力或保证程度具体是指企业的资产拥有量和是否有足够的现金流入量来偿付各种到期债务。偿债能力大小的分析是判断企业财务状况稳定与否的重要内容。企业偿债能力强，说明企业可以举债筹集资金来获取利益；反之，则说明企业资金紧张，难以偿还到期应偿债务，甚至危及企业生存。

2. 营运能力分析

营运能力即资金的利用效率。运用资金是否有效是决定企业经营水平的前提。企业资金的多少可以表现为经营能力大小，有效地经营可以提高资金使用效率，使企业增加收入，加速资金周转。因此，判断企业经营理财水平怎样，需分析企业是否有效地运用了资金。营运能力的大小对企业获利能力的持续增长与偿债能力的不断提高有着决定性影响。

3. 盈利能力分析

所谓盈利能力，实际上是指企业赚取利润和使企业的资金增值的能力。它通常体现为企业收益数额的大小与水平的高低。盈利是企业经营管理理财的核心，盈利能力的大小是衡量企业经营好坏的重要标志。一般来说，经营良好、管理有方的企业就有较强的盈利能力。

4. 财务状况的趋势分析和综合分析

财务状况的趋势分析和综合分析主要是通过观察、考核企业经营规模、资本增值、支付能力、生产经营成果、财务成果的增长情况等，全方位地对企业经营状况、财务状况及企业的发展能力作出准确的评价与判断，以便发现问题，采取相应对策规划和调整企业的市场定位目标、策略，使企业不断提高经营理财水平，增强市场竞争实力。

12.2 财务分析的基本方法

进行财务分析，首先应采用合适的方法，选择与分析目的有关的信息，找出这些信息之间的重要联系，研究并揭示企业的经营状况及财务变动趋势，获取高质量的有效财务信息。选用恰当的方法，可取得事半功倍的效果。财务分析的方法有很多种，主要包括比较分析法、比率分析法、趋势分析法、因素分析法。

12.2.1 比较分析法

比较分析法也称对比分析法，是通过两个或两个以上相关指标进行对比，确定数量差异，揭示企业财务状况和经营成果的一种分析方法。在实际工作中，比较分析法的形式主要有实际指标同计划指标对比、同一指标纵向对比、同一指标横向对比三种形式。这三种比较形式分别揭示企业业绩完成情况、发展趋势和先进程度。

（1）实际指标同计划指标对比。

计划指标即财务管理的具体目标，它是在分析影响财务指标的客观因素的基础上制定的。通过实际与计划的对比，可以说明企业计划的完成情况和程度。如果企业的实际财务指标未达到计划指标而产生差异，应进一步查明原因，以便改进财务管理工作。

（2）同一指标纵向对比。

这是同一指标在不同时间上的对比，一般是用本期实际指标与历史指标进行对比。在财务分析工作中，历史指标的具体运用方式有三种：①期末与期初对比，即本期期末的指标实际数与上期期末（本期期初）相同指标的实际数对比；②与历史同期对比；③与历史最高水平对比。财务分析中采用历史标准有利于揭示企业财务状况和经营成果的变化趋势及存在的差距。

（3）同一指标横向对比。

这是同一指标在不同条件下的对比，一般是用本企业与同类型、同行业相比，有利于揭示本企业与同行业的差距。

采用比较分析法进行财务分析，应注意以下几个问题：第一，实际指标要与所对比的指标的计算口径一致，即实际财务指标所包含的内容、范围要与所对比的指标保持一致，否则，二者没有可比性；第二，实际指标与所对比的指标的时间期限要一致，即实际指标与所对比指标的计算期限要一致，如果实际指标是年度指标，那么，对比指标也应是年度指标，否则，二者不可比；第三，实际指标与所对比指标的计算方法必须一致，且影响指标的各因素内容也需一致，否则，二者不可比。

12.2.2 比率分析法

比率分析法是指利用财务报表中两项相关数值的比率揭示企业财务状况和经营成果的一种分析方法。在财务分析中，比率分析法的应用比较广泛，因为只采用有关数值的绝对值对比不能深入揭示事物中的内在矛盾，而比率分析是从财务现象到财务本质的一种深化，它比比较分析法更具科学性、可比性。根据分析的目的和要求的不同，比率分析法主要有以下两种：

（1）构成比率。

构成比率又称结构比率，是某个经济指标的各个组成部分与总体的比率，反映部分与总体的关系。其计算公式为：

$$构成比率=\frac{某个组成部分数值}{总体数值}\times 100\%$$

利用构成比率，可以考察总体中某个部分的形成和安排是否合理，以便协调各项财务活动。

（2）效率比率。

它是某项经济活动中所费与所得的比率，反映投入与产出的关系。利用效率比率指标，可以进行得失比较，考察经营成果，评价经济效益。如将利润项目与销售成本、销售收入、资本等项目加以对比，可计算出成本利润率、销售利润率以及资本利润率指标，可以从不同角度比较企业获利能力的高低及增减变动情况。

（3）相关比率。

它是根据经济活动客观存在的相互依存、相互联系的关系，以某个项目和与其有关但又不同的项目加以对比所得的比率，反映有关经济活动的相互关系。利用相关比率指标，可以考察有联系的相关业务安排得是否合理，从而保障企业运营活动能够顺畅进行。如将流动资产与流动负债加以对比，计算出流动比率，就可以判断企业的短期偿债能力。

比率分析法的优点是计算简便，计算结果容易判断，而且可以使某些指标在不同规模的企业之间进行比较，甚至也能在一定程度上超越行业间的差别进行比较。但采用这一方法时，对比率指标的使用应该注意对比项目的相关性、计算比率的子项和母项两个指标口径的一致性、衡量标准的科学性。

12.2.3 趋势分析法

趋势分析法是指利用财务报告提供的数据资料，将两期或连续数期财务报告中的相同指标进行定基对比或环比对比，揭示企业财务状况和经营成果变化趋势的一种分析方法。趋势分析法又称水平分析法，采用这种方法可以分析引起变化的主要原因和变动的性质，并预测企业未来的发展前景。

趋势分析法的具体运用主要有以下三种方式：

1. 用项目金额进行比较分析

一般通过编制比较财务报表，将两期或两期以上的报表项目金额进行比较，得出各项增减变化的金额和变动幅度，以说明报表上同一项目在不同时期的增减变化情况。

【例 12－1】表 12－2 和表 12－2 是南岗公司的比较资产负债表和比较利润表。

通过表 12－1 和表 12－2 的趋势分析，可以看出南岗公司 2008 年资产总额增加了 17 万元，百分比比 2007 年增长 1.9%。这主要是由于应收账款和存货增加引起的。通常情况下，应收账款的变动与销售收入的变动相关，销售收入增加，应收账款也随之增加。但从比较利润表可见，2008 年销售收入仅增长 3.77%，这就需要查明应收账款增加的原因，以判断其是否合理。

表 12－1　南岗公司比较资产负债表

2007—2008 年　　　　单位：万元

项目	2008 年	2007 年	增加（减少）	
			金额	百分比（%）
资产				
流动资产				
货币资金	38	41	－3	－7.32
应收账款	164	140	24	17.14
存货	230	214	16	7.48
流动资产合计	432	395	37	9.37
固定资产净值	480	500	－20	－4
资产总计	912	895	17	1.9
负债与权益				
流动负债				
短期负债	100	98	2	2.04
应付账款	42	40	2	5
应付费用	60	57	3	5.26
流动负债	202	195	7	3.59
长期负债	205	200	5	2.5

（续上表）

项目	2008 年	2007 年	增加（减少）	
			金额	百分比（%）
负债合计	407	395	12	3.04
股东权益				
股本（普通股）	420	420	0	0
保留盈余	85	80	5	6.25
股东权益合计	505	500	5	1
负债与权益合计	912	895	17	1.9

表 12-2　南岗公司比较利润率

2007—2008 年　　**单位：万元**

项目	2008 年	2007 年	增加（减少）	
			金额	百分比（%）
营业收入	2 200	2 120	80	3.77
营业成本（销售成本）	1 050	1 000	50	5
管理费用	480	490	-10	-2.04
财务费用	123	120	3	2.5
营业费用	215	205	10	4.88
营业利润	332	305	27	8.85
加：投资收益	10	10	0	0
营业外收入	32	28	4	14.29
减：营业外支出	20	16	4	25
利润总额	354	327	27	8.26
所得税（50%）	177	163.5	13.5	8.26
净利润	177	163.5	13.5	8.26

2. 用百分比进行比较分析

用百分比分析的比较财务报表，是把各年的财务报表用百分比表示（即以会计报表中的某个总体指标作为100%，再计算出各组成项目占该总体指标的百分比），然后再加以比较，以此来判断有关财务活动的变化趋势，揭示比较财务报表中各项目的比例关系。百分比分析可以用于同一企业不同的时期（不同企业之间）业务规模差异的影响，有利于分析企业的耗费水平和盈利水平。

横向分析是将不同企业的财务报表上的同一项目，作横向的百分比计算分析。纵向分析是将企业不同时期的同一财务报表作百分比计算分析。

【例 12－2】根据表 12－2 提供的资料，把营业收入作为 100%，编制南岗公司比较百分比利润表，如表 12－3 所示。

表 12－3　南岗公司比较百分比利润表

2007—2008 年　　单位：%

项目	2008 年	2007 年
营业收入	100	100
营业成本（销售成本）	47.7	47.2
管理费用	21.8	23.1
财务费用（利息支出）	5.6	5.7
营业费用	9.8	9.7
营业利润	15.1	14.3
加：投资收益	0.5	0.5
营业外收入	1.5	1.3
减：营业外支出	0.9	0.8
利润总额	16	15
所得税（50%）	8	7.7
净利润	8	7.7

从比较百分比利润表中可以看出，南岗公司每 1 元销售收入中的期间费用都有所降低，但营业成本没有下降，所以，营业利润上升幅度只有 0.8%。

在采用趋势分析法时应注意以下问题：①用于进行比较的各个时期的指标，在计算口径上必须一致；②要将偶发性项目的影响剔除，使作为分析的数据能反映正常的经营状况；③应对某项的显著变动的指标作重点分析，研究其发生的原因。

12.2.4　因素分析法

因素分析法也称因素替代法，是对某项综合指标的变动原因按其内在的因素，计算和确定各个因素对这一综合指标发生变化的影响程度。因素分析法有连环替代法和差额分析法两种。

1. 连环替代法

连环替代法的计算程序为：

①根据影响某项经济指标完成情况的因素按其依存关系将经济指标的基数（计划数或上期数等）和实际数分解为两个指标体系。

②以上基数指标体系为计算的基础，用实际指标体系中每项因素的实际数逐步顺序地替换其基数；每次替换后实际数就被保留下来，有几个因素就替换几次；每次替换后计算出由于该因素变动所得新的结果。

③将每次替换新算的结果，与这一因素被替换前的结果进行比较，两者的差额，就是这一因素变化对经济指标差异的影响程度。

④将各个因素的影响数值相加，其代数和应同该经济指标的实际数与基数之间的总差异数相符。

【例 12－3】中门公司 2008 年有关销售资料如表 12－4 所示。

表 12－4　销售情况表

项目	计划数	实际数
销售额（元）	450 000	490 000
销售量（件）	3 000	3 500
销售价格（元）	150	140

指标因素关系式：销售额 ＝销售量×销售价格

第一步计算计划销售额：

3 000×150＝450 000（元）

确定分析对象：

490 000－450 000＝40 000（元）

第二步逐项替代，先替代销售量（假定销售价格不变）：

3 500×150＝525 000（元）

再替代销售价格：

3 500×140＝490 000（元）

第三步分析各因素对销售额的影响程度：

销售量变动对销售额的影响为：

525 000－450 000＝75 000（元）

销售价格变动对销售额的影响为：

490 000－525 000＝－35 000（元）

第四步验证两个因素共同影响使销售额增加：

75 000－35 000＝40 000（元）

与分析对象吻合。

2. 差额分析法

这是直接用实际数与计划数之间的差额来计算各因素对指标变动影响程度的分析方法。

【例 12－4】以上例资料为例，分析如下：

由于销售量变动而影响的销售额：

(3 500－3 000)　×150＝75 000（元）

由于销售价格变动而影响的销售额：

3 500 × （140 - 150） = - 35 000（元）

两个因素共同影响，使销售额发生的差异为：

75 000 - 35 000 = 40 000（元）

在采用因素分析法时，应注意以下问题：①确定构成经济指标的因素，必须在客观上存在因果关系，要能够反映形成该指标差异的内在构成原因，否则就失去了其存在的价值；②替代因素时，必须按照原因素的依存关系，排列成一定的顺序并依次替代，否则就会得出不同的结果；③连环替代法在计算每一个因素变动的影响时，都必须是在前一次计算的基础上进行，并采用连环比较的方法确定因素变化影响结果，否则就会得出错误结果，④连环替代法的前提条件有一定的假定性，在采用此法分析时，财务人员应力求使这种假定合乎逻辑，否则会妨碍分析的有效性。

12.3 偿债能力分析

偿债能力是企业偿还各种到期债务的能力，按照到期债务的期限，分为短期偿债能力和长期偿债能力。偿债能力分析就是通过对企业变现能力、资本结构和举债效率的分析研究，观察和判断企业偿还到期债务能力的强弱。由于偿债能力直接关系到企业的存亡，因此，偿债能力分析是财务分析的核心内容。为后面举例需要，现将老屋下公司的资产负债表列示，见表 12 - 5。

表 12 - 5　老屋下公司资产负债表

2008 年 12 月 31 日　　**单位：万元**

资产	年初数	年末数	负债及所有者权益	年初数	年末数
流动资产			流动负债		
货币资金	800	900	短期借款	2 000	2 300
交易性金融资产	1 000	500	应付账款	1 000	1 200
应收账款	1 200	1 300	预收账款	300	400
预付账款	40	70	其他应付款	100	100
存货	4 000	5200	流动负债合计	3 400	4 000
其他流动资产	60	80	非流动负债		
流动资产合计	7 100	8 050	长期借款	2 000	2 500
非流动资产			非流动负债合计	2 000	2 500
持有至到期投资	400	400	负债合计	5 400	6 500
固定资产净值	12 000	14 000	所有者权益		
无形资产	500	550	实收资本	12 000	12 000
非流动资产合计	12 900	14 950	盈余公积	1 600	1 600

（续上表）

资产	年初数	年末数	负债及所有者权益	年初数	年末数
			未分配利润 所有者权益合计	1 000 14 600	2 900 16 500
资产总计	20 000	23 000	负债及所有者权益合计	20 000	23 000

12.3.1 短期偿债能力分析

短期偿债能力是指企业流动资产对流动负债及时足额偿还的保证程度，是企业当前财务能力，特别是流动资产变现能力的重要标志。衡量一个企业的短期偿债能力，主要是对流动资产和流动负债进行分析，流动资产大于流动负债，说明企业具有短期偿债能力；反之，则偿债能力不足。评价短期偿债能力的财务比率主要有流动比率、速动比率和现金比率三项。

1. 流动比率

流动比率是最早的财务分析指标之一，又称银行家比率，是指企业流动资产与流动负债之间的比例关系。其计算公式为：

流动比率＝流动资产/流动负债×100%

公式中流动资产和流动负债的数据可以从资产负债表中得到。

【例12－5】根据表12－5的资料，老屋下公司2008年的流动比率为：

年初流动比率＝7 100÷3 400＝2.088

年末流动比率＝8 050÷4 000＝2.013

计算结果表明，企业每1元的流动负债年初和年末分别有2.088元和2.013元的流动资产作为偿还债务的保证。

一般来说，流动比率越高，企业短期偿债能力越强，债权人的权益越有保障。通常，流动比率的标准以2∶1左右为好。流动比率过低，企业可能面临到期难以清偿债务的困难；流动比率过高，虽然表示有足够的变现资产来清偿债务，但并不能说明有足够的现金可以还债，也可能是持有不能盈利的闲置的流动资产，因此还要结合现金流动量进行分析。若现金不足，则说明有不合理的资金占用，如存货超储积压、应收账款增多等不合理现象。在运用这一指标时，要因行业而异，同时还要结合资产结构、周转及现金流动量进行分析。如果周转性差，则评价指标还可适当降低；若周转性好，则评价指标还可以适当提高。

2. 速动比率

速动比率又称为酸性实验比率，是指企业速动资产与流动负债之比。速动资产指能够迅速变现的流动资产，是流动资产扣除存货、预付账款、一年内到期的非流动资产和其他流动资产等流动性较弱的流动资产后的余额，具体包括货币资金、交易性金融资产、有价证券、应收账款、应收票据等。一般讲，存货是企业流动资产中变现能力较弱的资产，也是企业清算时最可能发生损失的资产。因此，在短期偿债能力评价中，需通过计算速动比率考察企业不依赖存货而能清偿短期债务的能力。其计算公式为：

$$速动比率=\frac{速动资产}{流动负债}\times 100\%$$

速动比率一般以100%为宜，如果速动比率大于100%，说明企业有足够的偿付短期债务的能力，同时也说明企业拥有较多盈利较低的速动资产，即过高的速动比率会影响盈利能力的提高；如果小于1，则企业将依赖速动资产以外项目（如出售存货或举债）来偿付到期债务，就有可能造成急需出售存货带来的削价损失或举借新债形成的利息负担。如果速动比率过低，会使企业出现由于支付困难而形成财务危机的可能性。

【例12－6】根据表12－5的资料，老屋下公司2008年的速动比率为：

年初速动比率＝（800＋1 000＋1 200＋40）÷3 400＝0.894

年末速动比率＝（900＋500＋1 300＋70）÷4 000＝0.693

计算结果表明，企业每1元的流动负债年初和年末分别有0.894元和0.693元的速动资产作为偿还债务的保证。一般说来，速动比率为1∶1表示企业有较好的偿债能力。如果速动比率大于1，说明企业有足够的能力偿还短期债务，同时，也表明企业有较多的不能盈利的现款和应收账款；如果速动比率小于1，则又表示支付能力不足。但在实际分析中，应根据不同行业的情况来判断，如零售企业采用大量的现金交易，可保持较低的速动比率，而其他采用赊销方式的企业，则应保持较高的速动比率。

3. 现金比率

现金比率也称为即付比率，是企业现金对流动负债的比率。这里所说的现金是指货币资金及现金等价物，它是衡量企业即时偿债能力的比率。其计算公式为：

$$现金比率=\frac{现金+短期有价证券}{流动负债}$$

现金比率是评价企业流动资产中的现金、银行存款和短期证券用于偿还流动负债的指标，是对流动比率和速动比率的进一步分析，较之于流动比率和速动比率而言则更为严格，因为现金类资产是企业偿还债务的最终手段。一般说来，现金比率在20%以上为好，但是也不能认为这项指标越高越好，因为该指标太高也可能是由于企业拥有大量不能盈利的现金和银行存款所致。现金比率主要反映企业最基本的短期偿债能力，即企业其他流动资产不能偿付债务时，企业对流动负债的清偿能力。因此，采用现金比率评价企业短期偿债能力时应与流动比率和速动比率的评价结合起来。

【例 12－7】根据表 12－5 的资料，老屋下公司 2008 年的现金比率为：

年初现金比率＝（800＋1 000）÷3 400＝0.529

年末现金比率＝（900＋500）÷4 000＝0.350

计算结果表明，该企业 2008 年年初、年末的现金比率都比较高，年初竟超过 50%，年末有些改进，这说明企业还需要进一步有效地运用现金类资产，合理安排资产结构，提高资产使用效益。

12.3.2 长期偿债能力分析

长期偿债能力是指企业对长期债务（一年以上或超过一年的一个营业周期以上）的偿还能力。由于偿还长期债务最终是用全部资产，因此，影响企业长期偿债能力的因素主要有两个方面：一是企业的资本结构，企业资本结构中负债比重越高，债务压力越大，企业能够偿付的可能性就越低。资本结构是企业具备基本偿债能力的基础和前提，资本结构指标主要有资产负债率、负债权益比率。二是企业的举债效率，即长期债务项目的盈利能力。由于长期债务的偿付最终依赖于项目的收益，故盈利能力是长期偿债能力的重要保障。衡量举债效率的指标主要是利息保障倍数。

1. 资产负债率

资产负债率又称为负债比率，是企业负债总额与资产总额之比率。它反应企业全部资产中负债所占的比重以及企业资产对债权人的保障程度。其计算公式为：

$$资产负债率 = 负债总额/资产总额 \times 100\%$$

公式中，负债总额由流动负债和长期负债构成，资产总额包括企业的流动资产、长期投资、固定资产、无形资产和其他资产。

资产负债率是反映企业长期偿债能力强弱，衡量企业总资产中权益所有者与债权人所投资金比例是否合理的重要财务指标。该指标有两重含义：一方面，资产负债比率是长期债权人的债权依赖企业资产提供保障的安全边际，可用以衡量企业信用的物质保障程度。资产负债率越低，说明债权资金的安全边际越高，企业信用的物质保障程度越高；资产负债率越高，则说明企业总资产中，权益资金占的比重很小，企业的经营风险将主要由债权人承担，所以债权资金的安全边际就很小。另一方面，资产负债比率也是经营者赖以举债经营的支撑点，是用以衡量举债经营是否有利的重要比率。资产负债比率越高，则意味着举债经营程度越高，在投资收益率高于借款利息率的前提下，带给企业的财务杠杆利益越大，会使所有者报酬增大，但同时筹资风险也加大了，若过度的举债经营则可能使企业因资不抵债而陷于濒临破产的境地。

【例 12－8】根据表 12－5 的资料，老屋下公司 2008 年的资产负债率为：

年初资产负债率 $=5\,400 \div 20\,000 \times 100\% = 27\%$

年末资产负债率 $=6\,500 \div 23\,000 \times 100\% = 28.3\%$

计算结果表明，该企业年初、年末的资产负债率均不高，说明企业长期偿债能力较强。

企业究竟应该以多大的资产负债率来经营，关键取决于企业经营者的风险承受能力和对未来企业资产报酬率的预测情况。从理论上看，资产负债率的评价标准一般以不应高于 50%，而国际上通常认为资产负债率等于 60% 时较为适当。在实际评价该项指标时，应结合行业平均负债水平来选择标准。

由于企业所有的资产并非都可以作为偿债的物质保证，为正确评价企业的长期偿债能力，故又可用有形资产负债率指标进行评价，其公式为：

$$有形资产负债率 = \frac{负债总额}{有形资产总额} \times 100\%$$

有形资产总额 ＝ 资产总额－（无形资产及递延资产＋待摊费用＋待处理财产损失）

2. 负债与股东权益比率

负债与股东权益比率又称产权比率，是企业负债总额与股东权益总额之比。它反映债权人提供的资本与股东提供的资本的相对关系，是企业财务结构稳健与否的重要标志，说明了债权人投入资本受到股东权益保障的程度。其计算公式为：

$$负债与股东权益比率 = \frac{负债总额}{股东权益总额} \times 100\%$$

【例 12－9】根据表 12－5 的资料，老屋下公司 2008 年的负债与股东权益比率为：

年初负债与股东权益比率 $=5\,400 \div 14\,600 \times 100\% = 36.99\%$

年末负债与股东权益比率 $=6\,500 \div 16\,500 \times 100\% = 39.39\%$

计算结果表明，该企业年初、年末的负债与股东权益比率都不算高，同资产负债率计算结果可相印证，表明企业的长期偿债能力较强，债权人的保障程度较高。

负债与股东权益比率越低，表示企业的长期偿债能力越低，债权人的安全感就大，债权人就越有安全感；反之，比率越高，企业长期偿债能力越低，债权人的安全感就越小。因此，这个指标的评价标准，一般应小于1。但不是这个比率越小越好，比率越小，说明股东权益越大，尽管有利于企业长期偿债能力的提高，但企业不能充分地发挥负债的财务杠杆效应。因此，企业在评价负债与股东权益比率适度与否时，应从提高获利能力与增强偿债能力两个方面综合进行，在保障债务偿还安全的前提下，应尽可能提高负债与股东权益比率。

3. 所有者权益比率

所有者权益比率是企业的所有者权益与资产总额对比所确定的比率。其计算公式为：

$$所有者权益比率 = \frac{所有者权益总额}{资产总额} \times 100\%$$

【例12－10】根据表12－5的资料，老屋下公司2008年所有者权益比率为：

年初所有者权益比率 = 14 600 ÷ 20 000 × 100% = 73%

年末所有者权益比率 = 16 500 ÷ 23 000 × 100% = 71.7%

计算结果表明，该企业所有者权益比率较高，有较高的长期偿债能力。

所有者权益比率反映了在企业全部资金中，企业所有者提供了多少。这一比率越高，说明所有者投入的资金中所占的比例越大，则企业偿债能力越强，财务风险越小。因此，从偿债能力角度来看，这一比率越高越好。

4. 已获利息倍数

已获利息倍数又称利息保障倍数，是指企业一定时期内所获得的息税前利润与当期所支付利息费用的保障程度，常用企业所获取利润总额来反映其承担利息支付的能力。这里的息税前利润是指税前利润加上利息费用。由于我国现行利润表中“利息费用”没有单列，实际计算时常用利润表中的利润总额加上利息费用来计算息税前利润。其计算公式为：

$$利息保障倍数 = （利润总额 + 利息费用）/ 利息费用 = \frac{税前利润 + 利息费用}{利息费用}$$

一般情况下，利息保障倍数越大，反映企业投资利润率越高，支付长期债务的能力越强。因此，长期债权人在判定企业长期偿债能力时，除了依据企业合理的资产负债率和负债权益比率，以求得企业较稳定的债权保障外，还必须考察企业的利息保障倍数，看长期资金的获利程度，以衡量能够收回利息和本金的可能程度。

【例12－11】中门公司2008年税前利润为8万元，利息为2万元。其已获利息倍数为：

(8+2) ÷2=5 (倍)

这个指标的评价标准要看行业水平或企业历史水平，一般按利润较低的水平评价。这个指标的倍数越高，说明企业承担利息的能力越强。如果倍数小于1，则表示企业获利能力无法承担举债经营的利息支出。上例说明该企业已获利息倍数为5倍。假如行业水平或企业历史水平为6倍，则该企业弥补利息费用的安全程度较低，债权人的投资风险较大。

除以上几个反映企业长期偿债能力的指标外，还有反映长期资产来自长期负债程度的“长期资产与长期负债比率”、反映固定资产来自长期负债程度及企业潜在抵押偿债能力的“固定资产与长期负债比率”、反映所有者权益用于固定资产程度的“自有资金固定资产率”、反映长期负债转化为流动负债偿债能力的“长期负债与营运资金比率”，以及反映企业运用负债经营对增加企业收益的“财务杠杆系数”等等，这些指标也都是评价长期偿债能力的指标，这里不再详述。

12.4 营运能力分析

企业拥有包括负债和所有者权益在内的资金是为了形成足够的营运能力。营运能力是指企业对其有限资源的配置和利用能力，从价值的角度看，就是企业资金的利用效果。一般情况下，企业管理人员的经营管理能力以及对资源的配置能力都可通过相关的财务指标反映出来。

由于营运能力一方面反映了资产的利用效率，直接影响企业的盈利能力，同时资产的营运效率又决定了资产的流动性，从而制约企业的偿债能力，所以营运能力分析在财务分析中占有十分重要的地位。企业的营运能力最终通过资产的运营效率体现出来，因此，营运能力评价的主要指标是不同资产的周转率指标。

12.4.1 流动资产周转情况分析

企业流动资产营运能力的大小主要体现为流动资产周转率。为了对流动资产的周转状况作出更加详尽的分析，企业通常还要对构成资产的各要素，如存货、应收账款等的周转率进行考察，以增强对企业流动资产经营效率的分析程度。

1. 流动资产周转率

流动资产周转率是营业收入与全部流动资产的平均占用额（即平均流动资产总额）的比值，它反映了一定时期内流动资产可以周转的次数。其计算公式为：

$$流动资产周转率（次数）=\frac{营业收入}{流动资产平均占用额}$$

公式中流动资产平均占用额应按分析期的不同分别加以确定，并应当与销售收入在时间上保持一致。流动资产月、季、年平均占用额的计算如下：

$$月平均占用额=\frac{月初占用额+月末占有额}{2}$$

$$季平均占用额=\frac{1月份平均占用额+2月份平均占用额+3月份平均占用额}{3}$$

$$年平均占用额=\frac{一季度平均占用额+二季度平均占用额+三季度平均占用额+四季度平均占用额}{4}$$

在一定时期内，流动资产周转次数越多，说明流动资产周转速度越快，利用效率越高，其实现的周转额（即销售收入）越多，同时会相对节约流动资产，扩大资产投入，增强企业盈利能力；反之，则延缓周转速度，形成资金浪费，降低企业盈利。

流动资产周转率也可以用周转天数表示，其计算公式为：

$$流动资产周转天数=\frac{计算期天数}{同期流动资产周转天数}=\frac{计算期日历天数\times 流动资产平均占用额}{营业收入}$$

从流动资产周转天数看，周转天数越少，说明周转速度越快，效果则越好；反之，则表示周转速度减缓，盈利能力降低。

【例12－12】中门公司2008年流动资产平均占用额为2 500万元，完成销售收入为15 000万元，其流动资产周转次数和天数分别为：

流动资产周转率（次数）＝15 000÷2 500＝6（次）

流动资产周转率（天数）＝360÷6＝60（天）或＝360×2 500÷15 000＝60（天）

流动资产占用额与流动资产周转速度有着密切关系，在销售额既定的情况下，流动资产周转速度越快，流动资产占用额就越小；反之，则越多。

2. 应收账款周转率

应收账款是企业流动资产的重要组成部分。应收账款周转率是指企业一定时期内营业收入（或销售收入）与平均应收账款余额的比，用于衡量企业应收账款周转速度。其计算公式为：

$$应收账款周转率（次数）=\frac{营业收入}{平均应收账款余额}$$

$$营业收入=销售收入-现销收入-销售退回、折让、折扣$$

由于企业赊销资料作为商业机密不对外公布，所以在报表分析或与其他单位比较时一般用赊销和现销总额，即销售净收入额计算。

$$平均应收账款余额=\frac{期初应收账款余额+期末应收账款余额}{2}$$

$$应收账款回收期=\frac{平均应收账款余额}{平均日营业收入}$$

或 $$=\frac{360}{应收账款周转率（次数）}=\frac{360\times 平均应收账款余额}{营业收入}$$

应收账款周转速度反映了年度内应收账款转为现金的平均次数，应收账款回收期表示从取得应收账款的权利到收回款项转换为现金所需要的时间。一般来说，应收账款周转率越高、回收期越短越好，它说明应收账款回收速度快，资产流动性强，可以减少和避免坏账损失。

【例12-13】中门公司2008年销售收入为5 000万元，年初应收账款余额为200万元，年末应收账款余额为300万元，其应收账款周转速度如下：

应收账款周转率=5 000÷［（200+300）÷2］=20（次）

应收账款回收期=360÷20=18（天）

3. *存货周转率*

存货是流动资产的重要组成部分。存货周转率是衡量和评价企业购、产、销等环节管理状况的综合性指标。它是销售成本与平均存货之比，反映了一定时期内企业存货资产的周转次数。用时间反映存货的周转速度就是存货周转天数。其计算公式为：

$$存货周转率（次数）=\frac{营业成本}{存货平均余额}$$

$$存货周转天数=\frac{360}{存货周转率}=\frac{存货平均余额\times 360}{销货成本}$$

公式中的营业成本是指销售进价成本或销售制造成本，其数额来自利润表。存货平均余额来自资产负债表中的“期初存货”与“期末存货”的平均数。

存货周转率速度的快慢，不仅反映企业采购、储存、生产、销售各环节管理工作状况的好坏，而且对企业的偿债能力及获利能力产生决定影响。一般来说，在正常情况下，存货周转率越高，周转期越短，存货周转速度就越快，利用效率也就越好。但存货周转率高，并不总是表明企业存货管理的成功。因为出现这种情况，有可能是存货太少或库存经常不足所致，这样就会导致经常缺货，延误生产，或者是商品脱销，丧失销售机会，或者是采购次数频繁，增加采购成本。因此，不能绝对地认为存货周转率越高、周转期越短就越好。在实际工作中，对存货周转率的分析，必须深入调查，结合行业性质及企业实际情况作出正确评价。

在使用和计算存货周转率时应注意以下几点：一是存货的计价方法在一个年度内必须保持一致，只能用一种计价方法，不能更换，否则会掩盖成本；二是计算时分子、分母的数据应注意时间上的对应性。

【例 12－14】中门公司 2008 年度营业成本为 8 500 万元，年初存货余额为 2 850 万元，年末存货余额为 2 720 万元，存货周转率和周转天数为：

存货周转率＝8 500÷［（2 850＋2 750）/2］＝1.518（次）

存货周转天数＝360÷3.03＝118.81（天）

12.4.2 固定资产周转情况分析

企业固定资产的生产经营能力及利用效率，直接影响着企业流动资产的投资规模、周转额以及周转速度，从而影响企业获利能力的持续增长与偿债能力的提高。因此，对固定资产周转情况的分析是全面了解营运能力的一个方面。固定资产周转情况的衡量指标为固定资产周转率，即固定资产销售率。它是营业收入与固定资产平均占用额的比率，其计算公式为：

$$固定资产周转率=\frac{营业收入}{固定资产平均占用额}$$

$$固定资产周转率=\frac{流动资产平均占用额}{固定资产平均占用额}\times 流动资产周转率$$

由公式可以看到，固定资产周转率在于说明企业是否以相对节约的固定资产投资实现尽可能多的流动资产经营规模与加速度。固定资产周转率越高，说明固定资产的利用效率越高。

运用和计算固定资产周转率时，要注意固定资产平均占用额应按固定资产原值计算。若以固定资产净值计算，则会因所采用的折旧方法或折旧年限的不同而产生人为的差异，导致该指标缺乏可比性。

【例 12－15】中门公司 2008 年固定资产平均占用额为 120 万元，营业收入为 1 500 万元，流动资产周转率为 6 次，其固定资产周转率为：

1 500÷120＝12.5（次）

或 1 500÷6÷120×6＝250÷120×6＝2.08×6＝12.5（次）

12.4.3 总资产周转情况分析

总资产周转情况集中反映了企业总资产的营运能力，总资产周转情况的评价指标为总资产周转率，是指销售收入净额与平均总额的比值。其计算公式为：

$$总额产周转率=\frac{营业收入}{平均资产总额}\times 100\%$$

总资产周转率也可以用周转天数表示，其计算公式为：

$$总资产周转天数=\frac{计算期日历天数}{总资产周转率}=\frac{计算期日历天数\times 平均资产总额}{营业收入}$$

式中平均资产总额应根据分析期的不同情况采用不同的方法计算。常见的计算方法有以下两种：

（1）当企业资产占用（即资产总额）波动性较大时，应采用详细资料计算：

$$月平均占用额（平均资产总额）=\frac{月初占用额+月末占用额}{2}$$

$$季平均资产总额=\frac{3个月平均占用额之和}{3}$$

季平均占用额＝

$$\frac{\frac{1}{2}季初占用额+第一月末占用额+第二月占用额+\frac{1}{2}季末占用额}{3}$$

$$年平均资产总额=\frac{4个月季度平均占用额}{4}=\frac{12个月平均占用额之和}{12}$$

（2）当企业资产资产总比较稳定时，可用简便方法计算：

$$月平均资产总额=\frac{月初占用额+月末占用额}{2}$$

$$季平均资产总额=\frac{李初占用额+季末占用额}{2}$$

$$年平均资产总额=\frac{年初占用额+年末占用额}{2}$$

另外，计算期天数一般月是30天，季是90天，年是360天；营业收入等于销售收入减去销售折扣与折让。

总资产周转率越高、总资产周转天数越少，反映企业整体资产的周转速度越快，企业销售能力强，营业能力也就越大。

【例12－16】中门公司2008年度平均资产总额900万元，实现销售收入净额1 404万元，则该企业总额周转率为：

总资产周转率＝1 404÷900＝1.56（次）

总资产周转天数＝360÷1.56＝230.7（天）

12.5 盈利能力分析

盈利能力是指企业在一定时期内赚取利润的能力。盈利能力的大小是一个相对的概念，它是利润相对于一定的收入或资源投入而言的一个命题。一般来说，利润相对于收入和资源投入的比率越高，盈利能力越强；比率越低，盈利能力就越弱。由于利润是衡量企业经营成果的重要尺度，企业经营业绩的好坏最终可以通过企业的盈利能力来反映，同时投资者、债权人等财务分析主体对企业盈利能力的分析都是其行为决策的重要依据，因此，无论是企业经营者、投资者、债权人还是企业职工甚至政府，都十分关心企业的盈利能力，非常重视对盈利能力水平、变化的分析和判断。

12.5.1 企业盈利能力一般分析

盈利能力分析是企业财务分析的重点。盈利能力的分析主要是借助利润率指标。在实际运用中，由于企业不同性质、不同投入资源形式，特别是不同投入资本类型的影响，不同企业之间利润率存在较大差异，其盈利能力分析也有一定区别，这里将盈利能力分析区分为一般企业盈利能力分析和上市公司盈利能力分析两方面。

所谓一般企业，是所有企业的统称，包括不同所有制、不同行业、不同规模的各种、各类企业，也包括含上市公司在内的所有股份公司。一般企业盈利能力分析是指能够适用于所有企业的盈利能力分析。由于企业盈利能力分析指标有各种不同的形式，故可以从不同的角度来进行一般企业的盈利能力分析。

企业获利能力的大小是由其经常性的经营理财活动决定的。企业的资金筹集、运用、耗费、收回及分配等一系列经营活动都直接影响着企业的获利能力和收益水平，企业的利润是资产、负债、所有者权益、收入、费用等要素有机统一于企业资金运动过程中，并通过筹资、投资活动取得收入、补偿成本费用而实现的。因此，反映企业盈利能力的指标一般有销售利润率、成本费用利润率、资产利润率、资本金利润率和资本利润率等。

1. 营业利润率

营业利润是企业营业利润与营业收入之间的比率，其计算公式为：

$$营业利润率=\frac{营业利润}{营业收入}\times 100\%$$

营业利率越高，表明企业市场竞争力越强，发展潜力越大，从而获利能力越强。企业的利润包括营业利润、利润总额、利润净额三种形式；而营业收入包括主营业务收入、其他业务收入，收入来源有商品销售收入、提供劳务收入和资产使用权让渡收入等。因此，在实务中也经常使用销售净利率、销售毛利率等指标来分析企业经营业务水平。此外，通过考察营业利润占整个利润总额比重的升降，可以发现企业经营理财状况的稳定性、面临的危险或者可能出现的转机迹象。

$$营业净利率=\frac{净利润}{营业收入}\times 100\%$$

$$营业毛利率=\frac{营业收入-营业成本}{营业收入}\times 100\%$$

【例12－17】老屋下公司2008年有关利润资料如表12－6所示，试分析该企业销售收入的收益水平。

表12－6　利润表

项目	全年累计数（万元）
一、营业收入	22 000
减：营业成本	13 200
营业税金及附加	1 200
销售费用	1 900
管理费用	1 000
财务费用	300
二、营业利润	4 400
加：投资收益	300
营业外收入	150
减：营业外支出	650
三、利润总额	4 200
减：所得税（税率为40%）	1 680
四、净利润	2 520

根据表12－6材料计算如下：

营业净利润率＝2 520÷22 000×100%＝11.45%

营业毛利率＝（22 000－13 200）÷22 000×100%＝40%

营业利润率＝4 400÷22 000×100%＝20%

2. 成本费用利润率

成本费用利润率是指企业一定时期利润总额与成本费用的比率。这一指标反映企业所得与所耗的关系。利润高，成本费用低，指标值就大，表示企业成本费用支出也低，经济效益好；反之，说明企业经营管理水平差，经济效益欠佳。其计算公式为：

$$成本费用利润率=\frac{利润总额}{成本费用总额}\times 100\%$$

上式中成本费用额一般包括营业成本、营业税金及附加和当期的期间费用。

企业对成本费用开支效果作深入分析考核时，还可根据不同层次的成本与利润间的对应关系，如销售毛利与销售成本（销售进价成本或产品制造成本）、经营利润与经营成本（销售成本＋销售费用＋营业税金及附加）、营业利润与营业成本（经营成本＋期间费用＋其他业务支出）、税前利润与税前成本（营业成本＋营业外支出）、税后利润与税后成本（税前成本＋所得税）等计算销售成本利润率，税前、税后成本利润率等，进而揭示企业各项成本的使用效果。

【例 12－18】如表 12－7，老屋下公司成本利润率可以分析如下：

表 12－7　成本费用利润率计算表　　单位：万元

项目	2008 年	2009 年
营业成本	10 900	12 400
营业税金及附加	1 080	1 200
销售费用	1 620	1 900
管理费用	800	1 000
财务费用	200	300
成本费用总额	14 600	16 800
利润总额	4 000	4 200
成本费用利润率	27.4%	25%

从以上计算结果可以看到，该公司 2009 年度的成本费用利润率比 2008 年有所下降，公司应当深入检查导致成本费用上升的因素，改进有关工作，以便扭转效益指标下降的状况。

3. 资产利润率

资产利润率是指企业利润与资产平均占用额的比率，表明每 1 元资产所获取的利润，反映企业资产的利用效果。一般来说，资产利润率越高，说明资产利用效率越高；反之，则说明资产利用效率越低。

由于企业的资产是由流动资产和固定资产构成，而流动资产的投资与周转是企业利润的主要来源，固定资产则对企业利润起着推动和促进作用，因此，对企业资产的获利水平进行全面的分析评价。

（1）总资产利润率。

总资产利润率是指企业利润（是指息税前利润总额）与平均资产总额之比，其计算公式为：

$$总资产利润率=\frac{利润}{平均资产总额}\times 100\%$$

当利润用资产周转率指标计算时，则：

$$总资产利润率=息税前利润率\times 总资产周转率$$

该指标反映企业资产利用的综合效果及获利能力。以上公式表明，总资产利润率与息税前利润率、总资产周转率成正比例关系，即息税前利润率越高，全部资产周转率越快，则总额产利润率就越高。因此，要增强资产获利能力，提高总资产利润率，不仅要增加企业营业收入，而且还要提高资产使用效果。

评价总资产利润这一指标时，还可以分别以总资产息税前利润率、总资产税后利润率进行计算评价。

（2）流动资产利润率。

流动资产利润率是指企业利润（是指息税前利润总额）与流动资产平均占用额的比率，表明每1元流动资产所获取的利润，其计算公式为：

$$流动资产利润率=\frac{利润}{流动资产平均占用额}\times 100\%$$

使用和计算这个指标时，也可以同销售利润率一样，分别以不同层次的利润计算评价。

（3）固定资产利润率。

固定资产利润率是企业利润与固定资产平均占用额的比率，其计算公式为：

$$固定资产利润率=\frac{利润}{固定资产平均占用额}\times 100\%$$

4. 资本金利润率

资本金利润率是企业利润与资本金总额的比率，它反映每1元资本金所获得的利润，其计算公式为：

$$资本金利润率=\frac{利润率}{资本金总额}$$

公式中的资本金总额是指企业在工商行政管理部门登记的注册资金总额，包括国家资本金、法人资本金、个人资本金和外商资本金。这一指标反映投放资本的利润效益，指标越高说明投资带来的利润越高，资本效益越好；反之，效益越差。

5. 自有资金利润率

自有资金利润率是反映企业获利能力的一个重要指标。自有资金利润率越高，反映企业自有资金的获利能力越强，自有资金投资收益水平越高。

企业从事财务管理活动的最终目的是实现所有者财富最大化，从静态角度来讲，首先就是最大限度地提高自有资金利润率。因此，该指标是企业盈利能力指标的核心，也是整个财务指标体系的核心。

在计算这一指标时，要注意所有者权益包括实收资本、资本公积和留存收益。不可单独考核其中某一构成部分的收益水平，否则，会对指标数值产生一些虚假影响。

12.5.2 股份公司盈利能力分析

股份公司是以发行股票来筹集企业资本的，股东购买企业股票，都希望获得好的报酬。因此，投资者对股份公司的盈利能力必然非常关心，特别是每年的股利分配，反映股份公司盈利能力的财力指标主要有每股收益、每股股利、市盈率等。

1. 每股收益

每股收益是衡量股份公司盈利能力的指标，它是指本年净利润额与年末普通股股份总数的比值。这里的净利润额是指缴纳所得税后的净利润减去优先股股利的剩余额，年末普通股股份总数是企业发行在外的普通股股份平均数。该指标反映每一普通股的获利水平。指标值越高，表示每一普通股可得的利润多，股东投资效益越好；反之，则越差。其计算公式为：

$$每股收益=\frac{税后净利润-优先股股利}{年末普通股股份总数}$$

2. 每股股利

每股股利也是衡量股份公司获利能力的指标，它是股利总额与期末普通股股份总数的比值。该指标表现的是每一普通股获取股利的大小，指标值越高，股本获利能力越强。其计算公式为：

$$每股股利=\frac{股利总额}{年末普通股股份总数}$$

3. 市盈率

市盈率是衡量股份公司盈利能力的另一项指标，它是指普通股每股市价为每股收益的倍数。这里的市价是指普通股每股在证券市场的买卖价格。用每股收益与市价进行比较，目的是反映普通股票当期盈余与市场价格的关系，它可以为投资者提供重要的决策参考。其计算公式为：

$$市盈率 = \frac{普通股每股市价}{普通股每股收益}$$

市盈率反映投资者对每1元净利润所愿支付的价格，可以用来估计股票的投资风险和报酬。它是市场对公司的共同期望指标，市场率越高，表明市场对公司的未来越看好。在市价确定的情况下，每股收益越高，市盈率越低，投资风险越小；反之亦然。在每股收益确定的情况下，市价越高，市盈率越高，风险越大；反之亦然。仅从市盈率高低的横向比较看，高市盈率说明公司能够得社会信赖，具有良好的前景；反之亦然。

12.6 财务状况的趋势分析与综合分析

为了正确评价企业经营管理水平，了解企业财务状况的变动，即经营规模、资本增值、支付能力、生产经营成果、财务成果等变动方向及其数额和幅度，以便正确预测企业财务活动前景，准确判断企业发展能力，适时调整企业经营理财方略，增强企业竞争能力，必须对企业的财务状况进行趋势分析。

财务状况的趋势分析，主要是通过对企业连续几期的财务指标、财务比率和财务报告的比较，了解企业财务状况的变动趋势，包括变动的方向、数额和幅度，从而据以预测企业未来财务活动的发展前景。

12.6.1 比较财务指标与财务比率

采用比较财务指标与财务比率进行财务状况趋势分析，可从企业过去连续几年的财务报表中选出重要的财务指标，进行计算加工后，直接观察其金额或比率的变动趋势，以分析其变动趋势的合理性。

【例12-19】凯得公司2000、2007、2008年各年利润总额分别为23.6万元、24.6万元、26.3万元，其销售利润率分别为19.5%、2%、19%。根据该资料，可编制该公司利润变动趋势表，见表12-8。

表12-8 利润变动趋势表 单位：万元

项目	2000年	2007年	2008年
利润总额	23.6	24.6	26.3
比2000年增加（定比）%		1	2.7
比上年增加（环比）%		1	1.7

（续上表）

项目	2000 年	2007 年	2008 年
销售利润率（%）	19.5	20	19
比 2000 年增加（定比）（%）		0.5	0.5
比上年增加（环比）（%）		0.5	1

从表 12－8 可以看出，该企业年利润总额上升，增长幅度也越来越快，说明企业经营成果变动趋势较理想。但是，从销售利润率来分析，其结果与利润总额变化趋势不尽一致。2008 年呈下降趋势，如不是该企业有计划地降低销售价格，实施薄利多销战略，则说明该企业在成本、费用的管理中存在严重问题。增收不节支，支出增长幅度大于收入增长幅度，应引起企业经营管理者高度重视。该企业需要进一步查明成本费用上升的原因，及时采取措施，改进成本费用管理工作，提高企业盈利水平。

12.6.2 比较财务报表的金额

比较财务报表的金额，是将连续期同一种会计报表的金额并列起来，比较各相同项目增减变动的金额及幅度，以说明报表上同一项目在不同时期的增减变化情况，用来说明企业财务状况和经营成果的变动趋势。

【例 12－20】南岗公司根据有关资料以编制 2006、2007、2008 年比较利润表，如表 12－9、表 12－10 所示。

表 12－9 利润表 单位：万元

项目	2006	2007	2008
一、产品销售收入	121	123	138.4
减：产品销售成本	75	76.5	88.4
产品销售费用	8.5	8.5	10
产品销售税金及附加	12.1	12.3	13.8
二、产品销售利润	25.4	25.7	26.2
加：其他业务利润	5	6	5.5
减：管理费用	5	6	5
财务费用	2	2	2.3
三、营业利润	23.4	23.7	24.4
加：投资收益	1	1	1.2
营业外收入	0.5	0.8	1.3
减：营业外支出	1.7	0.9	0.8

（续上表）

项目	2006	2007	2008
四、利润总额	23.2	24.6	26.1
减：所得税（33%）	7.66	8.1	8.61
五、利润净额	15.54	16.5	17.49

表中数据的计算方法是：

变动差额 = 本期金额 - 上期金额

变动幅度（百分比）= 变动差额 ÷ 上期金额 ×100%

通过比较利润表 12 - 10 可以看出：①该企业销售收入的增长速度比较快（2007 年增长了 1.65%，2008 年增长了 12.5%）。②该企业利润总额的增长速度较为缓慢，低于销售收入的增长速度（2008 年销售收入增长了 12.5%，而利润只增长了 6.67%）。③该企业产品成本呈增长趋势，并且增长速度较快（2007 年增长了 2%，2008 年增长了 15.29%，同时其增长速度超过了销售收入的增长速度）。

表 12 - 10　比较利润表

	2007 年		2008 年	
	金额差	（%）	金额差	（%）
一、产品销售收入	2	0.65	15.4	12.5
减：产品销售成本	1.5	2	11.7	15.29
产品销售费用	0	0	1.5	17.65
产品销售税金及附加	0.2	1.65	1.5	12.2
二、产品销售利润	0.3	1.18	0.7	2.72
加：其他业务利润	1	20	-0.5	-8.33
减：管理费用	1	20	-1	-16.67
财务费用	0	0	0.3	15
三、营业利润	0.3	1.28	0.9	3.8
加：投资收益	0	0	0.2	20
营业外收入	0.3	60	0.5	62.5
减：营业外支出	0.6	-35	-0.1	-11.1
四、利润总额	1.4	6.03	1.7	6.91
减：所得税（33%）	0.44	5.74	0.6	7.41
五、利润净额	0.96	6.18	1.1	6.67

由此可以看出，该企业获利能力逐渐在增大，但由于制造成本幅度升高，影响了利润的应有增长速度。

12.6.3 比较财务报表的构成

比较财务报表的构成，是把常规的财务报表换算成结构百分比报表，即以财务报表中的某一总体指标作为100%，计算出各组成部分指标占总体指标的百分比，然后将几个连续期的财务报表逐项比较，查明某一特定项目在不同年度间的增减变动趋势。

同一报表中不同项目的结构，即各组成部分指标占总体指标的百分比的各计算公式为：

$$\text{某项目占总体比重（百分比）}=\frac{\text{该项目指数标数}}{\text{总体}}\times 100\%$$

通常，利润表的“总体”是“销售收入”，资产负债表的“总体”是“总资产”。

【例12－21】根据表12－10的有关资料，编制比较利润表的构成表，如表12－11所示。

表12－11　比较利润表的构成表

项目	2006年	2007年	2008年
一、营业收入（万元）	100	100	100
营业成本（%）	61.98	62.2	63.73
销售费用（%）	7.02	6.9	7.2320
营业税金（%）	10	10	10
二、产品销售利润（%）	21	20.9	19.04

由以上比较利润表的构成表可以明显看出，该企业产品销售成本的比重逐年上升，而产品销售利润的比重却逐年下降。这说明产品销售利润逐年下降的原因是由于产品销售成本逐年上升直接导致的，并且2008年产品销售费用比重也有所上升，说明该企业的成本费用管理是个薄弱环节，应进一步查明原因，改进成本管理办法，提高成本管理水平，增强企业盈利能力。

12.6.4 财务状况的综合分析

财务状况的综合分析是将企业的盈利能力、偿债能力、营运能力等诸方面的分析纳入一个有机的整体之中，全面地对企业经营状况、财务状况进行解剖和分析，从而对企业经济效益的优劣作出准确的评价与系统的判断分析。财务状况综合分析方法主要有杜邦体系分析法和财务比率综合评价法。

1. 杜邦体系分析法

杜邦体系分析法是利用各个主要财务比率之间的内在联系，建立财务比率分析的综合模型，来综合地分析和评价企业财务状况和经营业绩的方法。采用杜邦分析图将有关分析指标按内在联系加以排列，可直观地反映出企业的财务状况和经营成果的总体面貌。它是由美国杜邦公司率先采用的一种方法，故称杜邦体系分析法。

杜邦体系分析的基本结构可以用图 12 - 1 加以说明。

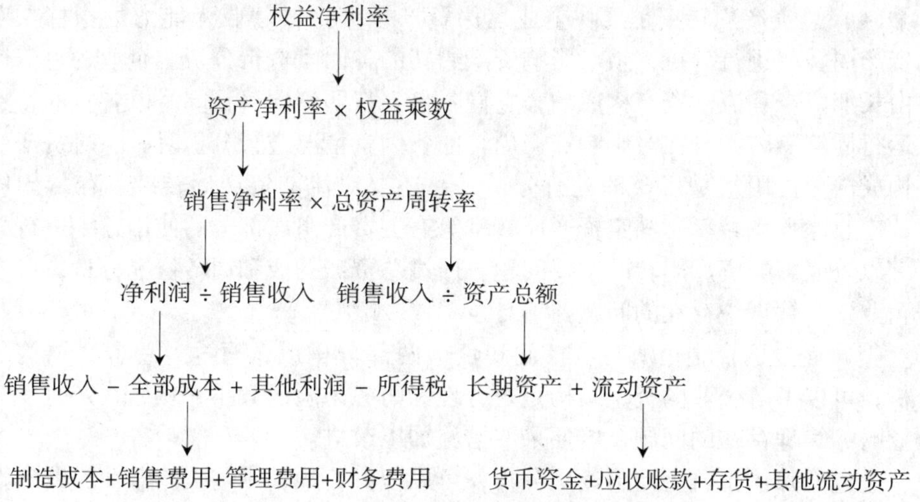

图 12 - 1　杜邦体系分析的基本结构

从图 12 - 1 中可以看出，杜邦体系分析是把有关财务比率和财务指标以系统分析图的形式联系在一起进行分析的。图 12 - 1 表明，权益收益率（自有资金利润率），也就是净资产收益率，是最具综合性与代表性的指标，在整个财务分析指标体系中居于核心地位，其他各项指标都是围绕这一核心，通过研究彼此间的依存制约关系，来揭示企业的获利能力及其前因后果的。

通过分析，可以了解到以下一些问题：

（1）决定权益收益率（自有资金利润率）高低的因素有三个方面：销售净利率、总资产周转率和权益乘数。这样分解后，可以把权益收益率（自有资金利润率）这一综合性指标发生变化的原因具体化，从而比只用单独一项指标更加能够说明问题。

(2) 权益乘数是反映企业资本结构、财务杠杆程度以及偿债能力的重要指标。公式为：1 ÷ (1 - 资产负债率)，即权益乘数的高低受企业资本的权益结构制约。负债比例大，权益乘数就高，负债经营可以给企业带来较大的财务杠杆利益，同时也给企业带来了较多的风险。因此，保持适当的权益乘数，是企业债务安全的重要保障，也是保持企业收益与风险的重要保障。

(3) 销售净利率是反映企业盈利能力的重要指标。销售净利率的高低取决于净利润和销售净额（主营业务收入）。企业的税后净利润，是由销售收入扣除成本费用总额加上其他利润再扣除所得税而得到的，而成本费用又由一些具体项目构成。通过对这些项目的分析，可以了解企业净利润增减及销售净利率升降的变动原因。

(4) 总资产周转率是反映企业运用资产以产生销售收入能力的指标。对总资产周转率进行分析，须对影响资产周转的各因素进行分析。企业的总资产是由长期资产和流动资产构成的，它们各自又有明细项目，同时以各自的特点在运行周转。因此，在对影响资产周转的各因素情况进行分析时，除对资产的各构成部分占用量是否合理进行分析外，还要对流动资产周转率、存货周转率、应收账款周转率、固定资产周转率等有关资产组成部分的使用效率进行分析，以查明影响资产周转的主要问题。通过总资产构成和周转情况分析，可发现企业资产管理中存在的问题与不足。

(5) 企业的资金由所有者权益和负债两部分构成，通过对总资金结构的分析，可以了解企业的资金结构是否合理和财务风险的大小，从而，及时发现企业财务管理存在的问题，以便采取措施加以改进。

通过杜邦体系自上而下逐层分析，可以全方位地揭示与披露企业经营理财的状况，为企业决策者优化经营理财、提高企业经济效益提供可靠依据。

2. 财务比率综合评价法

1995 年我国财政部颁布了一套企业经济效益评价指标体系，主要包括：

(1) 销售利润率 = 利润总额 ÷ 产品销售净收入 × 100%

(2) 总资产报酬率 = (利润总额 + 利息支出) ÷ 平均资产总额 × 100%

(3) 资本收益率 = 净利润 ÷ 实收资本 × 100%

(4) 资本保值增值率 = 期末所有者权益总额 ÷ 期初所有者权益总额 × 100%

(5) 资产负债表 = 负债总额 ÷ 资产总额 × 100%

(6) 流动比率（或速动比率） = 流动资产（或速动资产） ÷ 流动负债 × 100%

(7) 应收账款周转率 = 赊销净额 ÷ 平均应收账款余额 × 100%

(8) 存货周转率 = 产品销售成本 ÷ 平均存货成本 × 100%

(9) 社会贡献率 = 企业社会贡献总额 ÷ 平均存货成本 × 100%

(10) 社会积累率 = 上交国家财政总额 ÷ 企业资产总额 × 100%

上述指标可以分成四类：(1) ~ (4) 项为获利能力指标，(5)、(6) 项为偿债能力指标，(7)、(8) 项为营运能力指标，(9)、(10) 项为社会贡献指标。

标准比率应以本行业平均数为基础，适当进行理论修正，在给每个指标评分时，应规定上限和下限，以减少个别指标的异常变动对总分造成不合理的影响。上限可定为正常评分值的1.5倍，下限定为正常评分值的1/2。此外，给分时不采用乘数，而采用加或减的关系来处理，以克服沃尔评分法的缺点，从而计算出每分比率。每分比率是指该项指标每增加1分需要提高的比率。例如，销售净利率的标准值为4%，标准评分为20分；行业最高比率为20%，最高评分为30分，则每分的财务比率差为1.6% [即 (20% -4%) ÷ (30 - 20)]，即销售净利率每提高1.6%可以比标准多得1分，但该项得分最高不得超过30分。

$$每项财务指标实际评价得分 = \frac{实际比率 - 标准比率}{每分比率} + 标准得分$$

$$每分比率 = \frac{行业最高比率 - 标准比率}{最高分 - 标准评分值}$$

根据综合评分标准和财务报表的实际财务比率分项计算10项指标的实际得分，然后将10项指标的实际得分加总，即对该企业财务比率的综合评价值。

【例12 -22】假定评分标准如表12 - 12所示，南岗公司财务状况评分情况如表12 - 12所示，该企业综合评价得95.61分，是一个中等水平企业。

表12 - 12　　综合评分的标准

指标	评分值	标准比率（%）	企业最高比率（%）	最高分	最低分率（%）	每分比
盈利能力						
销售利润率	15	15	20	20	9	1
总资产报酬率	15	10	20	20	9	2
资产收益率	15	12	20	20	10	1.6
资本保值增值率	10	8	15	15	4	1.4
偿债能力						
资产负债表率	5	50	60	10	2	2
流动比率	5	2	3	10	1	20

（续上表）

指标	评分值	标准比率（%）	企业最高比率（%）	最高分	最低分率（%）	每分比
营运能力						
应收账款周转率	5	4	6	10	2	40
存货周转率	5	2	3	10	1	20
社会贡献能力						
社会贡献率	10	20	30	15	3	2
社会积累率	15	40	50	20	9	2
合计	100	—	—	150	50	—

综合评价法是评价企业总体财务状况的一种比较可取的方法，但其正确性、准确性依赖于标准评分值和标准比率的正确确定和科学建立。

表 12－13　南岗企业综合财务状况评分情况表

指标	标准比率（%）	实际比率（%）	比率差异	每分比率（%）	调整分数	标准得分	实际得分
	(1)	(2)	(3)＝(2)－(1)	(4)	(5)＝(3)÷(4)	(6)	(7)＝(5)＋(6)
盈利能力							
销售利润率	15	20	5	1	5	15	20
总资产报酬率	10	8	－2	2	－1	15	14
资本收益率	12	9	－3	1.6	－1.9	15	13.1
资本保值增值率	8	10	2	1.4	1.43	10	11.43
偿债能力							
资产负债率	50	55	5	2	2.5	5	7.5
流动比率	2	2.5	0.5	20	0.025	5	5.025
营运能力							
应收账款周转率	4	5	1	40	0.025	5	5.025
存货周转率	2	1.5	－0.5	20	－0.025	5	4.975
社会贡献能力							
社会贡献率	20	15	5	3	2.5	10	12.5
社会积累率	40	15	－25	2	－12.5	15	2.5
合计	—	—	—	—	—	100	96.055

12.7 业绩评价

12.7.1 业绩评价的意义

业绩评价是指运用数理统计和运筹学的方法，通过建立综合评价指标体系，对照相应的评价标准，定量分析与定性分析相结合，对企业一定经营期间的获利能力、资产质量、债务风险以及经营增长等经营业绩和努力程度的各方面进行综合评判。

科学地评价企业业绩，可以为出资人行使经营者的选择权提供重要依据；可以有效地加强对企业经营者的监管和约束；可以为有效地激励企业经营者提供可靠依据；还可以为政府有关部门、债权人、企业职工等利益相关方提供有效的信息支持。

12.7.2 业绩评价的内容

业绩评价由财务业绩定量评价和管理业绩定性评价两部分组成。

1. 财务业绩定量评价

财务业绩定量评价是指对企业一定期间的获利能力、资产质量、债务风险和经营增长等 4 个方面进行定量对比分析和评判。

（1）企业获利能力分析和评判主要通过资本及资产报酬水平、成本费用控制水平和经营现金流量状况等方面的财务指标，综合反映企业的投入产出水平以及盈利质量和现金保障状况。

（2）企业资产质量分析和评判主要通过资产周转速度、资产运行状态、资产结构以及资产有效性等方面的财务指标，综合反映企业所占用经济资源的利用效率、资产管理水平和资产的安全性。

（3）企业债务风险分析和评判主要通过债务负担水平、资产负债结构、或有负债情况、现金偿债能力等方面的财务指标，综合反映企业的债务水平、偿债能力及面临的债务风险。

（4）企业经营增长分析和评判主要通过销售增长、资本积累、效益变化以及技术投入等方面的财务指标，综合反映企业的经营增长水平及发展后劲。

2. 管理业绩定性评价

管理业绩定性评价是指企业在企业财务业绩定量评价的基础上通过采取专家评议的方式，对企业一定期间的经营管理水平进行定性分析和综合评判。

12.7.3 评价指标

业绩评价由财务业绩定量评价和管理业绩定性评价两大体系构成。确定各项具体指标之后，再分别分配不同的权重，使之成为一个完整的指标体系。

1. 财务业绩定量评价指标

财务业绩定量评价指标由企业获利能力状况、资产质量状况、债务风险状况和经营增长状况等4个方面的基本指标和修正指标构成，用于综合评价企业财务报表所反映的经营绩效状况。

财务业绩定量评价依据各项指标的功能作用划分为基本指标和修正指标。其中，基本指标反映企业一定期间财务业绩的主要方面，并得出企业财务业绩定量评价的基本结果。修正指标是根据财务指标的差异性和互补性，对基本指标的评价结果作进一步的补充和矫正。

（1）企业获利能力指标。

企业获利能力状况以净资产收益率、总资产报酬率两个基本指标和销售（营业）利润率、盈余现金保障倍数、成本费用利润率、资本收益率4个修正指标进行评价，主要反映企业一定期间的投入产出水平和盈利质量。

（2）企业资产质量指标。

企业资产质量状况以总资产周转率、应收账款周转率两个基本指标和不良资产比率、流动资产周转率、资产现金回收率4个修正指标进行评价，主要反映企业所占用经济资源的利用效率、资产管理水平与资产的安全性。

（3）企业债务风险指标。

企业债务风险状况以资产负债率、已获利息倍数两个基本指标和速动比率、现金流动负债比率、带息负债比率、或有负债比率4个修正指标进行评价，主要反映企业的债务负担水平、偿债能力及其面临的债务风险。

（4）企业经营增长指标。

企业经营增长状况经销售（营业）增长率、资本保值增值率两个基本指标和销售（营业）利润增长率、总资产增长率、技术投入比率3个修正指标进行评价，主要反映企业的经营增长水平、资本增值状况及发展后劲。

2. 管理业绩定性评价指标

管理业绩定性评价包括企业发展战略的确定与执行、经营决策、发展创新、风险控制、基础管理、人力资源、行业影响、社会贡献等8个方面的指标，主要反映企业在一定期间所采取的各项管理措施及管理成效。

（1）战略管理评价主要反映企业所制定战略规划的科学性、战略规划是否符合企业实际、员工对战略规划的认知程度、战略规划的保障措施及执行力以及战略规划的实施效果等方面的情况。

(2) 发展创新评价主要反映企业在经营管理创新、工艺革新、技术改造、新产品开发、品牌培育、市场拓展、专利申请及核心技术研发等方面的措施及成效。

(3) 经营决策评价指标主要反映企业在决策管理、决策程序、决策方法、决策执行、决策监督、责任追究等方面采取的措施及实施效果，重点反映企业是否存在重大经营决策失误。

(4) 风险控制评价主要反映企业在财务风险、市场风险、技术风险、管理风险、信用风险和道德风险等方面的管理与控制措施及效果，包括风险控制标准、风险评估程序、风险防范与化解措施等。

(5) 基础管理评价主要反映在制度建设、内部控制、重大事项管理、信息化建设、标准化管理等方面的情况，包括财务管理、对外投资、采购与销售、存货管理、质量管理、安全管理、法律事务等。

(6) 人力资源主要反映企业人才结构、人力培养、人才引进、人才储备、人事调配、员工绩效管理、分配与激励、企业文化建设、员工工作热情等方面的情况。

(7) 行业影响评价主要反映企业主营业务的市场占有率、对国民经济及区域经济的影响与带动力、主要产品的市场认可程度、是否具有核心竞争能力以及产业引导能力等方面情况。

(8) 社会贡献评价主要反映企业在资源节约、环境保护、吸纳就业、工资福利、安全生产、上缴税收、商业诚信、和谐社会建设等到方面的贡献程度和社会责任的履行情况。

企业管理绩效定性评价指标应当根据评价工作需要作进一步细化，能够量化的应当采用量化指标进行反映。

表 12－14　业绩评价指标及其权重表

评价内容与权数		财务业绩（70%）				管理业绩（30%）	
		基本指标	权数	修正指标	权数	评议指标	权数
盈利能力状况	34	净资产收益率	20	营业利润率	10	战略管理	18
				盈余现金保障倍数	9	发展创新	15
				成本费用利润率	8	经营决策	16
		总资产报酬率	14	资本收益率	7	风险控制	13
资产质量状况	22	总资产周转率	10	不良资产比率	9	基础管理	14
		应收账款周转率	12	流动资产比率	7	人力资源	8
				资产现金回收率	6	行业影响	8
债务风险状况	22	资产负债率	12	速动比率	6	社会贡献	8
		已获利息倍数	10	现金流动负债比率	6		
				带息负债比率	5		
				或有负债比率	5		
经营增长状况	22	营业增长率	12	营业利润增长率	10		
		资本保值增值率	10	总资产增长率	7		
				技术投入比率	5		

12.7.4　评价标准

业绩评价标准分为财务业绩定量评价标准和管理定性评价标准，通常由政府等权威部门统一测算和发布。

1. 财务业绩定量评价标准

财务业绩定量评价标准包括国内行业标准和国际行业标准。国内行业标准根据国内企业年度财务和经营管理统计数据，运用数量统计方法，分年度、分行业、分规模统一测算。国际行业标准根据行业国际领先地位的大型企业相关财务指标实际值，或者根据同类型企业组相关财务指标的先进值，在剔除会计核算差异后统一测算。其中，行业分类按照国家统一颁布的国民经济行业分类标准结合企业实际情况进行划分。

财务业绩定量评价标准按照不同行业、不同规模及指标类别，划分为优秀（A）、良好（B）、平均（C）、较低（D）、和较差（E）5 个档次。对应这 5 档评价标准的标准系数分别为 1.0、0.8、0.6、0.4、0.2。

表 12-15 财务业绩定量评价标准示例

（2006 年工业/中型企业业绩评价标准值）

项目 \ 档次（标准系数）	优秀（A）1.0	良好（B）0.8	平均（C）0.6	较低（D）0.4	较差（E）0.2
一、获利能力状况					
净资产收益率	16.1	10.7	5.6	-1.1	-8.7
总资产报酬率	10.6	7.2	3.2	-0.1	-4.4
营业利润率	30.4	23.2	14.0	6.9	-1.2
盈余现金保障倍数	10.4	5.0	1.2	0.5	-1.1
成本费用利润率	15.3	10.3	4.0	-0.9	-11.3
资本收益率	21.2	13.2	3.0	-4.3	-12.8
二、资产质量状况					
总资产周转率	1.6	1.2	0.6	0.4	0.2
应收账款周转率	24.1	14.6	6.2	2.8	1.3
不良资产比率	1.1	2.5	4.0	8.8	20.7
流动资产比率	4.0	2.5	1.3	0.6	0.2
资产现金回收率	15.7	11.8	4.5	-2.1	-5.8
三、债务风险状况					
资产负债率	44.6	57.3	66.3	82.2	97.2
已获利息倍数	6.2	4.5	2.2	1.0	-0.6
速动比率	142.7	112.9	71.8	47.9	30.1
现金流动负债比率	26.9	19.4	5.4	-7.1	-12.4
带息负债比率	25.3	37.6	48.9	72.0	85.4
或有负债比率	0.4	1.3	6.1	14.7	23.8
四、经营增长状况					
营业增长率	37.8	26.4	10.6	-11.6	-30.7
资本保值增值率	113.2	108.8	104.1	100.3	95.8
营业利润增长率	31.7	21.7	6.3	-14.1	-37.0
总资产增长率	20.4	14.9	7.1	0.5	-9.5
技术投入比率	0.9	0.7	0.5	0.3	0.1

2. 管理业绩定性评价指标

管理业绩定性评价指标根据评价内容、结合企业经营管理的实际水平和出资人监管要求等统一测算，并划分为优、良、中、低和差 5 个档次。

管理业绩定性评价标准具有行业普遍性和一般性，在进行评价时，应当根据不同行业的经营特点，灵活把握个别指标的标准尺度。对于定性评价标准没有列示，但对被评价企业经营绩效产生重要影响的因素，在评价时也应予以考虑。

12.7.5 评价方法

业绩评价分为3个大的步骤，首先进行财务业绩定量评价，然后在财务业绩定量评价结果的基础上，进行管理业绩定性评价，最后将管理业绩定性评价结合在一起，计算综合业绩评价分值，形成综合评价结果。

1. 财务业绩定量评价方法

财务业绩定量评价是运用功效系数法的原理，以企业评价指标实际值对照企业所处行业（规模）标准值，按照既定的计分模型进行定量测算。其基本步骤如下：

（1）提取相关数据，加以调整，计算各项指标实际值。

财务业绩定量评价的基本数据主要为企业评价年度财务会计报表。为了客观、公正地评价企业业绩，保证评价基础数据的真实、完整、合理，在实施评价前通常应当对基础数据进行核实，视实际情况按照重要性和可比性原则进行适当调整。在此基础上，运用前文列出的各项指标的计算公式，确定各项指标实际值。

（2）确定各项指标标准值。

各项指标的标准值是有关权威部门运用数理统计方法，分年度、分行业、分规模统一测算和发布的。企业一般可以根据自己的主营业务领域对国家规定的行业基本分类，选择适合自己的行业标准值。

（3）按照既定模型对各项指标评价计分。

前已提及，财务业绩定量评价包括基本指标和修正指标，两种指标的计分模型是不同的。

①财务业绩定量评价基本指标分是按功效系数法计分原理，将评价指标实际指标对照行业评价标准值，按照既定的计分公式计算各项基本指标得分。计算公式为：

$$基本指标总得分 = \sum 单项基本指标得分$$

$$单项基本指标得分 = 本档基础分 + 调整分$$

$$本档基础分 = 指标权数 \times 本档标准系数$$

$$调整分 = 功效系数 \times （上档基础分 - 本档基础分）$$

$$上档基础分 = 指标权数 \times 上档标准系数$$

$$功效系数 = \frac{实际值 - 本档标准值}{上档标准值 - 本档标准值}$$

本档标准值是指上下两档标准值居于较低等级一档。

②财务业绩定量评价修正指标的计分是在基本指标计分结果的基础上，运用功效系数法原理，分别计算获利能力、资产质量、债务风险和经营增长四个部分的综合修正系数，再据此计算修正后的分数。计算公式为：

$$修正后总得分 = \sum 各部分修正后得分$$

$$各部分修正后得分 = 各部分基本指标分数 \times 该部分综合修正系数$$

$$某部分综合修正系数 = \sum 该部分各修正指标加权修正系数$$

$$某部分加权修正系数 = (修正指标权数 \div 该部分权数) \times 该指标单项修正系数$$

某指标单项修正系数 = 1.0 + （本档标准系数 + 功效系数 × 0.2 - 该部分基本指标分析系数）（单项修正系数控制修正幅度为 0.7 ~ 1.3）

$$某部分基本指标分析系数 = \frac{该部分基本指标得分}{该部分权数}$$

需要说明的是，计算修正指标单项修正系数过程中，对于一些特殊情况需要进行调整：

a. 如果修正指标实际值达到优秀值以上，其单项修正系数的计算公式如下：

$$单项修正系数 = 1.2 + 本档标准系数 - 该部分基本指标分析系数$$

b. 如果修正指标实际值处于较差值以下，其单项修正系数的计算公式如下：

$$单项修正系数 = 1.0 - 该部分基本指标分析系数$$

c. 如果资产负债率≥100%，指标得 0 分，其他情况按照规定的公式计分。

d. 如果盈余现金保障倍数分子为正，分母为负，单项修正系数确定为 1.1；如果分子为负数，分母为正数，单项修正系数确定为 0.9；如果分子分母同为负数，单项修正系数确定为 0.8。

e. 如果不良资产比率≥100%或分母为负数，单项修正系数确定为 0.8。

f. 对于营业利润增长率指标，如果上年主营业务利润为负数，本年为正数，单项修正系数为 1.1；如果上年主营业务利润为零，本年为正数，或者上年为负数，本年为零，单项修正系数确定为 1.0。

g. 如果个别指标难以确定行业标准，该指标单项修正系数确定为 1.0。

（4）计算财务业绩评价分值，形成评价结果。

在计算财务业绩定量评价分值的基础上，需要对定量评价进行深入分析，诊断企业经营管理存在的薄弱环节，形成评价结果。

2. 管理业绩定性评价方法

管理业绩定性评价是运用综合分析判断法的原理，根据评价期间企业管理业绩状况等相关因素的实际情况，对照管理业绩定性评价参考标准，对企业管理业绩指标进行分析评议，确定评价分值。其基本步骤如下：

（1）收集整理相关资料。

为了深入了解企业的管理业绩状况，可以通过问卷调查、访谈等方式，充分收集并认真整理业绩评价的有关资料。财务业绩定量评价结果也是进行管理业绩定性评价的重要资料之一。

（2）参照管理业绩定性评价标准，分析企业管理业绩状况。

（3）对各项指标评价计分。

管理业绩定性评价指标的计分一般通过专家评议打分完成（聘请的专家通常应不少于7名）；评议专家应当在充分了解企业管理绩效状况的基础上，对照评价参考标准，采取综合分析判断法，对企业管理绩效指标作出分析评议，评判各项指标所处的水平档次，并直接给出评价分数。其计算公式如下：

$$\text{管理业绩定性评价指标分数} = \sum \text{单项指标分数}$$

$$\text{单项指标分数} = \frac{\sum \text{每位专家给定的单项指标分数}}{\text{专家人数}}$$

（4）计算综合业绩评价分值，形成评价结果。

管理业绩定性评价结果的最后是汇总管理业绩定性评价指标得分，形成定性评价结论。

3. 计算综合业绩评价分值，形成综合评价结果

根据财务业绩定量评价标准和管理定性评价结果，按照既定的权重和计分方法，计算业绩评价总分，并考虑相关因素进行调整后，得出企业综合业绩评价分值。其计算公式如下：

$$\text{综合业绩评价分值} = \text{财务业绩定量评价分数} \times 70\% + \text{管理定性评价分数} \times 30\%$$

综合评价结果是根据企业综合业绩评价分值及分析得出的评价结论，可以以评价得分、评价类型和评价级别表示。评价类型是根据评价分数对业绩评价划分得水平档次，分为优（A）、良（B）、中（C）、低（D）、差（E）5个等级。评价级别是对每种类型再划分级次，以体现同一评价类型的差异，采用字母和在字母右上端标注（++）、（+）、（-）的方式表示。

表 12－17　综合评价结果

综合业绩评价分值		评分类型	评价级别
≥85 分	≥95 分	优（A）	A^{++}
	≥90 分、<95 分		A^{+}
	≥85 分、<90 分		A
≥70 分 、<85 分	≥80 分、<85 分	良（B）	B^{+}
	≥75 分、<80 分		B
	≥70 分、<75 分		B^{-}
≥50 分、<70 分	≥60 分、<70 分	中（C）	C
	≥50 分、<60 分		C^{-}
≥40 分、<50 分		低（D）	D
<40 分		差（E）	E

12.7.6　综合评价报告

综合评价报告是根据业绩评价结果编制、反映被评企业业绩状况的文件，由报告正文和附件构成。

综合评价报告正文应当包括评价目的、评价依据与评价方法、评价过程、评价结果以及评价结论、需要说明的重大事项等内容。

综合评价报告附件应当包括企业经营业绩分析报告、评价结果计分表、问卷调查结果分析、专家咨询报告、评价基础数据及调整情况等内容。

关键概念

财务分析　偿债能力分析　营运能力分析　盈利能力分析　财务状况的趋势分析和综合分析　比率分析法　趋势分析法　因素分析法 短期偿债能力　流动比率　速动比率　现金比率　长期偿债能力　所有者权益比率　资产负债率　负债与股东权益比率　已获利息倍数　流动资产周转率　应收账款周转率　存货周转率　固定资产周转率　总资产周转　销售利润率　成本费用利润率　资产利润率　资本金利润率　每股收益　每股股利　市盈率　财务状况的综合分析　杜邦体系分析法　业绩评价　财务业绩定量评价　管理业绩定性评价　基本指标　修正指标　综合评价报告

主要公式

1. $速动比率=\frac{速动资产}{流动负债}$

2. $现金比率=\frac{现金+短期有价证券}{流动负债}$

3. $资产负债率=\frac{负债总额}{资产总额}\times 100\%$

4. $有形资产负债率=\frac{负债总额}{有形资产总额}\times 100\%$

5. $负债与股东权益比率=\frac{负债总额}{股东权益总额}\times 100\%$

6. $所有者权益比率=\frac{所有者权益总额}{资产总额}\times 100\%$

7. $利息保障倍数=\frac{利润总额+利息费用}{利息费用}=\frac{税前利润+利息费用}{利息费用}$

8. $流动资产周转率（次数）=\frac{营业收入}{流动资产平均占用额}$

9. $流动资产周转天数=\frac{计算期天数}{同期流动资产周转天数}$

$=\frac{计算期日历天数\times 流动资产平均占用额}{营业收入}$

10. $固定资产周转率=\frac{营业收入}{固定资产平均占用额}$

$=\frac{流动资产平均占用额}{固定资产平均占用额}\times 流动资产周转率$

11. $总资产周转天数=\frac{计算期日历天数}{总资产周转率}=\frac{计算期日历天数\times 平均资产总额}{营业收入}$

12. $营业利润率=\frac{营业利润}{营业收入}\times 100\%$

$营业毛利率=\frac{营业收入-营业成本}{营业收入}\times 100\%$

13. $成本费用利润率=\frac{利润总额}{成本费用总额}$

14. $总资产利润率=\frac{利润}{平均资产总额}\times 100\%$

当利润资产周转率指标计算时，则：

总资产利润率 = 息税前利润率 × 总资产周转率

15. $资本金利润率 = \dfrac{利润率}{资本金总额}$

16. $每股收益 = \dfrac{税后净利润 - 优先股股利}{年末普通股股份总数}$

17. $每股股利 = \dfrac{股利总额}{年末普通股股份总数}$

18. $市盈率 = \dfrac{普通股每股市价}{普通股每股收益}$

19. 基本指标总得分 = Σ单项基本指标得分

单项基本指标得分 = 本档基础分 + 调整分

本档基础分 = 指标权数 × 本档标准系数

调整分 = 功效系数 ×（上档基础分 − 本档基础分）

上档基础分 = 指标权数 × 上档标准系数

$功效系数 = \dfrac{实际值 - 本档标准值}{上档标准值 - 本档标准值}$

20. 修正后总得分 = Σ各部分修正后得分

各部分修正后得分 = 各部分基本指标分数 × 该部分综合修正系数

某部分综合修正系数 = Σ该部分各修正指标加权修正系数

某部分加权修正系数 =（修正指标权数 ÷ 该部分权数）× 该指标单项修正系数

某指标单项修正系数 = 1.0 +（本档标准系数 + 功效系数 × 0.2 − 该部分基本指标分析系数）（单项修正系数控制修正幅度为 0.7 ~ 1.3）

$某部分基本指标分析系数 = \dfrac{该部分基本指标得分}{该部分权数}$

21. 管理业绩定性评价指标分数 = Σ单项指标分数

$单项指标分数 = \dfrac{\sum 每位专家给定的单项指标分数}{专家人数}$

思考题

1. 试述企业财务分析的目的。
2. 财务分析包括哪些内容？

3. 简述财务分析的一般方法。
4. 试分析说明比较会计报表与比较会计报表项目构成的区别。
5. 如何评价市盈率指标？
6. 试述杜邦体系分析法。
7. 什么叫企业业绩评价？
8. 什么叫财务业绩定量评价？
9. 什么叫管理业绩定性评价？
10. 综合评价报告包括哪些内容？

计算题

1. 南岗公司年初存货为3 000元，年初应收账款为2 540元，年末流动比率为3.0，存货周转率为4次，流动资产合计为5 400元。要求：

（1）计算公司的本年销售成本。

（2）如果本年销售收入为19 200元，除应收账款外的流动资产是微不足道的，则应收账款周转率是多少？

2. 中门公司2008年资产总额期初数、期末数分别为800万元、850万元，负债总额期初数、期末数分别为320万元、400万元，2007年实现主营业收入5 000万元，净利润300万元。要求：

（1）计算销售净利率、总资产周转率、权益乘数和股东权益报酬率。

（2）说明上述指标之间的关系。

3. 老屋下公司2008年度财务报表的主要资料如下：

资产负债表

2008年12月31日　　　　**单位：万元**

资产		负债及所有者权益	
现金（年初382）	155	应付账款	258
应收账款（年初578）	672	应付票据	168
存货（年初350）	483	其他流动负债	234
固定资产净额（年初585）	585	长期负债	513
		实收资本	722
资产总额（年初1 895）	1 895	负债及所有者权益总额	1 895

2008年利润表的有关资料为：主营业务收入322万元，主营业务成本278

万元，管理费用29 万元，利息费用5 万元，利润总额10 万元，所得税3 万元，净利润7 万元。

（1）计算该公司的下列财务比率：

比率名称	本公司	行业平均数
流动比率		1.98
资产负债率		62%
利息保障倍数		3.8
存货周转率		6 次
应收账款周转天数		35 天
固定资产周转率		13 次
总资产周转率		3 次
销售利润率		1.3%
总资产报酬率		3.4%
股东权益报酬率		8.3%

（2）与行业平均财务比率比较，说明该公司经营管理可能存在的问题。

4. 南岗公司2008 年12 月31 日资产负债表如下（单位：万元）：

2008 年销售收入净额1 014 万元（其中赊销收入570 万元），净利润253.5 万元。

另外，该公司2000 年销售净利率为20%，总资产周转率0.7 次。权益乘数1.71，净资产收益率为23.94%。

要求：根据以上资料

（1）计算2008 年年末的流动比率、速动比率、产权比率、资产负债率和权益乘数。

（2）计算2008 年的应收账款周转率、总资产周转率。

（3）计算2008 年销售净利率、资产净利率、净资产收益率、资本保值增值率。

（4）分析销售净利率、总资产周转率和权益乘数变动对净资产收益率的影响。

5. 朱山公司年初发行在外普通股2 600 万股（每股面值1 元），7 月1 日增发新股964 万股。2008 年会计利润2 300 万元，所得税税率25%。本年宣告普通股股利891 万元，年末股东权益8 910 万元，股票市价8 元。

要求：根据以上资料计算公司2007 年的每股收益、每股净资产、市盈率、每股股利、股利支付率、股利保障倍数、股票获利率、留存收益比率和市净率。

附录一：企业财务通则

中华人民共和国财政部令

第 41 号

根据《国务院关于〈企业财务通则〉、〈企业会计准则〉的批复》（国函〔1992〕178 号）的规定，财政部对《企业财务通则》（财政部令第 4 号）进行了修订，修订后的《企业财务通则》已经部务会议讨论通过，现予公布，自 2007 年 1 月 1 日起施行。

部　长　金人庆

二〇〇六年十二月四日

企业财务通则

第一章　总　则

第一条　为了加强企业财务管理，规范企业财务行为，保护企业及其相关方的合法权益，推进现代企业制度建设，根据有关法律、行政法规的规定，制定本通则。

第二条　在中华人民共和国境内依法设立的具备法人资格的国有及国有控股企业适用本通则。金融企业除外。

其他企业参照执行。

第三条　国有及国有控股企业（以下简称企业）应当确定内部财务管理体制，建立健全财务管理制度，控制财务风险。

企业财务管理应当按照制定的财务战略，合理筹集资金，有效营运资产，控制成本费用，规范收益分配及重组清算财务行为，加强财务监督和财务信息管理。

第四条　财政部负责制定企业财务规章制度。

各级财政部门（以下通称主管财政机关）应当加强对企业财务的指导、管理、监督，其主要职责包括：

（一）监督执行企业财务规章制度，按照财务关系指导企业建立健全内部财务制度。

（二）制定促进企业改革发展的财政财务政策，建立健全支持企业发展的财政资金管理制度。

（三）建立健全企业年度财务会计报告审计制度，检查企业财务会计报告质量。

（四）实施企业财务评价，监测企业财务运行状况。

（五）研究、拟订企业国有资本收益分配和国有资本经营预算的制度。

（六）参与审核属于本级人民政府及其有关部门、机构出资的企业重要改革、改制方案。

（七）根据企业财务管理的需要提供必要的帮助、服务。

第五条　各级人民政府及其部门、机构，企业法人、其他组织或者自然人等企业投资者（以下通称投资者），企业经理、厂长或者实际负责经营管理的其他领导成员（以下通称经营者），依照法律、法规、本通则和企业章程的规定，履行企业内部财务管理职责。

第六条　企业应当依法纳税。企业财务处理与税收法律、行政法规规定不一致的，纳税时应当依法进行调整。

第七条 各级人民政府及其部门、机构出资的企业，其财务关系隶属同级财政机关。

第二章　企业财务管理体制

第八条　企业实行资本权属清晰、财务关系明确、符合法人治理结构要求的财务管理体制。

企业应当按照国家有关规定建立有效的内部财务管理级次。企业集团公司自行决定集团内部财务管理体制。

第九条 企业应当建立财务决策制度，明确决策规则、程序、权限和责任等。法律、行政法规规定应当通过职工（代表）大会审议或者听取职工、相关组织意见的财务事项，依照其规定执行。

企业应当建立财务决策回避制度。对投资者、经营者个人与企业利益有冲突的财务决策事项，相关投资者、经营者应当回避。

第十条　企业应当建立财务风险管理制度，明确经营者、投资者及其他相关人员的管理权限和责任，按照风险与收益均衡、不相容职务分离等原则，控制财务风险。

第十一条　企业应当建立财务预算管理制度，以现金流为核心，按照实现企业价值最大化等财务目标的要求，对资金筹集、资产营运、成本控制、收益分配、重组清算等财务活动，实施全面预算管理。

第十二条　投资者的财务管理职责主要包括：

（一）审议批准企业内部财务管理制度、企业财务战略、财务规划和财务预算。

（二）决定企业的筹资、投资、担保、捐赠、重组、经营者报酬、利润分配等重大财务事项。

（三）决定企业聘请或者解聘会计师事务所、资产评估机构等中介机构事项。

（四）对经营者实施财务监督和财务考核。

（五）按照规定向全资或者控股企业委派或者推荐财务总监。

投资者应当通过股东（大）会、董事会或者其他形式的内部机构履行财务管理职责，可以通过企业章程、内部制度、合同约定等方式将部分财务管理职责授予经营者。

第十三条　经营者的财务管理职责主要包括：

（一）拟订企业内部财务管理制度、财务战略、财务规划，编制财务预算。

（二）组织实施企业筹资、投资、担保、捐赠、重组和利润分配等财务方案，诚信履行企业偿债义务。

（三）执行国家有关职工劳动报酬和劳动保护的规定，依法缴纳社会保险费、住房公积金等，保障职工合法权益。

（四）组织财务预测和财务分析，实施财务控制。

（五）编制并提供企业财务会计报告，如实反映财务信息和有关情况。

（六）配合有关机构依法进行审计、评估、财务监督等工作。

第三章　资金筹集

第十四条　企业可以接受投资者以货币资金、实物、无形资产、股权、特定债权等形式的出资。其中，特定债权是指企业依法发行的可转换债券、符合有关规定转作股权的债权等。

企业接受投资者非货币资产出资时，法律、行政法规对出资形式、程序和评估作价等有规定的，依照其规定执行。

企业接受投资者商标权、著作权、专利权及其他专有技术等无形资产出资的，应当符合法律、行政法规规定的比例。

第十五条　企业依法以吸收直接投资、发行股份等方式筹集权益资金的，应当拟订筹资方案，确定筹资规模，履行内部决策程序和必要的报批手续，控制筹资成本。

企业筹集的实收资本，应当依法委托法定验资机构验资并出具验资报告。

第十六条　企业应当执行国家有关资本管理制度，在获准工商登记后 30 日内，依据验资报告等向投资者出具出资证明书，确定投资者的合法权益。

企业筹集的实收资本，在持续经营期间可以由投资者依照法律、行政法规以及企业章程的规定转让或者减少，投资者不得抽逃或者变相抽回出资。

除《公司法》等有关法律、行政法规另有规定外，企业不得回购本企业发行的股份。企业依法回购股份，应当符合有关条件和财务处理办法，并经投资者决议。

第十七条　对投资者实际缴付的出资超出注册资本的差额（包括股票溢价），企业应当作为资本公积管理。

经投资者审议决定后，资本公积用于转增资本。国家另有规定的，从其规定。

第十八条　企业从税后利润中提取的盈余公积包括法定公积金和任意公积金，可以用于弥补企业亏损或者转增资本。法定公积金转增资本后留存企业的部分，以不少于转增前注册资本的 25% 为限。

第十九条　企业增加实收资本或者以资本公积、盈余公积转增实收资本，由投资者履行财务决策程序后，办理相关财务事项和工商变更登记。

第二十条　企业取得的各类财政资金，区分以下情况处理：

（一）属于国家直接投资、资本注入的，按照国家有关规定增加国家资本或者国有资本公积。

（二）属于投资补助的，增加资本公积或者实收资本。国家拨款时对权属有规定的，按规定执行；没有规定的，由全体投资者共同享有。

（三）属于贷款贴息、专项经费补助的，作为企业收益处理。

（四）属于政府转贷、偿还性资助的，作为企业负债管理。

（五）属于弥补亏损、救助损失或者其他用途的，作为企业收益处理。

第二十一条　企业依法以借款、发行债券、融资租赁等方式筹集债务资金的，应当明确筹资目的，根据资金成本、债务风险和合理的资金需求，进行必要的资本结构决策，并签订书面合同。

企业筹集资金用于固定资产投资项目的，应当遵守国家产业政策、行业规划、自有资本比例及其他规定。

企业筹集资金，应当按规定核算和使用，并诚信履行合同，依法接受监督。

第四章　资产营运

第二十二条　企业应当根据风险与收益均衡等原则和经营需要，确定合理的资产结构，并实施资产结构动态管理。

第二十三条　企业应当建立内部资金调度控制制度，明确资金调度的条件、权限和程序，统一筹集、使用和管理资金。企业支付、调度资金，应当按照内部财务管理制度的规定，依据有效合同、合法凭证，办理相关手续。

企业向境外支付、调度资金应当符合国家有关外汇管理的规定。

企业集团可以实行内部资金集中统一管理，但应当符合国家有关金融管理等法律、行政法规规定，并不得损害成员企业的利益。

第二十四条　企业应当建立合同的财务审核制度，明确业务流程和审批权限，实行财务监控。

企业应当加强应收款项的管理，评估客户信用风险，跟踪客户履约情况，落实收账责任，减少坏账损失。

第二十五条　企业应当建立健全存货管理制度，规范存货采购审批、执行程序，根据合同的约定以及内部审批制度支付货款。

企业选择供货商以及实施大宗采购，可以采取招标等方式进行。

第二十六条　企业应当建立固定资产购建、使用、处置制度。

企业自行选择、确定固定资产折旧办法，可以征询中介机构、有关专家的意见，并由投资者审议批准。固定资产折旧办法一经选用，不得随意变更。确需变更的，应当说明理由，经投资者审议批准。

企业购建重要的固定资产、进行重大技术改造，应当经过可行性研究，按照内部审批制度履行财务决策程序，落实决策和执行责任。

企业在建工程项目交付使用后，应当在一个年度内办理竣工决算。

第二十七条　企业对外投资应当遵守法律、行政法规和国家有关政策的规定，符合企业发展战略的要求，进行可行性研究，按照内部审批制度履行批准程序，落实决策和执行的责任。

企业对外投资应当签订书面合同，明确企业投资权益，实施财务监管。依据合同支付投资款项，应当按照企业内部审批制度执行。

企业向境外投资的，还应当经投资者审议批准，并遵守国家境外投资项目核准和外汇管理等相关规定。

第二十八条　企业通过自创、购买、接受投资等方式取得的无形资产，应当依法明确权属，落实有关经营、管理的财务责任。

无形资产出现转让、租赁、质押、授权经营、连锁经营、对外投资等情形时，企业应当签订书面合同，明确双方的权利义务，合理确定交易价格。

第二十九条　企业对外担保应当符合法律、行政法规及有关规定，根据被担保单位的资信及偿债能力，按照内部审批制度采取相应的风险控制措施，并设立备查账簿登记，实行跟踪监督。

企业对外捐赠应当符合法律、行政法规及有关财务规定，制订实施方案，明确捐赠的范围和条件，落实执行责任，严格办理捐赠资产的交接手续。

第三十条　企业从事期货、期权、证券、外汇交易等业务或者委托其他机构理财，不得影响主营业务的正常开展，并应当签订书面合同，建立交易报告制度，定期对账，控制风险。

第三十一条　企业从事代理业务，应当严格履行合同，实行代理业务与自营业务分账管理，不得挪用客户资金、互相转嫁经营风险。

第三十二条　企业应当建立各项资产损失或者减值准备管理制度。各项资产损失或者减值准备的计提标准，一经选用，不得随意变更。企业在制订计提标准时可以征询中介机构、有关专家的意见。

对计提损失或者减值准备后的资产，企业应当落实监管责任。能够收回或者继续使用以及没有证据证明实际损失的资产，不得核销。

第三十三条　企业发生的资产损失，应当及时予以核实、查清责任，追偿损失，按照规定程序处理。

企业重组中清查出的资产损失，经批准后依次冲减未分配利润、盈余公积、资本公积和实收资本。

第三十四条　企业以出售、抵押、置换、报废等方式处理资产时，应当按照国家有关规定和企业内部财务管理制度规定的权限和程序进行。其中，处理主要固定资产涉及企业经营业务调整或者资产重组的，应当根据投资者审议通过的业务调整或者资产重组方案实施。

第三十五条　企业发生关联交易的，应当遵守国家有关规定，按照独立企业之间的交易计价结算。投资者或者经营者不得利用关联交易非法转移企业经济利益或者操纵关联企业的利润。

第五章　成本控制

第三十六条　企业应当建立成本控制系统，强化成本预算约束，推行质量成本控制办法，实行成本定额管理、全员管理和全过程控制。

第三十七条　企业实行费用归口、分级管理和预算控制，应当建立必要的费用开支范围、标准和报销审批制度。

第三十八条　企业技术研发和科技成果转化项目所需经费，可以通过建立研发准备金筹措，据实列入相关资产成本或者当期费用。

符合国家规定条件的企业集团，可以集中使用研发费用，用于企业主导产品和核心技术的自主研发。

第三十九条　企业依法实施安全生产、清洁生产、污染治理、地质灾害防治、生态恢复和环境保护等所需经费，按照国家有关标准列入相关资产成本或者当期费用。

第四十条　企业发生销售折扣、折让以及支付必要的佣金、回扣、手续费、劳务费、提成、返利、进场费、业务奖励等支出的，应当签订相关合同，履行内部审批手续。

企业开展进出口业务收取或者支付的佣金、保险费、运费，按照合同规定的价格条件处理。

企业向个人以及非经营单位支付费用的，应当严格履行内部审批及支付的手续。

第四十一条　企业可以根据法律、法规和国家有关规定，对经营者和核心技术人员实行与其他职工不同的薪酬办法，属于本级人民政府及其部门、机构出资的企业，应当将薪酬办法报主管财政机关备案。

第四十二条　企业应当按照劳动合同及国家有关规定支付职工报酬，并为从事高危作业的职工缴纳团体人身意外伤害保险费，所需费用直接作为成本（费用）列支。

经营者可以在工资计划中安排一定数额，对企业技术研发、降低能源消耗、治理“三废”、促进安全生产、开拓市场等作出突出贡献的职工给予奖励。

第四十三条　企业应当依法为职工支付基本医疗、基本养老、失业、工伤等社会保险费，所需费用直接作为成本（费用）列支。

已参加基本医疗、基本养老保险的企业，具有持续盈利能力和支付能力的，可以为职工建立补充医疗保险和补充养老保险，所需费用按照省级以上人民政府规定的比例从成本（费用）中提取。超出规定比例的部分，由职工个人负担。

第四十四条　企业为职工缴纳住房公积金以及职工住房货币化分配的财务处理，按照国家有关规定执行。

职工教育经费按照国家规定的比例提取，专项用于企业职工后续职业教育和职业培训。

工会经费按照国家规定比例提取并拨缴工会。

第四十五条　企业应当依法缴纳行政事业性收费、政府性基金以及使用或者占用国有资源的费用等。

企业对没有法律法规依据或者超过法律法规规定范围和标准的各种摊派、收费、集资，有权拒绝。

第四十六条　企业不得承担属于个人的下列支出：

（一）娱乐、健身、旅游、招待、购物、馈赠等支出。

（二）购买商业保险、证券、股权、收藏品等支出。

（三）个人行为导致的罚款、赔偿等支出。

（四）购买住房、支付物业管理费等支出。

（五）应由个人承担的其他支出。

第六章　收益分配

第四十七条　投资者、经营者及其他职工履行本企业职务或者以企业名义开展业务所得的收入，包括销售收入以及对方给予的销售折扣、折让、佣金、回扣、手续费、劳务费、提成、返利、进场费、业务奖励等收入，全部属于企业。

企业应当建立销售价格管理制度，明确产品或者劳务的定价和销售价格调整的权限、程序与方法，根据预期收益、资金周转、市场竞争、法律规范约束等要求，采取相应的价格策略，防范销售风险。

第四十八条　企业出售股权投资，应当按照规定的程序和方式进行。股权投资出售底价，参照资产评估结果确定，并按照合同约定收取所得价款。在履行交割时，对尚未收款部分的股权投资，应当按照合同的约定结算，取得受让方提供的有效担保。

上市公司国有股减持所得收益，按照国务院的规定处理。

第四十九条　企业发生的年度经营亏损，依照税法的规定弥补。税法规定年限内的税前利润不足弥补的，用以后年度的税后利润弥补，或者经投资者审议后用盈余公积弥补。

第五十条　企业年度净利润，除法律、行政法规另有规定外，按照以下顺序分配：

（一）弥补以前年度亏损。

（二）提取10%法定公积金。法定公积金累计额达到注册资本50%以后，可以不再提取。

（三）提取任意公积金。任意公积金提取比例由投资者决议。

（四）向投资者分配利润。企业以前年度未分配的利润，并入本年度利润，在充分考虑现金流量状况后，向投资者分配。属于各级人民政府及其部门、机构出资的企业，应当将应付国有利润上缴财政。

国有企业可以将任意公积金与法定公积金合并提取。股份有限公司依法回购后暂未转让或者注销的股份，不得参与利润分配；以回购股份对经营者及其他职工实施股权激励的，在拟订利润分配方案时，应当预留回购股份所需利润。

第五十一条 企业弥补以前年度亏损和提取盈余公积后，当年没有可供分配的利润时，不得向投资者分配利润，但法律、行政法规另有规定的除外。

第五十二条 企业经营者和其他职工以管理、技术等要素参与企业收益分配的，应当按照国家有关规定在企业章程或者有关合同中对分配办法作出规定，并区别以下情况处理：

（一）取得企业股权的，与其他投资者一同进行企业利润分配。

（二）没有取得企业股权的，在相关业务实现的利润限额和分配标准内，从当期费用中列支。

第七章 重组清算

第五十三条 企业通过改制、产权转让、合并、分立、托管等方式实施重组，对涉及资本权益的事项，应当由投资者或者授权机构进行可行性研究，履行内部财务决策程序，并组织开展以下工作：

（一）清查财产，核实债务，委托会计师事务所审计。

（二）制订职工安置方案，听取重组企业的职工、职工代表大会的意见或者提交职工代表大会审议。

（三）与债权人协商，制订债务处置或者承继方案。

（四）委托评估机构进行资产评估，并以评估价值作为净资产作价或者折股的参考依据。

（五）拟订股权设置方案和资本重组实施方案，经过审议后履行报批手续。

第五十四条 企业采取分立方式进行重组，应当明晰分立后的企业产权关系。

企业划分各项资产、债务以及经营业务，应当按照业务相关性或者资产相关性原则制订分割方案。对不能分割的整体资产，在评估机构评估价值的基础上，经分立各方协商，由拥有整体资产的一方给予他方适当经济补偿。

第五十五条 企业可以采取新设或者吸收方式进行合并重组。企业合并前的各项资产、债务以及经营业务，由合并后的企业承继，并应当明确合并后企业的产权关系以及各投资者的出资比例。

企业合并的资产税收处理应当符合国家有关税法的规定，合并后净资产超出注册资本的部分，作为资本公积；少于注册资本的部分，应当变更注册资本或者由投资者补足出资。

对资不抵债的企业以承担债务方式合并的，合并方应当制定企业重整措施，按照合并方案履行偿还债务责任，整合财务资源。

第五十六条　企业实行托管经营，应当由投资者决定，并签订托管协议，明确托管经营的资产负债状况、托管经营目标、托管资产处置权限以及收益分配办法等，并落实财务监管措施。

受托企业应当根据托管协议制订相关方案，重组托管企业的资产与债务。未经托管企业投资者同意，不得改组、改制托管企业，不得转让托管企业及转移托管资产、经营业务，不得以托管企业名义或者以托管资产对外担保。

第五十七条　企业进行重组时，对已占用的国有划拨土地应当按照有关规定进行评估，履行相关手续，并区别以下情况处理：

（一）继续采取划拨方式的，可以不纳入企业资产管理，但企业应当明确划拨土地使用权权益，并按规定用途使用，设立备查账簿登记。国家另有规定的除外。

（二）采取作价入股方式的，将应缴纳的土地出让金转作国家资本，形成的国有股权由企业重组前的国有资本持有单位或者主管财政机关确认的单位持有。

（三）采取出让方式的，由企业购买土地使用权，支付出让费用。

（四）采取租赁方式的，由企业租赁使用，租金水平参照银行同期贷款利率确定，并在租赁合同中约定。

企业进行重组时，对已占用的水域、探矿权、采矿权、特许经营权等国有资源，依法可以转让的，比照前款处理。

第五十八条　企业重组过程中，对拖欠职工的工资和医疗、伤残补助、抚恤费用以及欠缴的基本社会保险费、住房公积金，应当以企业现有资产优先清偿。

第五十九条　企业被责令关闭、依法破产、经营期限届满而终止经营的，或者经投资者决议解散的，应当按照法律、法规和企业章程的规定实施清算。清算财产变卖底价，参照资产评估结果确定。国家另有规定的，从其规定。

企业清算结束，应当编制清算报告，委托会计师事务所审计，报投资者或者人民法院确认后，向相关部门、债权人以及其他的利益相关人通告。其中，属于各级人民政府及其部门、机构出资的企业，其清算报告应当报送主管财政机关。

第六十条　企业解除职工劳动关系，按照国家有关规定支付的经济补偿金或者安置费，除正常经营期间发生的列入当期费用以外，应当区别以下情况处理：

（一）企业重组中发生的，依次从未分配利润、盈余公积、资本公积、实收资本中支付。

（二）企业清算时发生的，以企业扣除清算费用后的清算财产优先清偿。

第八章　信息管理

第六十一条　企业可以结合经营特点，优化业务流程，建立财务和业务一体化的信息处理系统，逐步实现财务、业务相关信息一次性处理和实时共享。

第六十二条　企业应当逐步创造条件，实行统筹企业资源计划，全面整合和规范财务、业务流程，对企业物流、资金流、信息流进行一体化管理和集成运作。

第六十三条　企业应当建立财务预警机制，自行确定财务危机警戒标准，重点监测经营性净现金流量与到期债务、企业资产与负债的适配性，及时沟通企业有关财务危机预警的信息，提出解决财务危机的措施和方案。

第六十四条　企业应当按照有关法律、行政法规和国家统一的会计制度的规定，按时编制财务会计报告，经营者或者投资者不得拖延、阻挠。

第六十五条　企业应当按照规定向主管财政机关报送月份、季度、年度财务会计报告等材料，不得在报送的财务会计报告等材料上作虚假记载或者隐瞒重要事实。主管财政机关应当根据企业的需要提供必要的培训和技术支持。

企业对外提供的年度财务会计报告，应当依法经过会计师事务所审计。国家另有规定的，从其规定。

第六十六条　企业应当在年度内定期向职工公开以下信息：

（一）职工劳动报酬、养老、医疗、工伤、住房、培训、休假等信息。

（二）经营者报酬实施方案。

（三）年度财务会计报告审计情况。

（四）企业重组涉及的资产评估及处置情况。

（五）其他依法应当公开的信息。

第六十七条　主管财政机关应当建立健全企业财务评价体系，主要评估企业内部财务控制的有效性，评价企业的偿债能力、盈利能力、资产营运能力、发展能力和社会贡献。评估和评价的结果可以通过适当方式向社会发布。

第六十八条　主管财政机关及其工作人员应当恰当使用所掌握的企业财务信息，并依法履行保密义务，不得利用企业的财务信息谋取私利或者损害企业利益。

第九章　财务监督

第六十九条　企业应当依法接受主管财政机关的财务监督和国家审计机关的财务审计。

第七十条　经营者在经营过程中违反本通则有关规定的，投资者可以依法追究经营者的责任。

第七十一条　企业应当建立、健全内部财务监督制度。

企业设立监事会或者监事人员的，监事会或者监事人员依照法律、行政法规、本通则和企业章程的规定，履行企业内部财务监督职责。

经营者应当实施内部财务控制，配合投资者或者企业监事会以及中介机构的检查、审计工作。

第七十二条　企业和企业负有直接责任的主管人员和其他人员有以下行为之一的，县级以上主管财政机关可以责令限期改正、予以警告，有违法所得的，没收违法所得，并可以处以不超过违法所得 3 倍，但最高不超过 3 万元的罚款；没有违法所得的，可以处以 1 万元以下的罚款。

（一）违反本通则第三十九条、四十条、四十二条第一款、四十三条、四十六条规定列支成本费用的。

（二）违反本通则第四十七条第一款规定截留、隐瞒、侵占企业收入的。

（三）违反本通则第五十条、五十一条、五十二条规定进行利润分配的。但依照《公司法》设立的企业不按本通则第五十条第一款第二项规定提取法定公积金的，依照《公司法》的规定予以处罚。

（四）违反本通则第五十七条规定处理国有资源的。

（五）不按本通则第五十八条规定清偿职工债务的。

第七十三条　企业和企业负有直接责任的主管人员和其他人员有以下行为之一的，县级以上主管财政机关可以责令限期改正、予以警告。

（一）未按本通则规定建立健全各项内部财务管理制度的。

（二）内部财务管理制度明显与法律、行政法规和通用的企业财务规章制度相抵触，且不按主管财政机关要求修正的。

第七十四条　企业和企业负有直接责任的主管人员和其他人员不按本通则第六十四条、第六十五条规定编制、报送财务会计报告等材料的，县级以上主管财政机关可以依照《公司法》、《企业财务会计报告条例》的规定予以处罚。

第七十五条　企业在财务活动中违反财政、税收等法律、行政法规的，依照《财政违法行为处罚处分条例》（国务院令第 427 号）及有关税收法律、行政法规的规定予以处理、处罚。

第七十六条　主管财政机关以及政府其他部门、机构有关工作人员，在企业财务管理中滥用职权、玩忽职守、徇私舞弊或者泄露国家机密、企业商业秘密的，依法进行处理。

第十章　附　则

第七十七条　实行企业化管理的事业单位比照适用本通则。

第七十八条　本通则自 2007 年 1 月 1 日起施行。

附录二：资金的时间价值系数表

表1　1元复利终值系数表　$(1+i)^n$

1 / N	1%	2%	3%	4%	5%	6%	7%	8%	9%	10%
1	1. 0100	1. 0200	1. 0300	1. 0400	1. 0500	1. 0600	1. 0700	1. 0800	1. 0900	1. 1000
2	1. 0201	1. 0404	1. 0609	1. 0816	1. 1025	1. 1236	1. 1449	1. 1664	1. 1881	1. 2100
3	1. 0303	1. 0612	1. 0927	1. 1249	1. 1576	1. 1910	1. 2250	1. 2597	1. 2950	1. 3310
4	1. 0406	1. 0824	1. 1255	1. 1699	1. 2155	1. 2625	1. 3108	1. 3605	1. 4116	1. 4641
5	1. 0510	1. 1041	1. 1593	1. 2167	1. 2763	1. 3382	1. 4026	1. 4693	1. 5386	1. 6105
6	1. 0615	1. 1262	1. 1941	1. 2653	1. 3401	1. 4185	1. 5007	1. 5809	1. 6771	1. 7716
7	1. 0721	1. 1487	1. 2299	1. 3159	1. 4071	1. 5036	1. 6058	1. 7138	1. 8280	1. 9487
8	1. 0829	1. 1717	1. 2668	1. 3686	1. 4775	1. 5938	1. 7182	1. 8509	1. 9926	2. 1436
9	1. 0937	1. 1951	1. 3048	1. 4233	1. 5513	1. 6895	1. 8385	1. 9990	2. 1719	2. 3579
10	1. 1046	1. 2190	1. 3439	1. 4802	1. 6289	1. 7908	1. 9672	2. 1589	2. 3674	2. 5937
11	1. 1157	1. 2434	1. 3842	1. 5395	1. 7103	1. 8983	2. 1049	2. 3316	2. 5804	2. 8531
12	1. 1268	1. 2682	1. 4258	1. 6010	1. 7959	2. 0122	2. 2522	2. 5182	2. 8127	3. 1384
13	1. 1381	1. 2936	1. 4685	1. 6651	1. 8856	2. 1329	2. 4098	2. 7196	3. 0658	3. 4523
14	1. 1495	1. 3195	1. 5126	1. 7317	1. 9799	2. 2609	2. 5785	2. 9372	3. 3417	3. 7975
15	1. 1610	1. 3459	1. 5580	1. 8009	2. 0789	2. 3966	2. 7590	3. 1722	3. 6425	4. 1772
16	1. 1726	1. 3728	1. 6047	1. 8730	2. 1829	2. 5404	2. 9522	3. 4259	3. 9703	4. 5950
17	1. 1843	1. 4002	1. 6528	1. 9479	2. 2920	2. 6928	3. 1588	3. 7000	4. 3276	5. 0545
18	1. 1961	1. 4282	1. 7024	2. 0258	2. 4066	2. 8543	3. 3799	3. 9960	4. 7171	5. 5599
19	1. 2081	1. 4568	1. 7535	2. 1068	2. 5270	3. 0256	3. 6165	4. 3157	5. 1417	6. 1159
20	1. 2202	1. 4859	1. 8061	2. 1911	2. 6533	3. 2071	3. 8697	4. 6610	5. 6044	6. 7275
21	1. 2324	1. 5157	1. 8603	2. 2788	2. 7860	3. 3996	4. 1406	5. 0338	6. 1088	7. 4002
22	1. 2447	1. 5460	1. 9161	2. 3699	2, 9253	3. 6035	4. 4304	5. 4365	6. 6586	8. 1403
23	1. 2572	1. 5769	1. 9736	2. 4647	3. 0715	3. 8197	4. 7405	5. 8715	7. 2579	8. 2543
24	1. 2697	1. 6084	2. 0328	2. 5633	3. 2251	4. 0489	5. 0724	6. 3412	7. 9111	9. 8497
25	1. 2824	1. 6406	2. 0938	2. 6658	3. 3864	4. 2919	5. 4274	6. 8485	8. 6231	10. 8347
26	1. 2953	1. 6734	2. 1566	2. 7725	3. 5557	4. 5494	5. 8074	7. 3964	9. 3992	11. 9182
27	1. 3082	1. 7069	2. 2213	2. 8834	3. 7335	4. 8823	6. 2139	7. 9881	10. 2451	13. 1100

(续上表)

1 / N	1%	2%	3%	4%	5%	6%	7%	8%	9%	10%
28	1.3213	1.7410	2.2879	2.9987	3.9201	5.1117	6.6488	8.6271	11.1671	14.4210
29	1.3345	1.7758	2.3566	3.1187	4.1161	5.4184	7.1143	9.3173	12.1722	15.8631
30	1.3478	1.8114	2.4273	3.2434	4.3219	5.7435	7.6132	10.0627	13.2677	17.4494

续　表

1 / N	11%	12%	13%	14%	15%	16%	18%	20%	25%	30%
1	1.1100	1.1200	1.1300	1.1400	1.1500	1.1600	1.1800	1.2000	1.2500	1.3000
2	1.2321	1.2544	1.2769	1.2996	1.3225	1.3456	1.3924	1.4400	1.5625	1.6900
3	1.3676	1.4049	1.4429	1.4815	1.5209	1.5609	1.6430	1.7280	1.9531	2.1970
4	1.5181	1.5735	1.6305	1.6890	1.7490	1.8106	1.9388	2.0736	2.4414	2.8561
5	1.6851	1.7623	1.8424	1.9254	2.0114	2.1003	2.2878	2.4883	3.0518	3.7129
6	1.8704	1.9738	2.0820	2.1950	2.3131	2.4364	2.6696	2.9860	3.8147	4.8268
7	2.0762	2.2107	2.3526	2.5023	2.6600	2.8262	3.1855	3.5832	4.7684	6.2749
8	2.3045	2.4760	2.6584	2.8526	3.0590	3.2784	3.7589	4.2998	5.9605	8.1573
9	2.5580	2.7731	3.0040	3.2519	3.5179	3.8030	4.4355	5.1598	7.4506	10.6045
10	2.8394	3.1058	3.3946	3.7072	4.0456	4.4114	5.2338	6.1917	9.3132	13.7858
11	2.1518	3.4785	3.3359	4.2262	4.6524	5.1173	6.1795	7.4301	11.6415	17.9216
12	3.4985	3.8960	4.3345	4.8179	5.3503	5.9360	7.2876	8.9161	14.5519	23.2981
13	3.8833	4.3635	4.8980	5.4924	6.1528	6.8858	8.5994	10.6993	18.1899	30.2875
14	4.3104	4.8871	5.5343	6.2613	7.0757	7.9875	10.1472	12.8392	22.7374	39.3738
15	4.7846	5.4736	6.2543	7.1379	8.1371	9.2655	11.9737	15.4070	28.217	51.1859
16	5.3109	6.1304	7.0673	8.1372	9.3576	10.7480	14.1290	18.4884	35.5271	66.5417
17	5.8951	6.8660	7.9861	9.2765	10.7613	12.4677	16.6722	22.1861	44.4089	86.5042
18	6.5436	7.6900	9.0243	10.5752	12.3755	14.4625	19.6733	26.6233	55.5112	112.4554
19	7.2633	8.6128	10.1974	12.0557	14.2318	16.7766	23.2144	31.9480	69.3889	146.1920
20	8.0623	9.6463	11.5231	13.7435	16.3665	19.4608	27.3930	38.3376	86.7362	190.0406
21	8.9492	10.8083	13.0211	15.6676	18.8215	22.5745	32.3238	46.0051	108.4202	247.0645
22	9.9336	12.1003	14.7138	17.8610	21.6447	26.1864	38.1421	55.2061	135.5253	321.1839
23	11.0263	13.5523	16.6266	20.3616	24.8915	30.3762	45.0053	66.2474	169.4066	417.5391
24	12.2392	15.1786	18.7881	23.2122	28.6252	35.2364	53.1095	79.4968	211.7582	542.8008
25	13.5855	17.0001	21.2305	26.4619	32.9190	40.8742	62.6668	95.3962	264.6978	705.6410
26	15.0799	19.0401	23.9905	30.1666	37.8568	47.4141	73.9490	114.4755	330.8722	917.3333
27	16.7386	21.3249	27.1093	34.3899	43.5353	55.0004	87.2598	137.3706	413.5903	1 192.5333

（续上表）

1 / N	11%	12%	13%	14%	15%	16%	18%	20%	25%	30%
28	18. 5799	23. 8839	30. 6335	39. 2045	50. 0656	63. 8004	102. 9666	164. 8447	516. 9879	1 550. 2933
29	20. 6237	26. 7499	34. 6158	44. 6931	57. 5755	74. 0085	121. 5005	197. 8136	646. 2349	2 015. 3813
30	22. 8923	29. 9599	39. 1159	50. 9502	66. 2118	85. 8499	143. 3706	237. 3763	807. 7936	2 619. 9956

表2　1元复利终值系数表　$\frac{1}{(1+i)^n}$

1 / N	1%	2%	3%	4%	5%	6%	7%	8%	9%	10%
1	0. 9901	0. 9804	0. 9709	0. 9615	0. 9524	0. 9434	0. 9346	0. 9259	0. 9174	0. 9091
2	0. 9803	0. 9712	0. 9426	0. 9246	0. 9070	0. 8900	0. 8734	0. 8573	0. 8417	0. 8264
3	0. 9706	0. 9423	0. 9151	0. 8890	0. 8638	0. 8396	0. 8163	0. 7938	0. 7722	0. 7513
4	0. 9610	0. 9238	0. 8885	0. 8548	0. 8227	0. 7921	0. 7629	0. 7350	0. 7084	0. 6830
5	0. 9515	0. 9057	0. 8626	0. 8219	0. 7835	0. 7473	0. 7130	0. 6806	0. 6499	0. 6209
6	0. 9420	0. 8880	0. 8375	0. 7903	0. 7462	0. 7050	0. 6663	0. 6302	0. 5963	0. 5645
7	0. 9327	0. 8606	0. 8131	0. 7599	0. 7107	0. 6651	0. 6227	0. 5835	0. 5470	0. 5132
8	0. 9235	0. 8535	0. 7874	0. 7307	0. 6768	0. 6274	0. 5820	0. 5403	0. 5019	0. 4665
9	0. 9143	0. 8368	0. 7664	0. 7026	0. 6446	0. 5919	0. 5439	0. 5002	0. 4604	0. 4241
10	0. 9053	0. 8203	0. 7441	0. 6756	0. 6139	0. 5584	0. 5083	0. 4632	0. 4224	0. 3855
11	0. 8963	0. 8043	0. 7224	0. 6496	0. 5847	0. 5268	0. 4751	0. 4289	0. 3875	0. 3505
12	0. 8874	0. 7885	0. 7014	0. 6246	0. 5568	0. 4970	0. 4440	0. 3971	0. 3555	0. 3186
13	0. 8787	0. 7730	0. 6810	0. 6006	0. 5303	0. 4688	0. 4150	0. 3677	0. 3262	0. 2897
14	0. 8700	0. 7579	0. 6611	0. 5775	0. 5051	0. 4423	0. 3878	0. 3405	0. 2992	0. 2633
15	0. 8613	0. 7430	0. 6419	0. 5553	0. 4810	0. 4173	0. 3624	0. 3152	0. 2745	0. 2394
16	0. 8528	0. 7284	0. 6263	0. 5339	0. 4581	0. 3936	0. 3387	0. 2919	0. 2519	0. 2176
17	0. 8444	0. 7142	0. 6050	0. 5134	0. 4363	0. 3714	0. 3166	0. 2703	0. 2311	0. 1978
18	0. 8360	0. 7002	0. 5874	0. 4936	0. 4155	0. 3503	0. 2959	0. 2502	0. 2120	0. 1799
19	0. 8277	0. 6864	0. 5703	0. 4746	0. 3957	0. 3305	0. 2765	0. 2317	0. 1945	0. 1635
20	0. 8195	0. 6730	0. 5537	0. 4564	0. 3769	0. 3118	0. 2584	0. 2145	0. 1784	0. 1486
21	0. 8114	0. 6598	0. 5375	0. 4388	0. 3589	0. 2942	0. 2415	0. 1987	0. 1637	0. 1351
22	0. 8034	0. 6468	0. 5219	0. 4220	0. 3418	0. 2775	0. 2257	0. 1839	0. 1502	0. 1228
23	0. 7954	0. 6342	0. 5067	0. 4057	0. 3256	0. 2618	0. 2109	0. 1703	0. 1378	0. 1117
24	0. 7876	0. 6217	0. 4919	0. 3901	0. 3101	0. 2470	0. 1971	0. 1577	0. 1264	0. 1015
25	0. 7798	0. 6095	0. 4776	0. 3751	0. 2953	0. 2330	0. 1842	0. 1460	0. 1160	0. 0923

（续上表）

1 / N	1%	2%	3%	4%	5%	6%	7%	8%	9%	10%
26	0. 7720	0. 5976	0. 4637	0. 3604	0. 2812	0. 2198	0. 1722	0. 1352	0. 1064	0. 0839
27	0. 7644	0. 5859	0. 4502	0. 3468	0. 2678	0. 2074	0. 1609	0. 1252	0. 0976	0. 0763
28	0. 7568	0. 5744	0. 4371	0. 3335	0. 2551	0. 1956	0. 1504	0. 1159	0. 0895	0. 0693
29	0. 7493	0. 5631	0. 4243	0. 3207	0. 2429	0. 1846	0. 1406	0. 1073	0. 0822	0. 0630
30	0. 7419	0. 5521	0. 4120	0. 3083	0. 2314	0. 1741	0. 1314	0. 0994	0. 0754	0. 0573

续　表

1 / N	11%	12%	13%	14%	15%	16%	18%	20%	25%	30%
1	0. 9009	0. 8929	0. 8850	0. 8772	0. 8696	0. 8621	0. 8475	0. 8333	0. 8000	0. 7692
2	0. 8116	0. 7972	0. 7831	0. 7695	0. 7561	0. 7432	0. 7182	0. 6944	0. 6400	0. 591?
3	0. 7312	0. 7118	0. 6931	0. 6750	0. 6575	0. 6407	0. 6086	0. 5787	0. 5120	0. 4552
4	0. 6587	0. 6355	0. 6133	0. 5921	0. 5718	0. 5523	0. 5158	0. 4823	0. 4096	0. 3501
5	0. 5935	0. 5674	0. 5428	0. 5194	0. 4972	0. 4761	0. 4371	0. 4019	0. 3277	0. 2693
6	0. 5346	0. 5066	0. 4803	0. 4556	0. 4323	0. 4104	0. 3704	0. 3399	0. 2621	0. 2072
7	0. 4817	0. 4523	0. 4251	0. 3996	0. 3759	0. 3538	0、3139	0. 2791	0. 2097	0. 1594
8	0. 4339	0. 4039	0. 3762	0. 3506	0. 3269	0. 3050	0. 2660	0. 2326	0. 1678	0. 1226
9	0. 3909	0. 3606	0. 3329	0. 3075	0. 2843	0. 2630	0. 2255	0. 1938	0. 1342	0. 0943
10	0. 3522	0. 3220	0. 2946	0. 2697	0. 2472	0. 2267	0. 1911	0. 1615	0. 1074	0. 0725
11	0. 3173	0. 2875	0. 2607	0. 2366	0. 2149	0. 1954	0. 1619	0. 1346	0. 0859	0. 0558
12	0. 2858	0. 2567	0. 2307	0. 2076	0. 1869	0. 1685	0. 1372	0. 1122	0. 0687	0. 0429
13	0. 2575	0. 2292	0. 2042	0. 1821	0. 1625	0. 1452	0. 1163	0. 0935	0. 0550	0. 0330
14	0. 2320	0. 2046	0. 1807	0. 1597	0. 1413	0. 1252	0. 0935	0. 0779	0. 0440	0. 0254
15	0. 2090	0. 1827	0. 1599	0. 1401	0. 1229	0. 1079	0. 0835	0. 0649	0. 0352	0. 0195
16	0. 1883	0. 1613	0. 1415	0. 1229	0. 1069	0. 0980	0. 0708	0. 0541	0. 0281	0. 0150
17	0. 1696	0. 1456	0. 1252	0. 1078	0. 0929	0. 0802	0. 0600	0. 0451	0. 0225	0. 0116
18	0. 1523	0. 1300	0. 1108	0. 0946	0. 0808	0. 0691	0. 0508	0. 0376	0. 0180	0. 0089
19	0. 1377	0. 1161	0. 0951	0. 0829	0. 0703	0. 0596	0. 0431	0. 0313	0. 0144	0. 0068
20	0. 1240	0. 1037	0. 0868	0. 0728	0. 0611	0. 0514	0. 0365	0. 0261	0. 0115	0. 0053
21	0. 1117	0. 0926	0. 0768	0. 0638	0. 0531	0. 0443	0. 0309	0. 0217	0. 0092	0. 0040
22	0. 1007	0. 0826	0. 0680	0. 0560	0. 0462	0. 0382	0. 0262	0. 0181	0. 0074	0. 0031
23	0. 0907	0. 0738	0. 0601	0. 0491	0. 0402	0. 0329	0. 0222	0. 0151	0. 0059	0. 0024
24	0. 0817	0. 0659	0. 0532	0. 0431	0. 0349	0. 0284	0. 0188	0. 0126	0. 0047	0. 0018
25	0. 0736	0. 0588	0. 0471	0. 0378	0. 0304	0. 0245	0. 0160	0. 0105	0. 0038	0. 0014

（续上表）

N \ 1	11%	12%	13%	14%	15%	16%	18%	20%	25%	30%
26	0. 0663	0. 0525	0. 0417	0. 0331	0. 0264	0. 0211	0. 0135	0. 0087	0. 0030	0. 0011
27	0. 0597	0. 0469	0. 0369	0. 0291	0. 0230	0. 0182	0. 0115	0. 0073	0. 0024	0. 0008
28	0. 0538	0. 0419	0. 0326	0. 0255	0. 0200	0. 0157	0. 0097	0. 0061	0. 0019	0. 0006
29	0. 0485	0. 0374	0. 0289	0. 0224	0. 0174	0. 0135	0. 0082	0. 0051	0. 0015	0. 0005
30	0. 0437	0. 0334	0. 0256	0. 0196	0. 0151	0. 0116	0. 0070	0. 0042	0. 0012	0. 0004

表3　1元年金终值系数表　$\frac{(1+i)^n-1}{i}$

N \ 1	1%	2%	3%	4%	5%	6%	7%	8%	9%	10%
1	1. 0000	1. 0000	1. 0000	1. 0000	1. 0000	1. 0000	1. 0000	1. 0000	1. 0000	1. 0000
2	2. 0100	2. 0200	. 0300	2. 0400	2. 0500	2. 0660	2. 0700	2. 0800	2. 0900	2. 1000
3	3. 0301	3. 0604	3. 0909	3. 1216	3. 1525	3. 1836	3. 2149	3. 2464	3. 2781	3. 3100
4	4. 0604	4. 1216	4. 1836	4. 2465	4. 3101	4. 3746	4. 4399	4. 5061	4. 5731	4. 6410
5	5. 1010	5. 2040	5. 3091	5. 4163	5. 5256	5. 6371	5. 7507	5. 8666	5. 9847	6. 1051
6	6. 1520	6. 3081	6. 4684	6. 6330	6. 8019	6. 9753	7. 1533	7. 3359	7. 5233	7. 7156
7	7. 2135	7. 4343	7. 6625	7. 8983	8. 1420	8. 3938	8. 6540	8. 9228	9. 2004	9. 4872
8	8. 2857	8. 5830	8. 8923	9. 2142	9. 5491	9. 8975	10. 2598	10. 6366	11. 0285	11. 4359
9	9. 3685	9. 7546	10. 1591	10. 5828	11. 0266	11. 4913	11. 9780	12. 4876	13. 0210	13. 5795
10	10. 4622	10. 9497	11. 4639	12. 0061	12. 5779	13. 1808	13. 8164	14. 4866	15. 1929	15. 9374
11	11. 5668	12. 1687	12. 8078	13. 4864	14. 2068	14. 9716	15. ? 836	16. 6455	17. 5603	18. 5312
12	12. 6825	13. 4121	14. 1920	15. 0258	15. 9171	16. 8699	17. 8885	18. 9771	20. 1407	21. 3843
13	13. 8093	14. 6803	15. 6178	16. 6268	17. 7130	18. 8821	20. 1406	21. 4953	22. 9534	24. 5227
14	14. 9474	15. 9739	17. 0863	18. 2919	19. 5986	21. 0151	22. 5505	24. 2149	26. 0192	27. 9750
15	16. 0969	17. 2934	18. 5989	20. 0236	21. 5786	23. 2760	25. 1290	27. 1521	29. 3609	31. 7725
16	17. 2579	18. 6393	20. 1569	21. 8245	23. 6575	25. 6725	27. 8881	30. 3243	33. 0034	35. 9497
17	18. 4304	20. 0121	21. 7616	23. 6975	25. 8404	28. 2129	30. 8402	33. 7502	36. 9737	40. 5147
18	19. 6147	21. 4123	23. 4141	25. 6454	28. 1324	30. 9057	33. 9990	37. 4502	41. 3013	45. 5992
19	20. 8109	22. 8406	25. 1169	27. 6712	30. 5390	33. 7600	37. 3790	41. 4463	46. 0185	51. 1591
20	22. 0190	24. 2974	26. 8704	29. 7781	33. 0660	36. 7856	40. 9955	45. ? 620	51. 1601	57. 2750
21	23. 2392	25. 7833	28. 6765	31. 9692	35. 7193	39. 9927	44. 8652	50. 4229	56. 7645	64. 0025
22	24. 4716	27. 2990	30. 5368	34. 2480	38. 5052	43. 3923	49. 0057	55. 4568	62. 8733	71. 4027
23	25. 7163	28. 8450	32. 4529	36. 6179	41. 4305	46. 9958	53. 4361	60. 8933	69. 5319	79. 5430
24	26. 9735	30. 4219	34. 4265	39. 0826	44. 5020	50. 8156	58. 1767	66. ? 648	76. 7898	88. 4973
25	28. 2432	32. 0303	36. 4593	41. 6459	47. 7271	54. 8645	63. 2490	73. 1059	84. 7009	98. 3471

（续上表）

1 / N	1%	2%	3%	4%	5%	6%	7%	8%	9%	10%
26	29. 5256	33. 6709	38. 5530	44. 3117	51. 1135	59. 1564	68. 6765	79. 9541	93. 3240	109. 1818
27	30. 8209	35. 3443	40. 7096	47. 0842	54. 6691	63. 7058	74. 4838	87. 3508	102. ？ 231	121. 0999
28	32. 1291	37. 0512	42. 9309	49. 9676	58. 4026	68. 5281	80. 6977	95. 3388	112. 9682	134. 2099
29	33. 4504	38. 7922	45. 2189	52. 9663	62. 3227	73. 6398	87. 3465	103. 9659	124. 1354	148. 6309
30	34. 7849	40. 5681	47. 5754	56. 0849	66. 4388	79. 0582	94. 4608	113. 2832	136. 3075	164. 4940

续 表

1 / N	11%	12%	13%	14%	15%	16%	18%	20%	25%	30%
1	1. 0000	1. 0000	1. 0000	1. 0000	1. 0000	1. 0000	1. 0000	1. 0000	1. 0000	1. 0000
2	2. 1100	2. 1200	2. 1300	2. 1400	2. 1500	2. 1600	2. 1800	2. 2000	2. 2500	2. 3000
3	3. 3421	3. 3744	3. 4069	3. 4396	3. 4725	3. 5056	3. 5724	3. 6400	3. 8125	3. 9900
4	4. 7097	4. 7793	4. 8493	4. 9211	4. 9934	5. 0665	5. 2154	5. 3680	5. 7656	6. 1870
5	6. 2278	6. 3528	6. 4803	6. 6101	6. 7424	6. 8771	7. 1542	7. 4416	8. 2070	9. 0431
6	7. 9129	8. 1152	8. 3227	8. 5355	8. 7537	8. 9775	9. 4420	9. 9299	11. 2588	12. 7560
7	9. 7833	10. 0390	10. 4047	10. 7305	11. 0668	11. 1139	12. 1415	12. 9159	15. 0735	17. 5823
8	11. 8594	12. 2997	12. 7573	13. 2328	13. 7268	14. 2401	15. 3270	16. 4991	19. 8419	23. 8577
9	14. 1640	14. 7757	15. 4157	16. 0853	16. 7858	17. 5185	19. 0859	20. 7989	25. 8023	32. 0150
10	16. 7220	17. 5487	18. 4197	19. 3373	20. 3037	21. 3215	23. 5213	25. 9587	33. 2529	42. 6195
11	19. 5614	20. 6546	21. 8143	23. 0445	24. 3493	25. 7329	28. 7551	32. 1504	42. 5661	56. 4053
12	22. 7132	24. 1331	25. 6502	27. 2707	29. 0017	30. 8502	34. 9311	39. 5805	54. 2077	74. 3270
13	26. 2116	28. 0291	29. 9847	32. 0887	34. 3519	36. 7862	42. 2187	48. 4966	68. 7595	97. 6250
14	30. 0949	32. 3926	34. 8827	37. 5811	40. 5047	43. 6720	50. 8180	59. 1959	86. 9495	127. 9125
15	34. 4904	37. 2797	40. 4175	43. 8424	47. 5804	51. 6595	60. 9653	72. 0351	109. 6868	167. 2863
16	39. 1899	42. 7533	46. 6717	50. 9804	55. 7175	60. 9250	72. 9390	87. 4421	138. 1085	218. 4722
17	44. 5008	48. 8837	53. 7391	59. 1176	65. 0751	71. 7630	87. 0680	105. 9306	1？ 3. 6357	285. 0139
18	50. 3959	55. 7497	61. 7251	68. 3941	75. 8364	84. 1407	103. 7403	128. 1167	218. 0446	371. 5180
19	56. 9395	63. 4397	70. 7494	78. 9692	88. 2118	98. 6032	123. 4135	154. 7400	273. 5558	483. 9734
20	64. 2028	72. 0524	80. 9468	91. 0249	102. 4436	115. 3797	146. 6280	186. 6880	342. 9447	630. 1655
21	72. 2651	81. 6987	92. 4699	104. 7684	118. 8101	134. 8405	174. 0210	225. 0256	429. 6809	820. 2151
22	81. 2143	92. 5026	105. 4910	120. 4360	137. 6316	157. 4150	206. 3448	271. 0307	538. 1011	1 067. 2796
23	91. 1479	104. 6029	120. 2048	138. 2970	159. 2764	183. 6014	244. 4868	326. 2369	673. 6264	1 388. 4635
24	102. 1742	118. 1552	136. 8315	158. 6586	184. 1678	213. 9776	289. 4945	392. 4842	843. 0329	1 806. 0026
25	114. 4133	133. 3339	155. 6196	181. 8708	212. 7930	249. 2140	342. 6035	471. 9811	1 054. 7912	2 348. 8033

（续上表）

N \ 1	11%	12%	13%	14%	15%	16%	18%	20%	25%	30%
26	127.9988	150.3339	176.8501	208.3327	245.7120	290.0883	405.2721	567.3773	1 319.4890	3 054.4443
27	143.0786	169.3740	200.8406	238.4993	283.5688	337.5024	479.2211	681.8528	1 650.3612	3 971.7776
28	159.8173	190.6989	227.9499	272.8892	327.1041	392.5028	566.4809	819.2233	2 063.9515	5 164.3109
29	1? 8.3972	214.5828	258.5834	312.0937	377.1697	456.3032	669.4475	984.0680	2 580.9391	6 714.6042
30	199.0209	241.3327	293.1992	356.7868	434.7451	530.3117	790.9480	1181.8816	3 227.1743	8 729.9855

表4　1元年金现值系数表　$\frac{1-(1+i)^{-n}}{i}$

N \ 1	1%	2%	3%	4%	5%	6%	7%	8%	9%	10%
1	0.9901	0.9804	0.9709	0.9615	0.9524	0.9434	0.9346	0.9259	0.9174	0.9091
2	1.9704	1.9416	1.9135	1.8861	1.8594	1.8334	1.8080	1.7833	1.7591	1.7355
3	2.9410	2.8839	2.8286	2.7751	2.7232	2.6730	2.6243	2.5771	2.5313	2.4869
4	3.9020	3.8077	3.7171	3.6299	3.5460	3.4651	3.3872	3.3121	3.2397	3.1699
5	4.8534	4.7135	4.5797	4.4518	4.3295	4.2124	4.1002	3.9927	3.8897	3.7908
6	5.7955	5.6014	5.4172	5.2421	5.0757	4.9173	4.7665	4.6229	4.4859	4.3553
7	6.7282	6.4720	6.2303	6.0021	5.7864	5.5824	5.3893	5.2064	5.0330	4.8684
8	7.6517	7.3255	7.0197	6.7327	6.4632	6.2098	5.9713	5.7466	5.5348	5.3349
9	8.5660	8.1622	7.7861	7.4353	7.1078	6.8017	6.5152	6.2469	5.9952	5.7590
10	9.4713	8.9826	8.5302	8.1109	7.7217	7.3601	7.0236	6.7101	6.4177	6.1446
11	10.3676	9.7868	9.2526	8.7605	8.3064	7.8809	7.4987	7.1390	6.8052	6.4951
12	11.2551	10.5753	9.9540	9.3851	8.8633	8.3838	7.9427	7.5361	7.1607	6.8137
13	12.1337	11.3484	10.6350	9.9856	9.3936	8.8527	8.3577	7.9038	7.4869	7.1034
14	13.0037	12.1062	11.2961	10.5631	9.8986	9.2950	8.7455	8.2442	7.7862	7.3667
15	13.8651	12.8493	11.9379	11.1184	10.3797	9.7122	9.1079	8.5596	8.0607	7.6061
16	14.7179	13.5777	12.5611	11.6523	10.8378	10.1059	9.4466	8.8511	8.3126	7.8237
17	15.5623	14.2919	13.1661	12.1657	11.2741	10.4773	9.7632	9.1216	8.5436	8.0216
18	16.3983	14.9920	13.7535	12.6593	11.6896	10.8276	10.0591	9.3719	8.7556	8.2014
19	17.2260	15.6785	14.3238	13.1339	12.0853	11.1581	10.3356	9.6036	8.9601	8.3649
20	18.0456	16.3514	14.8775	13.5903	12.4622	11.4699	10.5940	9.8181	9.1285	8.5136
21	18.8570	17.0112	15.4150	14.0292	12.8212	11.7641	10.8355	10.0168	9.2922	8.6487
22	19.6604	17.6580	15.9369	14.4511	13.1630	12.0416	11.0612	10.2007	9.4424	8.7715
23	20.4558	18.2922	16.4436	14.8568	13.4886	12.3034	11.2722	10.3711	9.5802	8.8832
24	21.2434	18.9139	16.9355	15.2470	13.7986	12.5504	11.4693	10.5288	9.7066	8.9847
25	22.0232	19.5235	17.4131	15.6221	14.0939	12.7834	11.6536	10.6748	9.8226	9.0770

（续上表）

N \ 1	1%	2%	3%	4%	5%	6%	7%	8%	9%	10%
26	22.7952	20.1210	17.8768	15.9828	14.3752	13.0032	11.8258	10.8100	9.9290	9.1609
27	23.5596	20.7069	18.3270	16.3296	14.6430	13.2105	11.9867	10.9352	10.0266	9.2372
28	24.3164	21.2813	18.7641	16.6631	14.8981	13.4062	12.1371	11.0511	10.1161	9.3066
29	25.0658	21.8444	19.1885	16.9837	15.1411	13.5907	12.2777	11.1584	10.1983	9.3696
30	25.8077	22.3965	19.6004	17.2920	15.3725	13.7648	12.4090	11.2578	10.2737	9.4269

续　表

N \ 1	11%	12%	13%	14%	15%	16%	18%	20%	25%	30%
1	0.9009	0.8929	0.8850	0.8772	0.8696	0.8621	0.8475	0.8333	0.8000	0.7692
2	1.7125	1.6901	1.6681	1.6467	1.6257	1.6052	1.5656	1.5278	1.4400	1.3609
3	2.4437	2.4018	2.3612	2.3216	2.2832	2.2459	2.1743	2.1065	1.9520	1.8161
4	3.1024	3.0373	2.9745	2.9137	2.8550	2.7982	2.6901	2.5887	2.3616	2.1662
5	3.6959	3.6048	3.5172	3.4331	3.3522	3.2743	3.1272	2.9906	2.6893	2.4356
6	4.2305	4.1114	3.9975	3.8887	3.7845	3.6847	3.4976	3.3255	2.9514	2.6427
7	4.7122	4.5638	4.4226	4.2833	4.1604	4.0386	3.8115	3.6046	3.1611	2.8021
8	5.1461	4.9676	4.7988	4.6389	4.4873	4.3436	4.0776	3.8372	3.3289	2.9247
9	5.5370	5.3282	5.1317	4.9464	4.7716	4.6065	4.3030	4.0310	3.4631	3.0190
10	5.8892	5.6502	5.4262	5.2161	5.0188	4.8332	4.4941	4.1925	3.5705	3.0915
11	6.2065	5.9377	5.6869	5.4527	5.2337	5.0286	4.6560	4.3271	3.6564	3.1473
12	6.4924	6.1944	5.9176	5.6603	5.4206	5.1971	4.7932	4.4392	3.7251	3.1903
13	6.7499	6.4235	6.1218	5.8424	5.5831	5.3423	4.9095	4.5327	3.7801	3.2233
14	6.9819	6.6282	6.3025	6.0021	5.7245	5.4675	5.0081	4.6106	3.8241	3.2487
15	7.1909	6.8109	6.4624	6.1422	5.8474	5.5755	5.0916	4.6755	3.8593	3.2682
16	7.3792	6.9740	6.6039	6.2651	5.9542	5.6685	5.1624	4.7296	3.8874	3.2832
17	7.5488	7.1196	6.7291	6.3729	6.0472	5.7487	5.2223	4.7746	3.9099	3.2948
18	7.7016	7.2497	6.8399	6.4674	6.1280	5.8178	5.2732	4.8122	3.9279	3.3037
19	7.8393	7.3658	6.9380	6.5504	6.1982	5.8775	5.3162	4.8435	3.9424	3.3105
20	7.9633	7.4694	7.0248	6.6231	6.2593	5.9288	5.3527	4.8696	3.9539	3.3158
21	8.0751	7.5620	7.1016	6.6870	6.3125	5.9731	5.3837	4.8913	3.9631	3.3193
22	8.1757	7.6446	7.1695	6.7429	6.3587	6.0113	5.4099	4.9094	3.9705	3.3230
23	8.2664	7.7184	7.2297	6.7921	6.3988	6.0442	5.4321	4.9245	3.9764	3.3254
24	8.3481	7.7843	7.2829	6.8351	6.4338	6.0726	5.4509	4.9371	3.9811	3.3272
25	8.4217	7.8431	7.3300	6.8729	6.4641	6.0971	5.4669	4.9476	3.9849	3.3286

（续上表）

N \ 1	1%	2%	3%	4%	5%	6%	7%	8%	9%	10%
26	8. 4881	7. 8957	7. 3717	6. 9061	6. 4906	6. 1182	5. 4804	4. 9563	3. 9879	3. 3297
27	8. 5478	7. 9426	7. 4086	6. 9352	6. 5135	6. 1364	5. 4919	4. 9636	3. 9903	3. 3305
28	8. 6016	7. 9844	7. 4412	6. 9607	6. 5335	6. 1520	5. 5016	4. 9697	3. 9923	3. 3312
29	8. 6501	8. 0218	7. 4701	6. 9830	6. 5509	6. 1656	5. 5098	4. 9747	3. 9938	3. 3317
30	8. 6938	8. 0552	7. 4957	7. 0027	6. 5660	6. 1772	5. 5168	4. 9789	3. 9950	3. 3321

参考文献

[1] 王庆成，李相国．财务管理学．北京：中国财政经济出版社，2006
[2] 财政部会计资格评价中心．财务管理．北京：中国财政经济出版社，2007
[3] 郭礼江．现代企业财务管理．武汉：武汉理工大学出版社，1999
[4] 魏平秀．财务管理学．北京：中国财政经济出版社，2004
[5] 卢锐．财务管理．北京：科学出版社，2007
[6] 苗润生等．现代财务管理．北京：经济管理出版社，2006
[7] 赵德武．财务管理．北京：高等教育出版社，2003
[8] 曹阳．企业财务通则解读．上海：复旦大学出版社，2008
[9] 曹惠民．财务管理学．上海：立信会计出版社，2007
[10] 熊细银，熊晴海．成本会计．北京：电子工业出版社，2006
[11] 熊细银，熊晴海．管理会计．北京：清华大学出版社，2006